EDUARD MITSCHE
JOHANN REISINGER
DIETER KRANZL
PETER FISCHER
MANFRED BUCHINGER

Küche

Management & Organisation

Inhaltsverzeichnis

Karriere in der Küche

Wenn es um Karriere in der Küche geht, dann sehen manche die Topköche vor sich, gut bezahlt, beliebt, behaubt, im Fernsehen, fern jeder Spüle, fast wie Stars gefeiert und von Pilgerscharen von Gourmetfans belagert.

Andere wiederum stellen sich bei dem Gedanken an Küchenkarrieristen die „Küchensklaven" vor – mit extremen Arbeitszeiten und stressigem Job. Aber ein Glas Wasser kann bekanntlich halb voll oder halb leer sein, und wie überall kommt es auch hier darauf an, was man daraus macht. Die Palette an Möglichkeiten ist auf jeden Fall sehr breit.

Begriffe, die uns durch die Karriere begleiten

À-la-carte-Restaurant	die Gäste bestellen die Speisen anhand der Speisenkarte; die Speisen werden zumeist frisch zubereitet
Apprenti	Auszubildender, Lehrling
Bankettbetrieb	vorreservierte, geschlossene Veranstaltung mit einer Speisenfolge
Boucher de Cuisine	Küchenfleischer, Küchenmetzger
Catering	Bewirtungsservice, Partyservice
Chef de Cuisine	Küchenchef, Executive Chef, Küchenleiter
Chef de Partie	Partiechef, Abteilungskoch
Commis de Cuisine	Jungkoch, ausgelernter junger Koch
Conveniencefood	vorbereitete Lebensmittel bzw. Speisen für die Weiterverarbeitung in der Gastronomie
Cuisinier pour le Personnel	Personalkoch
Demichef de Partie	stellvertretender Partiechef
Entremetier	Beilagenkoch
Executive Chef	Küchenchef, Küchenleiter
F-&-B-Manager/-Direktor	Food-and-Beverage-Manager/-Direktor, Wirtschaftsdirektor
Gardemanger	Koch der kalten Küche
Give-away	kleines Werbegeschenk, Gratisprobe
GV-Betriebe	Betriebe der Gemeinschaftsverpflegung
Horsd'œuvrier	Koch der kalten Vorspeisen
Küchenbrigade	Küchenteam, Küchenmannschaft
Küchenmeister	Koch mit abgeschlossener Ausbildung, einigen Jahren Berufserfahrung und abgelegter Meisterprüfung
Maître d'Hôtel	Serviceleiter
Mise-en-Place-Arbeiten	Vorbereitungsarbeiten, Rüstarbeiten
Outsidecatering/Partyservice	Außer-Haus-Berwirtung
Patissier	Süßspeisenkoch
PAX	Abkürzung für Personenanzahl; Kürzel für Gästeanzahl auf Checklisten (z. B. 50 PAX)
Poissonnier	Fischkoch
Posten	Abteilung
Potager	Suppenkoch
Régimier	diätetisch geschulter Koch
Rotisseur	Braten-/Grillkoch
Saucier	Saucenkoch
Souschef	stellvertretender Küchenchef
Splitshift	Schichtdienst
Stewarding	für die Reinigung zuständige Abteilung in großen gastronomischen Betrieben
Systemgastronom	Berufsbild in der Systemgastronomie
Systemgastronomie	Franchisebetriebe mit standardisierten gastronomischen Konzepten
Tournant	Springer, Vertretung des Chef de Partie

Zum Auftakt

Noch vor nicht allzu langer Zeit erfreute sich ein leicht zu verwöhnender Gast im Restaurant an einem gemütlichen Platz und an einer gelungenen Mahlzeit. Doch das Nachfrageverhalten hat sich stark verändert.

Die heute proklamierte Dienstleistungsgesellschaft hat durch veränderte Kauf- und Freizeitwertvorstellungen einen neuen Gast geschaffen, der weiß, was er will. Die Branche reagiert darauf mit der Erkenntnis, dass es nicht genügt, etwas zu verkaufen, sondern dass dieses Etwas auch richtig zu verpacken ist – in das perfekte **Dienstleistungsangebot.**

So steht heute **gelebte Gastfreundschaft** zunehmend im Mittelpunkt. Die materiellen Produkte Essen und Trinken machen davon nur einen Teil aus. Im Vordergrund steht die **ideelle Dienstleistung,** das bestmögliche Bedienen der Gäste.

Gastgewerbe: der weltweit größte Gewerbezweig

Mit beinahe zwei Millionen Beschäftigten sind im Hotel- und Gaststättengewerbe im deutschsprachigen Raum mehr Menschen tätig als in der Automobilindustrie. Allein in Österreich haben etwa 40.000 Betriebe mit sehr unterschiedlichen Betriebsformen (z. B. Hotels, Gasthöfe, Restaurants, Kantinen) das Wohl des Gastes im Auge.

In unserer Dienstleistungsgesellschaft steht das Wohl des Gastes im Zentrum

Handwerk und mehr

In früheren Jahren legte das Hotel- und Gaststättengewerbe besonderen Wert auf die solide handwerkliche und fachliche Leistung. Geschätzt wurde der Nachwuchs, der eine ausgezeichnete Berufserfahrung in Küche und Service vorweisen konnte.

Diese Auffassung hat sich in den letzten Jahren gewandelt. Ein Unternehmen kann heute infolge der großen Konkurrenz nur dann wirtschaftlich erfolgreich arbeiten, wenn neben der fachlichen Kompetenz auch kaufmännische Grundvoraussetzungen und optimales Know-how der gängigen und der fachspezifischen Softwareprogramme gewährleistet sind, die betriebswirtschaftliche Entscheidungshilfen ermöglichen. Wichtiger denn je ist daher eine ausgezeichnete **fachliche und kaufmännische Qualifikation** der Mitarbeiter im Gastgewerbe.

All die vielen Beschäftigten in der Hotellerie und Gastronomie haben ihren konkreten **Dienstleistungsauftrag,** sei es in Küche, Service, Etage, Empfang, Verkauf oder Verwaltung. Im Mittelpunkt steht das optimale und erfolgsorientierte Erbringen von Betreuungsleistungen, gepaart mit der **Freude am Beruf** und am Einsatz für den Gast.

Das folgende Kapitel zeigt Ihnen Wege auf, wie Sie mit Eigenengagement und Motivation über den Tellerrand der Ausbildung blicken können.

Beruf(ung): Koch

Wer ist für die Qualität der Betriebsleistungen verantwortlich? – Sie selbst. Nicht Ihr Vorgesetzter, nicht Ihr Kollege, nur Sie selbst. Wenn Sie sich das ständig vor Augen halten, nicht nur in der Küche, können Sie hohe Ziele erreichen, und der Job macht auch Spaß!

Anforderungen

Um das Prädikat „Koch" Ihres Küchenchefs auch wirklich zu verdienen, sollten Sie folgende Fähigkeiten und Eigenschaften in Fleisch und Blut haben:

- Pünktlichkeit (lohnt sich; am Ende des Tages wird dieser nicht länger),
- Ehrlichkeit (währt am längsten und macht alles einfacher),
- Genauigkeit (spart Kosten und langes Nacharbeiten),
- Sauberkeit (ohne Hygiene nur Probleme),
- Disziplin (Teamwork heißt Verantwortung jedes Einzelnen),
- Ausdauer (im Gastgewerbe fällt der Kochlöffel nicht um 17.00 Uhr),
- Kreativität (dann macht's auch Spaß),
- Aufmerksamkeit (ohne Konzentration kein gutes Ergebnis) und
- Zuvorkommenheit (es geht um Menschen und Dienstleistung am Nächsten; wem das nicht schmeckt, der ist fehl am Platz),
- Trendbewusstsein (ohne Offenheit für Neues, für aktuelle Angebote wird man nicht weit kommen; daher: immer geistig in Bewegung bleiben),
- Kritikfähigkeit (wer konstruktive Kritik übt, dem liegt etwas an Ihnen, also sehen Sie Kritik als Chance, nicht als Angriff).

Worauf es bei Ihrer Tätigkeit ankommt, lässt sich am besten mit der aus dem Marketing ausgeborgten SMART-Formel beschreiben. Qualität können Sie am besten erreichen, wenn Sie folgendermaßen handeln:

s	short – to the point	kurz und bündig
m	measurable	messbar, evaluierbar
a	absolutely	total, absolut, mit vollem Einsatz
r	realizeable, rational	realitätsnahe, realisierbar, in die Praxis umsetzbar, rational
t	timely	zeitgerecht

Diese Faktoren sind für ein gelungenes Arbeitsergebnis von Bedeutung.

Werdegang

Die **Kochlehre** (Kochausbildung) als Basis ist in den meisten Fällen der Anfang der Karriere in der Küche. Danach gibt es zahlreiche Möglichkeiten, sich dem Kocholymp zu nähern.

Am Anfang hat man alle Möglichkeiten offen – nutzen Sie sie

Zu unterscheiden ist

- einerseits der Weg durch die **Küchenbrigade**,
- andererseits der Weg durch verschiedene **Betriebsarten**.

Lehre	
↓	↓
Platz in der Küchenbrigade	**Lehr- und Wanderjahre**

Küchenbrigade – Teamwork mit Verantwortung

Die Küchenbrigade ist ein aus mehreren Köchen mit verschiedenen Aufgaben bestehendes Team. Sie wird je nach Art und Größe des Betriebs bzw. nach Arbeitsanforderungen aufgebaut.

Es gibt eine **große und eine kleine Küchenbrigade.** Man kann sie sich vorstellen wie ein Orchester, das aus verschiedenen Musikern besteht. Die große Brigade wäre ein großes Sinfonieorchester, die kleine etwa ein Kammerensemble – jeder spielt sein Instrument und gibt seinen Beitrag zum Gesamtergebnis. Und ein bravouröser Violinist muss nicht unbedingt ein perfekter Oboist sein – der beste Fischkoch ist nicht unbedingt begnadet, feine Mehlspeisen herzustellen.

Wie gut die Zusammenarbeit funktioniert und wie perfekt das Ergebnis ist, liegt in den Händen jedes einzelnen Mitarbeiters – und ein perfektes Menü ist wie eine Sinfonie, komponiert für den Gaumen.

Aufgliederung einer großen Küche und ihrer Abteilungen

Chef de Cuisine
Executive Chef – Küchenchef

↓

Souschef
Küchenchef-Stellvertreter

Saucier Saucenplatz	**Entremetier** Beilagenplatz	**Gardemanger** Kalte Küche	**Patissier** Küchenkonditorei
↓	↓	↓	↓
Poissonnier Fischplatz	Légumier Gemüseplatz	Horsd'œuvrier Vorspeisenplatz	Confiserie Pralinenplatz
↓	↓	↓	↓
Rotisseur Bratenplatz	Potager Suppenplatz	Boucher Küchenfleischerei	Glacier Speiseeisplatz

Hierarchie in einer Küche

Chef de Cuisine	Verantwortlicher Leiter in der Küche
↓	
Souschef	Stellvertretender Küchenchef
↓	
Chef de Partie	Leiter einer Abteilung, z. B. Chef Saucier, Chef Entremetier, Chef Gardemanger, Chef Patissier, Chef Poissonnier, Chef Rotisseur
↓	
Demichef de Partie	Vertretung des Abteilungschefs
↓	
Commis de Cuisine	Jungkoch; steht am Anfang der Küchenkarriere
↓	
Apprenti	Auszubildender, Lehrling
↓	
Stagiaire/Trainee	Praktikant

Chef de Cuisine, Executive Chef
Küchenchef, Küchenleiter

Der Chef de Cuisine hat die Verantwortung für die gesamte Küchenführung, unabhängig von der Größe der Küchenbrigade und der Betriebsform. Die Bezeichnung Chef de Cuisine ist der französische Fachbegriff für den Küchenchef. Den Titel Executive Chef tragen zumeist die Küchenchefs von internationalen Hotelkonzernen und von großen Cateringbetrieben. Küchenleiter ist im Allgemeinen die Dienstbezeichnung des Küchenchefs einer Gemeinschaftsverpflegung. Die international übliche Anrede ist einfach Chef.

Seine Kompetenzen, Aufgabenbereiche und Verantwortlichkeiten sind je nach Betriebsform und -größe unterschiedlich und werden in der Stellenbeschreibung (Jobdescription, siehe S. 21 f) festgehalten.

Sein Anforderungsprofil umfasst folgende Aufgaben:
Er ist verantwortlich für den Leistungsstandard der Küche, für Einkauf und Preiskalkulation, die Kontrolle der Arbeitsabläufe, für die Vor- und Zubereitung der Speisen sowie die Qualitätsprüfung. Zu seinen weiteren Aufgaben zählen die Überwachung von Materialverbrauch, Energie- und Produktionskosten, die Durchführung von Kostenanalysen, die Einhaltung betrieblicher Vorgaben sowie eine rationelle und wirtschaftliche Betriebsführung. Wichtig ist in dieser Position auch eine gute Zusammenarbeit mit der Restaurant- und Bankettleitung.

Er wirkt des Weiteren bei der Einstellung von Küchenfachkräften mit, überwacht Personaleinsatz und Ausbildung und ist für die Einhaltung einschlägiger gesetzlicher Bestimmungen verantwortlich (z. B. Unfallverhütung, Hygiene, Lebensmittelrecht, Arbeitszeiten).

Mit Blick auf die anspruchsvolle „Freizeitgesellschaft" gewinnt die Beobachtung neuer Trends im Essverhalten immer mehr an Bedeutung. Der Küchenchef zieht daraus seine Konsequenzen und setzt neue Ideen bei der Speisenkartengestaltung um.

Im Gegensatz zur großen Küchenbrigade (alle Posten sind mit einem Spezialisten besetzt) sind bei einer mittelgroßen Küchenbrigade oft mehrere Partieposten zusammengefasst.

In Kleinbetrieben wird die Abteilung oft vom Küchenchef geleitet, dem ein oder mehrere Köche und Küchenmitarbeiter und gegebenenfalls ein Auszubildender/Lehrling zur Seite stehen.

Souschef
Küchenchef-Stellvertreter

Der Souschef ist die rechte Hand des Küchenchefs und verantwortlich für die Produktions- und Qualitätssicherung. In mittelgroßen Küchenbrigaden ist der Souschef in der Regel der Chef Saucier (Saucenkoch), der für die Zubereitung aller Saucen, Ragouts, Braten- und Schmorgerichte sowie À-la-carte-Gerichte und Fischgerichte zuständig ist. Der Chef Saucier ist der Partieposten mit dem höchsten Rang.

Chef de Partie
Partiechef/Abteilungskoch

Der Chef de Partie ist der Leiter eines Postens mit mindestens einem Mitarbeiter.

Demichef de Partie
Stellvertretender Partiechef

Er ist Mitarbeiter des Chef de Partie und agiert als dessen Stellvertreter. Der Demichef de Partie übernimmt selbstständig Teilaufgaben der Abteilung. Ihm sind alle Mitarbeiter des Postens unterstellt.

Commis de Cuisine
Jungkoch

Ist ein Jungkoch nach Abschluss der Ausbildung. Er wird einem Posten zugeteilt und soll ihm zugeteilte Arbeiten selbstständig durchführen.

Apprenti
Auszubildender/Lehrling

Der Lehrling, der seine dreijährige Ausbildung meist in einem Betrieb absolviert, soll in allen Positionen in der Küche arbeiten, um möglichst viele Fertigkeiten in der Küche zu erlangen.

Stagiaire/Trainee
Praktikant

Der Stagiaire ist ein Schüler oder Student, z. B. einer Tourismusschule, eines Kollegs oder einer Akademie, der im Zuge der Ausbildung ein Praktikum im Betrieb absolviert.

Lehrjahre sind keine Herrenjahre – dafür kann man später die Früchte ernten, und die hängen nicht zu hoch, wenn man die Lehrjahre entsprechend nutzt

Die Produktionsbereiche oder Abteilungen in der Küche

Je nach Betriebsart und -größe gibt es verschiedene Produktionsbereiche in der Küche.

Saucier
Saucenkoch

Der Saucier ist für die Zubereitung von **Fleisch und Saucen** sowie für Ragouts, Sautés, À-la-carte-Gerichte vom Fleisch und warme Vorspeisen verantwortlich.

Poissonnier
Fischkoch

Er stellt **Fischgerichte,** Gerichte mit Meeresfrüchten, Muscheln etc. sowie Fischfonds, -suppen und -saucen her. Diese Position ist in Großbetrieben zur Unterstützung des Sauciers gedacht.

Rotisseur
Braten-/Grillkoch

Die Position des Rotisseurs ist zumeist mit der des Sauciers verbunden. Er ist für Grilladen, **Braten** und Jus sowie für frittierte Gerichte verantwortlich.

Entremetier
Gemüse- und Beilagenkoch

Der Entremetier stellt **Beilagen** und Beilagengerichte (Getreide-, Kartoffel-, Eier-, Nudel- und Käsespeisen) sowie vegetarische Gerichte und andere Gemüse- und Vollwertgerichte her. Seiner Abteilung ist der **Potager** zugeteilt.

Légumier
Gemüsekoch

Ist für sämtliche **Gemüse- und Pilzgerichte** verantwortlich und ist dem Entremetier zugeordnet.

Potager
Suppenkoch

Die Position des Potager wird oft vom Entremetier eingenommen. Er ist zuständig für **Suppen und Fonds.**

Gardemanger
Koch der kalten Küche

Der Gardemanger betreut die **kalte Küche** (Salate, kalte Saucen, kalte Platten, kalte Buffets, Terrinen, Pasteten, Buttermischungen, Dekorationen, Garniturelemente etc.). Wenn es keinen Horsd'œuvrier gibt, ist der Gardemanger auch für die Vorspeisen zuständig.

Horsd'œuvrier
Vorspeisenkoch

Er ist für die **kalten Vorspeisen** und den Hors-d'œuvre-Wagen zuständig und unterstützt den Gardemanger bei der Herstellung von kalten Saucen und Salaten.

Boucher de Cuisine
Küchenfleischer/Küchenmetzger

Der Küchenfleischer bereitet **Fleisch, Geflügel und Wild küchenfertig** vor: Er löst das Fleisch aus, schneidet Portionsstücke, stellt Faschiertes (Hackfleisch) und Farcen her etc. Meist ist er auch für das Filetieren und Portionieren von Fisch zuständig. Gibt es in der Brigade keinen Boucher de Cuisine, werden diese Tätigkeiten vom Gardemanger oder Saucier übernommen, in mittelgroßen Betrieben vom Souschef.

Patissier
Dessert-/Süßspeisenkoch, Küchenkonditor

Der Küchenkonditor stellt **Kuchen, Torten,** Feingebäck, Eisspeisen, warme und kalte Süßspeisen, Sorbets, Desserts, Teige aller Art und süße Dekorationen für Buffets her.

Tournant
Springer, Partiechefvertreter

Der Tournant hat eine sogenannte Springerfunktion: In **Vertretung** übernimmt er alle Posten. Umfassende Fachkenntnisse sind hierfür erforderlich. In Großbetrieben ist ein Chef de Partie in dieser Funktion beschäftigt.

Chef de Garde
Wechselchef, Bereitschaftskoch

Der Chef de Garde ist dann im Dienst, wenn alle anderen Köche frei haben. Er macht in dieser Zeit die erforderlichen **Vorarbeiten** für die Hauptgeschäftszeiten. Diese Position gibt es nur in großen Hotelküchenbrigaden.

Cuisinier pour le Personnel
Personalkoch, Mitarbeiterkoch

Er ist in großen Betrieben für die Herstellung der Verpflegung für die Mitarbeiter zuständig und für die **Betriebskantine** verantwortlich.

Frühstückskoch

Der Frühstückskoch bereitet sämtliche kalten und warmen **Frühstücksgerichte** zu und ist auch für das Frühstücksbuffet zuständig.

Angelernter Küchenmitarbeiter/ Küchenhilfe
Die Küchenhilfe arbeitet im Vorbereitungsraum und ist dort für sämtliche **Mise-en-Place-(Rüst-)Arbeiten** laut Anweisung zuständig.

Weitere Abteilungen
Darüber hinaus gibt es in der Küche noch die **Spülabteilung** mit dem Abwäscher für Schwarzgeschirr – dem **Casserolier** (Topfspüler) – und dem Abwäscher für Weißgeschirr – dem **Plongeur** und das **Stewarding,** das für die Reinigung der Küche, die Entsorgung der Küchenabfälle und für die Bereitstellung des Geschirrs zuständig ist.

Beispiel für eine größere (Hotel-)Küchenbrigade mit 20 bis 25 Köchen im Chef-, Chef-de-Partie-, Demichef- und Commissystem mit Apprentis (im Schichtdienst)

Jahresbetrieb, geöffnet: sieben Tage pro Woche, Angebot:

- Frühstücksservice
- Roomservice
- À-la-carte-Restaurant
- Café
- Bankettabteilung mit einer Kapazität bis zu 250 PAX
- Outsidecatering, Veranstaltungen

<table>
<tr><td colspan="4">Generaldirektor
Generalmanager</td><td colspan="3">Assistentdirektor
Assistentmanager</td></tr>
<tr><td colspan="7">F-&B-Manager
Wirtschaftsdirektor</td></tr>
<tr><td colspan="7">Chef de Cuisine
Küchenchef</td></tr>
<tr><td colspan="7">Souschef
Küchenchef-Stellvertreter</td></tr>
<tr><td>Tournant
Chef de Partie</td><td>Chef Saucier
Chef de Partie</td><td colspan="2">Chef Gardemanger
Chef de Partie</td><td>Chef Entremetier
Chef de Partie</td><td>Chef Poissonnier
Chef de Partie</td><td>Chef Patissier
Chef de Partie</td></tr>
<tr><td>Personalkoch</td><td>Demichef
Saucier</td><td>Frühstücks-
koch</td><td>Demichef
Gardemanger</td><td>Commis
Entremetier</td><td>Commis
Poissonnier</td><td>Demichef
Patissier</td></tr>
<tr><td></td><td>Commis
Saucier</td><td>Küchenhilfe</td><td>Commis
Gardemanger</td><td>Apprentis</td><td>Apprentis</td><td>Commis
Patissier</td></tr>
<tr><td></td><td>Apprentis</td><td></td><td>Apprentis</td><td></td><td></td><td>Apprentis</td></tr>
</table>

Beispiel für eine mittlere Küchenbrigade mit sieben bis acht Köchen und Apprentis (Teildienst)

Jahresbetrieb, geöffnet: sechs Tage pro Woche, Angebot:

- À-la-carte-Restaurant
- Café
- Bankettbetrieb für 80–100 PAX
- Outsidecatering, kleinere Veranstaltungen

<table>
<tr><td colspan="3">Besitzer
Direktor</td></tr>
<tr><td colspan="3">Chef de Cuisine
Küchenchef</td></tr>
<tr><td colspan="3">Küchenchef-Stellvertreter – Souschef – Saucier</td></tr>
<tr><td>Entremetier</td><td>Gardemanger</td><td>Patissier</td></tr>
<tr><td>Jungkoch
Commis</td><td>Jungkoch
Commis</td><td>Jungkoch
Commis</td></tr>
<tr><td>Apprentis</td><td>Apprentis</td><td>Apprentis</td></tr>
</table>

Beispiel für eine kleine Küchenbrigade mit dem Küchenchef als Alleinkoch und Küchenhilfen sowie zwei Apprentis (Teildienst)

Jahresbetrieb, geöffnet: fünf Tage pro Woche, Angebot:

- À-la-carte-Restaurant
- Outsidecatering, kleine Veranstaltungen

Besitzer		
	Küchenchef Chef de Cuisine Zuständig für Fleisch- und Fischgerichte	
Küchenhilfe Salatplatz, kalte Speisen	Apprenti Suppen und Beilagen	Küchenhilfe oder Apprenti Mehlspeisen- und Gemüseputzplatz

Die Lehr- und Wanderjahre

Nach Abschluss der Ausbildungszeit beginnt der Nachwuchskoch die Küchenlaufbahn als Commis de Cuisine.

Commis de Cuisine – die erste Stufe der Karriereleiter

Ein Commis de Cuisine soll bereits nach dem Abschluss seiner Lehrzeit oder der schulischen Ausbildung über ein gewisses Standardrepertoire an Grundfertigungsarten und -techniken in der Küche verfügen, über die Menükunde und die Hygienerichtlinien Bescheid wissen und sie in die Praxis umsetzen können.

Niemand wird vom Commis de Cuisine von Beginn an Perfektion erwarten. Dennoch gilt es, anfallende Arbeiten mit größter Sorgfalt und erwünschter Professionalität auszuführen und sich seiner Verantwortung bei der Verarbeitung von Lebensmitteln und gegenüber seinen Gästen bewusst zu sein.

Von großem Nutzen ist es in dieser Phase, den „alten Hasen“, die mit großer Routine und Erfahrung arbeiten, über die Schulter zu schauen. So kann man in relativ kurzer Zeit sein Wissen immens erweitern. Doch wenn man nicht nachfragt, wird vieles ein Geheimnis bleiben, und nur wer kommunikativ und hilfsbereit ist, der wird auch viel in Erfahrung bringen.

Es ist noch kein Meister vom Himmel gefallen

Wer ein guter Koch werden will, dem sollte die Einsatzbereitschaft „zu einem bisschen Mehr“ nicht fehlen. Kochen ist ein Handwerk und verlangt viel Fingerspitzengefühl, aber auch Mut zum Experimentieren. Je nach Können, Bereitschaft, Gefühl und Durchsetzungsvermögen wird der Commis de Cuisine mehr oder weniger schnell auf der Karriereleiter emporklettern.

In nachfolgender Aufzählung sind die wichtigsten Voraussetzungen, die ein Commis de Cuisine haben muss, zusammengefasst. Dabei handelt es sich um Anforderungsprofile aus diversen Annoncen einschlägiger Hotel- und Gastronomiezeitungen.

- Erfolgreicher Abschluss der Kochlehre oder schulischen Ausbildung
- Physische und psychische Belastbarkeit
- Professionelle Einstellung
- Teamfähigkeit
- Kommunikationsfähigkeit
- Einsatzwille
- Dynamik
- Zuverlässigkeit und Pünktlichkeit
- Flexibilität
- Praxiserfahrung aus der Tätigkeit in einem guten, angesehenen Haus
- Fähigkeit, die in der Ausbildung gesammelte Erfahrung umzusetzen
- Verantwortungsbewusstsein
- Beherrschung der Fachsprache

Weitere Schritte auf dem Weg zum Erfolg

Die folgenden Jahre sollte der Koch sich auf allen Posten (Fachbegriff für Abteilung) im In- und Ausland weiterbilden. Über die Positionen eines Demichef de Partie, Chef de Partie (Abteilungskoch) und Souschef führt der berufliche Aufstieg zum Chef de Cuisine (Executive Chef, Küchenchef). Nur sehr wenige erreichen die Position eines Directeur de Cuisine (Küchendirektors), der nur in einigen großen Hotel-, Catering- und GV-Betrieben oder auf Kreuzfahrtschiffen zu finden ist.

Für leitende Positionen im **öffentlichen Küchenbereich** ist oft die Ablegung der **Meisterprüfung** erforderlich. In Spezialkursen kann sich der Koch fortbilden, z. B. zum Diätkoch (diätetisch geprüften Koch, Régimier) oder zum Koch für die Gemeinschaftsverpflegung. Tätigkeitsfelder finden diese Spezialisten besonders in Krankenhäusern und Großbetrieben.

Ein interessantes und lohnendes Aufstiegsziel für Spitzenkräfte des Küchenbereichs ist die Position des **Wirtschaftsdirektors** (F-&-B-Managers) in einem Großbetrieb.

Empfehlenswert ist nach der klassischen Ausbildung eine fachliche Weiterbildung an Akademien, Kollegs, Fachschulen oder Fachhochschulen dann, wenn Sie Selbstständigkeit oder Führungspositionen in der Gastronomie anstreben.

Auch erwähnt seien hier all jene autodidaktischen Köche, die es zu ebenso großem Ruhm gebracht haben wie ihre Kollegen mit Zertifikat. Denn über die Qualität eines Produkts entscheidet letztendlich der Gast.

Karrierechancen in der Hotel- und Gastronomiebranche

Klar ist, dass gerade die Elite der Branche, die es zu den Sternen und Hauben geschafft hat, oft unter enormem Druck in der Küche schwitzt. Klar ist aber auch, dass viele die Chance haben aufzusteigen und sie auch nützen sollten. Talent ist dafür sicher von Vorteil, aber der Abschluss einer Kochausbildung ist zumeist die Voraussetzung, auf der aufgebaut werden kann.

Und: Gegessen wird weltweit. Wer einen Hauch von Abenteuerlust besitzt (was für eine Küchenkarriere von großem Vorteil ist), sollte es in jungen Jahren mehr oder weniger weit weg probieren: auf Saisonen in den Bergen, in Kur- und Thermenregionen, an Seen oder auf dem Meer, auf einem Kreuzfahrtschiff, an Bord eines Flugzeugs oder im Eventcateringbereich (zum Beispiel in der Formel 1).

Mit Zähigkeit, Einsatz und Ehrgeiz und nicht zu vergessen mit Spaß am Kochen kann man es weit bringen. Und noch ein Vorteil, den es in vielen anderen Branchen nicht gibt: Man muss es selbst schaffen, Protektion und Herkunft zählen weit weniger als anderswo.

International ist der Ruf unserer Gastronomie hervorragend. Mit einer fundierten Ausbildung und zwei flinken Händen wird man beinahe in jeder Weltgegend Arbeit finden. So lassen sich auch Länder anders erleben, quasi backstage. Und je mehr man sieht, schmeckt, riecht und neugierig erlebt, desto größer ist die Wahrscheinlichkeit, dass man selbst einmal zur Elite gehört.

Jedenfalls gilt: **Als Commis hat man die erste Stufe der Karriereleiter geschafft. Jetzt geht's richtig los!** Man hat eine Menge Allgemeinwissen erworben, man hat in einem Betrieb Erfahrung gesammelt. Jetzt geht es darum, sich mit dem Wissen und Können in der Praxis zu behaupten. Sicher braucht man in jedem Betrieb nur einen Teil des Gelernten, aber dieses Wissen muss dann auch umgesetzt und ergänzt werden.

Um an der eigenen Ausbildung zu arbeiten, sollte man zwischen Betrieben verschiedener Größe wechseln.

Es gilt, nicht bei dem zu bleiben, was man immer schon gemacht hat.

Es ist Zeit, den alten Löffel abzulegen und einen neuen in die Hand zu nehmen

Kochen ist ein Handwerk, das noch immer Wanderschaft erfordert

Die Möglichkeiten in der Gastronomie sind vielfältig; je mehr man in Übereinstimmung mit den eigenen Fähigkeiten, Talenten und Interessen ausprobiert, desto mehr wird man kennen und können, desto eher wird man in der Küche Karriere machen können.

Im Gasthaus – ein buntes Betätigungsfeld als Herausforderung

Im klassischen **Gasthaus** mit regionaler Küche wird es je nach Ausrichtung um einen Mix aus À-la-minute- und Conveniencegerichten gehen. Vieles wird frisch zubereitet, das macht die Tage abwechslungsreich, aber auch stressig. Ein unterschiedlich großer Teil des Speisenangebots wird als Halbfertig- oder Fertigprodukt angeliefert und muss nur mehr fertig gestellt werden. Nun liegt es an Ihnen, daraus – je nach Kreativität und Freude – ein hervorragendes, gutes oder durchschnittliches Gericht zuzubereiten. Die richtige Technik gehört ebenso zum Küchenhandwerk wie das Know-how über die Zubereitung eines hausgemachten Soufflés, eines wirklich knusprigen Wiener Schnitzels oder eines Schmorbratens.

Je nach Größe des Gasthauses werden Sie vielfältige Aufgaben zu erledigen haben. Meistens gibt es einen Gardemanger, der oft gleichzeitig auch Patissier ist, ergänzt von einem Koch am warmen Platz.

Im Gasthaus kehrt bestimmt keine Langeweile ein

Hier einzusteigen und Karriere zu machen, heißt von den Gästen geschätzt zu werden, einen eigenständigen Ruf zu bekommen, der einem dann auch hilft, wenn man weiterziehen und sich etwas Neues ansehen möchte, um noch mehr zu lernen.

Im Restaurant – Engagement lohnt sich

Im **gehobenen** Restaurant wird fast ausschließlich à la carte gekocht, die Vorbereitungsarbeiten für frisch Zubereitetes aller Art sind aufwendig, aber auch vielfältig und daher interessant. Je nach Größe des Lokals und der Küchenbrigade wird man einem der klassischen Küchenplätze zugeteilt.

Die Unterteilung in Gardemanger, Patissier, Saucier (oft der Souschef) und Küchenchef ist häufig, oft wird man als Commis de Cuisine zu Beginn den Abteilungsköchen zugeteilt. Der Stress in Spitzenzeiten kann groß sein, es werden gleichbleibend hohe Qualität und Präzision verlangt. Zudem kann es sein, dass die Speisenkarte zwar klein ist, aber häufig wechselt.

Flexibilität und gute Nerven sind gefordert, wer hier auf die Uhr schaut oder Freizeit am Wochenende und an den Abenden bevorzugt, ist fehl am Platz. Dafür gibt es aber auch viel Anerkennung, und das Image eines guten Kochs bekommt man fast automatisch – vorausgesetzt, man kann und will mithalten.

Wer gut ist, wird bald einen eigenen Posten ausfüllen, wer belastbar, willig und besser ist, kann es schneller als gedacht zum Souschef bringen, und von dort zum Küchenchef ist es nur mehr eine Stufe. Ab dieser Stufe ist es sehr gut, mit Zahlen agieren zu können. Wirtschaftlichkeit ist dann bereits ein Hauptthema, aber keine Angst, für den Anfang reicht das Prozentrechnen ...

Eine gute Organisation ist gefragt

Im Großbetrieb – Organisation mit Effizienz

Im **Großbetrieb** gibt es klarerweise viele Köche. Sie arbeiten daher auf einem klar definierten und standardisierten Posten. Oft beginnt man auch hier als Commis auf einem Posten und hat später die Chance, ihn zu übernehmen.

Je nach Art des Großbetriebs gibt es hier nicht nur die À-la-carte-Küche, sondern auch das Bankettgeschäft – also vorbestellte Menüs oder Buffets, manchmal für acht, manchmal für 2 000 Personen. Hier heißt es, schnell und präzise zu arbeiten (Gleichmäßigkeit und Ausdauer sind gefragt), aber auch einfallsreich zu sein. Vielleicht gibt es einen besseren Weg, die 1 000 Lachscanapés herzustellen als den, der bisher gegangen wurde?

Standvermögen ist gefragt, Freude am Organisieren. Wer es schafft, sich nicht nur für den eigenen Posten zu interessieren, sondern auch für andere, der wird auffallen, er könnte einmal zum **Tournant,** also zum Koch, der auf anderen Posten einspringt, werden, und auch das ist ein wichtiger Schritt auf der Karriereleiter.

GEMEINSCHAFTSVERPFLEGUNG MIT QUALITÄT – DAS IST DIE HERAUSFORDERUNG

Systemgastronomie – schneller, höher, weiter

Fastfood kennen wir alle, und um bei einer großen Kette Burger zu braten, Pizza zu backen und zu verpacken, dafür braucht man nicht unbedingt eine abgeschlossene Kochlehre, aber es gibt eben auch hier das Berufsbild des Systemgastronomen. Man darf nicht vergessen: Hinter dem ewig gleichen Burger steht ein großes Unternehmen, und das braucht mehr als Burgerbrutzler, das braucht verantwortungsbewusste Mitarbeiter in den einzelnen Filialen, das braucht auch strategisch denkende Köche, die über Logistik und Systemgastronomie Bescheid wissen.

Karriere im Kleinen kann man hier schnell machen: Als gelernter Koch wird man – vorausgesetzt, man ist ehrlich, fleißig und versteht auch ein bisschen etwas von **Werbung** und von **Finanzen** – relativ schnell Filialleiter. Freilich schlägt man damit einen anderen Weg ein als den zum Sterne- oder Haubenkoch (Mützenkoch), im Unternehmen aufzusteigen, ist eine andere große Chance. Aber gerade das ist ja das Schöne am Kochberuf: Es gibt viele Möglichkeiten.

Die Gemeinschaftsverpflegung – plangemäß nach oben

Gemeinschaftsverpflegung gibt es in großen Betrieben und Ferienheimen, in Schulen und Krankenhäusern. Hier ist das, was gekocht wird, meist gut berechenbar. Nicht um das À-la-carte-Geschäft geht es, sondern darum, viele Menschen **schnell, abwechslungsreich und ernährungsphysiologisch richtig** zu versorgen. Dafür muss unter anderem genauestens kalkuliert werden.

KOCHEN MIT SYSTEM – DIE FASTFOOD-INDUSTRIE SETZT HIER DIE MASSSTÄBE

Die Hygiene, HACCP und Qualitätsstandards sind hier besonders wichtige Faktoren. Die Kunst liegt in der Abwicklung, in der Entscheidung, was selbst vorbereitet wird, was zugekauft wird, beim Warmhalten, Kühlen, Regenerieren. Gute Gemeinschaftsverpflegung lässt sich mit dem Bankettgeschäft großer Gastronomiebetriebe und Hotels vergleichen.

Wer festgelegte Arbeitszeiten liebt oder wegen seiner privaten Situation braucht, ist hier meist gut aufgehoben.

Der diätetisch geschulte Koch – mit Kurs auf Erfolg

Der diätetisch geschulte Koch ist für die Zubereitung von Diätkost, besonders in Krankenhäusern, Sanatorien und in der Kur- und Wellnessgastronomie, zuständig. Auch in der Diätverpflegung sind dem Koch keine kreativen Grenzen gesetzt.

Kantine und Selbstbedienungsrestaurant – gut gekocht ist halb gewonnen

In Kantinen und Selbstbedienungsrestaurants geht es um das schnelle Geschäft: Niemand will hier lang warten, niemand erwartet ein sechsgängiges Menü, aber gut soll das Essen trotzdem sein: Man muss also Wege finden, um Speisen warm zu halten, ohne ihnen Farbe und Geschmack zu nehmen,

Eine abgehobende Sache: Luxusgastronomie im Bauch des Fliegers

Speisewagenkoch – Zug um Zug zum Erfolg

Als Speisenwagenkoch übernimmt man die verantwortliche Leitung einer Zugrestaurantküche. Im Mittelpunkt des Aufgabenfeldes steht die Vor- und Zubereitung des Speisenangebotes, insbesondere unter Verwendung bereits vorbereiteter Gerichte. Das Angebot ist aufgrund der eingeschränkten Raum- und Lagerverhältnisse nicht sehr umfangreich. Eine besondere Herausforderung ist die ständige Ergänzung der Lebensmittelbestände. In Luxuszügen mit eigens für Gourmets ausgestatteten Waggons trifft man aber auch auf eine sehr anspruchsvolle Restaurantküche.

man sollte ein Salatbuffet immer frisch, knackig, gut gefüllt erscheinen lassen, und gerade in Kantinen auch den Stammgästen (und das sind oft sehr viele) etwas Neues oder Überraschendes bieten.

Außerdem muss man hier – wie in den Schauküchen von Restaurants und Hotels – **vor den Gästen agieren:** Das heißt, schnell, sauber, freundlich im direkten Kontakt mit den Kunden zu arbeiten – eine Aufgabe für kommunikationsfreudige Menschen, die auch gut mit dem Stress umgehen können, der während der Hauptgeschäftszeit entstehen kann. Dafür gibt es auch hier, ähnlich wie in der Gemeinschaftsverpflegung, festgelegte Arbeitszeiten.

Auf dem Schiff – Erfahrungen anderer Art

Wie es ist, auf einem **Kreuzfahrtschiff** zu arbeiten, meinen wohl alle von uns aus dem Fernsehen zu kennen. Und zum Teil stimmt es auch: Man sieht fremde Länder, erlebt sie viel näher, als wenn man Tourist wäre, man lernt Menschen aus vielen Weltregionen kennen, arbeitet mit ihnen, muss Sprachbarrieren überwinden.

In der Küche eines Kreuzfahrtschiffes ist es – anders als in vergangenen Jahrzehnten – nicht mehr so heiß, aber immer noch heiß genug. Die Küchenräume liegen meist mitten im Bauch des Schiffes, die schönen Plätze mit der guten Aussicht sind für die zahlenden Gäste reserviert.

Die Arbeitseinteilung ist ähnlich wie in einem klassischen Großbetrieb, oft gibt es mehrere Küchen: eine für das französische Restaurant, eine für das südamerikanische, eine für das asiatische, und außerdem die große Bankettküche. Auf Frachtschiffen bzw. Fracht-und-Fahrgast-Schiffen arbeitet häufig nur ein Alleinkoch. Neben der Küchentätigkeit sind für den Schiffskoch besonders der richtige und ausreichende Einkauf und die Lagerhaltung wichtig.

Der Dienst ist hart, die Dienstzeiten sind lang, es gibt geteilte Schichten, also **Splitshift** – das macht sich dafür in der Bezahlung bemerkbar. Beim Dienst auf dem Schiff kann es sein, dass man mehrere Wochen ohne einen freien Tag verbringt.

Auf einem Schiff zu kochen, heißt, vieles zu sehen, zu schmecken und zu lernen, wofür man sonst durch viele Lokale wandern müsste – ein tougher Job für Abenteurer, und es gibt keinen, der nicht noch Jahrzehnte später von seiner Zeit auf dem Schiff erzählt. Für viele Köche ist das ein großer Sprung auf der Karriereleiter.

Wenn alles wie auf Schienen läuft, sind die Gäste im Speisewagen zufrieden

Airlinekoch – hoch hinaus

Einige Fluglinien haben sich in den letzten Jahren auf eine gehobene À-la-minute-Küche im Flugbetrieb spezialisiert. Serviert werden Menüs zu bestimmten Themenschwerpunkten, die zumeist von prominenten Gastköchen arrangiert und in der Luxus- oder Businessclass offeriert werden.

Koch im Partyservice oder Outsidecatering – raus aus der Küche

Partyservice heißt in diesem konkreten Fall **Außerhausküche.** Die Speisen, insbesondere kalte Platten, kalte Buffets und warm-kalte Bufetts, werden zum Veranstaltungsort gebracht. Der Partyservicekoch ist zuständig für die Vor- und Zubereitung der Speisen, für die Zusammenstellung und Verpackung der Speisen und diverser Buffets, der Getränke und des Geschirrs sowie für das Garnieren und Dekorieren der Speisen vor Ort. Während des Verlaufs der Veranstaltung tranchiert und flambiert er und bedient die Gäste. Wichtig ist neben einem logistischen Gespür auch die Freude am Umgang mit Menschen, man darf keine Scheu davor haben, während der Arbeit beobachtet zu werden.

PRODUKTENTWICKLUNG – HIER GEHT MAN SACHLICH ANS WERK

Partyservice bieten u. a. an: Hotel- und Restaurantbetriebe, Fachgeschäfte für Wild und Geflügel, Cateringunternehmen, Verbrauchermärkte und Feinkostfachgeschäfte.

Jede Party ist eine neue Herausforderung

Koch in der Produktentwicklung – im Hintergrund die Fäden ziehen

Die Mitwirkung bei der Entwicklung von neuen Rezepten und Produkten (Halb- und Fertigprodukten – Conveniencefood) ist Zentrum der Aufgabe, ebenso die Erprobung neuer Produkte (Kontrollkochversuche) und die Auswertung der Testergebnisse. Qualitätskontrolle wird dabei großgeschrieben. Ebenso zuständig ist man für das Suchen von Lösungen, wenn bei bereits eingeführten Produkten Schwierigkeiten auftreten, und die damit verbundene Kundenberatung.

Berufliche Einsatzmöglichkeiten findet dieser Spezialist z. B. in der Nahrungsmittelindustrie, der Feinkostindustrie und in Lehr-, Forschungs- und Versuchsanstalten im Bereich Nahrungsmittel.

„My Home is My Castle" – im eigenen Lokal auf Erfahrung bauen

Das **eigene Lokal** ist wohl der Traum vieler, die eine Kochlehre abschließen. Aber egal, ob es um die Übernahme eines Familienbetriebes geht oder um die Vision, sich eines selbst nach eigenen Ideen zu gestalten: Zuerst einmal muss in der Praxis gelernt und Erfahrung gesammelt werden. Zu lernen heißt im Idealfall eben auch, die Fehler anderer zu vermeiden, zu wachsen, Geschick und Kreativität zu entwickeln.

Außerdem sollte nie vergessen werden: In jedem Gastronomiebetrieb geht es nicht nur um die gute Küche, es geht auch um Wirtschaftlichkeit und Effizienz. Die Wanderjahre davor sind daher unverzichtbar, und Möglichkeiten dafür gibt es viele.

Der Traum vom eigenen Lokal kann erfüllend sein

Studiengänge und Akademien

Schneller sozialer Wandel und die sich ständig ändernden wirtschaftlichen Rahmenbedingungen stellen auch in der Hotel- und Gastronomiebranche immer höhere Anforderungen an das Fachpersonal und die Führungskräfte. Von kompetenten Führungskräften wird heute ein hohes Maß an **branchenspezifischem und betriebswirtschaftlichem Know-how** erwartet. Betriebsabläufe müssen analysiert und Mitarbeiter so eingesetzt werden, dass mit geringem Aufwand das Optimum erwirtschaftet werden kann. Sowohl Eigeninitiative, Motivation und Sachkenntnisse als auch die Erweiterung des fachlichen und betriebswirtschaftlichen **Wissens** tragen erheblich zur Verbesserung der Aufstiegschancen bei. Qualifikation führt zu unternehmerischem und persönlichem Erfolg.

Weiterbildung erweitert den Horizont und eröffnet neue Perspektiven.

Kompetente Führungskräfte finden international attraktive Karrierechancen. **Hotelmanagementstudiengänge** bieten motivierten Interessenten die Möglichkeit, sich berufsbegleitend, praxisnah und kostengünstig weiterzubilden. **Studiengänge in den Fachrichtungen Gastronomie-, Verpflegungs- und Hotelbetriebswirt** gibt es mit verhältnismäßig kurzen Studienzeiten. Die Studiengänge gliedern sich zumeist in zwei oder vier Semester: einen fachübergreifenden und einen fachspezifischen Teil. Ein großer Vorteil besteht darin, dass nach Abschluss eines Studienganges eine Zusatzausbildung in einer anderen Fachrichtung in verkürzter Form absolviert werden kann, da die Studiengänge des ersten Semesters oft übereinstimmen.

Grundsätzlich sind eine gastgewerbliche Ausbildung und einschlägige Berufserfahrung Zulassungsvoraussetzungen, jedoch können besonders leistungsstarke Bewerber abweichend von diesen Regelungen ohne formalen Berufsabschluss aufgenommen werden. Einen Blick auf die Angebotspalette können Sie z. B. unter www.abseits.de/gastroschulen (mit zahlreichen österreichischen, deutschen und Schweizer sowie internationalen Adressen), www.fachhochschulen.at oder www.imc-krems.ac.at werfen oder sich direkt bei Anbietern (z. B. Institute of Tourism and Hotel Management, Klessheim, Österreich; Fachhochschule Bad Honnef, Deutschland, Gastronomisches Bildungszentrum Koblenz, Deutschland, gbz-koblenz.de) bzw. bei den Fachinnungen informieren.

Auszeichnungen in der Hotel- und Restaurantküche und Gastronomie

Die Klasse und Qualität eines renommierten Betriebes (Küche und Service) wird von diversen Gastrokritikern beurteilt. Am begehrtesten sind die von **Michelin** vergebenen Sterne. So spricht man von den Sterneköchen, den absoluten Meistern ihres Faches, und den Haubenköchen (Mützenköchen), die von **Gault & Millau** (einem Gastronomieführer) ausgezeichnet werden. Dort liegt die höchste Bewertung bei vier Hauben. Es gibt aber noch andere Restaurantführer, wie etwa den À-la-carte-Führer oder den Beisl-Führer.

Wettbewerbe und Kochkunstaustellungen

Fast jeder Kochverband veranstaltet in regelmäßigen Abständen Bewerbe, bei denen die Köche ihre Kreativität unter Beweis stellen. Was dort geboten wird, ist schlichtweg die Superlative davon, was man aus Lebensmitteln zubereiten kann. Alle zwei Jahre findet z. B. in Erfurth (Deutschland) die **Olympiade der Köche** statt. Die begehrenswerteste Trophäe ist wohl der **Bocuse d´Or**, ein Bewerb, der alle zwei Jahre in Lyon (Frankreich) veranstaltet wird. Teilnehmen darf, wer zuvor die äußerst anspruchsvollen regionalen und nationalen Bewerbe gewonnen hat. Nach den Vorausscheidungen verbringen die Finalisten Monate damit, ihre Gerichte weiter zu verfeinern und die Präsentation zu perfektionieren. In Lyon schließlich stehen dann fünf spannungsgeladene Stunden zur Verfügung, in denen in Schauküchen zwei Schauplatten ausgearbeitet und der Jury unter „Kochpapst“ Paul Bocuse präsentiert werden. Genaue Informationen finden Sie unter: www.vko.at, www.vkd.com und www.kochverband.ch.

Nach den Lehr- und Wanderjahren – Mut zur Brigadenspitze?

Nach einigen Jahren Praxis, am besten in verschiedenen Betrieben und Betriebsarten und in unterschiedlichen Positionen, sind Sie vielleicht von sich aus bereit, sich der Verantwortung einer Position als Küchenchef zu stellen. Vielleicht stehen Sie aber auch vor einer Entscheidung, weil Sie ein Angebot eines Betriebes erhalten haben. Wägen Sie nun gut ab, was Sie wollen:

Fragebogen

- ☐ Sind Sie zufrieden mit Ihrem bisherigen Werdegang?
- ☐ Haben Sie das Zeug zum Küchenchef, zur Küchenchefin?
- ☐ Wären Sie glücklich in dieser Position?
- ☐ Liegen Ihnen das Organisieren, die Personal-, die Menü-, die Kostenplanung?
- ☐ Trauen Sie sich zu, die Verantwortung, die diese Position mit sich bringt, zu übernehmen?
- ☐ Haben Sie Interesse an Neuem, an Herausforderungen?
- ☐ Oder begeben Sie sich lieber noch für einige Jahre auf die Reise und probieren Neues aus?
- ☐ Haben Sie in dem Betrieb, in dem Sie derzeit arbeiten, alles erreicht, was Sie wollten – oder ist es dringend an der Zeit, den Betrieb zu wechseln und neue Herausforderungen anzunehmen?

Anhand der Stellenbeschreibung eines Küchenchefs können Sie sehen, was auf Sie zukommen wird. Sie soll Ihnen eine Hilfe sein, die richtige Entscheidung zu treffen.

Die Anforderungen an einen Küchenchef in einem größeren Betrieb (Jobdescription)

In der Stellenbeschreibung (Jobdescription) sind alle Aufgaben, Verantwortungen und Kompetenzen des Küchenchefs festgehalten. Der unmittelbare Vorgesetzte des Küchenchefs ist der F-&-B-Manager, Operationmanager oder Hoteldirektor.

Die Stellenbeschreibung behandelt folgende Bereiche:
- Organisation
- Personal
- Menüplanung, Preisgestaltung
- Qualitätsstandards und Kosten
- Hygiene und Sauberkeit
- Einkauf und Lagerhaltung
- Weiterbildung und Training

Organisation

Der Küchenchef ist für die Vorbereitung und sämtliche Abläufe sowie alle Planungen, die mittel- und langfristig im Küchenbereich notwendig sind, verantwortlich:
- Je nach Möglichkeit und Bedarf Einführung neuer Zubereitungsmethoden wie Cook and chill, Cuisson sous Vide oder der Einsatz von Convenienceprodukten. Der etablierte Qualitätsstandard darf dadurch jedoch nicht herabgesetzt werden.
- Einführung und Umsetzung rationeller und leistungsfähiger Arbeitstechniken. Generell müssen die Abläufe für alle Mitarbeiter klar definiert und schriftlich festgehalten werden unter Zuhilfenahme von Checklisten, Mise-en-Place-Listen, Rezepten, Stellenbeschreibungen, Dienstplänen etc.
- Erstellung eines jährlichen Bedarfsplanes für Inventar und Geräte sowohl für den Küchen- als auch für den Lagerbereich.
- In Koordination mit dem Maître d'Hôtel soll vor jedem Servicebeginn ein kurzes Premeal-Meeting abgehalten werden – besprochen werden Reservierungen, Tagesangebote, Verkaufsschwerpunkte, VIP-Gäste etc.
- Führung eines Logbuches, in dem besondere Vorkommnisse sowie alle technischen Gebrechen festgehalten werden – es dient auch dem F-&-B-Manager oder Hoteldirektor zur täglichen Einsicht.

In welcher Position sehen Sie sich? Was ist Ihr persönliches Ziel?

Personal

Dem Küchenchef obliegt die Einteilung der Küchenbrigade nach der Geschäftslage (Dienstplan, Urlaubsplanung und Mitarbeiterstand). Der Küchenchef ist in Alleinverantwortung mit der Personalführung betraut. Er führt selbstständig Einstellungsgespräche und vergibt je nach Anforderungsprofil und in Absprache mit der Direktion die vereinbarten Positionen. Durch seinen Führungsstil soll er die Fähigkeiten junger Köche erkennen und fördern. Durchzuführen sind Kommunikationsmeetings mit allen Mitarbeitern, zumindest einmal im Monat. Inhalte: vergangene Abläufe, künftige Geschäftserwartung und Schwerpunkte. Jeder Mitarbeiter soll seine Ideen, Wünsche, Vorschläge und Probleme vorbringen können.

Menüplanung und Preisgestaltung

Der Küchenchef ist für die Gestaltung sämtlicher Speisenkarten, Saison- und Tageskarten sowie Menüs verantwortlich und legt sie der Direktion zur Absprache vor. Bei der Planung von Standardgerichten müssen Rezepte, Anrichteart sowie die Präsentation auf Fotos festgehalten werden und für jeden Küchen- und Servicemitarbeiter ersichtlich sein. Bei der Kalkulation und Preisgestaltung der Gerichte hat der Küchenchef ein Mitsprache- und Vorschlagsrecht. Zum Aufgabenbereich des Küchenchefs gehören das Vorschlagen sowie die Planung und Erstellung von verschiedenen Aktivitäten, wie z. B. Wildwochen, Fischwochen oder sonstigen Spezialitätenwochen.

Qualitätsstandards und Kosten

Kontrolle und Einhaltung der etablierten Qualitätsstandards fallen in den Verantwortungsbereich des Küchenchefs. Der Küchenchef ist für eine effiziente Kostenkontrolle verantwortlich. Folgende Kostenfaktoren sind laufend zu überprüfen und gegebenenfalls zu korrigieren:
- **Personalkosten:** ökonomische Arbeitsplanung, Mitarbeiterstand, Urlaubsplanung, Überstunden, Guttage.
- **Wareneinsatzkosten:** wirtschaftlicher Umgang mit Lebensmitteln, Einkaufspreise und Verkaufspreise (Kalkulation).
- **Energie- und Betriebskosten:** Umgang mit Reinigungsmitteln, Werkzeugen und Geräten und Stromverbrauch.

Hygiene und Sauberkeit in Küche und Lagerräumen

Erstellung eines täglichen, wöchentlichen und monatlichen Reinigungs-

Kontrolle der Sauberkeit und Hygiene – auch dafür ist der Küchenchef verantwortlich

planes und die Kontrolle der Umsetzung mit Checklisten. Die Grundlage für die Planung ist die Lebensmittelhygieneverordnung (HACCP, siehe Hygiene und Sicherheit, S. 55 ff). Nur in einer sauberen Küche ist ein hoher Qualitätsstandard gewährleistet.

Bei Mitarbeiterschulungen müssen die kritischen Punkte aufgezeigt, korrigiert, kontrolliert und dokumentiert werden. Folgende Bereiche sind zu überwachen:

- **Persönliche Hygiene:** Mitarbeiter.
- **Lebensmittelhygiene:** vorschriftsmäßiger Umgang und Lagerung von Lebensmitteln.
- **Betriebshygiene:** Küchenbereich, Geräte und Lagerräume.

Einkauf und Lagerhaltung

Einholung von Angeboten bei Lieferanten und Vergleich von Preis und Qualität der Produkte. Festlegung einer Warenliste mit Angabe der Einheit, der Menge und des Preises. Unterteilung in folgende Produktgruppen:

- Fleischprodukte
- Fisch und Meeresfrüchte
- Marktfrische Produkte (Gemüse, Obst)
- Tiefkühlprodukte
- Sonstige Lebensmittel, wie Trockenlager und Getränke

Für alle Produktgruppen ist regelmäßig, mindestens aber zweimal im Jahr ein Preisvergleich durchzuführen.
Bei der Lagerhaltung ist eine Lagerbestandsliste mit Qualitätsstandards und Gewichtskontrolle zu etablieren.

Weiterbildung und Training

Der Küchenchef soll durch praktische Weiterbildung, u. a. den Besuch von gleichwertigen Betrieben, Fortbildungskursen, in der Mitarbeiterführung, bei Kochmethoden, Ernährungsbewusstsein und -trends immer auf dem neuesten Stand sein. Er soll in der Lage sein, die Trends, neue Erfordernisse und Schwerpunkte in der Gastronomie zu erkennen und umzusetzen.

Besonderes Augenmerk ist auf das Training der Mitarbeiter und die Ausbildung der Lehrlinge zu legen. Jährlich ist eine Beurteilung der Stärken und Schwächen sämtlicher Mitarbeiter in der Küche durchzuführen. Diese Aufzeichnungen sind zur Eigenkontrolle aufzubewahren.

Resümee

Egal, wo und in welcher Position Sie gerade arbeiten: Bleiben Sie ein Idealist und Ihren Grundsätzen treu. Seien Sie stolz auf Ihren Betrieb und Ihre Arbeit. Nicht nur fachliches Können vermag Sie zu qualifizieren, auch menschliches Verhalten, gutes Auftreten und Zivilcourage werden Sie auf Ihrem Weg voranbringen – viel Erfolg!

Beruf oder Berufung? Es liegt an Ihnen, was Sie daraus machen

Ein Tag im Leben eines Küchenchefs oder mit Theorie hinein in die Praxis

Grau, teurer Freund, ist alle Theorie ... Ohne Praxisbezug ist Theorie nicht sehr viel wert. Wichtig ist es, ein Verständnis dafür zu entwickeln, warum es heißt, zu lernen, Neues zu erfahren und sich theoretisches Wissen anzueignen. Darum begeben wir uns nun auf die Spuren eines Küchenchefs.

8.00 Uhr

Im Fachbuch zu finden

- Persönliche Hygiene und Erscheinungsbild
- Arbeitsplanung in der Küche
- Küchenorganisation, Küchenbrigade
- Interne Kommunikation
- Sicherheitsbestimmungen, Unfallverhütung und Erste Hilfe
- Mitarbeiterführung
- Betriebshygiene
- HACCP
- Mitarbeiterführung

Der Küchenchef geht zuerst in die Garderobe, um sich eine frische Uniform anzuziehen. Nach dem Händewaschen betritt er sein Büro in der Küche.
Nach einem kurzen Blick ins Logbuch und in den Terminkalender begibt er sich sofort auf den Rundgang, um alle Bereiche der Küche zu kontrollieren. Dem Kalender hat er entnommen, dass der Commis heute Geburtstag hat. Er gratuliert ihm und wünscht ihm für seine berufliche Laufbahn alles Gute. Er begrüßt die anderen Mitarbeiter, gibt kurze Anweisungen und bemerkt, dass auf den ersten Blick alles so weit in Ordnung ist. Dann entdeckt er verschüttete Flüssigkeit und mahnt zum sofortigen Aufwischen. Kurz klärt er zum wiederholten Male über die Maßnahmen zur Unfallverhütung auf.

Sein nächster Gang führt ihn zum Frühstücksbuffet. Entspricht das Buffet dem Qualitätsstandard? Ist der Frühstückskoch pünktlich zum Dienst erschienen? Er kontrolliert mit dem Frühstückskoch das Frühstücksbuffet, zeigt ihm Verbesserungen im Aufbau und stellt fest, dass er sich im Großen und Ganzen auf sein Team verlassen kann. Beim Rundgang durch die Küche stellt er jedoch fest, dass Hygiene und Sauberkeit nicht seinen Vorstellungen entsprechen und dass hier eine bessere Kontrolle notwendig ist. Sein Motto: Nur im hygienisch sauberen Küchenbereich ist ein hoher Qualitätsstandard aufrechtzuerhalten – das hat seine Küchenbrigade oft bei monatlichen Kommunikationsmeetings gehört.

Das macht den Profi aus

- Auf geht's!
- Überblick bewahren.

Auch die privaten Augenblicke der Mitarbeiter sind wichtig!

- Auf Hygiene achten!

- Arbeitsplanung

Bei der Vorbereitung für ein Bankett zu Mittag erklärt ihm der Chef Saucier, er habe zu wenig Commis für das Bankett. Der Chef kann ihm nicht mit Personal aushelfen, da zwei Köche im Krankenstand sind. Aber er verspricht, ihn ab 11.00 Uhr zu unterstützen.

- Flexibilität ist wichtig.

Über den Tellerrand blicken

9.00 Uhr

Der Küchenchef gönnt sich einen Kaffee mit Plundergebäck und blättert kurz im Veranstaltungsteil der Tageszeitung. Er liest, dass heute Abend ein Konzert in der Veranstaltungshalle stattfindet. Dies bedeutet: Achtung, zusätzliches Abendgeschäft.

- Der Job endet nicht bei der Küchentür – offen sein.

- Planung, Organisation

Die Schaltzentrale der Küche

Zurück im Büro, wird der Tagesablauf festgelegt. Nach dem Checken von Hotelbelegung, Veranstaltungskalender (Eventorder), Reservierungen im Restaurant und des Stundenplans werden die dafür notwendigen Schritte gesetzt.

- Überblick bewahren.

- Lebensmittelhygiene
- HACCP

Anschließend überprüft er bis ins Detail die Warenannahme, wo er Qualität, Preis, Temperatur und Gewicht aller Waren kontrolliert. Beim Frischfisch wurden Mängel festgestellt und er muss mit dem Lieferanten telefonieren.

- Genauigkeit ist gefragt.

- Lagerverwaltung

In den Lagerräumen kontrolliert er die Temperatur der Kühlschränke und Kühlhäuser sowie die Sauberkeit und achtet auf ein rollierendes Lager: ältere Ware muss zuerst ausgegeben werden. Dabei macht er sich Notizen für die Tageskarte.

- Genaue Kenntnis des Lagers hilft, Geld zu sparen.

10.00 Uhr

- Mitarbeiterführung

In der Küche werden weitere Abläufe mit den Chefs de Partie besprochen, wie z. B. die Anrichteart für die Menüs im Restaurant, der Aufbau des Mittagsbuffets wird mit dem Gardemanger fixiert.

- Standardprogramm oder neue Ideen?

- Personalplanung

Ein Commis in der Patisserie überrascht ihn mit seiner Kündigung. Er bittet ihn zu einem Gespräch in sein Büro, um die Beweggründe zu erfahren. Nach einem kurzen Dialog,

- Fingerspitzengefühl ist auch zwischendurch angebracht.

	bei dem die Probleme erläutert und bereinigt werden, motiviert der Küchenchef den Commis weiterzumachen. Da er mit seiner Leistung sehr zufrieden ist, stellt er ihm die Möglichkeit des Aufstieges zum Demichef in Aussicht.	
■ Kommunikation – Teamwork im Betrieb ■ Verkaufsfördernde Maßnahmen, Marketing und Public Relations	Bei einem kurzen Gespräch mit dem Hoteldirektor wird vereinbart, dass die Standardkarte im Restaurant erneuert werden soll und die geplante Fischwoche zu terminieren ist. Der Pressetext und die Werbemittel dafür sind fertig.	■ Ein gutes Team ist mehr als die Summe der Mitarbeiter.
■ Kalkulation	Der Direktor erklärt dem Küchenchef auch, dass bei der Preisgestaltung den Warenkosten mehr Beachtung geschenkt werden soll.	■ Kostenbewusst denken und handeln.
■ Koch und Gast ■ Mitarbeiterführung	Ein Stammgast möchte mittags für sechs Personen noch ein spezielles Menü. Der Souschef wird sich darum kümmern und den anspruchvollen Wunsch des Gastes kurzfristig erfüllen.	■ Auch Delegieren ist eine Kunst bei der Mitarbeiterführung.
■ Arbeitsplanung ■ Kooperation zwischen Küche und Service	Der Küchenchef beschäftigt sich mit der Tatsache, dass der Ablauf beim Mittagsservice in der Küche zu lange dauert. Den Grund dafür sieht er in der mangelhaften Mise en Place. Sie muss neu überdacht und in Zukunft besser vorbereitet werden.	 *So kann der Serviceablauf reibungslos funktionieren*
■ Kommunikation – Teamwork im Betrieb	Und bei einem Gespräch mit dem Maître d'Hôtel werden zusätzlich die zu verbessernden und während des Business-Lunch-Service notwendigen Abläufe in der Servicezeit festgesetzt.	
■ Kooperation zwischen Küche und Service	Dem Chef ist bewusst, dass die Kooperation zwischen Küche und Service gut funktionieren muss, andernfalls können die Qualität und die Zufriedenheit der Gäste nicht aufrechterhalten werden.	■ Qualitätsbewusstsein fördern.
	11.00 Uhr	
■ Mitarbeiterführung	Die Lehrlinge werden zur monatlichen Mitarbeiterschulung um 15.30 Uhr eingeladen.	■ Den Nachwuchs pflegen.
■ Wareneinkauf ■ Kalkulation	Ein Termin für einen Marktbesuch muss fixiert werden, denn die Gemüsepreise werden steigen und der Küchenchef möchte sich informieren, wie die Lage momentan aussieht. Seine Devise lautet: Spitzenqualität zu einem niedrigen Preis.	■ Saisonale Produkte im Auge behalten. ■ Immer am Ball bleiben.

▪ Mitarbeiterführung	Gemeinsam mit dem Souschef kontrolliert er sämtliche Posten und informiert sich über den Stand der Vorbereitungen im Restaurant.	▪ Vertrauen ist gut …
	Anschließend unterstützt er, wie besprochen, den Gardemanger bei den letzten Vorbereitungen für das Bankett, wobei er feststellt, dass die Qualität und die Portionsgrößen in Ordnung sind. Die Speisen werden liebevoll abgeschmeckt und die Temperaturen werden kontrolliert.	
▪ Kommunikation in der Küche	Der Küchenchef bespricht mit seinen Köchen die Anrichteart einzelner Speisen und den Serviceablauf. Gemeinsam mit dem Patissier will er heute einige neue Dessertkreationen perfektionieren.	*Als Küchenchef darf man sich nicht im Büro verstecken*

11.30 Uhr

▪ Kooperation zwischen Küche und Service – Postenbriefing	Der Küchenchef erklärt den Servicemitarbeitern bei einem Briefing die Tagesspezialitäten und informiert sie, dass die Fischgerichte verstärkt angeboten werden sollen, da der Fisch derzeit einen guten Marktpreis hat.	▪ Nur informierte Mitarbeiter sind gute Mitarbeiter.
▪ Kommunikation – Teamwork im Betrieb	Er erklärt den Service-, Stewarding- und Küchenmitarbeitern, wie wichtig es ist, dass das Porzellan und die Platten rechtzeitig in den Rechaud geräumt werden, da die Temperatur für die Qualität der warmen Speisen mitverantwortlich ist.	▪ Bewusstsein schaffen.
▪ Koch und Gast	Nun macht er eine Runde durch das Restaurant, begrüßt die Gäste an den Tischen und erfährt, dass das letzte Abendessen ausgezeichnet war.	▪ Lorbeeren ernten …
▪ Kommunikation in der Küche	Die Nachricht tut gut und die Laune des Küchenchefs wird immer besser. Er bedankt sich bei seiner Brigade für die gute Arbeit. Die heutige Bankettveranstaltung ist ebenfalls gut und problemlos über die Bühne gegangen. Somit herrscht Harmonie in der ganzen Abteilung.	 *Lob motiviert*

■ Qualitätsstandards und Kosten	Während der Servicezeit koordiniert der Küchenchef den gesamten Ablauf. Dabei unterstützt er die Köche, damit es in der Produktion keine Engpässe gibt. Er kontrolliert und korrigiert auch die angerichteten Speisen. 	■ Nichts geht über Qualität ...
■ Küchenmanagement – Bestellung ■ Kalkulation, Wareneinsatz	Nach der Lagerstandskontrolle und Abstimmung des Veranstaltungsplans folgen die Bestellungen für den nächsten Tag, wobei einige Telefonate mit den Lieferanten zu führen sind, u. a. müssen die Fleischzuschnitte wie vereinbart genauer eingehalten werden, sonst stimmen die Warenkosten laut Rezept nicht.	■ Standards prüfen und kontrollieren.
	14.30 Uhr	
■ Kommunikation	In der Pause wird mit dem Souschef und allen Chefs de Partie zu Mittag gegessen, das Essen haben Lehrlinge zubereitet.	■ Wichtiger Informationsaustausch.
■ Küchenmanagement	Nach dem Essen wird der Mittagsablauf analysiert. Der Küchenchef nimmt mit Genugtuung zur Kenntnis, dass das Mittagsservice besser abgelaufen ist und die Gäste zufrieden waren. Vor allem der Stammgast, der kurzfristig das Spezialmenü bestellt hat, hat die Küche sehr gelobt.	 *Zufriedene Gäste – motiviertes Team*
■ Mitarbeiterführung	Er stellt aber auch fest, dass das Personalessen besser werden muss, und erstellt daraufhin einen Trainingsplan. Er wird morgen mit den Lehrlingen noch einmal im Detail die Garmethoden und die Bedeutung von marktfrischen Produkten sowie Mise en Place besprechen. Es folgen einige Anweisungen für die Vorbereitung am Nachmittag und für das Abendservice.	■ Auf die wichtigen Schritte aufmerksam machen.
	15.15 Uhr	
■ Küchenmanagement	Mit einer Ruhepause am Nachmittag wird es diesmal wie so oft nichts, denn es stehen einige wichtige Dinge zur Erledigung an.	■ Korrekt wäre eine Stunde Freizeit am Tag – aber Theorie und Praxis sind manchmal zwei verschiedene Paar Schuhe.

■ Personalplanung ■ Küchenmanagement – Einkauf ■ Menükunde ■ Speisenplanung	Ein Vorstellungsgespräch ist zu führen, neue Angebote von Lieferanten sind zu checken. Überlegungen für die neue Speisenkarte sind zu machen, die Vorschläge und die Ideen der Chefs und des Maître d'Hôtel werden notiert.	
■ Verkaufsfördernde Maßnahmen, Marketing, Public Relations	Die Planung für die Fischwoche ist fällig und die ersten Warentests sollen durchgeführt und in Zusammenarbeit mit dem Souschef die ersten Gerichte fixiert werden.	■ Herausforderungen neben dem Tagesgeschäft.
■ Mitarbeiterführung	Der Souschef soll die ersten Vorschläge mit den Chefs de Partie besprechen und anschließend eine Mise-en-Place-Liste erstellen.	■ Den Blick nach vorne richten.
■ Kommunikation in der Küche ■ Hygiene und Sicherheit – HACCP	Mit allen Lehrlingen wird in Zusammenarbeit mit dem Chef Gardemanger eine Mitarbeiterschulung durchgeführt, wobei einige HACCP und Berufseinstellung betreffende Probleme angesprochen und auch ausgeräumt werden können.	 *Gut geschult ist halb gewonnen*
	In einem Gespräch wird vereinbart, dass die wöchentlichen Reinigungspläne und ihre Durchführung in der Küche mit der Stewardingabteilung besser koordiniert werden müssen – der Souschef wird die Checklisten überarbeiten und erneuern.	■ Hygienecheck nicht vernachlässigen.
■ Menükunde, Speisenplanung ■ Kalkulation	Menü- und Buffetangebote für die Cateringabteilung werden erstellt, die Preise noch einmal kalkuliert, um die Wirtschaftlichkeit zu gewährleisten.	■ Die Lieblingsaufgabe des Chefs!
	18.00 Uhr	
■ Kommunikation in der Küche 	Bei einem kleinen Espresso findet im Chefbüro eine kurze Vorbesprechung für das Abendgeschäft mit dem Souschef und dem Chef Saucier statt; dabei werden die Anweisungen für das Abendgeschäft gegeben, da der Chef um 20.00 Uhr zu einer Restauranteröffnung eingeladen ist und daher nicht persönlich anwesend sein wird.	■ Sich nicht zu wichtig nehmen, auch ohne Chef muss es einmal funktionieren. ■ Auf Teamwork kommt es an.
	Es werden bei der Besprechung auch die ersten Testgerichte für die Fischwoche verkostet, das Ergebnis ist schon viel versprechend.	■ Die angenehmen Seiten des Jobs.

■ Küchentechnologie ■ Küchenmanagement	Bei dem sieben Jahre alten Kombisteamer funktioniert die Steuerung nicht optimal. Der Techniker muss für morgen bestellt werden, um das Gerät zu warten. Da die Zuverlässigkeit aufgrund des Gerätealters nicht gewährleistet ist, notiert der Küchenchef für die kommende Budgetplanung die Anschaffung eines neuen Geräts.	■ Die weniger angenehmen Seiten des Jobs.
■ Qualitätssicherung ■ Arbeitsabläufe – Arbeitsplanung	Der Küchenchef begibt sich auf einen ausgedehnten Rundgang, kontrolliert die Arbeitsabläufe in der Küche, gibt Anweisungen und bespricht mit den Köchen die letzten Details. Es ist wegen des Konzerts mit einem guten und späten Abendgeschäft zu rechnen.	■ Motivation ist wichtig! ■ Schön, wenn alles läuft!
	19.30 Uhr	
	Etwas müde, aber doch ganz zufrieden, begibt sich der Küchenchef in die Garderobe, nimmt eine Dusche und nimmt seine Einladung zur Restauranteröffnung wahr.	■ Repräsentationspflichten, vielleicht gekonnt verbunden mit Public Relations?
■ Karriere in der Küche	Nach einem ausgiebigen Diner, bei dem er einige neue Ideen gesammelt hat und eine angenehme fachliche Unterhaltung mit einem Kollegen, den er von seiner Zeit am Tourismuskolleg kennt, geführt hat, begibt er sich spät am Abend nach Hause.	
	Der Küchenchef fällt um Mitternacht ins Bett. Der kommende Tag wird wiederum sehr anstrengend – aber auch aufregend, interessant und bestimmt nicht langweilig.	**Schluss für heute.**

Kommunikation als Schlüsselfaktor für Erfolg

Kommunikation dient allein dem Ziel, **Verständigung** zu erreichen – das ist das Schlüsselwort und damit zugleich das Geheimnis jedes erfolgreichen zwischenmenschlichen Kontakts. Und welche Branche sonst, wenn nicht die Gastronomie, sollte sich eine gelungene Kommunikation – ein faires Miteinander, einen verständnisvollen Umgang, einen regen, ansprechenden Austausch – auf die Fahnen heften? Die Kommunikation muss aber nicht nur mit den Gästen funktionieren, sondern ebenso zwischen den Köchen, zwischen Chef und Koch und zwischen Küche, Service, Bankettleitung, F-&-B-Management etc. Denn wenn hier etwas nicht stimmt, bleibt den Gästen der beste Bissen im Halse stecken.

Teamwork im Betrieb

Gute Zusammenarbeit hängt unmittelbar mit einem guten Betriebsklima zusammen. Maßgeblichen Einfluss darauf haben die Führungskräfte: die Betriebsleitung, die Küchenleitung, die Restaurantleitung, die Bankettleitung etc. Ihr Führungsstil, ihre Art, Mitarbeiter zu motivieren, sind die Basis einer guten Zusammenarbeit. Aber auch jeder einzelne Mitarbeiter muss seinen Beitrag dazu leisten.

Ein gutes Vorbild bewirkt viel mehr als hehre, leere Worte

Die Vorgesetzten müssen selbst **Vorbilder** sein und ihrem Team klare Richtlinien vor Augen führen: Nicht die Befindlichkeit einzelner Personen steht im Vordergrund, sondern das Ziel, dem Gast den besten Service zu bieten und ihn zufriedenzustellen. Und dafür müssen alle an einem Strang ziehen, eben ein gutes Team sein. Hier einige Kriterien, die die Qualität eines Teams ausmachen:

- **Ein guter Mitarbeiter ist auch ein guter Teamplayer.** Wenn der fachlich beste Koch als Einzelkämpfer agiert, kann nur ein mittelmäßiges Menü entstehen. Wenn der beste Sommelier die Küche nicht von innen kennt, können Wein und Speise nicht harmonieren. Wenn der Restaurantfachmann das Feedback der Gäste nicht mit der Küchenleitung diskutiert, braucht man sich bald um die Zukunft des Betriebs keine Sorgen mehr zu machen: Es wird keine geben.

Wie sollen Speisen, Getränke und Ambiente harmonieren, wenn es die Menschen nicht tun?

- **Alle schauen gemeinsam über den Tellerrand hinaus.** Ohne diese Einstellung wird sich nichts Positives entwickeln.
- **Ein Wirgefühl ist vorhanden, das Gemeinsame wird betont.** Das Team hat sowohl den Erfolg gemeinsam errungen als auch die Fehler gemeinsam gemacht – nicht einzelne Personen. Diese Einstellung schafft ein Verantwortungs- und Zusammengehörigkeitsgefühl.
- **Humor und Spaß sind zugelassen.** Bei der Arbeit darf auch gelacht werden. Das dient ebenfalls zur Entspannung menschlicher Beziehungen.

Das größte Kapital eines gastronomischen Betriebes sind zufriedene und motivierte Mitarbeiter. Zufriedene Mitarbeiter sind auch ein Garant für die Zufriedenheit der Gäste.

Es darf gelacht werden

Kommunikation in der Küche

Wie kann im Küchenteam Verständigung erreicht werden? Was kann die Küchenleitung tun, um guter Kommunikation einen Nährboden zu bieten? Wichtig sind die positive Stimmung im Team, eine gute Führung und Motivation zur rechten Zeit.

Mitarbeiterführung als Basis guter Kommunikation

Ein Küchenchef oder Chef de Partie ist auf seine Mitarbeiter angewiesen. Wichtig ist ein ehrliches Interesse an den Mitarbeitern. Als Chef sollten Sie sich daher überlegen:

- Funktioniert die Mitarbeiterführung? Liegt mir meine Mannschaft am Herzen? Oder bin ich froh, wenn sie mich in Ruhe lässt?
- Reden meine Köche miteinander? Oder herrscht Schweigen in der Küche und hängen unausgesprochene Dinge in der Luft?
- Ist die Crew motiviert? Oder ist jeder froh, wenn er dem Arbeitsplatz den Rücken kehren kann?
- Wird Teamwork in meiner Küche großgeschrieben? Oder ist jeder auf sich selbst gestellt?

Gute Mitarbeiterführung zeigt sich darin, dass die Mitarbeiter ihre Bedeutung für das Unternehmen kennen und in die Entscheidungsprozesse eingebunden werden. **Reden Sie mit Ihren Köchen.** Fördern und fordern Sie – unabhängig von der Position – die Stärken jedes Küchenmitarbeiters und klären Sie die Schwächen in einem Gespräch. Bieten Sie dabei die Möglichkeit zur Fortbildung, zur Veränderung der Position in der Brigade, zur Beförderung. Je besser Sie Ihr Team kennen, je kommunikativer Sie Ihr Team führen, desto mehr kann es leisten – und zwar gern und ohne Druck.

Gibt es ein Erfolgsrezept für einen gelungenen Umgang miteinander? Ja: die Freude an der Tätigkeit und motivierte Mitarbeiter.

Je präziser die Arbeitsabläufe besprochen sind, desto besser funktioniert die Durchführung

Das macht eine gute Mitarbeiterführung aus

- Eine gesunde Menschenkenntnis und die Fähigkeit, sich in die Position hineinversetzen zu können.
- Die Erkenntnis, dass Mitarbeiter Menschen mit individuellen Bedürfnissen, Zielen, Wünschen und Problemen sind.
- Sich Zeit nehmen für die Mitarbeiter.
- Mitarbeiter an Entscheidungsfindungsprozessen teilnehmen lassen.

Wissen ist Macht – dieses Wissen zu teilen ist Weisheit

Wenn ein Chef sein Wissen nicht mit der Brigade teilt und Informationen nicht weiterleitet, ist er unfähig zu führen – und darüber hinaus nicht besonders clever, sonst wüsste er die Fähigkeiten seines Teams zu nutzen.

Es gibt viele Wege, die Mitarbeiter zu informieren und mit ihnen zu kommunizieren. Hier die besten Vorschläge aus der Praxis:

- **Genaue Logbucheintragungen machen:** Darin werden alle wichtigen Anweisungen schriftlich festgehalten. Die Mitarbeiter werden über die wichtigen Arbeiten zusätzlich mündlich informiert.
- **Premeal-Meeting ansetzen:** Eine kurze Besprechung vor dem Servicebeginn über den Ablauf, das Anrichten der Speisen, eventuell über wichtige Gäste im Restaurant etc. vollbringt wahre Wunder. Chaos wird vermieden und die gut informierten Mitarbeiter fühlen sich bei ihrer Arbeit ernst genommen.
- **Arbeitsabläufe durchgehen und besprechen:** Jeder Tagesablauf ist unterschiedlich. Daher werden die wichtigsten Abläufe schriftlich festgehalten. Besondere, außergewöhnliche Abläufe werden erklärt und bei Bedarf vorgezeigt.
- **Tagesbesprechung einführen:** Nach jedem Tag wird vom Küchenchef eine Analyse gemacht. Es ist wichtig, dass das **gesamte Küchenteam** daran beteiligt ist, damit jeder Mitarbeiter seine Vorschläge und Anmerkungen einbringen kann. Das ist von Bedeutung für die Qualitätssicherung und zeigt die Wertschätzung gegenüber den Mitarbeitern, die sich mit ihren Ideen und Vorstellungen einbringen können. Und: Ein Küchenchef kann nicht alles wissen und soll auch Vertrauen in sein Team haben.
- **Monatliche Sitzungen durchführen:** In diesen Meetings analysiert der Küchenchef die vergangenen Wochen und informiert über die kommenden Aktivitäten. Wie bei der Tagesbesprechung muss auch hier den Mitarbeitern die Möglichkeit zur Mitsprache gegeben werden, nicht nur bei Proble-

men, sondern auch bei der Einbringung neuer Ideen und letztlich auch bei Entscheidungen.
- **Sich in der Küche zeigen, für die Mitarbeiter erreichbar sein:** Eine unsichtbare Küchenleitung ist unglaubwürdig und ihre Autorität wird untergraben. Eine Negativspirale setzt sich in Gang: Wenn wir nichts erfahren, teilen wir auch nichts mit.

Motivation zur Förderung des Betriebsklimas

Motivation ist kein Zauberwort, es bedeutet ganz einfach, die Dinge in Bewegung zu halten. Motivierte Mitarbeiter leisten mehr und identifizieren sich mit dem Betrieb. Was liegt näher, als alles zu unternehmen, damit die Mitarbeiter motiviert sind?

- „Ich werde gebraucht." Kaum etwas anderes motiviert so stark wie dieses Wissen. Es muss dafür gesorgt werden, dass jedem Einzelnen Sinn und Zweck seiner Tätigkeit klar sind.
- Mitarbeiter an Entscheidungen teilnehmen lassen: Eigenverantwortliches Handeln fördert die Motivation. Die Vorschläge und Ideen der Mitarbeiter sind ernst zu nehmen und miteinander zu besprechen, wie z. B. die Gestaltung von Tageskarten, neuen Speisenkarten.
- Neue Ideen, z. B. zur Kosteneinsparung oder zur Verbesserung von Arbeitsabläufen, mit einer kleinen Belohnung honorieren.
- Den Mitarbeitern vertrauen und ihnen dieses Vertrauen vermitteln. Das bedeutet für den Vorgesetzten, Verantwortung und Kompetenzen abzugeben. Hier muss gut überlegt werden, welche Spielräume man gewährt, in deren Rahmen die Mitarbeiter unabhängig entscheiden können.

Nur wer Vertrauen gibt, kann Vertrauen erhalten!

- Lob und Anerkennung sind wichtige Erfolgsfaktoren. Kritik ist manchmal angebracht, weil niemand fehlerlos ist. Es ist besser, nicht die einzelnen Arbeitsschritte, sondern das **Endprodukt** zu bewerten. Dies gilt sowohl für die Arbeitsabläufe als auch für die Fertigstellung der Gerichte.

Der Umgang miteinander als Zeichen sozialer Kompetenz

Nicht nur die Führung trägt Verantwortung für eine gelungene Kommunikation, auch die Mitarbeiter untereinander sind gefordert, ihren Beitrag zu leisten. Ein gutes Miteinander ist aber nur möglich, wenn man versucht, aufeinander einzugehen, und Verständnis füreinander hat.

Wenn alles gut läuft, ist auch die Kommunikation in Ordnung. Schwierig wird es erst, wenn Probleme auftreten und Sand im Getriebe ist. In solchen Situationen ist besonders auf den richtigen Umgang miteinander zu achten:

- Zuhören, ausreden lassen.
- Sachlich bleiben.
- Diskussionen in Stresssituationen vermeiden, die ersten Emotionen abkühlen lassen und einen besseren Zeitpunkt abwarten.
- Daran denken: Der Ton macht die Musik.
- Andere Meinungen akzeptieren – die Unterschiedlichkeit der Kollegen als Bereicherung, nicht als Hindernis ansehen.
- Fachliche Kritik nicht persönlich nehmen.
- Bei persönlicher Kritik ruhig darauf hinweisen, dass das Thema hier fehl am Platz ist.
- Bereitschaft zur Lösung von Problemen zeigen. Auf stur schalten ist sinnlos verbrauchte Energie.
- Im Zweifelsfall den Küchenchef hinzuziehen.

Erfolgreiche Kommunikation ist nur in einem guten Arbeitsklima möglich

Kooperation zwischen Küche und Service

Teamwork ist das Zauberwort – Geschichten über die natürliche Feindschaft zwischen Schwarz und Weiß, Service und Küche, gibt es viele. Da ist zum Beispiel die, bei der ein Koch dem Restaurantleiter ein Küchentuch paniert und liebevoll garniert vorgesetzt hat. Oder die, bei der die Silberplatte so auf dem Herd steht, dass sie der Servicemitarbeiter nicht mehr fallen lassen kann, weil seine Hand daran klebt ...

TEAMWORK HAT HEUTE VORRANG, KÜCHE UND SERVICE MÜSSEN IHREN KLASSENKAMPF VERGESSEN

Ohne gute Kooperation und Kommunikation zwischen Service und Küche geht gar nichts.

Das beste und schönste Soufflé, das nicht rechtzeitig zum Gast kommt, fällt zusammen, und weder der Koch noch der Restaurantfachmann können dafür Lob ernten. Wenn eine Arbeit aus Gründen fehlender Zusammenarbeit beanstandet und nicht bezahlt wird, ist das für den Betrieb extrem unangenehm. Es entsteht Schaden, das muss den Beteiligten klar sein.

Man braucht einander

- Die Servicemannschaft muss häufig für Fehler der Küche den Kopf hinhalten.
- Die Küche ist darauf angewiesen, die richtigen Bestellungen, sprich Bons, samt entsprechenden Zusatzinformationen leserlich und vollständig zu bekommen.

Professionelle Kommunikation zwischen Küche und Service erleichtert auf beiden Seiten das Arbeiten. Und reibungslose Abläufe tragen auch zu einem guten **Gesamtklima** des Lokals bei. Kaum etwas stört hingegen mehr, als wenn vor den Gästen oder für die Gäste hörbar gestritten wird (Wenn sich's nicht mehr vermeiden lässt: Das Kühlhaus ist ein fast schalldichter Ort und hilft vielleicht auch sonst beim Abkühlen. Besser ist es allerdings, man atmet durch und ist von sich aus wieder ein echter Profi.).

Küche-Service-Meetings – mehr als eine lästige Erfindung

Wechselseitige **Information** sollte nicht auf Zufall beruhen, sondern geplant werden. Periodische Meetings können hilfreich sein, sie sollten aber nicht zur Kaffeepause verkommen.

Wechselt die Speisenkarte, gibt es Tagesgerichte und zusätzliche Empfehlungen, müssen sich Service und Küche rechtzeitig absprechen.

Wenn die Küchenchefin die Karte mit den Empfehlungen fertig hat, besser aber noch um eine täglich gleich bleibende Uhrzeit, sollte sie sich zehn Minuten Zeit nehmen und mit der Serviceleitung die Veränderungen besprechen. So entfallen auch lästige Rückfragen während der Hauptbetriebszeit. Bei größeren Betrieben ist es sinnvoll, täglich ein **kurzes fixes Meeting mit Küchen- und Serviceleitung** einzuplanen. Die Betonung liegt dabei auf kurz – es geht nicht darum, mit unnötigen Sitzungen Zeit zu vergeuden, sondern gezielt und präzise Veränderungen und Abläufe zu besprechen.

Grundsätzlich sollten Speisenkarten auch Informationen über Zubereitungsart und Beilagen bieten, aber klar ist auch, dass nicht jedes Detail vermerkt werden kann. Gerade wenn die Servicemannschaft wechselt, ist es daher sinnvoll, eine **Speisenkarte mit Zusatzinformationen** an gut sichtbarer Stelle im Servicegang auszuhängen, auf der auch Saucen, Beilagen und Zubereitungsart detailliert angegeben sind.

Tagesempfehlungen sollten auf jeden Fall im Servicegang ausgehängt werden. Sind nur noch wenige Portionen verfügbar, wird das als Information an

INFORMATIONSAUSTAUSCH IST DAS UM UND AUF ERFOLGREICHER ZUSAMMENARBEIT

Koch und Gast

„Ich bin eben lieber in der Küche, sonst wäre ich ins Service gegangen" – der Satz ist häufig zu hören, wenn sich Köche vor der direkten Kommunikation mit Gästen scheuen.

Was sie dabei vergessen: **Viele Gäste wollen wissen, wer für sie kocht.** Das gilt nicht nur dann, wenn der Koch oder die Köchin bekannt bis berühmt ist. Außerdem ist es besser, der Koch geht zu den Gästen, als Gäste kommen – unangemeldet – in die Küche. Das kann den Stress (auch wenn die Küche selbstverständlich immer repräsentabel aussehen sollte) enorm steigern.

das Service notiert, geht das empfohlene Gericht aus, wird die Empfehlung gestrichen. So können Missverständnisse vermieden werden.

Selbstverständlich sind alle Speisen fachgerecht zu **bonieren.**

Sonderwünsche – ja oder nein?

Auch solche Gäste gibt es
Ich hätte gern das Geselchte (Kassler) mit Kartoffelknödel, aber kann ich bitte statt des Knödels Reis und statt des Geselchten ein Naturschnitzel haben? Das wäre fein, danke! Ach ja, und statt des warmen Krautsalates hätte ich lieber einen Beilagensalat, aber keinen gemischten.

Sonderwünsche der Gäste werden wohl immer ein Zankapfel zwischen Küche und Service sein. Grundsätzlich gilt: Wo man den Wünschen der Gäste ohne besonderen Zusatzaufwand für die Küche entgegenkommen kann (zum Beispiel bei einem Beilagenwechsel), sollte man es selbstverständlich tun. Es liegt am Fingerspitzengefühl des Servicemitarbeiters, wann er von sich aus Sonderwünsche akzeptiert und wann er zuerst in der Küche nachfragt. Funktioniert diese Abstimmung nicht, sollte das ein Thema im nächsten Küche-Service-Meeting sein. Wichtig ist, dass Sonderwünsche gut leserlich und unmissverständlich auf dem Bon vermerkt werden (gängige Kürzel können abgesprochen und eventuell auf einem Blatt in der Küche ausgehängt werden).

Es stimmt schon – Zeit ist Geld

Zur perfekten Kommunikation zwischen Gast, Service und Küche gehören auch besondere Wünsche, was den **Zeitablauf** einer Speisenfolge angeht, oder besondere Eigenheiten von Stammgästen, die den Servicemitarbeitern bekannt sind. Wollen Gäste besonders rasch oder mit besonders langen Pausen essen, sollte das auf dem Bon vermerkt werden.

Noch ein Tipp am Rande
Gutes Personalessen trägt mit Sicherheit zur besseren Kommunikation zwischen Küche und Service bei. Liebe und Verständnis gehen eben auch durch den Magen.

Damit der erste Eindruck stimmt

Um also nicht nur am Herd, sondern auch vor den Gästen gute Figur zu machen, geht es zuallererst um das Äußerliche: Bevor ich die Küche verlasse und zu Gästen gehe, sehe ich mich genau an (gute Restaurants und Hotels haben daher im Servicegang einen Spiegel): Ist meine **Kleidung sauber** und sieht sie hygienisch aus? Sind auch meine Hände entsprechend sauber? Nicht immer müssen Köche die traditionelle Tracht tragen (siehe aber die Hygienerichtlinien betreffend Arbeitskleidung, S. 52). Wie Sie sich kleiden, sollte aber zum Typ des Lokals passen, auch das gehört zu einem stimmigen Gesamtkonzept.

Das Outfit soll zum Stil des Lokals passen

Übertriebene Betonung von Hygiene wirkt (außer in Krankenhausküchen u. Ä.) eher abschreckend. Man stelle sich eine Köchin vor, die mit Mundschutz und Einwegplastikhandschuhen an den Tisch kommt!

Der Gleichbehandlungsgrundsatz – Basis für die Zufriedenheit des Gastes

Wenn er nicht zu einem bestimmten Tisch gerufen wird, sollte ein Koch auf seiner Lokalrunde kurz an **alle Tische** kommen und fragen, ob alles zur Zufriedenheit ist, ob es schmeckt bzw. geschmeckt hat. Widmet er sich nur einem besonderen Tisch mit Stammgästen, Prominenten etc., kann sich der Rest der Gäste sehr leicht zurückgesetzt fühlen.

Selbstverständlich setzt sich ein Koch (ebenso wie ein Servicemitarbeiter) nie an einen Tisch, ohne dazu aufgefordert worden zu sein. Während des Küchenbetriebes kann das aber auch durchaus dankend ausgeschlagen werden. Die Einladung zu alkoholischen Getränken muss während des Küchenbetriebes jedenfalls freundlich abgelehnt werden.

Worüber man spricht

Selbstverständlich wird ein Profi auch nach Dienstschluss Gästen **nie Interna** oder gar Probleme aus dem Küchenbetrieb erzählen. Es hat mit dem persönlichen Feingefühl zu tun, ob es Anekdoten und Schmankerln gibt, die auch hinausgehen dürfen. **Loyalität** der Besitzerin oder dem Betreiber gegenüber hat Vorrang vor dem Sichausjammern. Im Zweifelsfall sollte man eher zu wenig als zu viel erzählen. Und manchmal hilft es, sich zu überlegen, ob man das Erzählte auch in einer Zeitung veröffentlicht sehen möchte.

Kommuniziert der **Koch** direkt mit den Gästen, so ist das nicht nur für das **Verständnis der Gästewünsche**, sondern auch für das **Verständnis der Arbeit der Servicetruppe** von Vorteil. Oft ist aber die Hilfestellung eines Servicemitarbeiters sinnvoll, denn Küchenmitarbeiter vergessen aus Routinemangel bisweilen, zum Beispiel Getränkebestellungen weiterzuleiten. Also: **Teamwork** ist angesagt!

WICHTIG – DER KONTAKT ZU IHREN KUNDEN

Auch muss der Koch nicht die gesamte Speisenkarte auswendig können. Es geht nicht darum, dass er im Kontakt mit den Gästen die Servicemitarbeiter ersetzt, sondern dass er die **Neugier befriedigt und etwas Besonderes bietet.** Gerade wenn die Routine im Umgang mit Gästen noch nicht so groß ist, sollte man sich daher – in Abstimmung mit dem Chef und dem Service – auf zwei, drei **besondere Empfehlungen aus der Küche** beschränken. Natürlich ist es gut, sich diese schon vorher gut zu überlegen. Man sollte darauf gefasst sein, dass die Gäste nach der Zubereitung und den Zutaten fragen – auch deswegen reden sie ja gerne mit dem Koch.

Noch ein Tipp am Rande
Besonders kompetent wirkt es, wenn man sich zu den besonderen Empfehlungen auch einen **passenden Wein** überlegt. In größeren Betrieben und jedenfalls immer dann, wenn sich die Köche beim Weinangebot nicht so gut auskennen, sollten sie sich rechtzeitig von den Fachleuten des Lokals beraten lassen.

Wenn der Koch einen Tisch verlässt, auf dem Teller, Gläser, Besteck abzuservieren wären, aber niemand vom Service in der Nähe ist, so gibt es zwei Möglichkeiten: Er verspricht, jemanden zu schicken oder er serviert selbst ab – in beiden Fällen beweist er so den Gästen gegenüber seine Aufmerksamkeit und Kompetenz.

Die Kommunikation zwischen Küche und Gästen bringt nicht nur den Gästen zusätzliche Informationen, sondern sie nützt auch dem Koch: Erstens ist es schön, gelobt zu werden (Kritik trifft meistens entweder gleich das Servicepersonal oder viel später in Form von Beschwerdebriefen und E-Mails die Eigentümer). Und zweitens wird einem oft erst durch den direkten Kontakt klar, worauf Gäste besonderen Wert legen und womit man ihnen Freude machen kann.

Glückliche Gäste kommen wieder – und sichern so auch die Arbeitsplätze in der Küche, oder bringen sogar mehr Köche, bessere Leistung und noch mehr Spaß beim Kochen.

Verkaufsfördernde Maßnahmen, Marketing, Public Relations

Gäbe es nur ein Gasthaus, ein Restaurant weit und breit, dann brauchte man nicht viel Werbung zu machen. Aber in der Realität existiert jede Menge **Konkurrenz.**

AUCH OHNE KONKURRENZ KANN MAN GÄSTE LEICHT VERGRAULEN

Erfolg mit Hausverstand und Esprit

Egal, ob Lokale ein ähnliches Konzept haben oder ob sie mit unterschiedlichen Angeboten aufwarten – sie alle bemühen sich darum, **Gäste anzulocken.**

Aber auch wenn es nur das eine Gasthaus gäbe: Ist sein Ruf schlecht, ist die Küche mies, das Service unfreundlich und sind die Tische schmutzig, gibt es für den Gast noch immer eine Alternative: daheim bleiben und selber kochen. Oder eine Tiefkühlpizza aus dem Supermarkt aufwärmen.

Kein Strickmuster – Marketing ist individuell

Jeder braucht also im weiteren Sinn **gelungenes Marketing**, um **Erfolg** zu haben. Aber Achtung: Patentrezepte gibt es dafür keine, auch wenn es mehr als genug Gurus gibt, die einem das um viel Geld einreden wollen. Welchen Erfolg Marketing hat, hängt davon ab, wie **stimmig** es ist – ob es also zur Art des Betriebes, zu den Leuten, die hinter dem Betrieb stehen, und nicht zuletzt zu den angesprochenen Kunden passt. In einer kleinen Kurstadt mit vielen älteren Gästen hat es zum Beispiel wenig Sinn, hohle englische Floskeln zu verbreiten: Event – event-uell ein Schreibfehler?

Wie überall ist Fingerspitzengefühl angesagt. Wer leichte Unsicherheit verspürt, geht mit einer **Befragung** in die Offensive: Nur wer weiß, was der Gast will, kann seine Wünsche auch erfüllen.

Keine Angst vorm großen Nachbarn

Sich vor der Konkurrenz zu fürchten, ist mit Sicherheit der falsche Weg. Man kann es ja besser machen als die Konkurrenz, und man kann **darüber reden**, also **PR (Public Relations, Öffentlichkeitsarbeit)** betreiben.

Neue Ideen helfen, den **Bekanntheitsgrad** zu heben und sich einen **unverwechselbaren Platz** zu sichern. Allerdings: Neue Ideen sind nur dann gut, wenn sie nicht bloß kommuniziert, sondern auch entsprechend **umgesetzt** werden können. Das gilt auch für die sogenannte **Erlebnisgastronomie** – wenn Gäste nicht erkennen können, worin das besondere Erlebnis besteht, werden sie deswegen auch nicht wiederkommen.

Keine Angst vor neuen Ideen und Nischen, aber Vorsicht mit Begriffen, hinter denen nichts steht.

Wonach schmeckt Vertrauen?

So gut wie alle Gäste erwarten selbst auf einer noch so einfallsreichen Speisenkarte Gerichte, die sie kennen oder die ihnen zumindest bekannt erscheinen. Diese Anteile an sogenanntem **Commonfood** (bekanntem, vertrautem Essen) sollten daher nirgendwo fehlen. Wie hoch der Anteil ist, wird von der Art des Betriebes abhängen.

Bei Fastfoodanbietern beträgt er nahezu hundert Prozent (auch wenn die professionellen unter ihnen immer wieder besondere Wochenangebote machen). In einem für seine kreative Küche ausgezeichneten Lokal wird der Anteil deutlich geringer sein.

Es besteht natürlich auch die Möglichkeit, **Bekanntes interessant zu kombinieren.** Frischer Thunfisch, gefüllt mit

Grammeln (zerlassenen Speckwürfeln) – zumindest für abenteuerlustige Gourmets hört sich das interessant an. Es ist allerdings nur wirklich interessant, wenn es entsprechend umgesetzt werden kann.

Keinesfalls sollte man vor lauter listigen Marketingstrategien auf die Basis gelebter Gastlichkeit vergessen:

- die Qualität von Küche und Service,
- gleich bleibende (hohe) Standards,
- Freundlichkeit,

damit sich die Kunden tatsächlich als Gäste fühlen – und kein Problem damit haben, dafür zu bezahlen.

Commonfood oder Ungewöhnliches? Orientieren Sie sich an Ihren Gästen!

Selbst ist der Koch – auch draußen vor der Tür

Verkaufsförderung beginnt nicht mit einem teuren PR-Berater frisch von der Wirtschaftsuni, sondern mit einem kritischen Blick vor das Lokal.

Denn schon **vor der Tür fängt** es an:

- Hat die Außenansicht mit dem zu tun, was einen im Inneren erwartet?
- Gelingt es, bereits auf dem Gehsteig das richtige Feeling für das Lokal zu erzeugen?

Entsprechend aufgestellte **Tafeln** können auf besondere Gerichte aufmerksam machen.

Blumen, aber auch Formen **künstlerischer Dekoration** tragen das ihre bei. Aber aufpassen: Nicht möglichst viel von allem hat den besten Effekt, sondern das Passende am richtigen Platz.

Noch einfacher:

- Sind die Fußmatten sauber? Liegen in einer Ecke vor dem Lokal Zigarettenkippen herum?
- Lässt eine Lache in einer Ecke auf alles Mögliche, aber jedenfalls auf nichts Kulinarisches schließen?
- Ist die Speisenkarte im Aushang vergilbt und mit ein paar toten Fliegen verziert?

Oft ist es wichtiger, an diese **Kleinigkeiten** zu denken, als sich in strategischen Höhenflügen zu verzetteln.

Natürlich kann auch das völlig schräge „Außen grauslich – innen wunderschön" den Überdrüber-Marketingkick geben, aber das ist eine andere Geschichte, da braucht man einen Namen wie Jamie Oliver.

Der Schaukasten ist optischer Stellvertreter des Betriebs

Abwechslung und Neues

Neben dem Vertrauten immer wieder auch Neues zu bieten, ist mit Sicherheit eine gute Maßnahme, um Gäste anzuziehen, und solche, die es schon sind, zu Stammgästen zu machen. Spezielle **Wochen** bieten sich durch die Jahreszeiten an: Erdbeerwochen, Wildwochen, Spargelwochen, aber warum nicht einmal auch Erdäpfel(Kartoffel)wochen oder eine Woche, die dem Grünen Veltliner gewidmet ist?

Solche besonderen Angebote sollten **rechtzeitig angekündigt** werden: auf Aufstelltafeln, auf Flyern, durch E-Mails bzw. Newsletter und auf der Homepage, durch Inserate – je nachdem, um welchen Typ Lokal es sich handelt und welche Mittel zur Verfügung stehen (siehe Marketinginstrumente, S. 40).

Sonderveranstaltungen sind eine weitere Möglichkeit: Zum Beispiel bietet man an einem Abend (wieder entsprechend im Voraus beworben) ein besonderes Menü an. Es kann einem bestimmten **Thema** gewidmet sein. Dabei gibt es eine enorme Vielfalt: von einer karibischen Nacht bis zu einem Menü rund ums Weinviertler Freilandschwein oder einem Abend, bei dem Bier oder Sekt im Mittelpunkt steht.

Oft als **Weinkulinarien** bezeichnete Sonderveranstaltungen widmen sich dem Zusammenspiel von Weinen bestimmter meistens anwesender Winzer (Produzenten) und speziellen Speisenfolgen.

Egal um welche Art von Sonderveranstaltung es sich handelt: Etwas mehr zu bieten als nur das Menü, kann nicht schaden: Das kann **Musik** sein (es ist

Der Spargel ist wohl der bekannteste Vertreter von Spezialitätenwochen

dabei allerdings darauf zu achten, dass zu Lautes und Aufdringliches nicht nur einen Teil der Gäste, sondern auch Nachbarn stören könnte), das könnten **kurze künstlerische Darbietungen** sein (das kulinarische Programm sollte dabei aber der Mittelpunkt bleiben, nichts ist lästiger, als wenn Gäste zwischen zwei Gängen hungrig stundenlange Lesungen oder Gesangseinlagen ertragen müssen), das kann auch eine spezielle Produktpräsentation (von Wein, Bier, Käse) sein.

Halten Sie die Augen offen, oft ist ein Blick in ein Schaufenster, ein Einkauf im Bioladen oder im Blumengeschäft, ein Radiobericht oder eine Motorradtour der Funken zu einer zündenden Idee.

Kurz, informativ, spritzig ist das Credo

Auch auf bestimmte **Zielgruppen** besondere Rücksicht zu nehmen, wirkt verkaufsfördernd – wenn es zum Typ des Lokals passt: Eine „Happy Hour" oder ein „After Work", in dem es einige Getränke günstiger gibt, kann Stunden mit schwacher Auslastung überbrücken und Gäste anlocken, sie vielleicht dazu animieren, länger zu bleiben und etwas zu essen. Besonders in der **Umgebung von Büros und Geschäften** kann das ein Teil eines Erfolgskonzepts sein.

Sich um Zielgruppen zu kümmern, kann aber auch bedeuten, spezielle **Seniorenmenüs** anzubieten oder für **Kinder** nicht nur eine eigene kindergerechte Speisenkarte bereitzuhalten, sondern ihnen auch Beschäftigungsmöglichkeiten zu geben. Die Palette reicht hier von der klassischen Schaukel im Gastgarten bis zu Papiertischtüchern, die sich mit Buntstiften bemalen lassen.

Geschäftsleute sind eine andere mögliche Zielgruppe. Ihnen könnte man einen Businesslunch oder Quicklunch (der nach Art des Lokales auch ganz anders heißen kann) anbieten, der auf ihre Bedürfnisse Rücksicht nimmt: leicht (nicht jeder kann sich Büroschlaf leisten), frisch und vor allem schnell.

Dafür Begriffe aus dem Ärmel zu schütteln, ist manchmal nicht so einfach. Versuchen Sie es mit einem Blick in die Zeitung, in den Duden mit sinn- und sachverwandten Wörtern oder jenen, der sämtliche gängige Redewendungen enthält. Warum sich den Kopf über etwas zerbrechen, was andere viel besser können? Auch gibt es im Internet Lexika, zum Beispiel über Jugendsprache, Wörter des Jahres, des Jahrhunderts, der Wirtschaft, mit Fauxpas berühmter Persönlichkeiten etc. – und meist reicht ein Denkanstoß aus, eine griffige Bezeichnung zu finden. So können „WertpaBiere" genauso entstehen wie „Hausers auf der Nocken-Welle". Solche Wortkreationen müssen aber von der Zielgruppe verstanden werden.

Eventpräsenz – die Eintrittskarte in die Köpfe der Kunden

Als verkaufsfördernde Maßnahme nicht zu unterschätzen ist auch die **Eventpräsenz.** Es wird immer wichtiger, dass ein Lokal bzw. sein Küchenchef oder seine Besitzerin im Gespräch ist. Wenn Starköche immer wieder in Seitenblicken- und Klatschspalten vorkommen, dann hat das selten mit Publicitygeilheit zu tun, sondern ist vielmehr Teil ihrer Arbeit: Man sieht sie in der Öffentlichkeit, man hört von ihrer Küche, der Name des Lokals fällt, man will auch dort essen, um mitreden zu können.

Eine „Happy Hour" oder ein „After Work" kann Stunden mit schwacher Auslastung überbrücken – und kommt bei den Gästen gut an

Eventpräsenz ist aber auch im kleineren Rahmen möglich, wenn der Betrieb bei Veranstaltungen in der Umgebung präsent ist, zum Beispiel beim Kirchtag Wein ausschenken oder auf dem Martinimarkt Speisen servieren.

Auch Wohltätigkeitsaktionen, moderner ausgedrückt **Charityveranstaltungen**, können so direkten Nutzen bringen. Das kann durch Lokalzeitungen, aber auch durch Mund-zu-Mund-Propaganda geschehen. Gibt es in Ihrer Umgebung einen Partner aus dem Non-Profit-Bereich zur Realisierung solch einer Veranstaltung? Gibt es einen aktuellen Anlass, wo man konkret helfen kann? Wie immer gilt auch hier: Augen und Ohren offen halten, meist gibt es mehr Anregungen, als man umzusetzen vermag.

Marketing am Tisch

Sind die Gäste erst einmal da, **überraschen** Sie sie: Mit einem kleinen Zusatzgeschenk gewinnt man ihr Wohlwollen und sie fühlen sich überaus gut betreut. Wie geht es Ihnen, wenn Sie Ihren Wagen in die Werkstätte stellen und Sie erhalten ihn nicht nur repariert, sondern darüber hinaus auch noch geputzt und poliert zurück? Sie werden sich freuen und dieses zusätzliche, überraschende Geschenk nicht so schnell vergessen: Schon ist diese Werkstatt in Ihrem Kopf mit einem positiven Erlebnis verbunden. Und so soll es den Gästen nach einem Besuch bei Ihnen gehen.

Diese Überraschungen können **geplant** sein, wie die Vorbereitung kleiner Give-aways, oder können auch durch besonders aufmerksame Betreuung **spontan** erfolgen: Zum Beispiel, wenn ein Gast einen zweiten Teller bestellt, da er die Vorspeise teilen möchte: Richten Sie nicht nur die Vorspeise gleich auf zwei Tellern an, sondern geben Sie auch noch extra Knoblauchbrot dazu. Diese kleine Aufmerksamkeit freut den Gast ungemein – und ist einfach und bestimmt wirkungsvoll.

Marketinginstrumente

Zufriedene Gäste sind mit Sicherheit die beste Werbung – aber es darf auch ein bisserl mehr sein. Um Sonderveranstaltungen, spezielle Wochenprogramme, Zielgruppenangebote oder das Konzept eines Betriebes öffentlich zu machen, gibt es verschiedene Möglichkeiten. Der Fantasie sollten dabei nur dort Grenzen gesetzt werden, wo das gewählte Mittel und der Typ des Lokals nicht zusammenpassen. Anstatt eine teure Werbefläche zu mieten, kann zum Beispiel auch ein Traktor mit Anhänger und entsprechend großer Aufschrift am Straßenrand oder in einem Feld Aufmerksamkeit erregen.

Hier einige klassischere Werbeschachzüge und Kommunikationsmittel:

Corporate Identity

Es geht um die **Wiedererkennbarkeit** und die **Unverwechselbarkeit** eines Betriebes. Deswegen werden überall (zum Beispiel auf Zündhölzern, Geschäftspapier, Servietten oder Platztellern) dasselbe Logo und derselbe Schriftzug verwendet.

Oft gibt es auch ein Motto, das immer wieder auftaucht. Auch die bewusste Wahl einer Farbe gehört zur Corporate Identity.

Corporate Design

Es ergänzt die Corporate Identity: Die Ausstattung des Lokals – also Möbel, Besteck, Vorhänge, Lampen, Dekoration – passt zum Betrieb, schafft **eine eigene Identität** und zieht sich wie ein **roter Faden** durch den gesamten Laden.

Aufstelltafeln

Gibt's auch mit Windflügel amerikanisch bewegt ...

Sie sind wohl das klassischste Mittel der Gastronomie, um direkt vor dem Lokal um Aufmerksamkeit zu werben. Da sie

FARBE, STIL, SCHRIFTZUG – DAS CORPORATE DESIGN SORGT FÜR WIEDERERKENNUNG

quasi eine **Visitenkarte des Betriebes** sind, ist darauf zu achten, dass sie sauber, aktuell, gut lesbar und – ohne ein Hindernis zu sein – ordentlich aufgestellt sind.

Die Aufstelltafel – Krise oder Chance?
Nur mit der klassischen Nudelsuppe und dem Grillspieß mit Pommes können Sie keinen Gourmet hinter dem eigenen Pizzaofen hervorlocken. Wichtig sind neben Lesbarkeit und korrekter Schreibweise frische Ideen und saisongerechte Schmankerln. Stellen Sie sich vor, es ist Spargelzeit und bei Ihnen kündigt die Werbetafel Nudelsuppe an – da wird die Werbung schnell zur Gegenwerbung.

AUFSTELLTAFELN BENÖTIGEN REGELMÄSSIG ZUWENDUNG, WENN SIE ANSPRECHEND SEIN SOLLEN

Ein paar Hinweise für die Aufstelltafeln

Formulieren Sie so, dass Ihren potenziellen Kunden das Wasser im Munde zusammenläuft, zum Beispiel: Fruchtig leckeres Erdbeerknöderl auf cremig schokoladiger Saucenliaison in Schwarzweiß. Nicht, dass sich unter den Geschmacksnerven gähnende Langeweile ausbreitet. Probieren Sie es aus, machen Sie ein Brainstorming zum Thema Eierschwammerln. Was fällt Ihnen dazu ein? Gibt's bei Ihnen einfach frische Eierschwammerln (Pfifferlinge) – das will man ja hoffen –, oder ist Ihre Pilzsauce so delikat wie früher bei der Oma zuhause? Ist der Semmelknödel flaumig, dampfend und heiß? Sind dies die ersten Eierschwammerln des Jahres und Ihr Gast hat schon lange keine mehr gegessen? Erzählen Sie aber auch keine Romane, dafür ist – zum Beispiel während einer Ampelphase – nicht genügend Zeit. Also, pointiert und pfiffig – und so gut!

Flugzettel oder Flyer

Auf ihm steht, was Sie als Werbebotschaft transportieren möchten:

- die Ankündigung eines Weinkulinariums,
- das Angebot für Zielgruppen, wie Busreisende, Menschen nach dem Kino- oder dem Theaterbesuch, Senioren, oder der Hinweis darauf, dass Kinderkochkurse angeboten werden.

Solche Flugzettel können im Betrieb aufgelegt, aber auch breiter verteilt werden: durch Geschäftspartner wie Winzer und Lieferanten und durch zufriedene Stammgäste. **Flyer** sollen mit dem **Logo** (also dem Schriftzug, dem Zeichen) des Betriebes versehen sein, da es um die Wiedererkennbarkeit geht.

Nicht die drei Ws vergessen
Was? Wann? Wo? Nur wenn die Angesprochenen wissen, was wann und wo veranstaltet wird, (wobei es sinnvoll ist, um Reservierung zu ersuchen und die Telefonnummer und E-Mail-Adresse anzugeben), können sie das Angebot annehmen.

E-Mail

Besonders **einfach und schnell** lassen sich Angebote und Sonderveranstaltungen über E-Mail als **Newsletter** kommunizieren. Dafür muss man allerdings die entsprechenden Adressen haben, aber das geht ganz einfach: Man legt seinen Kunden (zum Beispiel gemeinsam mit der Rechnung) ein Buch vor, in das sich zufriedene Gäste, die über Neuigkeiten und Veranstaltungen informiert werden wollen, mit ihrer E-Mail-Adresse eintragen können. Diese Adressen fasst man zu einer Gruppe zusammen, sodass dann später der Druck auf einen Knopf genügt, um an alle Interessierten eine Botschaft zu versenden. Hier ein schönes Beispiel für einen Newsletter:

Liebe Agathon-Freunde,
Nachtschwärmer und Genießer!

Der heurige Februar steht ganz im Zeichen der Faschingszeit, denn auf ihrem Höhepunkt beginnt nicht nur die Fastenzeit, sondern auch ein neuer Monat. Lasst uns den Fasching feiern, denn der Winter ist hart genug. Wir wärmen Sie von Innen her mit kulinarischem Brennstoff für eine feurige Ballnacht oder ein heißes Gschnas (Kostümfest). Lässt Sie das närrische Treiben kalt, dann bleiben Sie bei uns im Warmen, um einen ebenso vergnüglichen und kurzweiligen Abend à la Agathon zu verbringen.

UNSERE EMPFEHLUNGEN
FÜR KALTE WINTER- UND
HEISSE FASCHINGSNÄCHTE:

KLARE FENCHELSUPPE MIT
KÄSECROÛTONS

***

FLAUMIGE KARTOFFELGNOCCHI
MIT SCHWARZWURZELN IN OBERS(SAHNE)-
KRÄUTER-SAUCE MIT KAROTTEN
UND PILZEN

***

MIT OLIVEN-SPECK-KRÄUTERKRUSTE
GRATINIERTES ZANDERFILET
AUF ROTEM PAPRIKARISOTTO
MIT GRÜNEN ERBSEN
UND GELBEN RÜBEN

***

MILCHREIS „CAFE LATTE"
MIT AMARETTINI UND KROKANT

Wir freuen uns auf Ihren Besuch!
Andreas Reingruber & Team

Restaurant – Bar Agathon
ist Arbeit an einer Kultur

Vorsicht allerdings: Wer zu häufig solche Promotion-E-Mails verschickt, wird zunehmend auf Unverständnis stoßen. So toll kann kein Betrieb sein, dass er zweimal wöchentlich Aussendungen hinausjagen muss. Da entsteht schon eher der Verdacht, es könnte sich um das letzte, verzweifelte Aufbäumen eines untergehenden Unternehmens handeln.

E-Mails lassen sich aber auch **an spezielle Zielgruppen** schicken: Zum Beispiel kann es Sinn machen, alle Büros und Unternehmen in einem gewissen Umkreis des Lokals anzuschreiben und über spezielle Mittagsmenüs oder Happy-Hour-Angebote zu informieren. Dafür braucht man etwas Zeit, um über Telefon die E-Mail-Adressen zu erfragen.

Inserate oder redaktionelle Berichte

Dabei gilt es immer, den Kosten-Nutzen-Faktor abzuwägen. **Je gezielter** sich das Medium, in dem ich inseriere, an meine potenziellen Gästegruppen wendet, **desto besser.**

Wenn meine Gäste ohnehin aus der näheren Umgebung kommen, ist es erfolgsträchtiger, in lokalen Zeitungen, Radioprogrammen oder auf Veranstaltungsankündigungen billigere Inserate zu schalten, als in einer großen Tageszeitung für eine wesentlich teurere Einschaltung zu zahlen.

Die kostengünstigste Methode ist es allerdings immer noch, im **redaktionellen Teil** von Medien unterzukommen: Journalisten berichten hier über meinen Betrieb, ich habe Publicity und zahle nichts. Auch dafür sind E-Mail-Listen von Vorteil: Meine Aussendungen – siehe oben – sollte ich immer auch an möglicherweise interessierte Journalisten schicken. Ohne Einladung kein Artikel, ein Versuch ist es auf alle Fälle wert.

Besonders kann man auch die Saure-Gurken-Zeit nutzen, einen langen, heißen, ereignislosen Sommer, der den Journalisten die redaktionellen Schweißtropfen auf die Stirn treibt. Ein Summersplash ist da die willkommene Abwechslung.

Nehmen Sie sich während der Veranstaltung kurz Zeit, mit Ihrem Besuch zu sprechen und einige Dinge zusätzlich anzubringen. Und vergessen Sie nicht: Journalisten sind mit einer kulinarischen Einladung schneller überredet, Ihrem Ruf zu folgen. Und nebenbei haben Sie vielleicht auch noch einen Kunden gewonnen.

Wegweiser und Werbetafeln

Auch da müssen Preis und Leistung abgewogen werden. Hinweisschilder, die klar und gut lesbar sind, helfen Gästen aber nicht nur, das Lokal zu finden, sondern können auch solche anlocken, die gar nicht danach gesucht haben.

Wegen der Aufstellung spricht man sich am besten mit den örtlichen Behörden ab.

Homepage

Sie ist heute ein immer wichtiger werdendes Werbemittel mit der **größten potenziellen Reichweite.** Bei der Gestaltung ist darauf zu achten, dass sie **rasch** geöffnet werden kann, es nützt nichts, wenn man als User mit Musik und allerlei Belanglosigkeiten empfangen wird, aber sehr lange warten muss. Außerdem ist es wichtig, dass man die Homepage ohne großen Aufwand ständig aktualisieren kann.

Internet-Reservierungssysteme, die mit den Tischplänen Ihres Lokals gekoppelt sind, erhöhen auch die Chance auf mehr Gäste. Die Pflege dieses Systems ist besonders wichtig, um Doppelvergaben und Kundenfrust zu vermeiden.

Achten Sie aber auch darauf, dass Sie nicht zu viele Elemente aktualisieren müssen und sich nicht damit selbst unter zeitlichen Druck setzen. Denn nichts springt dem User unangenehmer

Ein redaktioneller Beitrag in einer Zeitung ist unbezahlbare Publicity

AUFGEDECKT

Farbenfroh ist das Portal des Lokals und frisch das Gekochte. Foto: OÖN

Asiatische Fusion

Trotz der vielen China-Restaurants und manch japanischer Lokale ist das kulinarische Asien hierzulande oft noch Neuland. Herrvorragendes aus Asiens Küche bietet das „Niu".

Der Beiname „fusion" deutet darauf hin, dass man es hier versteht, einige der besten Elemente der sehr guten asiatischen Küche zu kombinieren. Doch es gibt auch Pures

kensalat mit Gravad Lachs (5.20 Euro), frisch, erfrischend, pikant und gesund. Wunderbar knusprig und fein würzig abgeschmeckt der gegrillte **Tofu in Sesamkruste mit Chili-Sauce und Salat** (4,30 Euro).

Bei den Hauptspeisen bestellte ich meinen Favoriten, der jedesmal wieder neu schmeckt, da die Zutaten häufig variiert werden: **Wok-Noodles** – im Wok schnell angebratene Weizennudeln, diesmal mit Eierschwammerln, Austernpilzen, Ei und geräuchertem

Edel, schnell, informativ – so soll sie sein, die gute Homepage

ins Auge als News, Ankündigungen und Storys, die einen „abgelaufen"-Stempel tragen und damit längst der Vergangenheit angehören. Wenn Sie kaum Zeit (oder auch Lust) haben, Inhalte auf dem Laufenden zu halten, ist es besser, bei allgemeinen Informationen zu bleiben und Neuigkeiten über den Newsletter zu verbreiten.

Sind die Gäste einmal da, möchten sie nicht mit dem Rücken des Besitzers, der in das Internet schaut, konfrontiert werden. Gleichzeitig sollte der Computer möglichst nah beim Telefon und beim Reservierungsbuch stehen. Hier sind findige Lösungen gefragt.

Ist der Computer gut platziert, bewahrt man den Überblick

Resümee

Wagen Sie Ihre eigenen Marketingschritte, setzen Sie auf Ihren Hausverstand und vertrauen Sie auf Ihren Instinkt. Gönnen Sie Ihren eigenen vier Wänden den ihnen gebührenden Stil, denn der Gast merkt sofort, ob alles im Lokal nach aufgesetztem Konzept riecht oder ob Authentizität dahinter steht, hinter der auch Sie stehen.

Hygiene und Sicherheit

Man kann noch so gut kochen, perfekt planen und organisieren – wenn es mit der Hygiene nicht klappt oder die Sicherheit der Mitarbeiter gefährdet ist, hat eine Küche keine Chance. Und das zu Recht: Denn Gäste und Mitarbeiter dürfen und müssen sich darauf verlassen können, dass die Küchenleitung ihre Verantwortung wahr- und ernst nimmt. Ihre Gesundheit steht auf dem Spiel. Es geht nicht um gesetzliche Schikanen, sondern darum, wie man mit anderen Menschen umgeht – und hier ist Vertrauen die Basis.

Begriffe, die uns durch Hygiene und Sicherheit begleiten

Abklatschtest	Test zum Nachweisen von Bakterien und Pilzen
a_W-Wert	activity of water; zeigt den frei verfügbaren (aktiven) Wasseranteil im Lebensmittel an
Defibrillator	Schockgerät für die Erste-Hilfe-Leistung bei Atem- oder Herzstillstand
Enzym, Ferment	vom Körper gebildete organische Verbindung, die den Stoffwechsel (Nährstoffauf- und -abbau) steuert, ohne sich dabei selbst zu verändern
Ergonomie	Lehre von der Anpassung der Arbeitsbedingungen und der Betriebsmittel an den Menschen
Ethylen (Äthylen)	Kohlenwasserstoff; Gas, das Obst und Gemüse, z. B. Äpfel und Tomaten, während der Reifung verströmen
Evaluierung	Analyse und Bewertung eines Sachverhalts; Erhebung der Ist-Situation
Feuchtemessgerät, Thermometer	zum Messen der relativen Luftfeuchtigkeit und der Temperatur in Kühlanlagen
First in – first out (FIFO-Prinzip)	jene Ware, die zuerst gelagert wird (first in), soll auch zuerst verarbeitet werden (first out)
Gefrierbrand	weiße oder bräunlich rote Verfärbung an tiefgefrorenen Lebensmitteln als Folge von Temperaturschwankungen
HACCP	Hazard Analyzis Critical Control Point; Gefahrenanalyse kritischer Kontrollpunkte
Hygiene	Gesundheitslehre einschließlich Gesundheitspflege und -fürsorge, die sich mit den Wechselbeziehungen zwischen Mensch und Umwelt befasst
Kontaktthermometer, Kerntemperaturmessgerät	zum Messen der Kerntemperatur von Speisen
Kontamination	Verunreinigung von Lebensmitteln mit unerwünschten Fremdstoffen
Kreuzkontamination	wechselseitige Verunreinigung von Lebensmitteln und Arbeitsplätzen
Küche – reiner Bereich	hier werden die Speisen fertig gestellt
Küche – unreiner Bereich	hier finden die Vorbereitung und die Verarbeitung von Rohwaren statt
Lebensmittelinfektion	hervorgerufen durch krankheitserregende Mikroorganismen
Lebensmittelvergiftung	hervorgerufen durch von Mikroorganismen gebildete Gifte
Nitrit	Salz, das im Körper zu Nitrat (krebserregend) umgewandelt wird
Oxidation	Reaktion eines Stoffes mit Sauerstoff
pasteurisieren	schonendes Erhitzen zur Entkeimung und Haltbarmachung von Lebensmitteln, z. B. pasteurisierte Eier oder Milch
Pestizid	Schädlingsbekämpfungsmittel
ph-Meter, pH-Messstreifen	zum Messen des Säuregehalts von Lebensmitteln und Speisen
pH-Wert	gibt den Säuregehalt im Lebensmittel an
Regenerieren	Aufbereiten, meist Erwärmen, von fertig vorbereiteten Speisen
Salmonellen	Bakterien, die vor allem durch Geflügel und rohe Eier übertragen werden
Salmonellose	durch Salmonellen ausgelöste Krankheit mit Brechdurchfall, Fieber, Kopf- und Muskelschmerzen
Schmierinfektion	direkte Keimübertragung, z. B. über die Hände, über Arbeitsgeräte
Sensorische Prüfung	Lebensmittel werden mit den Sinnesorganen auf Frische getestet
Tetanus	Wundstarrkrampf; nach Infektion einer Wunde auftretende Krankheit
Toxine	giftige Stoffwechselprodukte von Mikroorganismen, Tieren oder Pflanzen

Hygiene

Assoziieren Sie mit dem Begriff Hygiene das Ausfüllen von Listen und den Besuch von Lebensmittelkontrolleuren – lästige Unannehmlichkeiten, die die Arbeit störend unterbrechen? Dann schlüpfen Sie für einen Moment in die Rolle des Gastes, wagen Sie einen Blick hinter die Kulissen und nehmen Sie dabei Folgendes wahr: Die Schürze des Chef de Cuisine trägt die Speisenkarte der vergangenen Tage, der Lehrling wischt Spuren einer leichten Schnittverletzung notdürftig in seine Hose, neben fertig angerichteten Speisen türmen sich Lebensmittelreste … Aus Ekel und Angst um Ihre Gesundheit würden Sie diese Gaststätte wohl kein weiteres Mal betreten.

Die Beispiele zeigen Ihnen, dass die Gesundheit Ihrer Gäste und Mitarbeiter neben der Verarbeitung von hygienisch einwandfreien Lebensmitteln sowohl von Ihrer als auch von der Sauberkeit – der Hygiene – Ihres Betriebes abhängt.

Die Gesamtheit der Hygienemaßnahmen eines Betriebes lässt sich somit in drei Bereiche gliedern:

- **Betriebshygiene**
  Hygiene von Einrichtungen und Ausstattungen
- **Personalhygiene**
  Hygiene der Mitarbeiter – Verantwortung jedes Einzelnen
- **Lebensmittelhygiene**
  Hygiene bei der Lagerung und bei der Be- und Verarbeitung von Lebensmitteln

Betriebshygiene

Zur Einhaltung und Aufrechterhaltung gesetzlich vorgegebener Hygienestandards muss der Betrieb ordnungsgemäß eingerichtet und ausgestattet sein.

Anforderungen an Räume und Einrichtungen

Die Betriebsräume sollen hell, mit natürlichem Licht ausgestattet sein und über eine ausreichende Be- und Entlüftungsanlage verfügen. Sie müssen ebenso wie alle Einrichtungsgegenstände leicht zu reinigen und zu desinfizieren sein.

Natürliches Licht, genug Platz und eine professionelle Einrichtung erleichtern den Arbeitsalltag

Aussen hui – innen pfui? Meist kann man nur erahnen, ob hinter den Kulissen fair gespielt wird.

Küche und Lagerräume

- Die Wände müssen mit einer abwaschbaren, glatten Wandverkleidung (Fliesen oder Anstrich) bis zu einer Höhe von mindestens zwei Metern ausgestattet sein.
- Die Fußböden müssen sicher zu begehen sein (keine Unebenheiten), über Ablauföffnungen und -rinnen verfügen, aus wasserundurchlässigem Material und leicht zu reinigen sein.
- Fenster, Türen, Tisch- und Abstellflächen müssen fugenlos aus abwaschbaren Materialien sein. Den Hygienevorschriften wird eine Ausstattung

aus Chrom-Nickel-Stahl am besten gerecht.

- Geräte und Geschirr müssen aus rostfreiem Stahl oder Kunststoff sein. Ausgenommen sind Hackstöcke (Hauklötze) und Arbeitsflächen für die Teigzubereitung, die aus Hartholz gefertigt sein dürfen.
- Die Küche ist arbeitstechnisch in eine reine und eine unreine Seite zu teilen: Für die Verarbeitung und Vorbereitung von Rohware (z. B. Geflügel, Fleisch, Fisch, Aufschlagen von rohen Eiern etc.) und für die Fertigung von Speisen müssen gesonderte Arbeitsplätze zur Verfügung stehen.
- Getrennte Waschbecken für Geschirr, Lebensmittel und Hände sind erforderlich, um eine Kreuzkontamination (wechselseitige Verunreinigung von Lebensmitteln bzw. Arbeitsplätzen) zu verhindern. Handwaschbecken müssen mit Flüssigseife und Desinfektionsmittel ausgestattet sein und über eine Warm- und Kaltwasserleitung verfügen. Die Bedienung der Armaturen muss durch Fuß, Knie oder automatisch (Bewegungssensoren, Optoelektronik) erfolgen.
- Topfpflanzen (auch Kräuter in Erde), Schnittblumen und sonstige Zierpflanzen sind in den Betriebsräumen nicht erlaubt. Ebenso sind Haustiere vom Küchenbereich fernzuhalten.
- In den Produktionsräumen ist das Essen, Trinken und Rauchen nicht gestattet.
- Küchen, Kühl- und Lagerräume dürfen nicht mit Straßenschuhen betreten werden.
- Lager- und Vorratsräume für Lebensmittel sollen trocken und gut belüftbar sein.
- Kühlräume, einschließlich Regale, müssen glatte, abwaschbare Oberflächen aufweisen und aus lebensmittelgerechten Materialien gefertigt sein.

Toiletten, Waschanlagen und Garderoben

- Es müssen genügend Toiletteanlagen vorhanden sein, die keinen direkten Zugang zu den Betriebsräumen haben. Sie dürfen von betriebsfremden Personen nicht benützt werden.
- Die darin befindlichen Handwaschbecken haben denselben Anforderungen wie die in der Küche zu entsprechen.
- Für die Mitarbeiter müssen angemessene Umkleidemöglichkeiten zur Verfügung stehen. Arbeits- und Privatkleidung sind getrennt in Schränken aufzubewahren.

Dieser Bereich ist für Lebensmittel reserviert – Händewaschen nicht erlaubt!

Reinigung und Desinfektion

Um eine Keimübertragung auf Lebensmittel zu vermeiden, muss auch die Reinigung hygienisch einwandfrei erfolgen. Gereinigt wird mit Wasser, Reinigungs- und Desinfektionsmittel sowie Hilfsmitteln wie Bürste, Schwamm, Tüchern und Einwegtüchern.

- Bei der Anwendung von Reinigungs- und Desinfektionsmitteln sind die Vorschriften – Produktinformation und Sicherheitsdatenblatt – des Herstellers zu beachten. Zum Reinigen und Spülen muss wie für alle Tätigkeiten im Küchenbereich heißes Trinkwasser (über 50 °C) verwendet werden.
- Die zur Reinigung verwendeten Tücher müssen aus kochfestem Material sein und täglich gewechselt werden.
- Einwegtücher eignen sich vor allem für die unmittelbare Beseitigung von Verunreinigungen.
- Weiß- und Kochgeschirr werden in getrennten Spül- bzw. Waschbecken gereinigt und getrennt aufbewahrt bzw. gelagert.
- Die Wassertemperatur der Geschirrspülmaschine ist auf mindestens 80 °C einzustellen.

Hauptsache sauber!
Setzen Sie zur Reinigung je nach Art des verschmutzten Gegenstandes ein **Trockenreinigungsverfahren** (z. B. Hackstöcke [Hauklötze] abspachteln und abbürsten) oder ein **Nassreinigungsverfahren** (abspritzen, wischen, bürsten, einweichen etc.) ein.

Schritt für Schritt hygienisch rein

Grobreinigung (Vorreinigung)

- Groben Schmutz trocken (abwischen, zusammenschieben, aufkehren, aufnehmen) oder nass (vorspülen, mit heißem Wasser abwischen, aufnehmen) entfernen.

Hauptreinigung

- Mit heißem Wasser, Reinigungsmitteln und Hilfsmitteln (Bürste oder Schwamm) reinigen.
- Mit heißem Wasser nachspülen.
- Geräte und Geschirr nach der Reinigung mit der Öffnung nach unten auf eine saubere Abtropftasse stellen.
- Mit sauberen Tüchern oder Einweghandtüchern trocknen.
- Hackstöcke (Hauklötze) aus Holz nach jedem Arbeitsgang zuerst trocken mit einem Schaber oder einer Stahlbürste reinigen und anschließend mit 70-prozentigem Alkohol (Ethylalkohol) desinfizieren.

VERWENDEN SIE SAUBERE TÜCHER UND SCHWÄMME UND DAS FÜR DAS MATERIAL RICHTIGE REINIGUNGSMITTEL – DER AUFWAND IST DERSELBE WIE MIT EINEM SCHMUTZIGEN TUCH UND DEM FALSCHEN REINIGER

Desinfektion

- Nach einer gründlichen Reinigung wird im Bedarfsfall desinfiziert, wobei auf die Einwirkzeit der Desinfektionsmittel (siehe Produktinformation) zu achten ist.

Achtung!
Desinfektionsmittel, die auf gekühlte Flächen (z. B. in Kühlanlagen) aufgetragen werden, benötigen eine längere Einwirkzeit.

- Reste des Desinfektionsmittels müssen entweder nach der Einwirkzeit oder vor der nächsten Wiederinbetriebnahme mit klarem Wasser sorgfältig entfernt werden. Bei Präparaten auf Alkoholbasis ist ein Nachspülen mit klarem Wasser nicht erforderlich, da Alkohol verdunstet.
- Desinfektionsmittel müssen immer im Originalbehälter mit entsprechender Kennzeichnung und getrennt von Lebensmitteln aufbewahrt werden. Verwenden Sie in keinem Fall Getränkeflaschen und dergleichen.

Abfallbewirtschaftung und Umweltschutz

Lebensmittelabfälle, Kunststoffverpackungen, Metallbehälter, Gläser, Kartons, Chemikalien, Altöl ... die Menge des zu entsorgenden Abfalls wächst von Jahr zu Jahr. Innerhalb eines gastronomischen Betriebes ist die Küche jener Ort, an dem sich die meisten unterschiedlichen Abfälle anhäufen. Auch der Energie- und Wasserverbrauch – es darf nur reines Trinkwasser verwendet werden – sind im Küchenbereich am höchsten.

Reines Trinkwasser – (noch) eine Selbstverständlichkeit; ein sorgsamer Umgang ist aber gefragt

Die Erhaltung unserer Umwelt muss allen Menschen – im besonderen Maße aber den Mitarbeitern im Hotel- und Gastgewerbe – ein wichtiges Anliegen sein. Als Beitrag zum aktiven Umweltschutz wird daher eine umweltschonende – ökologische – Betriebsführung empfohlen.

Gezielte Maßnahmen werden speziell in den Bereichen

- Einkauf,
- Energie (Strom- und Wasserverbrauch),
- Reinigung,
- Abfallvermeidung (z. B. Verwendung von Großgebinden, Einsatz von Kunststoffwannen, Paletten etc.)
- und Abfallentsorgung (Recycling) rasch wirksam.

In Österreich, Deutschland und einigen anderen EU-Ländern wird ein staatliches **Umweltgütesiegel** an vorbildliche Betriebe – speziell im Gastronomie- und Tourismusbereich – vergeben.

Hygieneanforderungen für die Abfallentsorgung

Sie dienen dazu, Gefahrenquellen wie die Kontamination durch verdorbene Lebensmittel, eine Keimverschleppung, Geruchsentwicklung, ekelerregende Beeinträchtigungen, Ungeziefer- und Nagetierbefall auszuschalten.

Worauf es ankommt

- Abfälle – auch Lebensmittelabfälle – dürfen in Räumen, in denen mit Lebensmitteln umgegangen wird, nicht gesammelt werden (außer es ist für den Betriebsablauf unvermeidlich).

Abfälle dürfen nur in der Küche gesammelt werden, wenn es für den Betriebsablauf unvermeidlich ist

- Die Abfallräume sind täglich zu reinigen und erforderlichenfalls zu desinfizieren.
- Gekennzeichnete Behälter mit dicht schließendem Deckel oder Verschlussmechanismen sind aufzustellen.
- Die Abfallbehälter im Küchenbereich sind täglich zu entleeren, zu reinigen und zumindest im Griffbereich gründlich zu desinfizieren.
- Das Mülllager soll vor Schädlingsbefall geschützt und möglichst kühl sein. Wird der Abfall nur einmal pro Woche abgeholt, darf die Raumtemperatur 6 °C nicht übersteigen.

- Lebensmittel- und Abfallströme sind so gut wie möglich räumlich oder zeitlich voneinander zu trennen (z. B. Abfalltonnen nicht im Anlieferungsbereich platzieren; Lebensmittel und Abfälle nicht gleichzeitig im gleichen Aufzug oder in anderen Transportmitteln transportieren).

Mülltrennung

Erkundigen Sie sich nach den gültigen landes-, bundes- bzw. gemeinderechtlichen Bestimmungen (z. B. im Internet) und betriebsinternen Abfallrichtlinien, welche Fraktionen getrennt zu sammeln sind.

Geachtet in der Natur, gefürchtet in der Küche – die Motte

Behälter	Inhalt
Altpapierbehälter	Papier, Kartonagen, Pappe, Wellpappe, Zeitungen, Kataloge, Zeitschriften, Prospekte, Bücher, Hefte. Keine Verbundmaterialien (z. B. Tetrapack) und Kunststoffumhüllungen (z. B. Katalogverpackung).
Weiß- und Buntglasbehälter	Hohlglas, getrennt nach Weiß- und Buntglas, z. B. Einwegglasflaschen, Marmelade-(Konfitüren-), Gurken-, Einweckgläser etc. Kein Flach-, Spiegel-, Kristall-, Draht- oder wärmebeständiges Glas.
Metallbehälter	Metalle wie Aluminium-, Weißblechdosen, Kronenkorken, Aluverschlüsse, Metalldeckel, Alufolie, Bindedraht, Aludeckel von Milchprodukten.
Leichtfraktion: gelbe Tonne, gelber Sack	Verpackungen aus Kunststoff, Holz, Verbundstoff und textilen Faserstoffen, wie z. B. Joghurtbecher, Folien, PET-Leichtflaschen, Kaffeeverpackungen, Blister (festere, geformte Kunststofffolie, z. B. für Pralinen), Waschmittelflaschen, Säcke von Knabbergebäck und Teigwaren, beschichtetes Einwickelpapier, Milch- und Getränkekartons.
Restmüllbehälter	Einweghandtücher, Backtrennpapier, Glühbirnen, Kristallglas, Spiegelglas, Kehricht, Knochen, Asche, Leder etc.
Biotonne	Biogene Abfälle wie pflanzliche Putz- und Schälreste, Lebensmittelreste, Teesäckchen, Obst- und Gemüseabfälle, Kaffeefilter mit Kaffeesatz, Laub, Schnittblumen, Topfpflanzen. Keine tierischen Abfälle und Speisereste (außer, die Abfälle werden zu Biogas verarbeitet).
Altöl	Altöl (Frittierfett) ist abgeseiht in eigenen Behältern zu sammeln und der Ölverwertung zu übergeben. Keinesfalls darf Altöl über den Abfluss entsorgt werden.
Sondermüll	Farben, Chemiereiniger, Batterien, Medikamente, Leuchtstoffröhren.

Schädlingsbekämpfung

Motten, Schaben, Ameisen, Fliegen, Milben, Spinnen, Mäuse, Ratten, Schnecken ... dagegen hilft nur eines: vorbeugen!

- Gefährdete Lebensmittel bereits bei der Warenübernahme genauestens auf Schädlingsbefall kontrollieren.
- Türen ins Freie nie offen stehen lassen.
- Lüftungsschächte und -gitter regelmäßig gründlich reinigen, Fenster mit Fliegengitter versehen.
- Risse im Mauerwerk verschließen. Sie sind bevorzugte Fluchtorte und Brutstätten von Insekten (z. B. Ameisen).
- Müll ordnungsgemäß entsorgen.
- Es dürfen keine Pflanzen im Küchenbereich aufgestellt werden, da Schädlinge übertragen werden können.

Die Verhinderung von Vorratsschädlingen in Lebensmittelbetrieben sollte durch die Einhaltung des HACCP-Konzepts (siehe S. 55) gewährleistet sein.

Sollten Sie dennoch Küchenschaben, angenagte Verpackungen oder Mäusekot vorfinden oder feststellen, dass Trockenprodukte von Vorratsschädlingen befallen sind, so müssen Sie umgehend folgende Maßnahmen ergreifen:

- Meldung an die Betriebsleitung.
- Gesamtreinigung veranlassen.
- Lebensmittel, die durch Schädlinge verdorben sind, sofort und vollständig entsorgen.

- Schädlingsbekämpfungsmittel einsetzen bzw. bei Bedarf professionelle Hilfe (Kammerjäger) heranziehen.

Schädlingsbekämpfungsmittel müssen entsprechend gekennzeichnet und getrennt von Lebensmitteln aufbewahrt werden.

Die Arbeits- und Lagerräume sind regelmäßig auf Schädlingsbefall zu kontrollieren. Für größere Betriebe ist ein **Schädlingsbekämpfungsplan** in Kombination mit einem **Befallsmonitoring** (Fallen, die in regelmäßigen Abständen kontrolliert werden) von Vorteil.

HÄNDE UND UNTERARME GRÜNDLICH WASCHEN

Personalhygiene

„Herr Ober, ein Haar schwimmt in meiner Suppe!" – eine Aussage, die nicht nur in Witzen, sondern leider oft auch in der Praxis vorkommt.

Durch die Einhaltung entsprechender Hygienemaßnahmen sollen derartige ekelerregende Vorkommnisse sowie jegliche Art der Übertragung von Krankheitserregern auf Lebensmittel verhindert werden.

Sie persönlich tragen die Verantwortung für die Gesundheit Ihrer Gäste und Mitarbeiter und sind gesetzlich verpflichtet, Verletzungen und Erkrankungen unverzüglich der Küchenleitung zu melden.

Körperpflege

Waschen alleine ist zu wenig

- Tägliche Körperhygiene (Waschen und Duschen) ist Voraussetzung für hygienisches Be- und Verarbeiten von Lebensmitteln.
- Fingernägel – da sie besondere Bakterienfänger sind – immer sauber, kurz geschnitten und nagellackfrei halten.
- Kurzer Haarschnitt (lange Haare aufstecken) und entsprechende Kopfbedeckung tragen, die die Haare zur Gänze umhüllt.
- Kurze, gepflegte Bärte sind zulässig.
- Jegliche Art von Schmuck und Piercings im Gesicht dürfen nicht getragen werden.
- Vor dem WC-Besuch die Arbeitskleidung (Schürze und Kopfbedeckung) ablegen.
- Bei sensiblen Arbeitsprozessen (z. B. Belegen von Brötchen) sind Einweghandschuhe zu tragen.

Reinigung der Hände und Unterarme

Hände und Unterarme sind zu waschen, zu trocknen und gegebenenfalls zu desinfizieren:

- vor Arbeitsbeginn, nach jeder Pause und nach jeder WC-Benutzung,
- bei Arbeitsplatzwechsel,
- nach Arbeiten mit rohem Fleisch, Geflügel, Fisch, Ei,
- nach Lager- und Transportarbeiten,
- nach Schmutz- und Reinigungsarbeiten bzw. nach Müllentsorgung,
- nach Husten, Niesen und Naseputzen.

Schmierinfektionen können durch den Einsatz von automatischen Armaturen, Seifen- und Desinfektionsspendern sowie Einweghandtüchern vermieden werden.

Einweghandtücher sind im Küchenbereich ein Muss

Arbeitskleidung

Die traditionelle Kochbekleidung – sie ist für alle Mitarbeiter gleich – stammt aus der französischen Küche und wird international von den meisten Köchen verwendet. Sie besteht aus

- Kopfbedeckung (Mütze, Tuch, Netz),
- Kochjacke mit Stehknöpfen, Halstuch,
- Kochhose (Pepita oder dunkel),
- Kochschürze,
- Baumwollsocken,
- festen, sauberen, geschlossenen, rutschfesten Schuhen.

Die Arbeitskleidung unterliegt ebenso wie die Körperpflege den Bestimmungen der Lebensmittelgesetzgebung.

- Sie muss hell und sauber sein.
- Sie soll aus kochfestem Material (Baumwolle) bestehen und darf nicht brennbar sein.
- Sie muss täglich – bei Bedarf auch mehrmals täglich – gewechselt werden.
- Sie ist getrennt von der Privatkleidung aufzubewahren.

Hell, sauber und kochfest – so muss die Arbeitskleidung sein

Die Gesundheit der Gäste und Mitarbeiter liegt in Ihren Händen

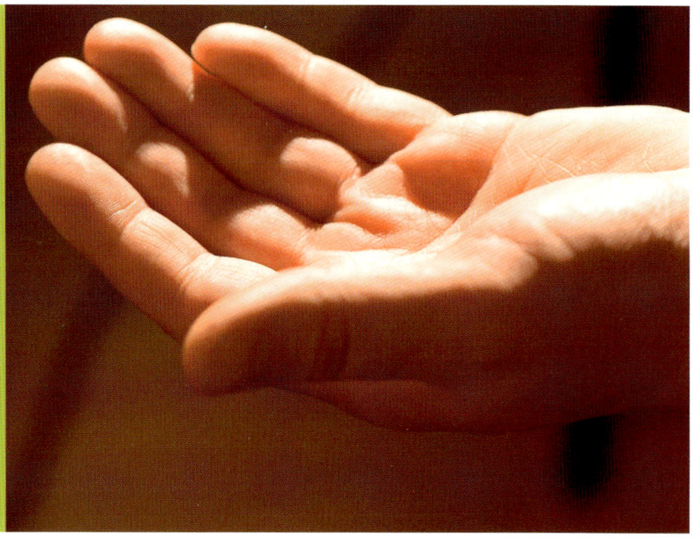

Gesundheit

Es ist unbedingte Voraussetzung der Mitarbeiter in der Küche, die Verantwortung für sich, ihre Kollegen und die Gäste zu übernehmen und bereits erste Anzeichen einer Erkrankung (z. B. Durchfall, Erbrechen oder Husten) der Küchenleitung zu melden. Sie haben zum Schutz des Gastes auch die gesetzliche Verpflichtung dazu und dürfen während der Erkrankung nicht im Küchenbetrieb arbeiten.

Regelmäßige Untersuchungen wie Lungenröntgen (Tbc) oder Stuhlprobenuntersuchungen (Bazillenausscheider) sollen vom Betrieb unterstützt und gefördert werden.

Verhalten bei Krankheiten und Verletzungen

- Alle Krankheiten und Verletzungen sofort melden.
- Bei Durchfall sofort einen Arzt aufsuchen (Gefahr der Übertragung von Salmonellen und anderen Darmbakterien!).
- Bei leichteren Infekten wie Husten oder Schnupfen darauf achten, dass die Lebensmittel nicht angehustet oder angeniest werden. Eventuell einen Mundschutz tragen.
- Kleinere, nicht infizierte Wunden (z. B. Abschürfungen, Schnittwunden, Kratzer) müssen mit einem wasserdichten, fest sitzenden Verband abgedeckt sein (Fingerschutz und Einweghandschuhe tragen).

Verkosten von Speisen

- Verkosten Sie die Speisen fachgerecht mit einem kleinen Probierteller und Löffel.
- Verwenden Sie keinesfalls bereits benutzte Löffel sowie Kochlöffel und Kellen.
- Auch das Abschlecken von Fingern ist verboten.

Lebensmittelhygiene

Hygienisch einwandfreie Speisen lassen sich nur aus einwandfreien Lebensmitteln herstellen. Die Einhaltung entsprechender Hygienemaßnahmen – von der Warenübernahme über die Lagerung bis zum Be- und Verarbeiten – soll ihre gesundheitliche Unbedenklichkeit und den einwandfreien Zustand garantieren.

Aufgabe der Lebensmittelhygiene ist es,

- Lebensmittel vor dem Verderb durch Mikroorganismen und durch äußere Einflüsse zu schützen und dadurch
- Lebensmittelinfektionen und Lebensmittelvergiftungen zu vermeiden.

Gesundheitliche Gefährdungen

Biologische Gefahren

Die meisten Lebensmittelvergiftungen und Lebensmittelinfektionen werden durch **Mikroorganismen** verursacht. Mikroorganismen sind mikroskopisch kleine Lebewesen, die mit freiem Auge nicht erkennbar sind und überall in der Natur – auf Menschen, Tieren, Lebensmitteln, Pflanzen –, aber auch auf Einrichtungen, Werkzeugen und Geräten vorkommen. Die Lebensbedingungen von Mikroorganismen werden durch Nahrung, Temperatur, Wassergehalt (a_W-Wert [activity of water] eines Lebensmittels), pH-Wert und zum Teil durch Sauerstoff beeinflusst.

Mikroskopisch klein und doch so gefährlich

Mikroorganismen sind für den Verderb von Lebensmitteln verantwortlich und können beim Abbau der Nährstoffe durch Fäulnis, Gärung und Säuerung Giftstoffe – sogenannte Toxine – bilden, die beim Menschen Krankheiten verursachen. Sind Mikroorganismen selbst krankheitserregend, spricht man von einer **Lebensmittelinfektion.** Bilden diese Mikroorganismen Gifte, die die Krankheitssymptome hervorrufen, liegt eine **Lebensmittelvergiftung** vor.

Einige Mikroorganismen, wie z. B. Milch- und Essigsäurebakterien, haben jedoch auch nützliche Eigenschaften und sind für die Fleischreifung verantwortlich oder werden zur Konservierung oder zur Käse-, Alkohol- und Teigherstellung verwendet.

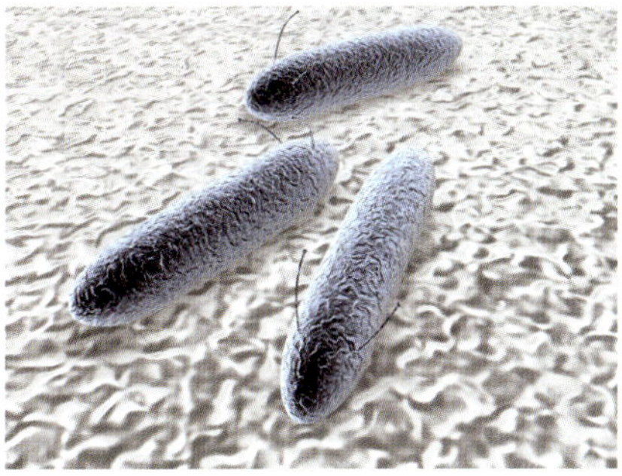

Die unsichtbare Welt der Mikroorganismen nimmt Einfluss auf unsere Gesundheit

Um entsprechende hygienische Maßnahmen setzen zu können, sollten Sie Kenntnisse über jene Mikroorganismen besitzen, die im Küchenbetrieb Bedeutung haben.

- Bakterien
- Schimmelpilze
- Hefepilze
- Viren

Bakterien

- **Fäulnisbakterien** befallen eiweiß- und wasserreiche Lebensmittel wie Eier, Fleisch, Wurst, Fisch und Obst und werden durch die Luft oder durch die Hände (Schmierinfektion) übertragen. Fäulnisbakterien vermehren sich auf der Oberfläche von Lebensmitteln und produzieren eine Schleim- oder Schmierschicht, die einen fäulnisartigen Geruch verströmt. Durch den Verzehr verfaulter Lebensmittel kann es zu Lebensmittelvergiftungen kommen.
- **Salmonellen** sind Bakterien, die vor allem durch rohes, nicht durchgegartes Geflügel und rohe Eier übertragen werden und bei Menschen Brechdurchfall, Fieber, Kopf- und Muskelschmerzen hervorrufen. Die Salmonellose ist besonders für Kleinkinder und ältere Menschen gefährlich, da die Krankheit tödlich enden kann.

Ein bevorzugter Aufenthaltsort von Salmonellen – das Ei

- **Staphylokokken** sind Eitererreger, die von Menschen mit eitrigen Wunden, Schnupfen oder Husten übertragen werden. Die Symptome sind Brechdurchfall, Leibschmerzen und Kreislaufschwäche.
- **Campylobacter** sind Darmbakterien, die durch Lebensmittel wie Geflügelfleisch und -innereien, Rohmilch oder verunreinigtes Trinkwasser übertragen werden. Sie kommen häufiger als Salmonellen vor und verursachen Durchfall und Fieber.
- **Clostridium botulinum** sind Erdbakterien, die sich unter Ausschluss von Sauerstoff vermehren. Vakuumverpackte Lebensmittel, eingekochte Lebensmittel und Konserven mit Bombage bzw. von selbst aufgegangene Einmachgläser können infiziert sein. Es treten Schluck-, Atem- und

Sprechbeschwerden auf. Die Lähmung des Nervensystems führt zum Tod.

- **Clostridium perfringens** sind Fäulnisbakterien, die im Erdreich und im menschlichen sowie tierischen Darm vorkommen und durch Kontamination in die Lebensmittel gelangen können. Vorsicht ist bei Zubereitungen von Fleisch, Suppen und Saucen, die zu langsam abgekühlt werden, geboten. In höherer Konzentration verursacht das Toxin Leibkrämpfe, Erbrechen und Kreislaufprobleme.
- **Listerien** sind Bakterien, die überall in der Natur vorkommen. Zu den gefährdeten Lebensmitteln gehören rohes Fleisch, Rohmilch, Salate und Weichkäse. Sie rufen grippeähnliche Beschwerden und hohes Fieber hervor. Listerien sind besonders für Schwangere gefährlich, da sie den Embryo schädigen können.
- **EHEC, entero-hämorrhagische Escherichia coli,** sind Bakterien, die durch den Konsum von Rohmilch oder unzureichend erhitztem Rindfleisch übertragen werden. Die Bakterien verursachen Durchfall, Bauchkrämpfe und Erbrechen. Besonders bei Kindern und älteren Menschen besteht die Gefahr einer Nierenschädigung.

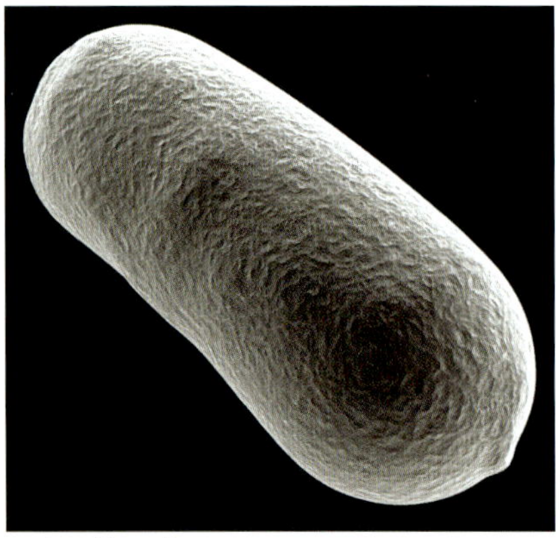

Escherichia coli

- **Enterokokken** sind Bakterien, die im menschlichen und tierischen Darm vorkommen und vorwiegend durch Berührung der Lebensmittel übertragen werden und Leibschmerzen, Erbrechen und Durchfall verursachen.

Lebenstätigkeit der Mikroorganismen in Abhängigkeit von der Temperatur

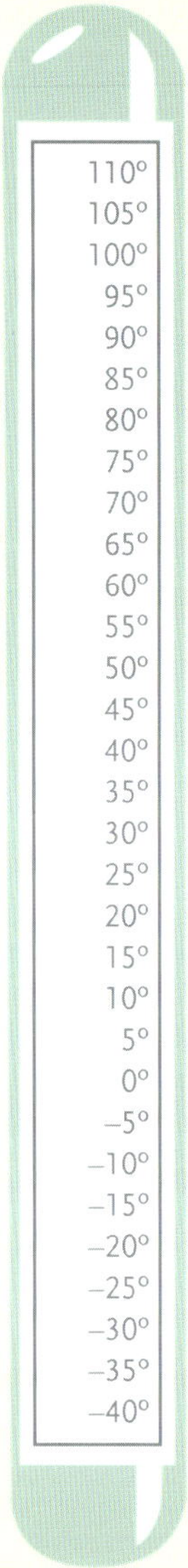

Über 110 °C
Mikroorganismen einschließlich der beständigen Sporen werden abgetötet

Unter 100 °C
Mikroorganismen werden abgetötet, jedoch nicht ihre Sporen; die Lebensmittel werden keimarm, jedoch nicht keimfrei gemacht

+35 bis +45 °C
Ideale Temperatur für krankheitserregende Mikroorganismen

+15 bis +18 °C

0 bis +6 °C
Entwicklung der Mikroorganismen verlangsamt sich

–18 °C

–30 °C bis

–40 °C
Vollständiger Stillstand aller Tätigkeiten sämtlicher Mikroorganismen

Kampf den Bakterien!
Die meisten Bakterien können nur durch Erhitzen der Lebensmittel auf über 100 °C abgetötet werden. Wachstum und Vermehrung können durch

- Senken der Temperatur,
- Senken des pH-Wertes durch Säurebeigabe oder
- Wasserentzug (durch Trocknungsverfahren, Zugabe von Salz, Zucker oder Alkohol)

verlangsamt bzw. gestoppt werden.

Schimmelpilze
Schimmel wird durch Sporen und das Mycel übertragen. Sie werden auf Lebensmitteln leicht über Hände, Arbeitskleidung oder Werkzeug verbreitet. Besonders gefährdet sind Fleisch- und Wurstwaren, Obst, Marmeladen, Nüsse etc. Die Sporen wachsen in kurzer Zeit zu einem Fadengeflecht heran, das weit in das Lebensmittel reicht und das giftige Aflatoxin erzeugt. Aus ihm wachsen dann die Sporenträger mit einer ungeheuren Anzahl an Sporen. Je nach Schimmelart sind sie gelb, grünlich oder schwarz. Schimmelpilze schädigen die inneren Organe und das Nervensystem. Deshalb müssen befallene Lebensmittel vollständig entsorgt werden und dürfen auch nicht als Tierfutter verwendet werden.

Schimmelpilze gefährden die Gesundheit

Unter den Schimmelpilzen gibt es auch **nützliche Arten,** wie z. B. das Penicillium camemberti, das bei der Erzeugung von Edelschimmelkäse benötigt wird und völlig unschädlich ist. Auch zur Reifung von Salami werden Schimmelpilze gezielt eingesetzt, z. B. Penicillium naligovense.

Edelschimmel ist ein gesundheitlich unbedenklicher Genuss

Hefepilze

Die Sporen der Hefepilze kommen überall in der Natur vor. Eine Übertragung auf Lebensmittel ist also sehr leicht möglich. Hefepilze verursachen die Gärung von Fruchtsäften, Marmeladen, Kompotten etc. Sie zerlegen Zucker in Alkohol und Kohlendioxid. Deswegen riechen gärende Lebensmittel leicht nach Alkohol. Sogenannte Kahmhefen bilden auf der Flüssigkeit von sauren Gurken, Sauerkraut und Mixed Pickles eine dünne Schicht und verändern den Geschmack und das Aroma.

Die Lebensbedingungen der Hefepilze sind ähnlich denen der Bakterien. Wachstum und Vermehrung hängen von der Nahrung, der Temperatur und dem Wassergehalt der Lebensmittel ab:

- Als Nahrung bevorzugen sie Lebensmittel mit einem hohen Gehalt an Einfachzuckern.
- Die Lebenstemperaturen von Hefen liegen zwischen 0 und 55 °C. Über 60 °C sterben die Hefezellen ab.
- Hefen können nur gelöste Stoffe aufnehmen, deshalb brauchen sie Lebensmittel mit genügend frei verfügbarem Wasser (mit einem hohen a_W-Wert).

Kenntnisse über die Lebensbedingungen der Hefen sind vor allem beim Einsatz von nützlichen Hefen, wie z. B. Backhefe, erforderlich.

Viren

Eine Übertragung kann nur durch mangelnde Hygiene erfolgen, da Viren sich in Lebensmitteln nicht vermehren können.

Physikalische Gefahren

Lebensmittel können durch Fremdstoffe wie

- Steinchen, Sand, Erde, Schalenteile, Staub, Schrotkörner bei Wild etc.,
- Metallteilchen (z. B. von Konservendosen),
- Glas- und Keramiksplitter (z. B. abgeschlagenes Geschirr) etc.

verunreinigt sein.

Metallteilchen können von Konservendosen in Speisen gelangen, daher sorgsam sein beim Öffnen

Deshalb müssen sie vor Verwendung immer genau kontrolliert werden, da sie eine Gefahr für die Gesundheit des Menschen bedeuten.

Chemische Gefahren

Sie sind besonders gefährlich, da es sich um unsichtbare Stoffe wie Pestizidrückstände, Umweltgifte oder Rückstände von Reinigungsmitteln handeln kann. Rückstände in Lebensmitteln, egal ob aus landwirtschaftlicher Produktion oder aus der Industrie, belasten die Rohstoffe. Deshalb ist es gut zu wissen, woher die Lebensmittel stammen.

HACCP-Konzept laut Lebensmittelhygieneverordnung

Das HACCP-Konzept ist ein vorbeugendes Kontroll- und Steuerungssystem, das die gesundheitliche Unbedenklichkeit und den einwandfreien Zustand von Lebensmitteln bei der Herstellung garantiert. Laut Lebensmittelhygieneverordnung nach HACCP muss jeder Betrieb selbstständig ein eigenes den Betriebsanforderungen entsprechendes HACCP-Konzept entwickeln.

HACCP steht für

H	Hazard	=	Gefahren-
A	Analysis	=	analyse
C	Critical	=	kritischer
C	Control	=	Kontroll-
P	Point	=	punkte

„Hazard-Analysis" bedeutet Gefahrenanalyse und Risikobewertung. Mit „Critical Control-Point" sind jene Bereiche gemeint, die besonders gefährdet sind

Die Umweltbelastung ist den Produkten nicht anzusehen – besser gleich beim Einkauf auf die Herkunft achten

und an denen daher ein Gegensteuern, ein Lenken des Prozesses im Dienste der Sicherheit und Gesundheit, sinnvoll und notwendig ist.

Und was bedeutet GHP?
GHP steht für **Gute Hygienepraxis.** Damit ist gemeint, dass innerbetrieblich nicht noch weitere Gefahren dazukommen, im Gegensatz zu **HACCP**, wo darauf geachtet wird, woher ein Produkt kommt, ob schon bei der Übernahme Gefahren bestehen und wo im Verarbeitungsprozess diese Gefahren auszuschalten sind.

Ursprünglich kommt HACCP aus der US-Raumfahrt. Lebensmittel auf Raumflügen mussten zu 100 Prozent sicher sein. Daher wurden kritische Kontrollpunkte (CCP), bei denen die Sicherheit von Lebensmitteln gefährdet werden kann, erfasst und ihre Kontrolle wurde durch Checklisten gesichert. Dieses Kontrollsystem, bei dem sämtliche kritischen Punkte – von der Anlieferung der Lebensmittel bis zur Speisenausgabe – kontrolliert werden, machen sich nun auch andere Sparten zunutze, da es Risikofaktoren effizient ausschalten kann.

Mit HACCP sollen durch Kontrollen der Arbeitsabläufe folgende Gefahren für die menschliche Gesundheit ausgeschlossen werden:

- Feste Fremdkörper wie Steinchen, Glas- oder Knochensplitter, Muschel- oder Nussschalen, Reste von Verpackungsmaterial etc.
- Rückstände von Putzmitteln, Umweltgiften, Schwermetallen und anderen Chemikalien in den Speisen.
- Rückstände von Schmutz, kleinen Tieren, wie Käfern, Larven oder Mücken (z. B. im Salat).
- Mikrobiologische Gefahren, wie krankheitserregende Bakterien, Verderbniserreger.
- Parasiten, wie Läuse, Flöhe, Würmer oder Milben.

Jeder gastronomische Betrieb muss laut Lebensmittelhygieneverordnung selbstständig kontrollieren, ob alle Prozesse im Sinne der Lebensmittelsicherheit ordnungsgemäß ablaufen. Dazu ist ein **Eigenkontrollsystem** nach den Betriebsanforderungen zu entwickeln. Dieses Eigenkontrollsystem hat die Geschäftsführung bzw. der Eigentümer einzurichten und sie sind dafür verantwortlich, dass Sicherheitsmaßnahmen festgelegt, durchgeführt, eingehalten, überprüft und **dokumentiert** werden.

Jeder Betrieb bzw. die Geschäftsleitung ist verpflichtet, die Hygienemaßnahmen der Betriebsform in Gleichklang mit den Anforderungen des Lebensmittelgesetzes zu bringen.

HACCP GARANTIERT DIE GESUNDHEITLICHE UNBEDENKLICHKEIT UND DEN EINWANDFREIEN ZUSTAND VON LEBENSMITTELN

So entwickeln Sie Ihr Kontrollsystem – Schritt für Schritt zum Ziel
Gleich vorweg – es gibt kein fertig ausgearbeitetes Konzept zur Einhaltung der Lebensmittelhygieneverordnung in Ihrem Betrieb – im Gegenteil, eine Stärke von HACCP ist die Individualität des selbst entwickelten Eigenkontrollsystems. Dieses Konzept muss bei allen Änderungen, wie Renovierung oder Vergrößerung des Betriebs oder steigenden bzw. sinkenden Mitarbeiterzahlen, immer wieder adaptiert werden.

Vorgehensweise:

- Festlegen der Verantwortlichen für die Entwicklung des HACCP-Konzepts (siehe unten).
- Erstellen der Gefahrenanalyse (siehe unten).
- Festlegen der kritischen Kontrollpunkte und Erstellen von Checklisten (siehe S. 58).
- Festlegen der Überprüfungsverfahren in der Anwendung (siehe S.65).
- Dokumentation zur Überprüfung des Eigenkontrollsystems und Testphase (siehe S. 65).
- Umsetzung des Eigenkontrollsystems in die Praxis (siehe S. 66).

Festlegen der Verantwortlichen für die Entwicklung des HACCP-Konzepts

In mittelgroßen und großen Betrieben ist es sinnvoll, mit den Abteilungsverantwortlichen ein Team zu bilden, das das HACCP-Konzept gemeinsam entwickelt. Legen Sie fest, wer bei der Erstellung des Eigenkontrollsystems welche Bereiche übernimmt – gemeinsam wird die Analyse viel genauer, als wenn man versucht, das System alleine zu entwickeln. Im Kleinbetrieb wird sich die Frage der Teambildung erübrigen, es wird der Besitzer zum Zug kommen. Es ist aber auch hier sinnvoll, die Mitarbeiter einzubeziehen und mit einem Brainstorming betriebsspezifische Gefahrenbereiche ausfindig zu machen.

Erstellen der Gefahrenanalyse

Erstellen Sie im Anschluss an die Teambildung gemeinsam die **Gefahrenanaly-**

se im Arbeitsablauf von der Warenanlieferung bis zur Speisenausgabe – jeder nimmt dabei seinen Bereich genau unter die Lupe. Um die lauernden Gefahren für Lebensmittel analysieren zu können, müssen Sie sie kennen (siehe gesundheitliche Gefährdungen, S. 53) und auch über die Arbeitsabläufe des Betriebes genauestens Bescheid wissen. Stellen Sie die verschiedenen Arbeitsabläufe als Fließdiagramm dar, das ist am übersichtlichsten.

Gefahrenanalyse am Beispiel glaciertes Schweinskarree und Spinat

Arbeitsabläufe	Gefahren	Maßnahmen
	Biologische Gefahren	
Wareneingang	Mikrobiologische Belastung der Rohstoffe.	■ Qualität der Waren kontrollieren. ■ Temperaturkontrolle: Frischfleisch unter 5 °C, TK-Produkte (Spinat) unter –14 °C.
Kühllagerung		■ Einhaltung der Kühlkette. ■ Fleischkühlhaus: 2–4 °C. ■ Tiefkühlhaus: unter –18 °C.
Vorbereitung	Gefahr der Kontamination und Keimvermehrung. Mögliche mikrobiologische Belastung durch unkontrolliertes Auftauen von Spinat (Gefahr der Nitritbildung).	■ Personalhygiene beachten: saubere Hände, Handschuhe! ■ Zwischenprodukte nicht unnötig im Produktionsraum warm lagern. ■ TK-Produkte nach dem Auftauen sofort weiterverarbeiten. Nicht wieder einfrieren! Besonders kritisch ist der Temperaturbereich von 40 °C; deshalb diesen Bereich schnell überspringen.
Zubereitung	Gefahr der Kontamination der Produkte.	■ Personalhygiene beachten: Nicht mit der Hand in die Gewürzbehälter greifen; hygienisch einwandfrei mit Löffel und kleinem Teller abschmecken. ■ Arbeitstisch, Schneidebretter und Geräte nach Gebrauch reinigen und desinfizieren.
Garen	Mögliche mikrobiologische Belastung durch nicht fachgerechtes Garen oder zu langes Warmhalten (bei Spinat Gefahr der Nitritbildung).	■ Ausreichende thermische Einwirkzeit beachten: Spinat: Rasche Erhitzung auf über 75 °C, anschließend einmal aufkochen (einmalige Erhitzung!). Fleisch: Brattemperatur 170 °C, Kerntemperatur über 75 °C (durchgaren).
Ausgabe	Mikrobiologische Belastung des Endproduktes.	■ Personalhygiene: saubere Hände, Handschuhe. ■ Temperaturvorgaben beachten: Spinat: 75 °C, Fleisch: 75 °C, nicht unter 72 °C. ■ Ausgabezeiten einhalten: Spinat: eine Stunde, einmalige Verwendung. Fleisch: maximal zwei Stunden.
Endarbeiten, Reinigung	Gefahr der Kontamination der Produkte über Arbeitsflächen und Geräte.	■ Arbeitsplatz, Schneidebretter, Maschinen und Geräte reinigen und desinfizieren. ■ Saubere Schwämme und Tücher verwenden. ■ Die richtigen Reinigungsmittel für die verschiedenen Materialien verwenden. ■ Vor dem Reinigen von Maschinen Netzstecker ziehen.
	Chemische und physikalische Gefahren	
	Gefahr der Kontamination von Lebensmitteln und Speisen durch Rückstände von Reinigungsmitteln.	■ Nach dem Reinigen Arbeitsflächen, Maschinen, Geräte und Werkzeuge mit klarem Trinkwasser nachspülen.
	Gefahr, dass Splitter von schadhaften Werkzeugen in Speisen gelangen. Verletzungsgefahr für die Mitarbeiter in der Küche.	■ Schadhafte Werkzeuge und Geräte ausscheiden.

Festlegen der kritischen Kontrollpunkte und Erstellen von Checklisten

Anhand der Gefahrenanalyse können Sie nun die kritischen Kontrollpunkte festlegen.

Beispiele für Kontrollpunkte in einem Betrieb

- Baulichkeit, Ausstattung und Werkzeuge.
- Warenanlieferung und Warenübernahme.
- Funktion der Kühleinrichtungen.
- Gar- und Warmhaltetemperaturen (Kerntemperatur und Warmhaltetemperatur müssen über 70 °C liegen).
- Prozess der Verarbeitung von rohem Geflügel, Fleisch und Fisch.
- Prozess der Verarbeitung von rohen Eiern.
- Mitarbeiter in der Küche (Personalhygiene).
- Reinigung und Desinfektion der Räumlichkeiten, Arbeitsplätze, Werkzeuge und Geräte.
- Vorsorgemaßnahmen zur Verhinderung von Schädlingsbefall.
- Regelmäßige Information der Mitarbeiter über die Hygienemaßnahmen im Betrieb.

Achten Sie dabei wiederum auf den Arbeitsablauf (dann geht Ihnen nichts durch die Lappen) und analysieren Sie die kritischen Kontrollpunkte

- bei der Warenanlieferung (dem Wareneingang),
- bei der Lagerung (in Lager-, Kühl- und Tiefkühlräumen),
- bei der Speisenproduktion (Vorbereitung und Verarbeitung der Lebensmittel) unter Berücksichtigung von besonders gefährlichen Lebensmitteln und Speisen,
- beim Warmhalten, Kühllagern, Regenerieren und bei der Speisenausgabe,
- bei der Reinigung der Küche, Maschinen, Geräte und Werkzeuge und
- bei der Mülllagerung und -entsorgung.

Die Überwachung der Kontrollpunkte lässt sich am besten mithilfe von Checklisten (meist EDV-unterstützt) durchführen, die eine regelmäßige Überprüfung auch dokumentieren.

Checklisten unterstützen die Dokumentation der Eigenkontrolle

Darin ist festzulegen:

Wer?
- Name
- Stellvertreter

Wann?
- Häufigkeit
- Zeitpunkt

Was?
- Rohstoffe
- Werkzeuge

Wo?
- Kühlraum
- Geflügelarbeitsplatz

Wie?
- Checklisten
- Kerntemperaturmessgerät
- Thermometer etc.

Checklisten werden zur Kontrolle der kritischen Kontrollpunkte

- der Räumlichkeiten,
- der Mitarbeiter,
- der Werkzeuge und Geräte,
- des Wareneingangs,
- der Lebensmittellagerung,
- der Vor- und Zubereitung der Speisen,
- der Hygiene am Arbeitsplatz (Arbeitsplatztrennung),
- der Weiterverarbeitung der Speisen,
- der Aufbewahrung und Ausgabe der fertigen Gerichte,
- der Müllentsorgung,
- der Reinigung von Arbeitsflächen, Geschirr und Räumlichkeiten,
- bei den Vorsorgemaßnahmen zur Verhinderung von Schädlingsbefall

erstellt.

Hier die Arbeitsabläufe im Detail, damit Sie die für Ihr Eigenkontrollsystem relevanten kritischen Kontrollpunkte ausfindig machen können.

Sind die Betriebs-, die Personal- und die Lebensmittelhygiene in Ordnung, ist die Sicherheit der Speisen garantiert

Ermittlung der kritischen Kontrollpunkte bei der Warenanlieferung

Die Lebensmittel, die Sie bei der Warenanlieferung annehmen, müssen für den Verzehr geeignet sein. Sie tragen dafür die Verantwortung. Achten Sie dabei auch auf den voraussichtlichen Zeitpunkt des Verbrauchs – z. B. muss eine Wochenmenge an Eiern auch mindestens eine Woche lang frisch bleiben.

Was ist zu kontrollieren?

- Das Aussehen, die Frische.
- Die Verpackung (das Mindesthaltbarkeitsdatum).
- Verunreinigungen (Schädlingsbefall oder sonstige Fremdkörper).
- Die Produkttemperatur.

Aussehen, Frische

Überprüfen Sie das Aussehen, den Geruch und damit die Frische der Lebensmittel (z. B. von Gemüse, Fisch, Muscheln etc.). Einige Qualitätsmängel, z. B., ob Nüsse oder Mohn ranzig sind, lassen sich nur durch Öffnen der Verpackung feststellen.

Verpackung

- Die Verpackung muss verschlossen und sauber sein sowie vorschriftsmäßig mit dem Mindesthaltbarkeitsdatum beschriftet sein.
- Sie muss unbeschädigt (Konserven auf mögliche Bombage überprüfen) und frei von Fremdgerüchen sein.

Verunreinigungen

Überprüfen Sie die Lebensmittel

- auf Schädlingsbefall, z. B. Schalenobst (Nüsse, Mandeln), Getreide, Mehl, Rosinen auf Mottenbefall oder Blattsalat und Gemüse wie Karfiol auf Schnecken- und Käferbefall,
- auf pathogene Mikroorganismen (z. B. Schimmel)
- sowie auf Fremdkörper jeglicher Art (siehe physikalische Gefahren, S. 55).

Salat ist eine von Schnecken bevorzugte Herberge

EMPFINDLICHE LEBENSMITTEL WIE FISCH SIND BESONDERS GEWISSENHAFT AUF FRISCHE UND QUALITÄT ZU PRÜFEN

Produkttemperatur

Kontrollieren Sie, ob die Temperatur der Produkte bei der Anlieferung den Sollwerten entspricht. Achten Sie darauf, dass die Kühlkette nicht unterbrochen wird.

Produkte	Solltemperaturen
Fische, Weich- und Krustentiere (frisch bzw. lebend)	≤ 2 °C
Innereien	≤ 3 °C
Faschiertes (Hackfleisch)	≤ 4 C
Frischfleisch, Geflügelfleisch, Wildfleisch und Knochen	≤ 6 °C
Rohe Eier, Milch und Milchprodukte	≤ 8 °C
Gemüse und Obst	10–15 °C
Tiefkühlwaren	≤ –18 °C

Dauer der Übernahme

Nehmen Sie die Kontrolle der Waren gewissenhaft vor und arbeiten Sie sauber. Achten Sie aber auch darauf, dass die Warenübernahme nicht unnötig lange dauert, damit es nicht währenddessen zu Kontaminationen oder Verunreinigungen kommt.

Nach der Übernahme

Sind die Produkte überprüft und einwandfrei, haben Sie dafür zu sorgen, dass sie sofort ordnungsgemäß eingelagert oder frisch verarbeitet werden.

Beispiel einer Checkliste für die Wareneingangskontrolle

Für die Kontrolle gelten folgende Anweisungen:

- Eingangstemperatur (Sollwerte siehe Produkttemperatur), Verpackung, Aussehen und Geruch der Ware stichprobenartig kontrollieren und dokumentieren.
- Verwendete Thermometer nach Gebrauch mit Alkohol reinigen, Funktion periodisch überprüfen.
- Maßnahmen treffen, wenn die Ware dem geforderten Standard nicht entspricht, z. B. Ware ablehnen, retournieren.

Datum und Uhrzeit	Lieferant	Ware	Temperatur	Aussehen/ Geruch	Fremdkörper	Verpackung	Maßnahme	Unterschrift
20. 11. 9.00 Uhr	x	Fisch	2 °C	ok	keine	sauber	x	Müller
20. 11. 9.15 Uhr	x	Hühner	7 °C	Federkiele nicht entfernt	x	x	Ware geht retour	Müller
20. 11. 9.30 Uhr	x	Eier	6 °C	ok	keine	x	x	Müller

Ermittlung der kritischen Kontrollpunkte bei der Lagerung

Bei der Lagerung der Lebensmittel gibt es einiges zu beachten. Es müssen Kühltemperatur, Luftfeuchtigkeit und Verpackung stimmen, um die Qualität der Lebensmittel zu gewährleisten. Verschiedene Warengruppen müssen getrennt gelagert werden.

- Oberstes Gebot: **First in – first out!** Ablaufdatum kontrollieren, länger lagernde Ware zuerst verarbeiten.
- **Abgelaufene oder verdorbene Ware** sofort von den anderen Lebensmitteln trennen (am besten sofort in den Müllraum bringen), deutlich als solche kennzeichnen („Ware nicht in Verkehr") und ehestmöglich entsorgen.
- Lebensmittel **nach Warengruppen trennen,** um eine Kontamination keimarmer Speisen durch stark verunreinigte Rohprodukte wie erdiges Gemüse zu verhindern. Ebenso sind die Waren nach benötigter Temperatur und Luftfeuchtigkeit zu gruppieren und ist darauf zu achten, dass verpackte und nicht verpackte Lebensmittel getrennt gelagert werden.
- Rohe Eier und rohes Geflügel unbedingt getrennt von allen anderen Lebensmitteln aufbewahren (Gefahr von Salmonellenübertragung auf Lebensmittel, die z. B. roh verzehrt werden. Salmonellen siehe biologische Gefahren, S. 53).
- Geflügel im Federkleid und Wild in der Decke nicht gemeinsam mit anderen Lebensmitteln lagern.
- Obst- und Gemüsesorten, die das Reifungsgas Ethylen verströmen (z. B. Äpfel, Tomaten), getrennt von jenen aufbewahren, die gegenüber dem Gas empfindlich sind (z. B. Birnen, Karotten).
- Gegarte und rohe Produkte getrennt lagern.
- Verpackte bzw. abgedeckte Lebensmittel sowie fertige Speisen in Behältern in sauberen Regalen und Fächern aufbewahren – niemals auf dem Boden.
- Geöffnete Verpackungen nach Gebrauch sofort schließen.
- Regelmäßige Kontrolle der Lagertemperaturen. Am einfachsten ist die Überprüfung, wenn die richtige Temperatur auf der Kühlraumtüre angeführt ist.

Erdiges Gemüse, wie z. B. Kartoffeln, ist getrennt von anderen Lebensmitteln zu lagern

Lagertemperaturen

Bei der Lagerung der Lebensmittel sollten die auf den Kühleinrichtungen angeführten Temperaturen – Solltemperaturen – eingehalten werden. Ebenso ist auf die relative Luftfeuchtigkeit zu achten.

Produkte	Solltemperatur	Relative Luftfeuchtigkeit
Schlachtfleisch, Geflügel, Wild	2–4 °C	80–90 %
Frischer Fisch, Krustentiere	0–2 °C	85–95 %
Milch und Milchprodukte	4–6 °C	75–80 %
Frisches Gemüse	4–8 °C	85–90 %
Rohe Eier	0–8 °C	75–85 %
Kälteempfindliches Fruchtgemüse wie Tomaten, Gurken, Auberginen, Kürbisse	10–14 °C	85–90 %

Ein „kühles" Wortspiel um Lagertemperaturen
„Kühl lagern – gekühlt lagern" – Sie finden diese Hinweise auf Verpackungen von Lebensmitteln. Was ist der Unterschied?

- **Kühl lagern:** über 4 °C, bei +15 bis max. +18 °C im Trockenlager
- **Gekühlt lagern:** bei 0 bis 4 °C (max. 6 °C) in Kühleinrichtungen
- **Tiefgekühlt lagern:** bei ≤ –18 °C in Tiefkühlanlagen

Das Know-how des Tiefkühlens

- Waren sachgemäß vorbehandeln, z. B. Gemüse blanchieren und trocknen.
- Frische Waren, z. B. Beerenobst, zum Einfrieren flach ausbreiten.
- Verpackungsmaterial den Produkten entsprechend wählen. Das gilt speziell für das Verpacken von Fleisch mit Knochen. Verletzte Verpackungen verursachen Gefrierbrand.
- Produkte luftdicht, wenn möglich vakuumverpacken, um negative Beeinflussungen (z. B. Fremdgerüche) zu verhindern.
- Waren sachgemäß beschriften: Produkt, Menge, Datum.
- Lebensmittel zuerst schockgefrieren (Wärmeentzug bei –30 bis –40 °C), um den Verlust von Inhaltsstoffen (Vitaminen, Aroma- und Geschmacksstoffen etc.) sowie Farbveränderungen so gering wie möglich zu halten. Bei kleineren Kühlanlagen die Anfriertemperatur von –18 °C auf –30 °C umstellen.
- Waren mit hohem Fett- bzw. Knochenanteil nicht zu lange lagern, z. B. Schweinefleisch ca. drei bis sechs Monate, Fisch zwei bis vier Monate.
- Kühlkette nicht unterbrechen. Eiskristallbildung und Verklumpungen, z. B. von Gemüse und Beeren, sind Folgen einer Unterbrechung.

Wird die Kühlkette unterbrochen, leidet die Qualität

- Ware mit Gefrierbrand ist wertgemindert und daher zu entsorgen.
- Tiefkühlanlagen mindestens einmal pro Jahr abtauen und eine Komplettreinigung durchführen.

Die Tiefkühllagerung hat den Vorteil, dass Lebensmittel wesentlich länger – jedoch nicht unbegrenzt – und mit minimalem Qualitätsverlust aufbewahrt werden können.

Beispiel einer Checkliste für die Kontrolle der Kühlanlagengruppe
Für die Kontrolle gelten folgende Anweisungen:

- Temperaturen täglich in allen Kühlanlagen kontrollieren.
- Bei Überschreitung der Toleranzgrenze sofort Maßnahmen setzen (Temperatur nachstellen), beobachten.
- Kritische Ware kontrollieren, das Ablaufdatum überprüfen und, falls notwendig, sofort umlagern bzw. entsorgen.
- Funktion des Kühlthermometers überprüfen.
- Kontrollieren, ob das Wasser in den Auffangrinnen abfließen kann und ob die Kühlanlage nicht zu stark vereist ist.
- Sauberkeit der Kühlanlagen (Böden, Fächer, Ecken, Wände etc.) überprüfen; falls erforderlich, z. B. bei Schimmelbildung an Wänden oder Decke, generelle Reinigung veranlassen.

Datum	Zeit	Milchprodukte-Kühlraum 4–6 °C	Gemüsekühlraum 6–8 °C	Fleischkühlraum 1–4 °C	Tiefkühlraum –17 bis –19 °C	Gerät nachgestellt	Nachgestellte Temperatur kontrolliert	Service	Unterschrift
20. 2.	8.00 Uhr	7 °C	6 °C	2 °C	–19 °C	Ja	9.00 Uhr	x	Wall

Ermittlung der kritischen Kontrollpunkte bei der Speisenproduktion

Unrein und rein

Die Küche ist arbeitstechnisch in einen

- **unreinen Bereich** zur Vor- und Zubereitung von Rohwaren und einen
- **reinen Bereich** zur Fertigstellung von warmen und kalten Speisen

zu teilen.

Vor- und Zubereitung von Rohwaren

- Arbeitsplätze, Geräte und Geschirr nach jeder Verwendung gründlich reinigen, nach Verarbeitung von Geflügel und Eiern auch desinfizieren.
- Verschiedenfarbige Kunststoffschneidebretter für Fleisch, Geflügel, Fisch, Gemüse, Obst und Süßspeisen sowie gegarte Produkte verwenden.

Schneidebretter bewahrt man am besten so auf

- Schneidebretter gut abtrocknen, je nach Verwendung desinfizieren, des Öfteren abziehen und nur aufgestellt – nicht übereinander liegend – aufbewahren.
- Keine Werkzeuge und Geräte aus Holz – mit Ausnahme des Hackstocks (Hauklotzes) – verwenden. In der Patisserie sind Arbeitsflächen aus glattem, fugenfreiem Hartholz ebenfalls erlaubt.
- Nach jeder Bearbeitung von Rohware die Hände und Unterarme waschen, trocknen und gegebenenfalls desinfizieren.

Auftauen von tiefgekühlten Lebensmitteln

Vorsicht – während des Auftauens erwachen Enzyme und Mikroorganismen, die bei –18 °C nicht abgetötet wurden, wieder zum Leben! Deshalb sollten tiefgekühlte Lebensmittel, die nicht in einem Arbeitsablauf aufgetaut und durcherhitzt werden, schonend bei einer Temperatur von unter 5 °C im Kühlraum oder Kühlschrank, jedoch nicht bei Raumtemperatur aufgetaut werden.

So wird´s gemacht

- Die Verpackung der Tiefkühlprodukte entfernen und sofort entsorgen.
- Produkte in eine Tropftasse mit Auffangwanne geben.
- Gefäße – speziell bei Geflügel – nach dem Auftauen gründlich reinigen und desinfizieren.

Die Auftauzeit hängt vom Gewicht, von der Temperatur und vom Umfang der Tiefkühlprodukte ab. Lebensmittel, die sofort verwendet werden, können auch bei höheren Temperaturen, z. B. in der Mikrowelle, aufgetaut werden.

Einmal tiefgekühlt – einmal aufgetaut!
Bereits angetaute oder aufgetaute Lebensmittel dürfen nicht mehr eingefroren werden. Durch einen Kühlungsausfall bereits über längere Zeit angetaute Tiefkühlprodukte, z. B. Eis, stellen eine Bedrohung für die menschliche Gesundheit dar und müssen vernichtet werden.

Fertigstellung von warmen und kalten Speisen

Fertige Speisen dürfen keinesfalls mit rohem Geflügel, Fleisch, Meeresfrüchten, Fisch, Eiern und erdigem Gemüse in Berührung kommen, um eine Kontamination zu verhindern. Sie werden ausschließlich im reinen Bereich der Küche fertiggestellt.

Zum Schutze des Verbrauchers gelten vor allem in Großküchen und sonstigen Einrichtungen der Gemeinschaftsverpflegung (z. B. Krankenhäusern, Schulen, Altenheimen u. Ä.) erweiterte Vorschriften für die Behandlung spezieller Lebensmittel.

Zu vermeiden sind u. a.:

- Speisen mit rohen oder nicht ausreichend erhitzten Eiern, z. B. Mayonnaise, weiche Eier, Bouillon mit Ei, Spiegelei, pochierte Eier.
- Rohe Fleisch- oder Fischspeisen, z. B. Beefsteak tartar oder Carpaccio.

Ermittlung der kritischen Kontrollpunkte besonders gefährdeter Lebensmittel bzw. Speisen

Frittierfett

- Das Frittierfett sensorisch prüfen: Farbe, Geruch, Geschmack. Mit speziellen Messverfahren wird die Verwendbarkeit oder Verdorbenheit angezeigt.
- Frittierfett nie über 180 °C erhitzen (Thermostat regelmäßig überprüfen) und in den Arbeitspausen auf ca. 120 °C zurückschalten).
- Frittierfett bei Nichtgebrauch abdecken. Licht, Luft, Wärme und Feuchtigkeit begünstigen die Oxidation und beschleunigen die Zersetzung.

Fertige Speisen ins Reine gebracht

- Verunreinigungen wie Mehl, Brösel etc. durch tägliches Filtern entfernen. Sie verbrennen und senken den Rauchpunkt.
- Fritteuse sauber halten, insbesondere Heizschlangen von Verharzungen befreien.

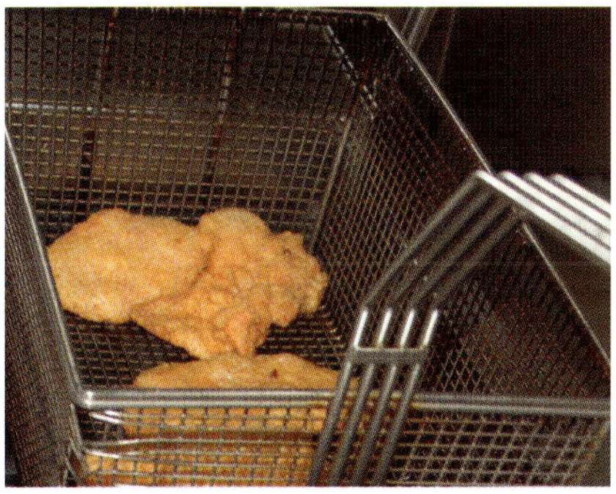

Die Fritteuse ist oft ein Indikator für die Hygiene des ganzen Betriebs

Eier

- In der Küche dürfen keine Knick-, Bruch- oder Schmutzeier verwendet werden.
- Eierschalen und Verpackungsmaterial sofort entfernen, um eine Kontamination mit anderen Produkten zu verhindern.
- Beim Aufschlagen soll der Eiinhalt möglichst wenig mit der Schale in Berührung kommen, da sich die Salmonellen hauptsächlich auf der Schale befinden. In Großküchen ist dafür ein eigener Arbeitsplatz einzurichten.
- Hart gekochte Eier gekühlt in der Schale aufbewahren.
- Speisen, die mit rohen Eiern hergestellt werden, bei ausreichend hoher Kerntemperatur (75 °C) erhitzen.
- Zur Herstellung von kalten Süßspeisen ausschließlich pasteurisierte Eier verwenden.

Mayonnaise

- Nach Möglichkeit industriell hergestellte Mayonnaise verwenden.
- Selbst zubereitete Mayonnaise ausreichend mit Essig oder Zitronensaft säuern, um ein Bakterienwachstum zu vermeiden. Der pH-Wert muss unter 4,5 liegen und kann mit einem pH-Messstreifen (siehe S. 65) überprüft werden.
- Mayonnaise noch am gleichen Tag verwenden.

Kartoffelsalat

- Gekochte Kartoffeln nur mit Schale und gekühlt lagern.
- Kartoffelsalat ausreichend mit Essig säuern (pH-Wert unter 4,5).
- Nach Fertigstellung gekühlt unter 8 °C aufbewahren. Er muss noch am Tag der Herstellung verzehrt werden.

Faschiertes (Hackfleisch) und Farcen

- Für die Herstellung von Faschiertem (Hackfleisch) nur durchgekühlte, frische und große Fleischstücke verwenden.
- Rohes Faschiertes (Hackfleisch) noch am Tag der Herstellung bzw. Anlieferung sofort verarbeiten und durcherhitzen.
- Rohes Faschiertes (Hackfleisch) und Farce sollten nicht tiefgekühlt werden, da die Hygienebestimmungen in einer gastronomischen Küche nicht einzuhalten sind.

Lebensmittel und Speisen mit hohem Eiweißgehalt

Eiweißreiche Lebensmittel wie Fleisch, Fisch, Milch, Eier, Hülsenfrüchte, Getreideprodukte oder Kartoffeln verderben leicht, da Mikroorganismen sich bei günstigen Lebensbedingungen rasch vermehren und die Eiweißstoffe zersetzen.

Die Betriebsleitung muss gewährleisten, dass alle Mitarbeiter, die mit Lebensmitteln umgehen, über Maßnahmen der Lebensmittelhygiene unterrichtet oder darin geschult werden.

Lebensmittel und Speisen	Ursachen der Keimvermehrung
Faschiertes (Hackfleisch)	▪ Hoher Nährstoffgehalt. ▪ Verteilung der Mikroorganismen durch starke Zerkleinerung.
Geflügel, Wild	▪ Herkunft. ▪ Unterbrochene Kühlkette. ▪ Unsachgemäße Bearbeitung.
Angebratenes oder gegartes Fleisch	▪ Nicht alle Mikroorganismen werden beim Braten, speziell beim Kurzbraten, oder Garen abgetötet. ▪ Mangelnde Hygiene bei der Verarbeitung.
Frische bzw. lebende Krusten-, Schal- und Weichtiere	▪ Herkunft aus verschmutzten Gewässern. ▪ Tiere sind nicht mehr frisch. ▪ Unsachgemäßes Auftauen. ▪ Falsche Lagerung.
Frischer Fisch	▪ Zu lange Anlieferungszeit. ▪ Unterbrochene Kühlkette. ▪ Unsachgemäße Lagerung.
Eier- und Milchspeisen, Speiseeis	▪ Hoher Keimgehalt der Zutaten. ▪ Zu geringe Erhitzung bei der Herstellung. ▪ Mangelnde Hygiene bei der Herstellung.
Mayonnaise, Salate	▪ Zu wenig Säuerung. ▪ Mangelnde Hygiene bei der Herstellung. ▪ Kühltemperatur über 7 °C.
Gekochtes Gemüse, Kartoffeln	▪ Mangelnde Hygiene bei der Herstellung. ▪ Speisen nicht ausreichend gekühlt.

Ermittlung der kritischen Kontrollpunkte beim Warmhalten, Kühllagern, Regenerieren und bei der Speisenausgabe

Warmhalten

- Die Speisen müssen nach dem Erhitzen bei einer Temperatur von über 75 °C (Kerntemperatur) heiß gehalten werden. Ein Temperaturabfall auf 70 °C kann in der letzten Stunde der Heißhaltezeit toleriert werden.
- Die Heißhaltezeit darf insgesamt drei Stunden nicht überschreiten, das bedeutet nicht, dass man alle Speisen auch tatsächlich drei Stunden warmhalten kann (Eigenverantwortung laut HACCP).

Kühllagerung

Speisen, die heiß, jedoch nicht unmittelbar nach der Herstellung verzehrt werden, müssen rasch abgekühlt werden.

- Die Speisen müssen innerhalb von 90 Minuten von 75 °C auf eine Lagertemperatur von 0 bis maximal 4 °C abgekühlt werden.
- Sollte der Betrieb über keinen Chiller verfügen, werden die Speisen nach dem Umfüllen in größere Behälter in Eiswasser abgekühlt.
- Speisen, die kalt, jedoch nicht unmittelbar nach der Zubereitung verzehrt werden, sind nach der Herstellung sofort zu kühlen.
- Heiß zubereitete Speisen wie Puddings oder Cremen nach der Herstellung rasch abkühlen.
- Kalte Vorspeisen, Salate, Sandwiches und dergleichen unmittelbar nach der Zubereitung kühlen.
- Die Speisen bei maximal 8 °C nicht länger als drei Stunden aufbewahren. Bei längerer Lagerung ist eine Lagertemperatur von 4 °C einzuhalten.
- Speisen können bei Bedarf auch im kalten Zustand portioniert werden. Dabei darf die Raumtemperatur nicht über 12 °C liegen.

Regenerieren

Die Speisen müssen ausreichend erhitzt werden, d. h. für mindestens zwei Minuten eine Kerntemperatur von 75 °C erreichen, damit eventuell vorhandene Mikroorganismen abgetötet werden.

Bereits angerichtete Speisen warten unter der Wärmebrücke auf das Service

Speisenausgabe und Transport

- Die Ausgabetemperatur muss 75 °C (Kerntemperatur) betragen. Dies gilt auch für den Transport von heißen Speisen (z. B. Catering).
- Speisentemperaturen stichprobenartig überprüfen und auf einer Checkliste erfassen.

Bei der Speisenausgabe müssen die Temperaturen stimmen

Ermittlung der kritischen Kontrollpunkte bei der Reinigung der Küche, Arbeitsflächen, Maschinen, Geräte und Werkzeuge

Für die interne Eigenkontrolle ist auch ein bereichsbezogener Reinigungs- und Desinfektionsplan zu erstellen.

Darin wird festgelegt:

Was zu reinigen ist: Gegenstände, Flächen etc.

Womit gereinigt wird: Reinigungs- und Desinfektionsmittel (Angabe der Konzentration).

Wie gereinigt wird: Reinigungsmethode.

Wann in welchem Rhythmus gereinigt wird: täglich, wöchentlich, monatlich.

Wer für die Reinigung verantwortlich ist: Verantwortlicher und Stellvertreter.

Beispiel eines Reinigungs- und Desinfektionsplans

Was	Womit		Wie	Wann	Wer
Kühlschrank	■ Reiniger: Sauberfix ■ Desinfektionsmittel: Sauberfix-Desinfektionsspray	**Konzentration:** 5 ml/10 l	■ Mit Wasser reinigen ■ Abspülen ■ Desinfizieren	■ Wöchentlich und nach jedem Abtauen ■ Mindestens einmal pro Monat	Wall/Maier

Ermittlung der kritischen Kontrollpunkte bei der Müllagerung und -entsorgung

- Die Abfallstation muss getrennt sein von den Räumlichkeiten, in denen mit Lebensmitteln umgegangen wird, außer es lässt sich nicht vermeiden, dass Abfälle anfallen, z. B. Abfälle, die bei der Speisenvorbereitung und -produktion entstehen.
- Die Wege von Lebensmitteln und von Abfällen sind so gut wie möglich räumlich und zeitlich voneinander zu trennen.
- Tägliches Reinigen und Desinfizieren der Müllräume.
- Tägliche Entleerung der Müllbehälter im Küchenbereich und Desinfektion des Griffbereichs.
- Verwendung der geeigneten Abfallbehälter.
- Müllräume vor Schädlingsbefall schützen.
- Regelmäßige Überprüfung der Raumtemperatur (bei wöchentlicher Müllabholung darf sie 6 °C nicht übersteigen).

Festlegen der Überprüfungsverfahren in der Anwendung

Nachdem Sie die für Ihren Betrieb relevanten kritischen Kontrollpunkte definiert und den Arbeitsabläufen zugeordnet haben, legen Sie nun die Überprüfungsverfahren für die Anwendung fest, also z. B. den Einsatz von Messgeräten oder die sensorische Prüfung (die Prüfung mit den Sinnesorganen) von Lebensmitteln. Folgende Messgeräte sind zur Dokumentation nach HACCP zu empfehlen:

pH-Messstreifen, pH-Meter

Der pH-Messstreifen dient zur Feststellung des Säuregehalts in Lebensmitteln, z. B. Mayonnaise oder Kartoffelsalat, sowie zur Qualitätsbeurteilung von Rohprodukten. Bei Verwendung von Messstreifen, z. B. Lackmuspapierstreifen, kann man den pH-Wert durch einen Farbanzeiger bestimmen. Genauer sind Messungen mit einem elektrischen pH-Meter.

Kontaktthermometer – Kerntemperaturmessgerät

Das Kontaktthermometer hat eine spitze Messsonde, die zum Messen der Kerntemperatur verschiedener Speisen dient. Sie können es auch zur Temperaturüberprüfung bei der Wareneingangskontrolle, z. B. von Fleisch, einsetzen, um eine eventuelle Unterbrechung der Kühlkette festzustellen.

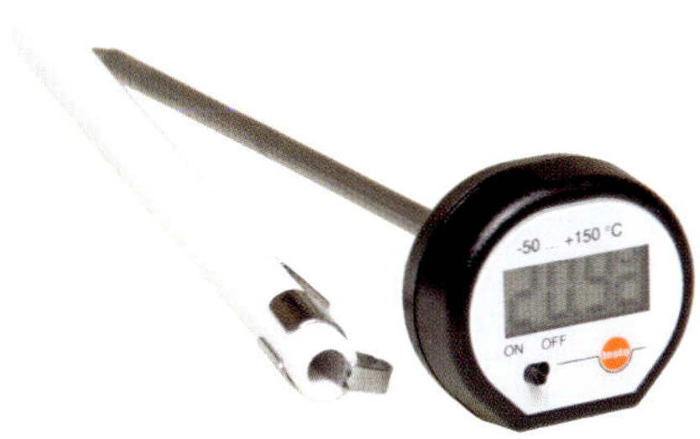
Kerntemperaturmessgerät mit Einsteckhülle

Feuchtemessgerät und Thermometer

Feuchtemessgerät und Thermometer werden zum Messen der relativen Luftfeuchtigkeit und der Temperatur in Kühlanlagen, zur Temperaturkontrolle bei der Speisenausgabe sowie von Bains-Marie (siehe Küchenausstattung, S. 99) eingesetzt.

Abklatschtest

Was dem Auge verborgen bleibt, kann mit dem Abklatschtest sichtbar gemacht werden. Er dient zur mikrobiologischen Kontrolle von Oberflächen, z. B. Arbeitsflächen. Dabei wird ein vorgefertigter Nährboden auf die Fläche gedrückt. Vorhandene Bakterien und Pilze bleiben darauf kleben und können im Labor analysiert werden. Keimanzahl und Art geben so Auskunft über eventuelle kritische Stellen (Personal, Ausgabe, Geschirr etc.). Der Abklatschtest wird in Großküchen und Einrichtungen der Gemeinschaftsverpflegung (z. B. Krankenhäusern, Cateringfirmen) angewendet.

Dokumentation zur Überprüfung des Eigenkontrollsystems und Testphase

Als Abschluss der Vorbereitungsphase ist noch die Dokumentation zur Überprüfung Ihres Eigenkontrollsystems zu klären, also die Zuständigkeiten – vor allem auch für den Fall, dass Hygieneprobleme auftreten –, die Festlegung der Kontrollzeiten und des Kontrollrhythmus, die Fertigstellung der Checklisten und die Handhabung der Kontrolle (Abzeichnen, Ablage in Ordnern).

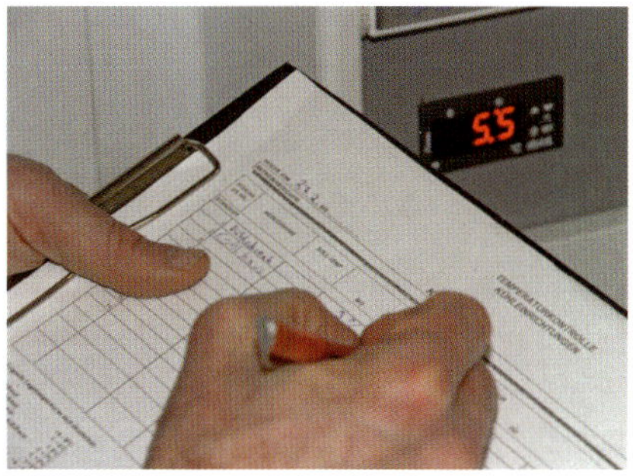
Dokumentation mithilfe von Checklisten

Machen Sie mit Ihren Checklisten nun einen **Testlauf** über eine Arbeitswoche, um festzustellen, ob sich Ihr Eigen-

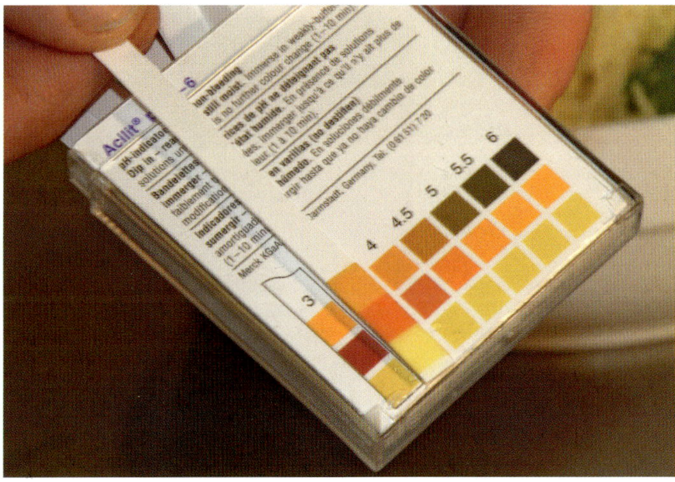

Der pH-Messstreifen dient zur Ermittlung des Säuregehalts in Lebensmitteln kontrollsystem bewährt. Notieren Sie Ihre Beobachtungen unter folgenden Gesichtspunkten:

- Bewährt sich das System?
- Hat das Kontrollsystem Lücken?
- Fehlen Arbeitsabläufe in der Gefahrenanalyse?
- Fehlen kritische Kontrollpunkte?
- Sind die Kontrollpunkte optimal festgelegt?
- Sind die Daten, die mithilfe der Checklisten erfasst wurden, aussagekräftig?
- Bewähren sich die Kontrollzeiten und -rhythmen?
- Sind die Zuständigkeiten sinnvoll und fair aufgeteilt?
- Wo sind in den Checklisten Korrekturen vorzunehmen?
- Welche Checklisten sind zu ergänzen?

Optimieren Sie aufgrund dieser ersten Gehversuche das System und testen Sie es bei Bedarf erneut. Investieren Sie in diese Phase lieber etwas mehr Zeit, damit das Eigenkontrollsystem dann sicher funktioniert.

Umsetzung des Eigenkontrollsystems in die Praxis

Wenn Ihr Eigenkontrollsystem schließlich einwandfrei läuft, können Sie oder kann die verantwortliche Person damit Schwachstellen in den Arbeitsabläufen aufdecken, sofort Korrekturmaßnahmen treffen und die Sicherheit wieder gewährleisten – das System hat somit seine Nützlichkeit bewiesen. Achten Sie nun auf die Aktualität Ihres Systems und adaptieren Sie es bei Bedarf erneut.

Lebensmitteluntersuchungsbehörde – Lebensmittelkontrolle

Ob die durchgeführten Hygienemaßnahmen eines Betriebes nun den Anforderungen der gesetzlich vorgeschriebenen Lebensmittelhygiene entsprechen, kontrolliert die Lebensmitteluntersuchungsbehörde.

Lebensmittelkontrollorgane können unangemeldet kommen, die Räumlichkeiten inspizieren und Proben von Lebensmitteln ziehen, die an die Lebensmitteluntersuchungsanstalten weitergeleitet werden. Außerdem ist ihnen jederzeit Einsicht in Dokumentationen (Schrift- und Datenträger), Lieferscheine etc. zu geben.

Die Prüfer werfen bei ihren Kontrollbesuchen vor allem eingehende Blicke auf:

- die sachgemäße Lagerung von Lebensmitteln (Temperaturen und Sauberkeit der Kühl- und Lagerräume),
- den Zustand der Lebensmittel (Einhaltung von Ablauf- und Mindesthaltbarkeitsdaten),
- die Fritteuse (vor allem das Gitter) und das Frittierfett,
- den Fleischwolf (Bestandteile und Scheiben),
- die Schneidebretter,
- den Zustand der Werkzeuge (Schneidemesser, Kochlöffel, Spritzsäcke [Spritzbeutel] und Tüllen),
- die Reinigung des Hackstocks (Hauklotzes); (in welchem Zustand ist die Bürste für die Reinigung?),
- verwendete Dosenöffner (sind die Halterungen verschmutzt?),
- Reinigungsgeräte (Kübel, Besen, Mopp),
- Reinigungstücher (Schwämme, Geschirrtücher),
- Arbeitskleidung der Mitarbeiter.

An ihnen führt kein Weg vorbei: Die Lagerräume sind fixer Bestandteil von Prüfungen der Lebensmitteluntersuchungsbehörde

Die Häufigkeit der Kontrollbesuche hängt von der Anzahl der beanstandeten Mängel ab. Den Behörden geht es dabei einzig und alleine um die Gesundheit der Mitarbeiter und Gäste und nicht darum, dem Betrieb lästig zu fallen.

Sicherheit

Der Bereich der Sicherheit im gastronomischen Betrieb umfasst die Unfallverhütung, das richtige Verhalten im Unglücksfall, die Brandvermeidung bzw. das richtige Verhalten im Brandfall, die Erste Hilfe, die vom Ersthelfer zu leisten ist, und die Ergonomie, die eine Unfallvermeidung unterstützen kann. In diesem Kapitel finden Sie die Theorie – in der Praxis sind Sie gefordert, im Dienste der Sicherheit zu agieren und verantwortungsvoll zu handeln.

Unfallschutz

Innerhalb eines gastronomischen Betriebes ist die Küche jener Ort, an dem sich die meisten Unfälle ereignen. Gefährlich sind Unkonzentriertheit, Leichtsinn, Schlampigkeit, Hektik und schlechte Planung der Arbeitsabläufe.

„Nur kurz“ abgestellte Töpfe oder Geräte sind klassische Stolperfallen

20 Prozent der Unfälle in der Küche ereignen sich durch Stolpern und Ausrutschen. Ursache dafür sind meist scheinbar harmlose Umstände, wie abgestellte Gegenstände in den Gängen oder durch Nässe und Fett verunreinigte Böden. Daher sind Sauberkeit und Ordnung am Arbeitsplatz für die Sicherheit wichtig.

Als verantwortungsbewusster Mitarbeiter wissen Sie jedoch nicht nur über vorbeugende Unfallverhütungsmaßnahmen Bescheid, sondern auch darüber, was im Falle des Falles zu tun ist.

Grundregeln zur Unfallverhütung

Unfälle lassen sich weitgehend vermeiden durch

- geistige und körperliche Fitness der Mitarbeiter – Einhaltung der Ruhezeiten und gesetzlich vorgeschriebenen Arbeitsstunden,
- überlegtes und konzentriertes Arbeiten, speziell beim Umgang mit Maschinen, Geräten und Werkzeugen,
- Verwendung von Schutzmechanismen von Maschinen und Geräten,
- Tragen von gesetzlich vorgeschriebener Arbeitskleidung,
- eine gute Gesamtorganisation des Betriebes,
- einen Küchenchef, der auch bei großer Gästeanzahl bzw. hohen Anforderungen die Ruhe bewahrt, da sein Verhalten sich unweigerlich auf seine Mitarbeiter überträgt,

Wichtig: Konzentration und Ruhe bei der Arbeit

- genügend Personal und periodische Schulungen der Mitarbeiter über Unfallverhütung.

Durch **Evaluierung** können Arbeitsunfälle vermieden werden. Unter Evaluierung versteht man die Analyse und Bewertung eines Sachverhalts. Im konkreten Fall geht es um die Ermittlung und Beurteilung von Gefahren.

Möglicherweise auftretende Unfallgefahren in der Abteilung werden von den Mitarbeitern erfasst und je nach Gefährdungsgrad beurteilt. Um künftige Unfälle zu vermeiden, werden Schutzmaßnahmen mit verantwortlichen Personen – gegebenenfalls unter Einbeziehung von Fachkräften aus dem Arbeiternehmerschutzbereich – ausgearbeitet und festgelegt. Die Einhaltung dieser Maßnahmen ist verpflichtend.

Ziele der Evaluierung

- Die Sicherheit und den Schutz der Gesundheit gewährleisten.
- Gefahrenquellen erkennen und einschätzen können.
- Schutzmaßnahmen optimieren.
- Das Sicherheitsdenken und die Verantwortung jedes Mitarbeiters erhöhen.

Jedes Unternehmen ist verpflichtet, zur Verhütung von Arbeitsunfällen und Krankheiten jeden neuen Mitarbeiter gleich zu Beginn des Arbeitsverhältnisses über Unfallgefahren und Schutzmaßnahmen zu informieren und entsprechend einzuschulen.

MIT EINER FACHGERECHTEN MESSERFÜHRUNG KANN MAN SCHNITTVERLETZUNGEN VERMEIDEN

Verhinderung von Stürzen

- Bereits bei der Planung der Betriebsräume auf rutschfeste, ebene, leicht zu reinigende Böden achten.
- Durch Nässe, Fett oder sonstige Speisen verunreinigte Böden sofort reinigen und trockenwischen.
- Im Boden befindliche Abflussöffnungen und Metallroste nach der Reinigung sofort verschließen.
- Beim Reinigen von erhöhten Kücheneinrichtungen (Lampen, Abzugshauben etc.) nur standfeste Leitern verwenden.

Verhinderung von Schnittverletzungen

- Auf eine fachgerechte Messerführung (eingezogene Fingerkuppen etc.) achten.
- Messer mit rutschsicheren Messergriffen verwenden.
- Rutschsichere Schneidebretter verwenden: Entweder Rexgummis oder andere stabile Gummiringe bzw. Kunststoffgitter oder spezielle Unterlegmatten unterlegen oder Schneidebretter mit rutschsicheren Gummifüßen verwenden. Sie sind auch vom hygienischen Standpunkt aus ideal, da die Luft zirkulieren kann.
- Messerart und -größe der Arbeitstätigkeit anpassen.
- Messer, scharfe Maschinenteile oder sonstige spitze Gegenstände niemals in das Spülbecken geben.
- Beim Fleischauslösen die vorgeschriebene Stechschutzschürze (evtl. auch Stechschutzhandschuhe) tragen und auf fachgerechte Messerhaltung – immer vom Körper weg – achten.
- Messer geordnet bzw. in Schutzhaltern (z. B. einer Magnetaufhängung) aufbewahren.

Auf einer Magnetschiene sind Messer sicher aufbewahrt

- Nie nach fallenden Messern greifen.
- Angeschlagene Gläser sofort in den Glascontainer geben.
- Nie in laufende Maschinen greifen.
- Dosen, Flaschen und sonstige Behälter ausschließlich mit den dafür geeigneten Werkzeugen öffnen.

Verhinderung von Verbrennungen

- Zum Bewegen von heißen Kochgeräten Isolierhandschuhe tragen – niemals feuchte oder nasse Geschirrtücher oder Topflappen verwenden.
- Beim Öffnen von Druck- und Kombidämpfern an der Seite stehen – nie unmittelbar vor der Türe.
- Deckel von Kochtöpfen immer vom Körper abgewandt öffnen.
- Pfannenstiele von offenen Flammen fern halten und nie über den Herd bzw. die Arbeitsplatte ragen lassen.
- Heiße Deckel kennzeichnen, z. B. Tuch darauf legen oder mit etwas Mehl bestauben. Mitarbeiter durch Warnungen – „Vorsicht, heiß!" – aufmerksam machen bzw. heiße Gegenstände sofort kühlen.
- Keine Flüssigkeiten in heißes Fett gießen.
- Heißes Kochgut (Fonds, Suppen u. Ä.) in Bodennähe umleeren, Behälter nicht überfüllen und anschließend sofort wieder auf die Arbeitsfläche stellen.

Böse Falle – Pfannenstiele, die über den Herdrand ragen

- Heiße schwere Töpfe nur zu zweit tragen.
- Verschüttetes Fett auf Herdplatten sofort entfernen.

Die richtige Arbeitskleidung – ein wesentlicher Faktor zur Unfallvermeidung

- Langärmelige Arbeitskleidung verhindert Verbrennungen durch spritzendes Koch- und Gargut.
- Festes, geschlossenes Schuhwerk verhindert Verbrennungen durch verschüttete Flüssigkeiten und schützt vor Verletzungen durch herabfallende Gegenstände. Sicherheitsschuhe mit Stahlkappen und rutschfester, antistatischer und schockabsorbierender Profilsohle sind ein zuverlässiger Schutz.

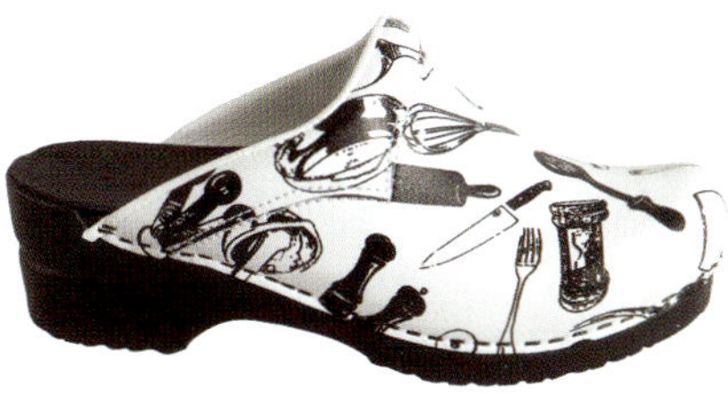

Moderne Sicherheit

- Eine entsprechende Kopfbedeckung schützt vor Verletzungen, die durch langes Haar entstehen können.
- Schürzen hinten binden oder Bänder in die Schürze hineinstecken, damit sie nicht in eine Maschine gelangen oder bei Gasflammen Feuer fangen können.

Sicherheitsanforderungen an technische Anlagen

Arbeitsgeräte und Maschinen müssen den gesetzlichen Bestimmungen der Sicherheits- und Unfallverhütungsvorschriften entsprechen. Beim Kauf dieser Geräte ist auf entsprechende Prüfzeichen zu achten, z. B. CE-Kennzeichnung für Arbeitsgeräte und Maschinen, die im europäischen Wirtschaftsraum hergestellt wurden. Der Betriebsinhaber oder die Betriebsleitung hat darauf zu achten, dass die im Betrieb verwendeten Arbeitsmittel den Sicherheitsbestimmungen entsprechen.

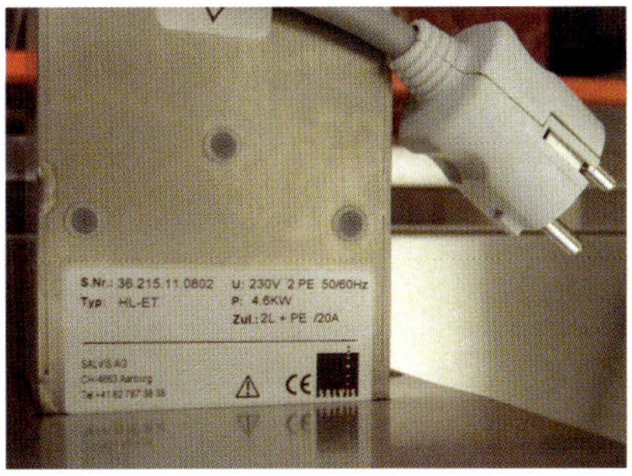

CE-Kennzeichnung

Von den Mitarbeitern sollten folgende Sicherheitsvorschriften im Umgang mit technischen Anlagen eingehalten werden:

- Keine Schutzvorrichtungen von Maschinen und Geräten entfernen. Das Entfernen befreit die Unfallversicherung von ihren Leistungen und zieht unter Umständen strafrechtliche Folgen nach sich.
- Vor der ersten Inbetriebnahme einer neuen Maschine oder eines neuen Gerätes die Bedienungsanleitung genau lesen und beachten. Sie muss ebenso wie die Sicherheitsvorschriften in unmittelbarer Nähe des Gerätes sichtbar angebracht sein.
- Vor dem Reinigen sind die Maschinen gegen unbeabsichtigte Inbetriebnahme zu sichern und von der Stromquelle zu trennen.

Spezielle Anforderungen gibt es an **elektrische Anlagen**, um aufgrund der hohen Luftfeuchtigkeit in der Küche Stromschläge und Kurzschlüsse zu vermeiden:

- Elektroinstallationen in Feuchtraumausführung; anfallende Reparaturen dürfen nur von Fachkräften durchführt werden.
- Schadhafte Steckdosen, Schalterdeckel, Kabel, Leuchten u. Ä. müssen sofort repariert werden.

Für **Gasherde** gelten folgende Sicherheitsmaßnahmen:

- Gasherde dürfen nur bei gleichzeitiger Inbetriebnahme von Abzugshauben benützt werden.
- Die Gaszufuhr wird bei Stromausfall oder sonstigen Defekten des Abzuges sofort automatisch unterbrochen.
- Bei Gasgeruch das Gerät sofort ausschalten, den Raum lüften und eine Fachkraft verständigen.

Arbeitnehmerschutz

Der Arbeitnehmerschutz dient der Gewährleistung von Sicherheit und Gesundheit der Arbeitnehmer.

Im Arbeitnehmerschutzgesetz sind z. B. Dienstzeiten, Pausen, Nachtarbeit, Kinder- und Jugendlichenbeschäftigung und Mutterschutz geregelt. Es gibt aber auch Vorschriften für die Gewährleistung der Sicherheit von Geräten, für den sicheren Umgang mit gesundheitsgefährdenden Arbeitsstoffen oder für die richtige Arbeitskleidung oder Schutzausrüstung zur Vermeidung von Verletzungen.

Die Betriebsleitung ist für die Einhaltung der Vorschriften verantwortlich. Der Arbeitsvertrag mit einem Dienstnehmer ist unter Berücksichtigung des Arbeitsgesetzes und damit auch der Arbeitnehmerschutzbestimmungen zu erstellen. Sind abweichende Forderungen (z. B. zu lange Dienstzeiten, keine Pausen) im Arbeitsvertrag enthalten, gelten für den Arbeitnehmer trotzdem die Arbeitnehmerschutzbestimmungen. Das Arbeitsinspektorat setzt sich für die Anliegen des Arbeitnehmerschutzes ein und überprüft, ob die Gesetze im Betrieb tatsächlich eingehalten werden.

Brandschutz

Es brennt immer nur in den Küchen der anderen; das passiert denen, die ihre Küchen nicht in Ordnung halten – in dieser Sicherheit kann man sich gefährlich lange wiegen, bis es vielleicht einmal so weit ist und man selbst zum „anderen“ wird. Ein Horrorszenario für jeden Betrieb. Die Reue, die eine oder andere Brandschutzmaßnahme vernachlässigt zu haben, ist dann zu spät. Dabei kann vorbeugend eine Menge getan werden, um das Schlimmste zu verhindern.

Vorbeugen ist besser als löschen

Vorbeugende Brandschutzmaßnahmen sind in den einschlägigen Bau- und Feuerpolizeiverordnungen der Länder verankert.

Der Betriebsinhaber bzw. die Betriebsleitung ist verpflichtet,

- die Mitarbeiter in regelmäßigen Abständen über die geltenden Brandschutzmaßnahmen zu belehren,
- eine Liste der Maßnahmen für das Verhalten im Brandfall sichtbar anzubringen,

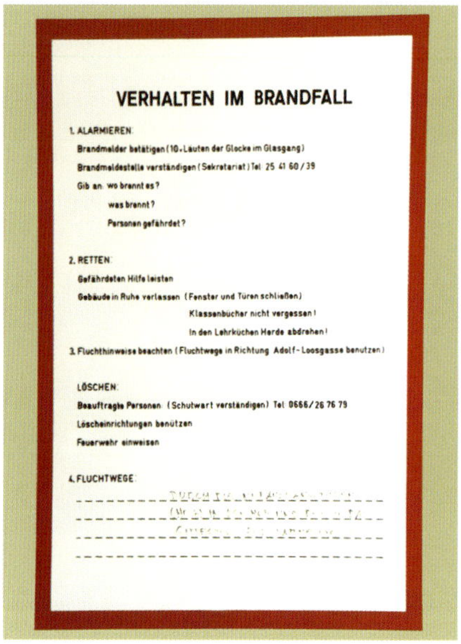

Sichtbar anzubringen – Liste der Maßnahmen für das Verhalten im Brandfall

- elektrische Geräte und Gasgeräte regelmäßig überprüfen zu lassen; schadhafte Strom- und Gasleitungen sind eine häufige Brandursache und müssen deshalb sofort repariert werden,
- verwendete Feuerlöscher neu füllen zu lassen und zu warten.

Nach Verwendung den Feuerlöscher wieder befüllen lassen

Größere Betriebe haben einen ausgebildeten **Brandschutzbeauftragten** mit folgenden Aufgaben:

- Ausarbeitung einer Brandschutzordnung und eines Brandschutzplanes (Alarm-, Flucht- und Rettungsplan) für den Betrieb.
- Kontrolle der Brandsicherheit, z. B. regelmäßige Kontrolle der Feuerlöscher.
- Veranlassung von Brandschutzübungen.

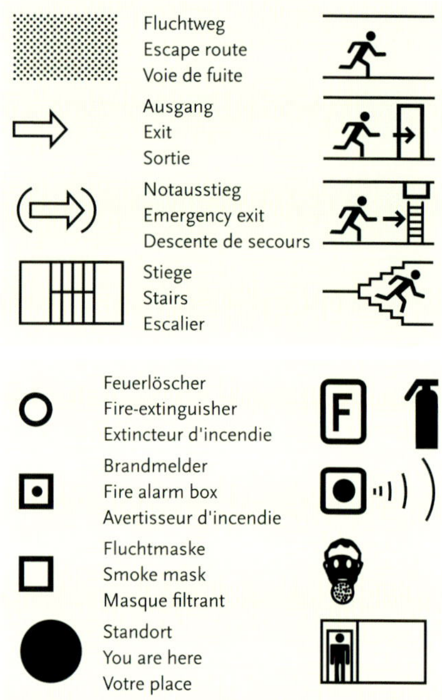

Brandverhütung – worauf es ankommt

- Kochgeräte, Dunstabzüge (Fettfilter), Fritteusen etc. regelmäßig reinigen, damit kein brennbarer Fettfilm zurückbleibt.
- Achtsamer Umgang mit offenem Feuer, z. B. brennbare Materialien von Gasflammen fern halten.
- Fett nicht überhitzen – die meisten Fette entflammen bereits vor Erreichen der Herdplattentemperatur. Vorsicht bei zugedecktem überhitztem Fett. Durch Abheben des Deckels wird Sauerstoff zugeführt, der ein Entflammen des Fettes auslöst (Stichflamme).
- Niemals Flüssigkeit in überhitztes Fett gießen.
- Brennendes Fett in Pfannen durch Ersticken der Flammen mit einer Löschdecke löschen, auf keinen Fall mit Wasser löschen. Bei größeren brennenden Fettmengen (z. B. Fritteuse) einen Feuerlöscher verwenden, um Brandverletzungen zu vermeiden.

Brandbekämpfung – was tun?

Handeln Sie ruhig – Hektik führt meist zu Fehlverhalten – und beachten Sie folgende Grundsätze:

- **Alarmieren:** Alarmieren Sie je nach Größe des Brandes entweder den Küchenchef oder sofort die Feuerwehr.

Notrufe (alphabetisch)			
Euro-Notruf	112		
	(A)	(D)	(CH)
Feuerwehr	122	112	118
Polizci	133	110	117
Rettung	144	112/ 19 222	144

Bei der Wahl des Euro-Notrufs gelangen Sie in Österreich zur nächsten Polizeidienststelle.

- **Retten:** Sorgen Sie dafür, dass alle Mitarbeiter in Sicherheit gebracht werden!
- **Löschen:** Löschen Sie von vorne nach hinten und von unten nach oben, außer Tropf- und Fließbrände: sie sind von oben nach unten zu löschen. Setzen Sie mehrere Feuerlöscher gleichzeitig, nicht hintereinander ein!

Ein Telefon in der Küche mit einer Liste der Notrufnummern ist ein großer Sicherheitsfaktor

MAN IST NICHT DAVOR GEFEIT – ES IST ALLERDINGS ALLES ZU UNTERNEHMEN, UM EINEN KÜCHENBRAND ZU VERHINDERN

Brandklassen und Löschmittel

Die Art des Löschmittels hängt von der Entzündungstemperatur des brennbaren Materials ab.

Brandklasse	Material	Löschmittel
A: Brände fester organischer Stoffe	Holz, Kohle, Papier, Stroh, Faserstoffe, Textilien	Wasser, Handfeuerlöscher (in Österreich nach Önorm F 1050 für die Brandklassen A, B und C; in Deutschland tragbarer Feuerlöscher nach DIN EN 3), Löschdecke
B: Brände von flüssigen oder flüssig werdenden Stoffen	Öl, Fett, Benzin, Heizöl, Alkohol, Stearin etc.	Handfeuerlöscher (nach Önorm F 1050 für die Brandklassen A, B und C; in Deutschland tragbarer Feuerlöscher nach DIN EN 3), Löschdecke
C: Brände von Gasen	Wasserstoff, Methan, Erdgas	Handfeuerlöscher (nach Önorm F 1050 für die Brandklassen A, B und C; in Deutschland tragbarer Feuerlöscher nach DIN EN 3)
D: Brände von Metallen	z. B. Aluminium	Sand, Zement; kein Wasser!

In Großbetrieben kommen fahrbare Feuerlöscher mit größerem Fassungsvermögen zum Einsatz.

Erste Hilfe

Wenn etwas Unvorhergesehenes wie ein Unfall passiert, herrschen meist hektische Ratlosigkeit und die Angst, etwas falsch zu machen. Das soll nicht sein; man kann schon im Vorfeld einiges unternehmen, um auf einen Ernstfall vorbereitet zu sein.

Was ist zu tun?

Erste Hilfe sind jene Maßnahmen, die man als Ersthelfer durchzuführen hat, bis der Rettungsdienst eintrifft. Wichtig ist, trotz zielstrebigem Handeln Ruhe zu bewahren.

Erste-Hilfe-Kasten nach Önorm Z 1020

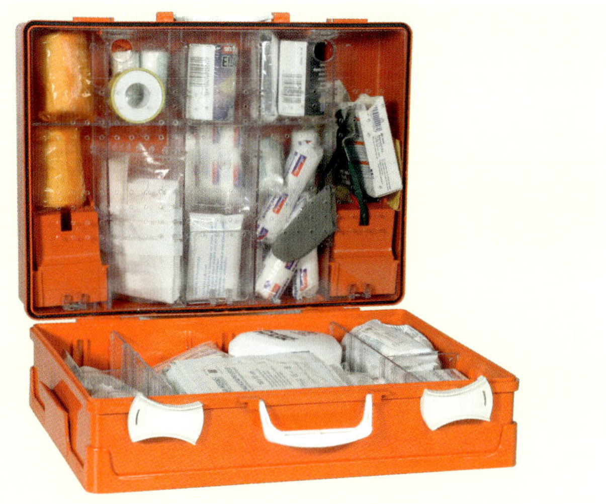

Eine gute Information über die richtigen Erste-Hilfe-Maßnahmen hilft, im Ernstfall das Richtige zu tun

Sie sind verpflichtet, Erste Hilfe zu leisten, sollten jedoch keine Maßnahmen ergreifen, die nur ausgebildeten Fachkräften – Ärzten oder Sanitätern – vorbehalten sind. Bei schweren Verletzungen oder gesundheitlichen Beeinträchtigungen müssen Sie sofort den Notarzt bzw. den Rettungsdienst alarmieren.

In Betrieben bis zu vier Arbeitnehmern soll – ab fünf Arbeitnehmern muss – eine Person in Erster Hilfe ausgebildet sein.

Die wichtigsten Behelfe für Wundversorgung, Blutstillung und Ruhestellung sind im Betrieb

- für jeden zugänglich
- in immer gebrauchsfertigem und hygienisch einwandfreiem Zustand
- in einem leicht erreichbaren, staubdicht schließenden und sichtbar gekennzeichneten Erste-Hilfe-Kasten bzw. Notfallkoffer bereitzuhalten.

Für europäische Betriebe sind Erste-Hilfe-Kästen nach Normen vorgeschrieben (in Österreich z. B. nach Önorm Z 1020). Nicht einwandfreies und Erste-Hilfe-Material, dessen Haltbarkeitsdatum abgelaufen ist, muss erneuert werden. Das wird vom Arbeitsinspektorat kontrolliert.

Lebensrettende Sofortmaßnahmen, wenn der Notfallpatient bewusstlos ist

- Absichern, bergen.
- Bewusstlosen Notfallpatienten in stabile Seitenlage bringen.
- Beatmen und Herzmassage durchführen (im Rhythmus von 30 Herzmassagen und zwei Beatmungen bei einer Frequenz von 100 x/Minute). Falls vorhanden, Defibrillator (Schockgerät) einsetzen.
- Notarzt und Rettungsdienst verständigen.

Stabile Seitenlage – anzuwenden, wenn der Notfallpatient bewusstlos ist:

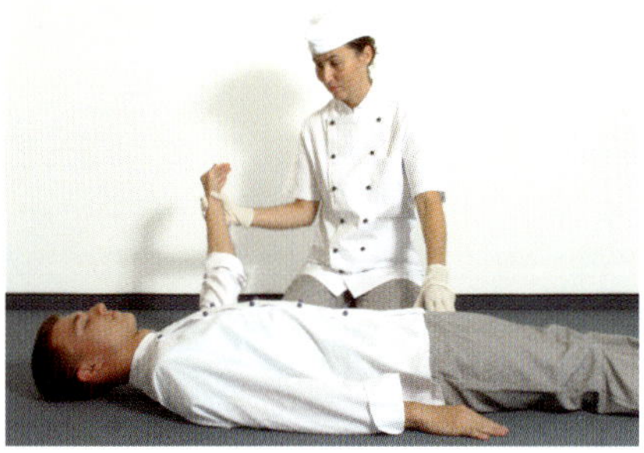

Strecken Sie den Ihnen näher liegenden Arm des Bewusstlosen gerade aus und legen Sie ihn im rechten Winkel zu seinem Körper auf den Boden.

Fassen Sie nun das Knie des gegenüberliegenden Beines und das Handgelenk des gegenüberliegenden Armes und bilden Sie damit ein stabiles Dreieck.

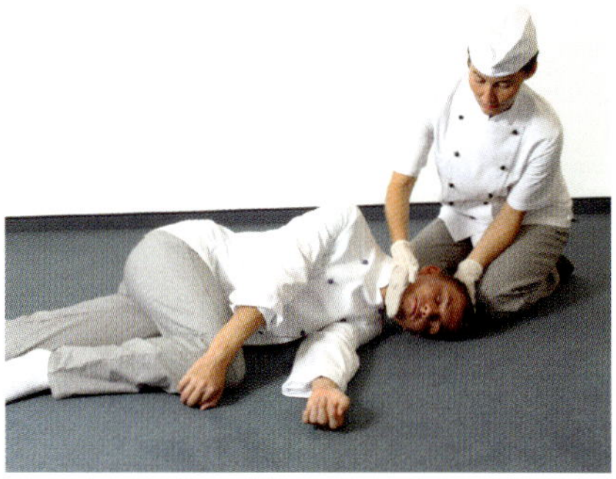

Drehen Sie nun den Notfallpatienten behutsam auf die Seite (Patienten immer zum Helfer hin drehen) und überstrecken Sie vorsichtig den Kopf, damit die Atemwege frei bleiben. Achten Sie darauf, dass der Mund leicht geöffnet ist. Kontrollieren Sie bis zum Eintreffen des Notarztes bzw. des Rettungsdienstes die Lebenszeichen.

Lebensrettende Sofortmaßnahmen, wenn der Notfallpatient ansprechbar ist – Maßnahmen bei Schock

Durch eine verminderte Durchblutung lebenswichtiger Organe wie Gehirn, Herz, Lunge, Leber, Niere kommt es zu Sauerstoffmangel, der in weiterer Folge den Schockzustand auslöst.

Anzeichen eines Schockzustandes sind

- kalte, schweißbedeckte, blasse Haut – die Hautdurchblutung wird zugunsten lebensnotwendiger Organe vermindert,
- beschleunigter, oberflächlicher Puls,
- Blutdruckabfall,
- Bewusstseinsveränderungen wie Unruhe, Angst, Bewusstseinstrübung,
- beschleunigte Atmung.

Schockbekämpfung

- **Schocklagerung – der Situation entsprechend:**
  - Bei **Kopfverletzungen und Verdacht auf Schlaganfall** lagern Sie den Notfallpatienten mit leicht erhöhtem Kopf und Oberkörper durch Unterlegen gefalteter Decken.
  - Bei **Atemnot** stützen Sie dem sitzenden Patienten den Rücken, so dass er sich an Ihnen anlehnen und sich dabei seitlich abstützen kann.
  - Bei **Bauchschmerzen** drehen Sie den Patienten auf den Rücken und schieben eine eingerollte Decke unter die Knie und einen Polster unter den Kopf; oder Sie lagern den Patienten seitlich – je nachdem, wie er sich wohler fühlt.
  - Bei **Verdacht auf Wirbelsäulen- oder Beckenverletzung** dürfen Sie die Lage des Notfallpatienten nicht verändern, es sei denn, er liegt in einer Gefahrenzone.
  - Bei **Kollaps, Blutungen an Armen oder Beinen** und bei **Verbrennungen** lagern Sie die Beine des Notfallpatienten hoch (siehe Foto).
- **Rasche Blutstillung** und Wundversorgung.
- **Atemwege frei machen** und freihalten.
- Ständige **Kontrolle von Bewusstsein und Lebenszeichen** (Atmung, Puls).
- **Schutz vor Unterkühlung:** Zudecken mit Decke oder Wärmeschutzfolie.
- **Beruhigung** des Verletzten durch ruhiges Sprechen.
- **Sofort Rettungsdienst und Notarzt verständigen.**

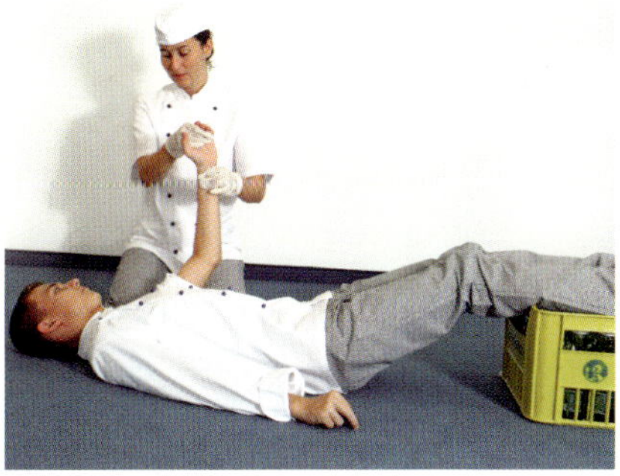

Lagern Sie bei Kollaps, Blutungen an Armen oder Beinen und bei Verbrennungen die Beine des Notfallpatienten hoch und kontrollieren Sie das Bewusstsein und die Lebenszeichen bis zum Eintreffen des Notarztes oder Rettungsdienstes.

Achtung – Unterschied!

- **Stabile Seitenlagerung** anwenden, wenn der Notfallpatient **bewusstlos** ist.
- **Schockgerechte Lagerung** nur dann anwenden, wenn der Notfallpatient **ansprechbar** ist.

Maßnahmen bei Wunden

Als Wunden bezeichnet man Verletzungen der Haut bzw. Schleimhaut und des darunterliegenden Gewebes. Dazu gehören z. B. Abschürfungen, Schnittverletzungen, Stich- und Platzwunden.

Die Wunde ist keimfrei zu verbinden. Dabei darf sie weder berührt noch dürfen Fremdkörper aus der Wunde entfernt werden. Auch das Aufbringen von Puder, Salben u. Ä. ist verboten.

Nach der Erstversorgung ist möglichst sofort ein Arzt oder ein Krankenhaus aufzusuchen, jedoch innerhalb von sechs Stunden,

- wenn der Verletzte nicht gegen Tetanus geimpft ist,
- wenn die Wunde länger als 2 cm und tiefer als 0,5 cm ist,
- bei Augenverletzungen jeglicher Art,
- wenn sich Fremdkörper in der Wunde befinden,
- bei Gefahr von Sehnenverletzungen (z. B. Finger- oder Handgelenk, Hand- oder Fußrücken),
- bei Verletzungen im Genitalbereich (wegen der erhöhten Infektionsgefahr).

Tragen Sie bei der Versorgung von blutenden Wunden unbedingt Einweghandschuhe, um Infektionen zu verhindern!

Maßnahmen bei starker Blutung bzw. Schlagaderblutung

Den Patienten in Schocklagerung wie oben beschrieben bringen. Die Blutung durch Fingerdruck und Anlegen eines Druckverbandes stoppen, bis der Rettungsdienst eintrifft. Wichtig: nach Möglichkeit den verletzten Körperteil hochhalten.

Fingerdruck

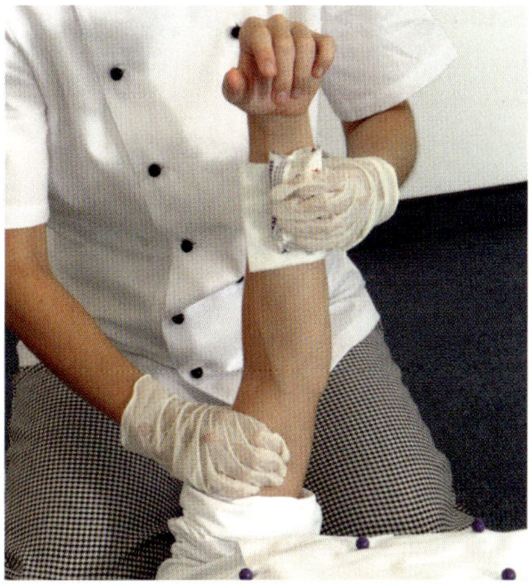

Stoppen Sie die Blutung mit dem Fingerdruck auf die Arterie und drücken Sie gleichzeitig eine keimfreie Wundauflage sowie einen Druckkörper, z. B. eine Mullbinde, auf die verletzte Stelle. Halten Sie den betroffenen Körperteil, wenn möglich, hoch.

Anlegen des Druckverbandes

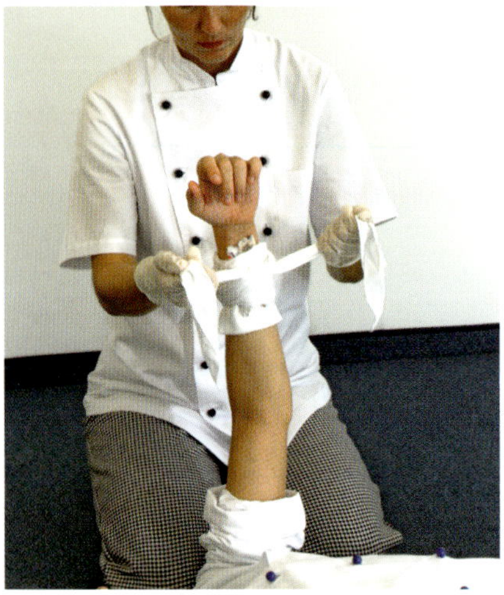

Fixieren Sie nun den Druckkörper mit einem zusammengelegten Dreiecktuch, das Sie über dem Druckkörper verknoten. Sollte es durch den Druckverband bluten, wird ein zweiter Druckverband darüber gelegt.

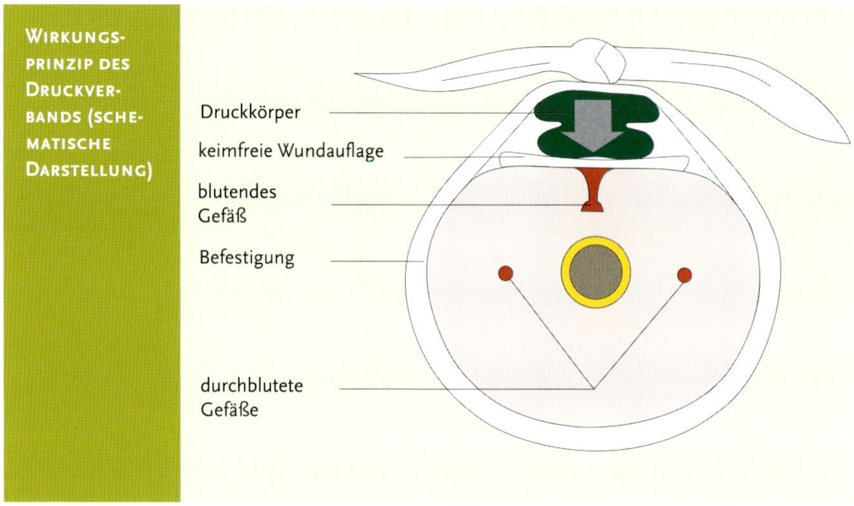

Maßnahmen bei Knochenbrüchen

Notfallpatienten sind bis zum Eintreffen des Rettungsdienstes liegend zu lagern. Achtung: Bei Verdacht auf Wirbelsäulen- oder Beckenverletzungen darf die Lage des Notfallpatienten nicht verändert werden, sofern er ansprechbar ist!

Maßnahmen bei Verätzungen

Sofort den Rettungsdienst verständigen, die betroffenen Körperstellen, z. B. Augen oder Haut, gründlich mit Wasser spülen (ca. 15 Minuten) und keimfrei verbinden.

Maßnahmen bei Verbrennungen

Die Erste Hilfe richtet sich nach dem Grad der Verbrennung:

- **1. Grad:** Rötung, Schwellung, Schmerz.
- **2. Grad:** Blasenbildung und oberflächliche Zerstörung der Haut.
- **3. Grad:** Schorfbildung, Verkohlung.

Nicht offene Brandwunden zur Schmerzlinderung und Schockbekämpfung unter reines, fließendes Wasser halten. Eventuell gekühltes Gelkissen auflegen. Einen keimfreien, nicht klebenden Verband (Metallineverband) anbringen. Gesichts- und Augenverbrennungen zur Vermeidung von Narbenbildung nicht abdecken! Keine Salben und Hausmittel verwenden!

Bei Kleiderbränden den Brennenden am Boden wälzen und das Feuer mit Löschdecken ersticken. Löschdecken müssen im Küchenbereich griffbereit aufbewahrt werden. Kleidungsreste, die nicht mit Brandwunden verklebt sind, vorsichtig entfernen. Verbrannte Körperstellen bis zum Eintreffen des Rettungsdienstes mit kaltem Wasser kühlen.

Eine Löschdecke muss für den Ernstfall in der Küche griffbereit sein

Maßnahmen bei Stromunfällen

- Sofort den Stecker ziehen, um den Stromkreis zu unterbrechen.
- Zum Berühren des Verunglückten trockene Handschuhe oder Tücher verwenden oder Plastikfolie um die Hände wickeln. Damit wird ein Überleiten des Stroms verhindert.
- Bis zum Eintreffen von Arzt oder Rettungsdienst regelmäßig die Lebenszeichen des Verletzten kontrollieren – der Stromdurchfluss beeinflusst Herztätigkeit und Atmung.

Ergonomie

Um den Begriff zu erklären, bedarf es keiner wissenschaftlichen Abhandlung. Es ist ganz einfach: Sie können Ihre Körpergröße nicht nach Bedarf verändern, wenn die Höhe der Arbeitsfläche nicht Ihren Maßen entspricht. Umgekehrt geht's aber schon: Die Arbeitsfläche kann sehr wohl auf Ihre Maße abgestimmt werden. Und genau darum geht es: Ergonomie ist die Lehre von der Anpassung der Arbeitsbedingungen und der Betriebsmittel an den Menschen.

Die Maße des Menschen liefern demnach die Grundlage für die Ergonomie. Aufgrund von Durchschnittswerten können Arbeitsräume und Arbeitsplätze eingerichtet, Geräte und Einrichtungsgegenstände angefertigt und Maschinen hergestellt werden, die dem arbeitenden Menschen entsprechen.

Nachdem statistisch gesehen nur ca. fünf Prozent aller Arbeitenden mit ihren Maßen über oder unter den Durchschnittswerten liegen, können auf Basis dieser Werte allgemeine Aussagen getroffen werden.
Richtet man einen Betrieb nach ergonomischen Kriterien ein, bringt das Vorteile für die Arbeitenden und den Betrieb:

Vorteile für die Mitarbeiter

- Die Konzentrationsfähigkeit ist verbessert. Dadurch kommt es zu weniger Unfällen.
- Gesundheitliche Risiken werden minimiert, die körperliche Beanspruchung eingeschränkt.
- Die Mitarbeiter machen ihre Arbeit gern, wenn sie sich an ihrem Arbeitsplatz wohlfühlen.

Vorteile für den Betrieb

- Gesunde Mitarbeiter, die ihren Arbeitsplatz zu schätzen wissen, bringen mehr Leistung in gleicher Zeit.
- Es gibt weniger Krankenstände.
- Qualitätsstandards können gehalten werden.
- Die Betriebsmittel werden ideal ausgelastet.

Die Ergonomie bezieht sich auf die gesamte Arbeitsgestaltung. Dabei geht es einerseits um das Umfeld, das ergonomisch zu gestalten ist, andererseits um die Mitarbeiter selbst, die ihre Arbeit ergonomisch ausführen können.

Das Umfeld

Die Gestaltung des Arbeitsplatzes, der Ausstattung und der Betriebsmittel beeinflusst das Arbeitsergebnis.

Arbeitsraum und Ausstattung

Für den Arbeitsraum empfiehlt sich eine Größe von 9 m² bei einem Mitarbeiter. Sind zwei Beschäftigte in einem Raum tätig, ist eine Fläche von 14 m² zu empfehlen, für drei eine Fläche von 15 m².

Bei der Gestaltung des Umfelds ist es wichtig, auf angenehme Farben und strapazierfähige Materialien zu achten. Der Fußboden soll elastisch sein und Schritte abfedern. Die Möbel sind nach Arbeitsschritten sinnvoll anzuordnen und sie sollen Platz für die benötigten Betriebs- und Arbeitsmittel in idealer Höhe bieten.

Ein nach ergonomischen Kriterien gestalteter Arbeitsplatz trägt zum Wohlbefinden und zur Verhinderung von Verletzungen bzw. chronischen Belastungen wie Rückenschmerzen oder Verspannungen bei

Das am besten geeignete Licht im Arbeitsbereich ist zweifelsohne das Tageslicht. Daher soll die Beleuchtung diesem auch so gut wie möglich entsprechen. Ein tageslichtähnliches Licht, das die Arbeitsplätze blendungsfrei ausleuchtet, ist ideal.

Wichtig sind darüber hinaus noch die Raumtemperatur, die bei 20 °C liegen soll, und die Luftfeuchtigkeit, die mit 55 % für Wohlbefinden bei der Arbeit sorgt. Ebenso sollen die Arbeitsbereiche gut belüftbar sein. Klima- und Lüftungsanlagen sind dann ideal, wenn der Luftaustausch langsam und kontinuierlich vor sich geht und keine Zugluft entsteht. Ebenso sollen die Anlagen geräuschfrei arbeiten. Denn auch der Lärm ist ein Faktor, der das Arbeitsklima negativ beeinflusst. Er soll so weit wie möglich verhindert werden, da er die Konzentration stört. So sind hohe Frequenzen eine nervliche Belastung und monotone Geräusche führen zu Ermüdung.

Betriebsmittel

Ohne die geeignete Ausrüstung, wie Werkzeuge, Geräte, Maschinen, könnten Produkte oder sonstige Leistungen nur sehr schwer oder unter enormem Zeitaufwand hergestellt werden. Die Wahl der richtigen

Betriebsmittel ist daher von großer Bedeutung. Anzuschaffen sind – neben der unumgänglichen Grundausstattung – jene Geräte, die die täglichen Abläufe wesentlich erleichtern. Die Betriebsmittel sollen dem Betrieb Wirtschaftlichkeit und dem Arbeitnehmer Schutz gewährleisten. So ist auf die Sicherheitsbestimmungen und auf leichte Handhabung im Arbeitsalltag zu achten. Wichtig ist neben einer ergonomischen Gestaltung der Betriebsmittel selbst, dass sie in ausreichender Form vorhanden sind und an einer geeigneten Stelle beim Arbeitsplatz verfügbar sind. Gute Betriebsmittel sind praktisch in der Anwendung, leicht zu bedienen und zu reinigen, strapazierfähig und sicher.

Sie können sich selbst die Arbeit erleichtern, wenn Sie auf eine gute Arbeitsplatzgestaltung achten

Die Mitarbeiter

Ist das Umfeld optimal, ist der Mitarbeiter aufgefordert, es bestmöglich zu nutzen. Er kann bestimmen, ob Arbeiten ergonomisch ausgeführt werden oder nicht und damit einen Beitrag zu einem guten Arbeitsergebnis und zur Erhaltung seiner Gesundheit leisten.

Mit der richtigen Arbeitshaltung kann die Belastung während des Arbeitsprozesses wesentlich vermindert werden. Das macht sich vor allem nach einer längeren Dauer der gleichen Tätigkeit oder nach Jahren mit täglich ausgeführten regelmäßigen Bewegungen bemerkbar.

Durch eine falsche Körperhaltung können gesundheitliche Schäden auftreten. Es steigt auch das Unfallrisiko.

Unterstützt wird die ergonomische Ausführung der Arbeit durch:

- die richtige **Anordnung der Gegenstände**, d. h., dass die Mise en Place am Arbeitsplatz so zu gestalten ist, dass alles gut zu erreichen ist.

Ideale Körperhaltung beim Stehen: Arbeitsfläche durchschnittlich 85–90 cm

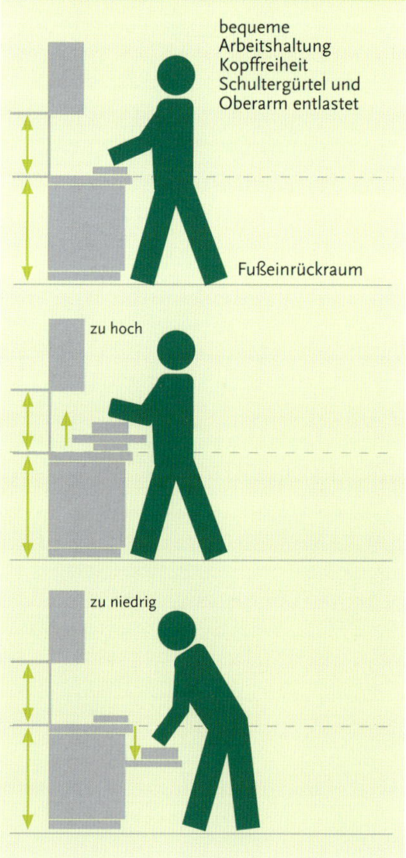

Ideale Körperhaltung beim Sitzen: Arbeitsfläche durchschnittlich 65–70 cm

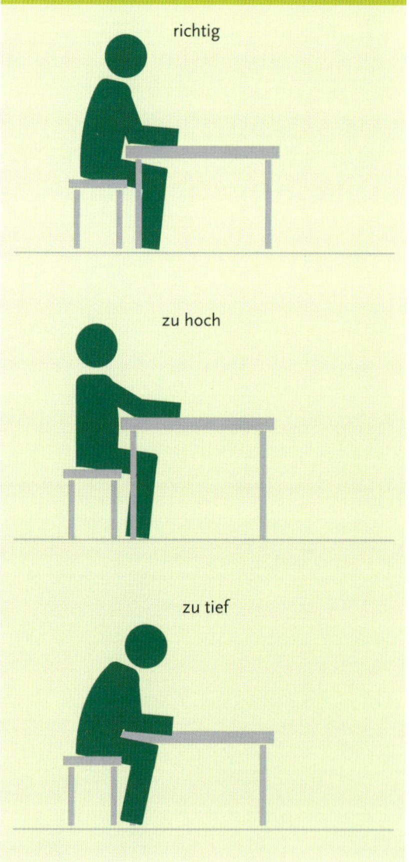

Belastung in fünf Minuten bei verschiedenen Körperhaltungen

Die nebenstehende Grafik zeigt, in welcher Haltung der Körper viel, in welcher weniger Energie benötigt. Wird die Körperhaltung bei einer Tätigkeit optimiert – z. B. das Arbeiten in gebückter Haltung vermieden –, sinkt die Belastung.

Resümee

Vorschläge, Konzepte, Listen, Hinweise, Vorschriften, Maßnahmen, Kontrollen ... viel Theorie mit viel praktischem Nutzen – nicht immer spannend, aber sehr, sehr nützlich. Denn hat man sich einmal eingehend damit beschäftigt, kann man sich den Küchenalltag enorm erleichtern.

- das Arbeiten im **Arbeitsfluss**, d. h., dass die Tätigkeiten chronologisch von einer Seite zur anderen ausgeführt werden und dass nicht über Kreuz gearbeitet wird. Beim Salatwaschen hieße das: links liegt der schmutzige Salat, in der Mitte ist die Abwäsche, rechts steht die Schüssel für den gewaschenen Salat.
- gleichmäßige, **konstante Bewegungen.**

- **Veränderung der Körperhaltung** bei längerer Beanspruchung.
- **Vermeidung von einseitigen Arbeiten.** Am besten ist es, mit beiden Händen innerhalb des Greifbereichs zu arbeiten. Die Bewegungen sollen in Verbindung mit dem eigenen Körperschwerpunkt ausgeführt werden.
- **Vermeidung von Arbeitsunterbrechungen.**
- die Wahl der **geeigneten Höhe der Arbeitsfläche.**
- die Wahl der **richtigen Körperhaltung.** Rücken, Schulter und Arme sollen locker und entspannt sein.
- **Vermeidung unnötiger Belastungen**, z. B. Heben schwerer Gegenstände zu zweit, Verwendung von Transportwagen, Aufzügen etc.
- **richtiges Bücken:** Dazu geht man mit geradem Rücken in die Knie. Auch Lasten werden so aufgehoben. Niemals den Rücken dazu nach vorne beugen. Das verursacht auf Dauer Rückenbeschwerden.

Küche – Räume und Ausstattung

Sie haben das Zeug zum Spitzenkoch – Sie sind gewillt und motiviert, sich voll und ganz Ihrer Arbeit zu widmen. Doch ein Spitzenkoch benötigt, um Qualität bieten zu können, eine modern ausgestattete Küche, die den Betriebs- und Angebotsanforderungen entspricht, sonst nützen die besten Absichten nichts.

Zwar besteht nicht immer die Möglichkeit, vorab die Küche zu planen und einrichten zu lassen, bevor man ans Werk geht – das ist im Gegenteil eher selten der Fall. Meist heißt es, aus den gegebenen Umständen das Beste zu machen. Dabei ist es von Vorteil zu wissen, wie die Profiküche im Idealfall geplant, eingerichtet und ausgestattet sein soll. Und wenn es Zeit ist für Veränderungen im kleinen oder großen Stil, dann hat der die Nase vorn, der weiß, was er will und braucht.

Begriffe, die uns durch Räume und Ausstattung begleiten

Alto-Shaam	Niedertemperaturgargerät
Bain-Marie	Heißwasserbad, thermostatisch regulierbar
Ceranfeld	Herdfläche aus Glaskeramik
Chiller	Schockfroster; für die Kochmethode Cook and chill
Cook and chill	„kochen und abkühlen“; im Steamer oder Kombisteamer gegarte Speisen werden im Schockfroster abgekühlt und bis zum Service aufbewahrt
Cook and hold	Kurzbratstücke werden im Niedertemperaturgargerät schonend nachgegart und warm gehalten
Cuisson sous Vide	„Kochen unter Luftabschluss“; das Gericht wird im Vakuumbeutel schonend bei niedrigen Temperaturen gegart
Cutter, Tischcutter	Gerät zum Zerkleinern, Pürieren und Cuttern von Fleisch, Fisch, Gemüse und Obst zu Mousses und Farcen; Tischcutter: Standgerät; gibt es auch als Aufsatz für Gemüseschneidemaschinen
Equipment	Ausstattung und Einrichtungsgegenstände bzw. Ausrüstung
Fertigungs- oder Fastfood-küche	Ausgabestelle, die von einer Produktionsküche mit halb fertigen oder fertigen Speisen beliefert wird; hier werden die Speisen fertiggestellt oder regeneriert
Gastronorm (GN)	Maßsystem für Küchenmöbel, -geräte und -geschirr
GN	Gastronorm
GV	Gemeinschaftsverpflegung
GV-Küche	Küche für die Gemeinschaftsverpflegung (GV)
Hold-o-Mat	Niedertemperaturgargerät
Induktion	Erzeugung elektrischer Spannung durch bewegte Magnetfelder
Industrieküche	Küche in der Lebensmittelindustrie; Versuchs- und Produktionsküche, in der Convenienceprodukte entwickelt, getestet und produziert werden
Jet-Cooker	Druckdämpfer, Steamer
Kombisteamer	Kombi- oder Heißluftdämpfer; kombiniertes Gargerät; das Garen erfolgt mit Heißluft und Dampf
Konvektomat	Umluftofen, Kombidämpfer
Konventionelle Küche	Mischküche, Restaurantküche, À-la-carte-Küche; klassische Küche
Küche für die Gemeinschaftsverpflegung	Produktions-und-Fertigungs-Küche, die speziell auf die Anforderungen der Gemeinschaftsverpflegung ausgerichtet ist
Magazin	Lager; z. B. Handmagazin, Getränkemagazin
Niedertemperaturgarung	Kochen im Niedertemperaturgargerät; langsame, schonende Garmethode, bei der das Gargut saftig bleibt, jedoch nicht bräunt
Pacojet	als Mixer, Cutter oder Eismaschine einsetzbare Küchenmaschine
Polycarbonat	fester, stabiler synthetischer Kunststoff
Polytetrafluorethylen (PTFE)	hitzebeständiger, thermoplastischer Kunststoff zur Beschichtung von Pfannen und Sauteusen, z. B. Teflon
Produktions-und-Fertigungs-Küche	Küche mit räumlicher Trennung von Produktion und Fertigstellung; vor allem in mittleren bis großen Betrieben mit Bankett- oder Cateringbetrieb
Produktionsküche	Produktion der Speisen erfolgt unabhängig vom Service; die vorbereiteten Speisen werden an Fertigungsküchen geliefert und dort regeneriert
Regenerieren	aufwärmen; das Gericht wird servierfertig gemacht
Sicht- oder Showküche	offene Küche im Restaurant; die Speisenzubereitung erfolgt vor dem Gast
Silitgeschirr, Silit	Name des deutschen Herstellers von emailliertem Geschirr
Steamer	Druckdämpfer, Jet-Cooker
Vakuumkochen	Speisen (vor allem Beilagen) werden portioniert im Vakuumbeutel im Kombisteamer schonend gedämpft

Küchenplanung – die Anordnung der Räume

Viele Gründe sprechen für eine vernünftige Küchenplanung und Kücheneinrichtung. Die Überlegungen reichen vom Küchenkonzept über die Wirtschaftlichkeit bis zu Hygienevorschriften. Je genauer die Grundlagen des Betriebskonzeptes (Kocharten, Speisenangebot, Personalplanung, Arbeitsplatzgestaltung) im Vorfeld eruiert werden, desto präziser kann man die Ausstattung einer Küche definieren und planen.

Nicht die Anzahl und Größe der Geräte sind von Bedeutung, sondern die wirtschaftlichen Erfordernisse. Es stellt sich z. B. die Frage der Notwendigkeit der Anschaffung eines Backofens, wenn man auch einen Kombidämpfer erwerben wird, oder einer Kartoffelschälmaschine, wenn man ohnedies geschälte Kartoffeln kauft.

Grundvoraussetzungen zur Küchenplanung

Was leistet eine modern geführte gewerbliche Küche? Sie zeichnet sich durch die Erlangung eines hohen Qualitätsstandards bei rationellem Kochen unter besten hygienischen Voraussetzungen aus.

Jede Küchenplanung ist einmalig, daher erfordert sie eine individuelle Lösung

Eine traditionelle, konventionelle Küche nur nach der Größe des Betriebes und dem vorhandenen Platz zu planen und einzurichten ohne Einbindung des geplanten Konzeptes und Speisenangebotes, wird in Zukunft aus wirtschaftlicher Sicht kaum noch sinnvoll sein. Es reicht nicht mehr aus, mit Zollstab oder Maßband und Skizzenblock durch die Räume zu gehen. Eine professionelle, zeitgemäße Planung schließt mehrere Faktoren ein, die zu berücksichtigen sind: von den Grundvoraussetzungen und der Küchenart über das Küchenkonzept, von den Anforderungen an die Küche über die Arbeitsbereiche und -abläufe bis hin zum Plan und schließlich zur Umsetzung.

Die Küchenplanung oder Neugestaltung steht auf drei Säulen:

- **Geschäftsführer** (Inhaber): ist zuständig für das **Küchenkonzept**, das er unter Berücksichtigung der Grundvoraussetzungen und der Art der Küche entwickelt. Er arbeitet zusammen mit dem Küchenchef.
- **Küchenchef:** Er evaluiert auf Basis des Küchenkonzepts die Anforderungen an die Küche und an die Lager- und Nebenräume unter Berücksichtigung der **Arbeitsbereiche und -abläufe sowie des Warenflusses.**
- **Küchenplaner:** Er erstellt den Bedürfnissen entsprechend einen detaillierten, maßgeschneiderten Lösungsvorschlag – den **Küchenplan.**

Das Küchenkonzept

Viele Wege führen nach Rom – viele Wege führen zu einem zufriedenen Gast. Je nach Anforderung gibt es daher unterschiedliche Arten von Küchen, die sich aus der Analyse der Grundvoraussetzungen unter Berücksichtigung der Wirtschaftlichkeit ableiten.

Grundvoraussetzungen der Erstellung des Küchenkonzepts – das Anforderungsprofil

Die Voraussetzung für ein maßgeschneidertes Planungskonzepts ist die Erarbeitung eines Anforderungsprofils, wobei folgende grundlegende Aspekte zu berücksichtigen sind:

Betriebsform

Welche Betriebsform wird angestrebt? Handelt es sich um ein Gasthaus, ein gehobenes Restaurant, eine Weinstube, ein Hotelrestaurant? Welche Speisen werden angeboten? Gibt es À-la-carte-Gerichte, Buffets, Catering oder Bankett?

Standort

Wo liegt der Betrieb? Welche Synergieeffekte können genutzt werden (liegt der Betrieb z. B. neben einer Firma, neben einem Hotel oder in der Nähe des Theaters? Ist der Bahnhof in der Nähe?)?

Zielgruppe

Welche Gästegruppen werden angesprochen (z. B. Businessgäste)? Welches Kundenpotenzial gibt es darüber hinaus?

Gästezahlen und Kapazität

Mit wie vielen Gästen für welche Mahlzeiten ist zu rechnen (zu Mittag, am Abend, den ganzen Tag)? Welche Kapazität hat der Betrieb, die Küche?

Serviceart

Wie viele Speisen werden à la carte oder in Menü- bzw. in Buffetform serviert? Ist ein zusätzliches Catering geplant?

Lieferanten

Wie groß ist der Anteil der Frischeprodukte, wie groß der Anteil der Convenienceprodukte? Welche Lieferanten gibt es in der Umgebung? Ist ein Gemüse-, Obst- und Fischmarkt in der Nähe? Können Regionalprodukte regelmäßig erworben werden?

Kosten-Nutzen-Vergleich

Welche finanziellen Mittel stehen für die Küchenplanung zur Verfügung? Was ist zu investieren (Erstellung einer Bedarfsliste)?

Wie viele Gäste sollen verpflegt werden? Die Kapazität des Restaurants bestimmt die Größe der Küche

Energie

Welche Energieform steht zur Verfügung? Energieoptimierungs- oder Wärmerückgewinnungsanlagen sind unter dem Gesichtspunkt der Effizienz zu prüfen.

Richtlinien

Welche gesetzlichen Richtlinien, wie Lebensmittelhygieneverordnung, Sicherheitsbestimmungen, Arbeitnehmerschutzbestimmungen, sind einzuhalten? Wie hat das Hygienesicherungskonzept (HACCP-Konzept, siehe S. 55) auszusehen, das alle Hygienevorschriften laut Lebensmittelgesetz erfüllt?

Wirtschaftlichkeit wird durch bedarfsgerechte und individuelle Planung, d. h. durch maßgeschneiderte Konzepte, erreicht.

Küchenarten

Anhand der Analyse des Anforderungsprofils kristallisiert sich heraus, welche Küchenart die optimale Lösung darstellen wird. Der Prozess kann auch umgekehrt laufen, dass die Küchenart (z. B. GV-Küche) die Grundvoraussetzung ist (wenn der Betrieb z. B. bereits existiert bzw. die Betriebsform bereits gegeben ist) und die Grundvoraussetzungen zur Optimierung der Küchenplanung dienen. Egal, in welche Richtung die Planung geht, die optimale Lösung soll im Zentrum der Überlegungen stehen.

Folgende Küchenarten werden unterschieden:

- konventionelle Küche,
- Produktions-und-Fertigungs-Küche,
- Produktionsküche,
- Fertigungs- oder Fastfoodküche,
- Sicht- oder Showküche,
- Küche für Gemeinschaftsverpflegung (GV),
- Industrieküche.

DIE SICHT- ODER SHOWKÜCHE IST Z. B. HÄUFIG IN DER ASIATISCHEN GASTROSZENE ZU FINDEN

Küchenart	Beschreibung	Betriebsform
Konventionelle Küche, Mischküche (auch Restaurant- oder À-la-carte-Küche)	Eine klassische Küche, unterschiedlich groß, Produktion und Fertigstellung von Speisen finden in einem Raum statt.	Kleinere und mittlere Betriebe, wie Restaurants oder Hotels
Produktions-und-Fertigungs-Küche	In einem Teil der Küche erfolgt die Produktion und im angrenzenden Teil werden die Speisen fertiggestellt.	Mittlere bis größere Betriebe mit angrenzendem Restaurant und zusätzlichen Veranstaltungsmöglichkeiten und/oder Catering
Produktionsküche	Eine Produktionsküche ist nicht an Ausgabezeiten bzw. an ein Service gebunden. Durch die Zeit- und Ortsungebundenheit werden meist die kombinierten Garverfahren wie Cook and chill oder Vakuumkochen (Cuisson sous Vide, siehe auch S. 98) eingesetzt, um halb fertige oder fertige Speisen zuzubereiten.	Großbetriebe wie z. B. Hotels mit mehreren Restaurants und Bankettsälen oder große Cateringbetrieb sowie die Lebensmittelindustrie
Fertigungs- oder Fastfoodküche	Es handelt sich um Ausgabestellen, die von Produktionsküchen beliefert werden. Hier werden fertige oder halb fertige Speisen finalisiert, regeneriert, angerichtet und serviert. Die Aufbereitung erfolgt mit Heißluftdampfgerät, Grillplatte, Fritteuse, Salamander, Mikrowellengerät und Bain-Marie (Gargeräte siehe S. 93 ff).	Systemgastronomie, Fastfoodbetriebe und Betriebe mit Outsidecatering
Sicht- oder Showküche	Die Sichtküche ist eine offene Küche im Restaurant. Die Speisen werden direkt vor dem Gast zubereitet, daher bietet diese Erlebnisküche eine gute Kommunikation zwischen Gästen und Köchen.	Vor allem Betriebe mit Freeflowsystem, meist in Buffetform mit Selbstbedienung, z. B. Autobahnraststätten und Lokalen mit Speisen aus bestimmten Ländern (z. B. Teppan-Yaki oder Garen im Wok)
Küche für Gemeinschaftsverpflegung (GV)	Für die Fertigung von Speisen mit örtlich und zeitlich angegliederter Konsumation. Grundsätzlich unterscheidet sich diese Küche kaum von einer Produktions-und-Fertigungs-Küche. Die Größe richtet sich nach der Anzahl der zu verpflegenden Personen und nach der Speisen- und Menüplanung.	Kantinen, Betriebsrestaurants, Heime, Krankenhäuser, Kindergärten, Schulen, Mensen, „Essen auf Rädern" etc.
Industrieküche	Diese Küchenart findet man in der Lebensmittelindustrie. Hier werden bestimmte fertige oder halb fertige Convenienceprodukte in größeren Mengen produziert. Industrieküchen haben getrennte Versuchs- und Produktionsküchen und sind durch Schmutzschleusen von der Außenwelt getrennt. Meist sind sie auch mit einem gut ausgestatteten Labor verbunden.	Betriebe der Lebensmittelindustrie

Da man im Prozess der Küchenplanung feststellen wird, dass Einzelpersonen nur zum Teil Problemlösungen entwickeln und umsetzen können – wie so oft – liegt auf der Hand, dass eine optimale Küchenplanung nur in **Teamarbeit** zu erlangen ist.

Daher muss die Geschäftsleitung, sobald das **Küchenkonzept** mit den dazugehörenden Serviceabläufen feststeht, vertrauensvolle Gespräche mit den Mitarbeitern führen und selbstverständlich bei der Einrichtungsplanung den Küchenchef einbeziehen.

Anforderungen an die Küche

Nachdem die Geschäftsführung die Küchenart unter Berücksichtigung der wirtschaftlichen Faktoren festgelegt hat, nimmt der Küchenchef die Arbeitsbereiche und -abläufe unter die Lupe.

GUT DURCHDACHT IST DIE KÜCHE ALLEN HERAUSFORDERUNGEN GEWACHSEN

Arbeitsbereiche

Folgende Arbeitsbereiche in der Küche sind – je nach Betriebsform – zur Planung eines optimalen Arbeitsablaufs für die Küchenbrigade festzulegen:

- Küchenbüro und Einkauf,
- Warenannahme und Lagerung,
- Vorbereitung der Lebensmittel – der unreine Bereich der Küche,
- Zubereitung und Fertigstellung der Speisen – der reine Bereich der Küche,

Im reinen Bereich der Küche werden die Speisen zubereitet und fertig gestellt

- Anrichten der Speisen,
- Abräumstation und Abwasch (Spülküche) für Schwarz- und Weißgeschirr,
- Lager- und Nebenräume.

Jeder dieser Bereiche wird nun analysiert:

- Wie viele Mitarbeiter sind in diesem Arbeitsbereich im Einsatz?
- Wie viel Platz braucht jeder Mitarbeiter?
- Wie viel Platz ist für die Waren zur Verfügung zu stellen?
- Wie viel Platz wird für Stellflächen benötigt?
- Wie viel Platz wird für Arbeitsflächen benötigt?
- Wie sehr wird dieser Bereich beansprucht? Welche Materialen sind geeignet?
- Welche Ausstattung (Einrichtung, Kühlschränke, Arbeitsgeräte, Maschinen, Werkzeuge etc.) wird in diesem Bereich benötigt?
- Welches Gerät wird davon am meisten benötigt, welches am wenigsten?
- Welche technischen Anforderungen bzw. Installationsmöglichkeiten muss daher der Arbeitsbereich bieten (z. B. Starkstrom, Kalt- und Warmwasseranschluss)?
- Gibt es zusätzlich spezielle Anforderungen an den Arbeitsbereich (Beleuchtung, Höhe von Arbeitsflächen etc.)?

Wie machen's andere?
In der Planungsphase ist es sinnvoll, sich in Absprache mit der Geschäftsführung die eine oder andere Küche von Berufskollegen anzusehen und in Gesprächen Vor- und Nachteile zu ermitteln.

Einen Blick in verschiedene Küchen zu werfen, ist in der Planungsphase bestimmt kein Fehler

Bei der Anordnung der Arbeitsbereiche wird der findige Küchenchef auch den Warenfluss berücksichtigen.

Weg der Ware durch die betriebliche Küche

Der optimale Weg der Ware durch den Betrieb von der Anlieferung bis zum Gast ergibt beinahe automatisch die optimale Küchenplanung und räumliche Anordnung der einzelnen Bereiche.

Ein gut ausgestatteter Arbeitsplatz – hier ist alles griffbereit

Die Fassung der Waren ist Schritt Nummer eins der Arbeitsabläufe

Weg der Ware

Anlieferung	Die Ware kommt in den Betrieb.
↓	
Kühl- und Lagerräume	Die Ware wird gelagert.
↓	
Vorbereitungsraum (unreine Küche)	Die Ware wird für die Speisenproduktion vorbereitet.
↓	
Produktion – Küche (reine Küche)	Gerichte werden hergestellt.
↓	
Ausgabe	An der Ausgabe holen die Servicemitarbeiter die Speisen ab ...
↓	
Gast	... und bringen sie zum Gast.

Damit alles läuft
Die hier angeführten Planungsschritte – vom Konzept bis zum fertigen Plan – fließen ineinander, bedingen einander, wachsen und entstehen in lebendiger Entwicklung. Auch der Kommunikationsprozess zwischen den Beteiligten ist ein lebendiger – ein starres Durchexerzieren der angeführten Punkte ist daher einer optimalen Planung eher im Weg als dienlich.

Arbeitsabläufe

Der Arbeitsablauf ist die strukturierte Durchführung der Tätigkeiten in der Küche. So sieht z. B. ein Standardarbeitsablauf aus:

- Fassung der Waren,
- Vorbereitung – Mise en Place,
- Hauptarbeit,
- Servicezeit,
- Endarbeiten – Reinigung.

Dieser Ablauf ist nun vom Küchenchef der Betriebsform anzupassen und für die unterschiedlichen Küchenbereiche festzulegen. Arbeitsabläufe sind aufgabengerecht zu planen und zu optimieren. Wichtig sind kurze Wege vom Arbeitsplatz zu Herden, Arbeitsgeräten, Kühlanlagen und Ausgabestellen. Wichtig ist außerdem, die Warenannahme, die Lagerung von Lebensmitteln, die Vorbereitung und Fertigstellung von Speisen so zu planen, dass sich die Wege nicht kreuzen und dadurch die Gefahr der Kreuzkontamination bei Lebensmitteln ausgeschlossen wird.

Der Küchenplan

Sobald die Voraussetzungen vonseiten des Betriebes feststehen, entwickelt in weiterer Folge der Küchenplaner gemäß den Anforderungen den optimalen Küchenplan inklusive der Lager- und Nebenräume.

Arbeitsplätze, Küchengeräte und Küchenmaschinen sind heute meist genormt und lassen sich modulartig aneinanderfügen und kombinieren (siehe auch Gastronorm, S. 92). Mit diesem Modulsystem werden nun den Anforderungen entsprechend verschiedene Pläne konzipiert, die im Planungsteam (Geschäftsleitung, Küchenleitung und Küchenplaner) diskutiert und ausgefeilt werden. Die Ideallösung wird schließlich umgesetzt.

Plan einer Produktions-und-Fertigungs-Küche
(am Beispiel einer Hotelrestaurantküche mit der Kapazität für 150 Portionen)

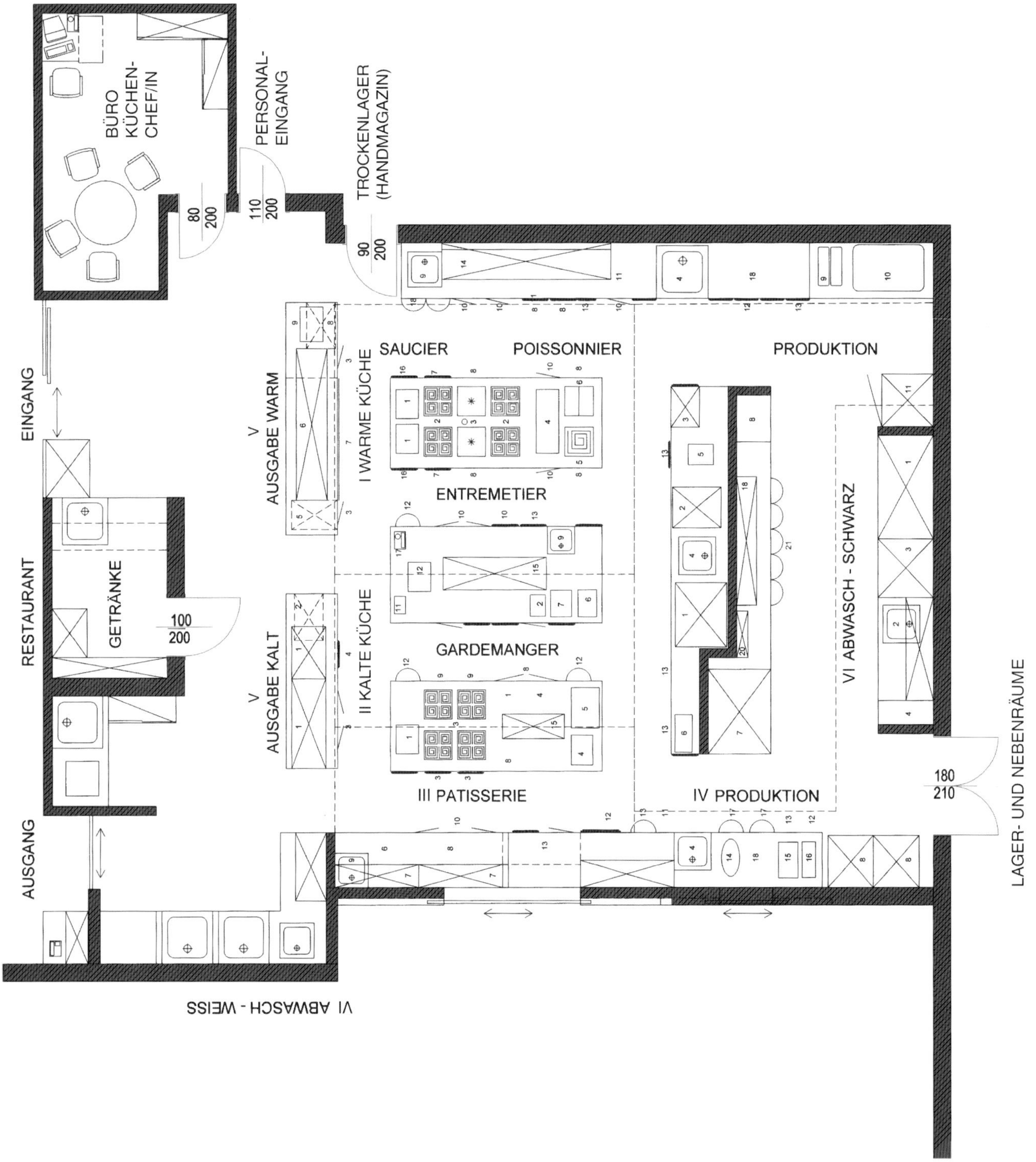

I Warme Küche

Die Abteilungen des Sauciers, Poissonniers, Entremetiers und evtl. des Rotisseurs umfassen die warme Küche.

1. Warmhalteplatte
2. Induktionsherde
3. Wasser-Mischbatterie
4. Grillplatte
5. Wok
6. Fritteuse
7. Backrohr
8. Abstellfläche
9. Waschbecken
10. Kühlfach
11. Arbeitsfläche
12. Salamander
13. Laden
14. Hängeschrank
15. Bord – Abstellfläche
16. Rechaud
17. Telefon
18. Abfall fahrbar

II Kalte Küche

(Gardemanger, Horsd'œuvrier, evtl. Boucherie). Es werden sämtliche kalten Speisen wie Vorspeisen, Salate, Buffets etc. zubereitet (evtl. Fleisch und Fisch filetiert und portioniert).

1. Arbeitsfläche
2. Aufschnittmaschine
3. Herdplatte
4. Cutter
5. Hackstock
6. Waage
7. Waschbecken
8. Kühlfach
9. Abstellfläche
10. Laden
11. Bondrucker
12. Abfall fahrbar

III Patisserie

Herstellung aller warmen und kalten Süßspeisen; in Großbetrieben auch Confiserie und Speiseeiserzeugung.

1. Wärmeplatte
2. Herdplatte
3. Backrohr
4. Waage
5. Bord – Abstellfläche
6. Speiseeiskühlfach
7. Hängeschrank
8. Arbeitsfläche
9. Waschbecken
10. Kühlfach
11. Abstellfläche
12. Laden
13. Marmorplatte
14. Rechaud
15. Abfall fahrbar

IV Produktion

Zubereitung und Fertigstellung von Speisen für À-la-carte-Service, Bankettveranstaltungen und Catering.

1. Kombisteamer
2. Druckdämpfer
3. Schockfroster
4. Waschbecken
5. Pacojet
6. Vakuummaschine
7. Backofen
8. Regalwagen GN 2/1
9. Fritteuse
10. Kippbratpfanne
11. Tiefkühlschrank
12. Kühlfach
13. Abstellfläche
14. Rühr- und Knetmaschine
15. Teigausrollmaschine
16. Getreidemühle
17. Mehl- und Zuckerbehälter fahrbar
18. Arbeitsfläche
19. Wandschrank
20. Erste-Hilfe-Schrank
21. Abfall fahrbar

V Ausgabestelle

Die Ausgabe ist das Verbindungsstück zwischen der Speisenausgabe der Küche und dem angeschlossenen Restaurant bzw. Speisesaal. Die Ausgabestelle wird in der Regel – je nach Betriebsart – in kalte und in warme Ausgabe unterteilt.

Kalte Ausgabe

Für das Bereitstellen oder Anrichten von allen kalten Speisen. Die kalten Speisen sollen eine Ausgabetemperatur von 8 °C (nicht über 15 °C) haben.

1. Servicebord – Porzellan
2. Salatkühlfach
3. Kühlfach
4. Abstellfläche

Warme Ausgabe

Das Anrichten bzw. die Abholung der Speisen durch das Service muss rasch und gut geplant erfolgen. Es muss gewährleistet werden, dass die warmen Gerichte bei einer Temperatur von 75 °C serviert werden. Schnelligkeit, Sorgfalt und Hygiene stehen hier an oberster Stelle.

1. Warmhaltegerät – Hold-o-Mat
2. Infrarotbrücke
3. Rechaud
4. Mikrowellengerät
5. Bain-Marie
6. Serviceboard – Porzellan
7. Abstellfläche

VI Abwaschstationen

Die Reinigung des Anrichte- und Küchengeschirrs wird in zwei Bereiche getrennt:

Abwasch weiß

Rückgabestelle für das Service mit Abräumstation mit Speisenreste- und Restmüllentsorgung.

1. Spülmaschine
2. Waschbecken mit Brause
3. Geschirrrückgabe
4. Gläserrückgabe
5. Abfall fahrbar

Abwasch schwarz

Hier wird das in der Küche verwendete Equipment, wie Töpfe, Pfannen, Werkzeuge etc., gereinigt.

1. Regal – Schwarzgeschirr
2. Waschbecken mit Brause
3. Topfspülmaschine
4. Schrank – Reinigungsmittel

Plan der Lager- und Nebenräume

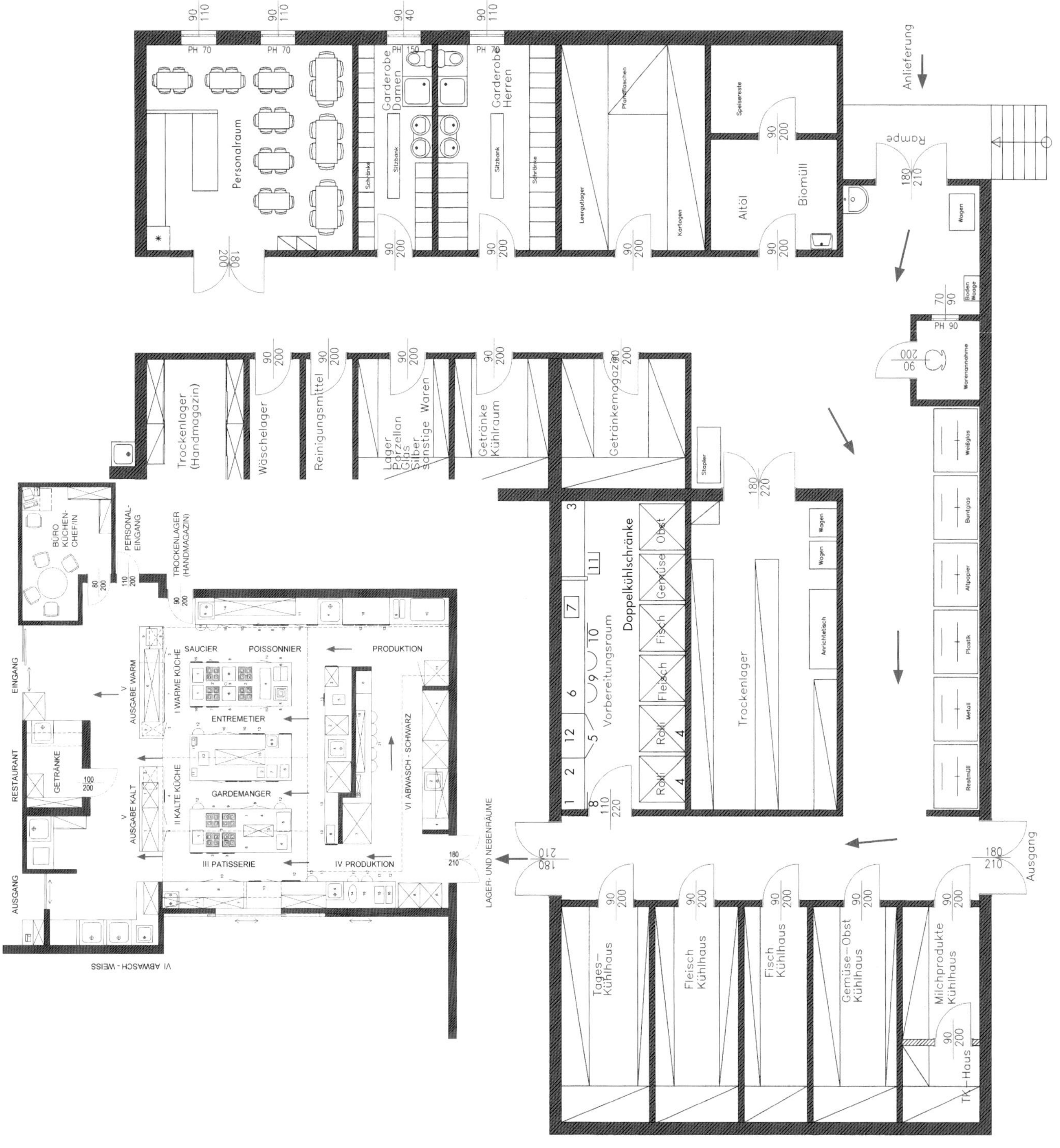

Die Lager- und Nebenräume

Neben der Küche sind folgende Räumlichkeiten für einen reibungslosen Arbeitsablauf notwendig:

- Vorbereitungsraum,
- Lagerräume: Küchenlager, Trockenlager, Kühllager,
- Nebenräume: Mülllager, Pausen- und Essraum für die Mitarbeiter, Garderobe und Toiletten für die Mitarbeiter.

Vorbereitungsraum

Hier werden alle Rohprodukte wie Fleisch, Fisch, Gemüse und Obst geputzt, geschält, gewaschen, geschnitten, zerkleinert, ausgelöst, filetiert und portioniert. Die vorbereiteten Rohprodukte werden in der unreinen Küche aufbewahrt, bevor sie den Weg in die reine Küche antreten, wo sie zu Speisen verarbeitet werden.

Lagerräume

Lagerräume sind Räume zur Lagerung von Lebensmitteln und Waren aller Art, die für die Vorbereitung von Lebensmitteln benötigt werden. Hier sollen bei der Planung die gleichen Schritte wie bei der Küche eingehalten werden, damit die Anordnung so geschieht, dass durch einen folgerichtigen Materialfluss der optimale Arbeitsablauf gewährleistet wird.

Alle Lagerräume müssen den gesetzlichen hygienischen Mindestanforderungen entsprechen (siehe Betriebshygiene, S. 47 f). Sie müssen versperrbar und leicht kontrollierbar sein.

Folgende Lager sind einzuplanen

Küchenlager

- Beim Arbeitsplatz
- Handmagazin
- Kühlschränke
- Tageskühlraum

Trockenlager

- Lebensmittelmagazin
- Getränkemagazin
- Lager für sonstige Waren

Kühllager

- Kühlräume oder Kühlschränke
- Tiefkühlräume
- Tiefkühlschränke
- Kühlräume für Getränke

Küchenlager

Hier werden sämtliche Lebensmittel für den Tagesbedarf gelagert.

- **Beim Arbeitsplatz:** Aufbewahrung von vorbereiteten Lebensmitteln wie Gemüse, Früchten und Fleisch etc.
- **Im Handmagazin** befinden sich nicht zur Kühlung bestimmte Lebensmittel (siehe auch Trockenlager).
- **Kühlschränke und Tiefkühlfächer** sollen in der Nähe des Arbeitsplatzes platziert sein.
- **Tageskühlraum:** Hier werden sämtliche Lebensmittel und Convenienceprodukte für Restaurant, Bankett oder Catering aufbewahrt.

KÜHLLADEN AM ARBEITSPLATZ MACHEN EFFIZIENTES ARBEITEN MÖGLICH

Trockenlager

Trockenlager sind Magazine mit Normaltemperatur, die trocken und dunkel sein müssen. Ideal ist eine Lüftungsanlage, die eine konstante Temperatur von etwa 15–18 °C gewährleistet. Die Waren sollen übersichtlich auf Stellagen gelagert werden.

- **Lebensmittelmagazin** für trockene Vorräte wie Mehl, Zucker, Gewürze, Teigwaren, Kaffee, Konserven etc.
- **Getränkemagazin** für alkoholfreie Getränke, Mineralwässer, Rotweine und Spirituosen.

Das Getränkemagazin muss vom Lebensmittelmagazin getrennt sein

- **Lager für sonstige Waren:** Hier befinden sich getrennte Aufbewahrungsmöglichkeiten für Reinigungsmittel, Glas, Porzellan, Silber, Wäsche etc.

Kühllager

Größe und Einteilung der Kälteeinrichtungen richten sich nach Betriebsform und Betriebsgröße. Die benötigte Luftfeuchtigkeit von durchschnittlich

85–90 % wird mit einem **Hygrometer** kontrolliert.

Die fugenfreien Böden und Wände müssen aus harten, glatten und abwaschbaren Materialien und die Stellagen aus rostfreiem Stahl gefertigt sein.

Kühlräume und Kühlschränke
Getrennte Lagerung von Fleisch, Fisch, Eiern, Milchprodukten und Frischprodukten wie Gemüse und Obst.

- **Tiefkühlräume und -schränke:** Hier werden tiefgefrorene Lebensmittel wie Speiseeis, Gemüse-, Kartoffel- und Convenienceprodukte in gut verpacktem Zustand gelagert.
- **Kühlräume für Getränke:** Hier werden verschiedene Getränke wie Weißweine, Spirituosen und Schaumweine gelagert.

Auf den Kühleinrichtungen ist die Solltemperatur anzuschreiben – die Funktion der Thermometer muss periodisch überprüft werden. Die Haltbarkeit von Lebensmitteln ist des Weiteren von der relativen Luftfeuchtigkeit abhängig.

Nebenräume

Mülllager

Hier werden **Speisenreste, Abfälle und Altfett** in gekennzeichneten und schließbaren Behältern bzw. Tonnen gelagert. Die vorübergehende Lagerung von Müll erfolgt in gekühlten und ungekühlten Bereichen:

- Im **gekühlten Raum** werden Lebensmittelreste bis zur Abholung aufbewahrt. Die Reste werden getrennt in Biomüll (Reste von rohem Salat, Gemüse und Obst), Reste von gekochten Speisen und Altfett.
- Der **ungekühlte Raum** dient zur Aufbewahrung von Leergut wie Kartonagen, Kisten und Pfandflaschen. Des Weiteren gibt es hier Müllbehälter für Restmüll, Plastik, Altpapier, Metall und Glas.

AUF MODERNEN KÜHLGERÄTEN IST DIE KÜHLTEMPERATUR AUF EINEM DISPLAY ABZULESEN

Die Räumlichkeiten müssen mit Warmwasseranschluss und Desinfektionsanlage ausgestattet sein. Alle Müllbehälter müssen so aufgestellt und verschlossen sein, dass keine Insekten oder Nagetiere angelockt werden.

Pausen- und Essraum für die Mitarbeiter

Zum Essen und Pausieren sollen die Mitarbeiter eine ansprechende Atmosphäre vorfinden. Ausgestattet soll der Raum mit einer Selbstbedienungsanlage sein, bestehend aus Wärme- und Kühlanlagen für die Speisen, Getränkeentnahme (Getränkeautomat und Kaffeemaschine) und einer Abräumstation.

Dieser Raum dient auch zur **Erholung und Entspannung** der Mitarbeiter in den Pausen. Zusätzlich wird er für **Besprechungen** und Mitarbeitergespräche genutzt. Der Raum soll Fenster für Tageslicht und eine Sichtverbindung nach außen haben.

Garderoben und Toiletten für die Mitarbeiter

Für die Küchenmitarbeiter ist eine eigene **Umkleidegarderobe** vorzusehen, mit Sitzgelegenheit und zwei verschließbaren Schränken pro Mitarbeiter für Zivilkleidung und Kochkleidung. Es müssen für Frauen und Männer räumlich getrennte Anlagen mit direktem Zugang zu den Waschräumen vorgesehen sein. Der **Nassraum** ist ausgestattet mit Waschbecken – mit optoelektronischen Armaturen – und Dusche. Diese Toiletteanlagen und Waschbecken dürfen ausschließlich vom Personal benützt werden.

Equipment – die Ausstattung

In den letzten Jahren haben sich nicht nur die Standards und die Trends der Speisen geändert, sondern es gab auch viele Neuerungen bei den modernen Küchengeräten. Ebenso sind Kochmethoden wie Cook and chill, Vakuumkochen und Cuisson sous Vide in die Küchen eingezogen, die ihren Beitrag zu einer Entwicklung der Küche leisteten. Ein weiterer Faktor, der Veränderungen im Profiküchenalltag mit sich brachte, ist die Einbeziehung von Convenienceprodukten, die aus verschiedenen Gründen vermehrt in der Küche Einzug halten.

Materialien der Küchenausstattung

Bei der Anschaffung von Küchengeschirr darf nicht der Preis entscheiden, sondern es muss das je nach Einsatz, Anschaffungskosten, Gebrauchsmöglichkeiten und Lebensdauer am besten geeignete Material ausgesucht werden.

Das Material bestimmt die Qualität der Gegenstände

Grundsätzlich haben in einer Küche Aluminium, Holz, Glas und emailliertes Geschirr nichts zu suchen, im Gegensatz zu **rostfreiem Edelstahl** oder dem Klassiker Chromstahl oder **Chromnickelstahl** (z. B. Nirosta).

Eigenschaften von Materialien der Küchenausstattung

Aluminium

Ist in einer Küche nicht zu empfehlen. Dieses weiche, leicht verformbare Metall ist säureempfindlich, geschmacksübertragend und farbverändernd. Auf dem blanken Metall bildet sich sehr schnell eine dünne Oxidschicht. Allerdings eignet sich das leichte Metall mit Teflon (PTFE) beschichtet für Pfannen oder Sauteusen.

Chromstahl bzw. Chromnickelstahl

Ist aus der Küche nicht wegzudenken. Er ist von besonderer Härte und hoher Festigkeit und eignet sich besonders gut für Küchengeschirr und Werkzeuge. Er ist leicht zu reinigen und hat eine lange Lebensdauer. Er ist beständig gegen Hitze, Kälte, Säuren und Geschmack. Allerdings sind diese Edelmetalle schlechte Wärmeleiter und teuer.

Emailliertes Geschirr

(Silitgeschirr)
Ist für eine gewerbliche Küche nicht geeignet, da es zu empfindlich gegen Kratzer ist und leicht absplittert.

Glas, Keramik und Porzellan

Soll für Zubereitungsarbeiten oder als Lagerungsgeschirr vermieden werden. Durch ausgeschlagenes Porzellan und Keramik sowie wegen der Bruchgefahr bei Glas könnten Splitter in die Speisen gelangen.

Gusseisen

Ist ein guter Wärmeleiter, daher sehr zu empfehlen als Bratpfanne für Kartoffeln und für kurz gebratenes Fleisch. Das Eisen ist sehr pflegeintensiv, weist schnell Rostflecken auf und ist empfindlich gegen Flüssigkeit. Es ist zu empfehlen, die Gusspfannen mit Salz auszubrennen und gut trocken auszureiben.

Kunststoff

Zwei Kunststoffarten sind für die Küche vorteilhaft: **Thermoplast** (Weichplastik) und **Duroplast** (Hartplastik). Leichtes, preiswertes und pflegeleichtes Geschirr, das sich für kalte Speisen eignet, wird daraus hergestellt. Es ist vielseitig verwendbar, besonders als Einweg-, Lager- und Abräumgeschirr.

Kupfer
Die schweren Pfannen und Sauteusen aus Kupfer – innen verzinnt oder mit Edelstahl ausgekleidet – sind zwar gute Wärmeleiter, aber aus den Küchen fast verschwunden. Sie sind pflegeintensiv und weisen schnell Schadstellen bei der Verzinnung auf, dies führt zu Grünspan – einem für den menschlichen Organismus giftigen Farbstoff.

Die Sauteuse aus Kupfer war jahrelang der Klassiker des Küchengeschirrs

Teflon
PTFE (Abkürzung von Polytetrafluorethylen) – bekannt unter dem Handelsnamen Teflon – ist ein hitzebeständiger thermoplastischer Kunststoff, der immer häufiger in Küchen verwendet wird, vor allem für Pfannen und Sauteusen. Die Beschichtung verhindert das Anlegen von Kochgut und auch Braten ohne Fett ist möglich. Empfindlich ist es gegen Zerkratzen, daher keine Metallwerkzeuge verwenden.

Gastroguss
Gastroguss ist ein Aluminiumgeschirr, das gegossen und anschließend versiegelt wird. Durch die Versiegelung ist fettarmes bzw. fettfreies Garen möglich. Das Material ist extrem wärmeleitfähig, dadurch kann Energie gespart werden. Um die Oberfläche nicht zu zerstören, darf das Material nicht mit scharfkantigen Metallgegenständen oder Messern, Stahlwolle oder Scheuermilch bearbeitet werden. Nach einiger Zeit des Gebrauchs wird die Oberfläche leicht bräunlich, was aber der Qualität keinen Abbruch tut. Geeignet ist Geschirr aus Gastroguss für Gas-, Elektro- und Cerankochfelder.

Normung und Standardisierung

Normen sind verbindliche Vorschriften zur Vereinheitlichung und Standardisierung von Methoden, Erzeugnissen, Verfahren und Begriffen. Eine über Jahre erprobte Methode zur Vereinheitlichung und Rationalisierung in der Gastronomie ist die Gastronorm (GN).

Die wichtigsten Normungsinstitute sind:

ON: das Österreichische Normungsinstitut, eine unabhängige Stelle, die Produkte zertifiziert.

DIN: das Deutsche Institut für Normung.

SAS: die Schweizerische Akkreditierungsstelle im Bundesamt für Metrologie und Akkreditierung.

CEN und **CENELEC:** Comité Européen de Normalisation (Europäisches Komitee für Normung).

ISO: International Organization for Standardization (Internationale Organisation für Normung).

Sie dienen der Rationalisierung, Qualitätssicherung und der Kommunikation in Wirtschaft, Technik und Verwaltung.

Gastronorm (GN)
Die Gastronorm ist ein Maßsystem, das Größenverhältnisse von in der Küche verwendeten Blechen, Schalen und Einsätzen vereinheitlicht, die dadurch beliebig kombinierbar in alle maßgerechten Gargeräte, Backöfen, Kühlschränke, Schubladen und Bains-Marie passen. Sie ist mittlerweile beinahe auf der ganzen Welt zu finden und aus keiner Küche mehr wegzudenken.

Der eigentliche Vorteil der Umsetzung eines auf die Gastronorm abgestimmten Behältersystems liegt in der Einsparung von Umfüll-, Umstapel- und Lagerungsvorgängen. Dadurch ergeben sich
- eine geringere Beanspruchung der Waren,
- eine optimale Flächennutzung, z. B. in Gargeräten, und damit Einsparungen bei der Energie und
- eine Rationalisierung des gesamten Warenflusses in der Küche.

Der GN-Behälter durchwandert den ganzen Betrieb

Warenannahme → Lagerung → Vorbereitung → Garen → Warmhalten → Speisenausgabe

Eigenschaften
Gastronormeinsätze können aus Chromnickelstahl, Polycarbonat oder Porzellan

Die GN hat den Küchenalltag revolutioniert und ist heute aus keinem Betrieb mehr wegzudenken

(im Ausgabe- bzw. Servicebereich) gefertigt sein. Vorteilhaft und universell verwendbar sind Einsätze aus Chromnickelstahl und Kunststoff. Sie sind fugenlos verarbeitet und sehr stabil.

Maße und Tiefen der GN-Behälter

Das Grundmaß GN 1/1 hat die Größe von 530 x 325 mm. Die Einsätze sind in verschiedenen Tiefen erhältlich.

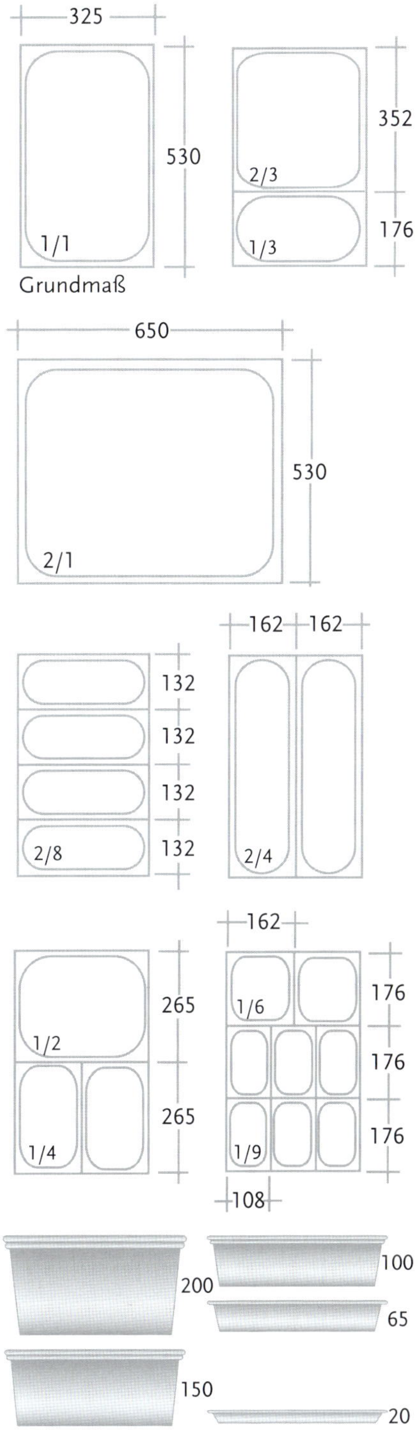

Gas war jahrelang die Nummer eins der Wärmeerzeugung in Profiküchen, heute eifert die Induktion um den ersten Rang

Gargeräte

Die verschiedenen Garmethoden erfordern den Einsatz unterschiedlicher Gargeräte, die mit Elektrizität, Gas oder festen Brennstoffen beheizt werden.

Der Herd – das Herz der Küche

Der Herd – das Herz der Küche

Der Herd – ein vielseitiges Kochgerät in unterschiedlicher Ausführung – ist der Mittelpunkt jeder Küche. Dabei kann es sich um einen Elektro-, Gas- oder Induktionsherd handeln.

Gas ist zwar eine relativ billige Energiequelle, allerdings ist die Temperaturregulierung meist problematischer als bei der neuen Elektroherdgeneration mit automatischer Topferkennung oder Induktionstechnologie, die ebenfalls sehr energieeffizient arbeitet.

Haben Sie schon einmal nachgerechnet, wie viele Stunden die Herdplatten in Betrieb sind? Wäre es nicht gut, über die wirtschaftlichste Energieform zu verfügen?

In den Herdblock können neben unterschiedlichen Herdplatten mit integrierten Backrohren mit thermostatischer Regelung auch Fritteuse, Grillplatte, Wasserentnahme und Bain-Marie je nach Bedarf eingebaut werden.

Wärmeerzeugung

Es gibt unterschiedliche Arten, Wärme zum Garen zu erzeugen:

Wärmeart	Wärmeübertragung	Gargerät
Kontaktwärme	Übertragen wird die Wärme durch Kontakt mit dem Gargefäß	Kochplatte, Grillplatte, Grillrost, Induktionsherd
Übertragungswärme	Übertragen wird die Wärme über Flüssigkeiten, Fett, Heißluft oder Dampf	Kochtopf, Bain-Marie, Fritteuse, Kombidämpfer, Konvektomat, Steamer
Strahlungswärme	Die Speisen werden durch Heizschlangen, Mikrowellen oder Infrarotstrahlen erhitzt	Oberhitze im Backrohr (Grillfunktion), Salamander, Infrarotstrahler, Mikrowellengerät
Kombinationswärme	Kontakt-, Übertragungs- und Strahlungswärme sind in einem Gargerät kombiniert	Backofen (Rohr), Steamer, Kombisteamer, Konvektomat

Elektroherd – die saubere Energie

Bei diesen Herdtypen gab es in den letzten Jahren die größten technischen Weiterentwicklungen in Bezug auf praktische Anwendung, geringere Wärmeabstrahlung, Energieeinsparung und Design.

Ausstattung

Kochplatten mit Kontaktwärme
Für Energieeinsparung und Wärmedämmung

Stufenschaltung
Zur optimalen Realisierung verschiedener Garverfahren

Ceranfelder (Glaskeramik)
Großfeldplatten – hygienische, fugenlose Kochfelder, leichte Reinigung

Niveaugleiche Herdplatten und Herdrand
Für praktische und unfallfreie Arbeit

Induktionsherd – die neue Herdgeneration

Der Begriff „Induktion“ bedeutet „Hineinführung“. Seit Jahren werden sogenannte Induktionsherde entwickelt und mittlerweile verdrängen diese Geräte in allen Küchen die konventionellen Herde. Induktion ist die Erzeugung elektrischer Spannung in elektrischen Leitern durch bewegte Magnetfelder. Eine Erwärmung findet indirekt durch Wärmeabgabe des Topf- oder Pfannenbodens an das Gargut statt. Das Geschirr muss eine dünne Schicht magnetischen Materials enthalten, alle gusseisernen Pfannen oder Stahltöpfe sind übrigens auch induktionsgeeignet.

Vorteile des Induktionsherdes im Vergleich zum konventionellen Herd

- Energieeinsparung bis zu 45 %.
- Aufheizzeiten entfallen, dadurch reduzieren sich die Kochzeiten. Sobald das Kochgeschirr auf der Kochstelle steht, wird die Wärme direkt im Topfboden erzeugt.
- Minimale Restwärme, Temperaturanstieg beträgt nur ein Zehntel im Vergleich zum konventionellen Herd. Die geringe Hitzeentwicklung sorgt für bessere Arbeitsbedingungen.
- Die Temperatur kann problemlos genau eingestellt und fixiert werden.
- Keine Verschmutzung; da die Kochstelle kalt bleibt, kann Übergekochtes nicht einbrennen.

Nachteile des Induktionsherdes im Vergleich zum konventionellen Herd

- Hohe Anschaffungskosten.
- Kochgeschirr aus Stahl oder Chromstahl ist notwendig. Behälter aus Chromnickelstahl und doppelbödige Pfannen lassen sich nicht verwenden.

Ceran- oder Induktionsfelder werden je nach Bedarf in den Küchenblock integriert

Die Induktionsherde gibt es in verschiedenen Ausführungen, vom Tischgerät bis zu großflächigen Standherden.
Die Ceranplatten (Glaskeramik) haben lediglich die Funktion, das Geschirr zu tragen und die Energie möglichst verlustfrei passieren zu lassen.

Entscheidung für die Zukunft: Induktion

Gasherd

Beim gasbeheizten Herd entwickelt sich die Hitze in Sekundenschnelle und kann ebenso sofort stufenlos reguliert werden. Viele Verbesserungen wurden bei der Konstruktion der offenen Brenner vorgenommen, damit sie leichter zu reinigen sind. Allerdings ist die Anfälligkeit für Verunreinigung, vor allem von Topf- und Pfannenböden, gegeben. Gasherde werden aber auch mit Zonenplatten und Cerankochfeldern hergestellt. Gasherde gibt es in unterschiedlichen Größen und kombiniert mit Elektrobackrohren.

Für welche Herdform soll man sich entscheiden? Keine einfache Frage!
Vielleicht gefällt Ihnen diese Antwort:

- Entscheidung für die Zukunft: Induktionsherd
- Entscheidung für saubere Energie: Elektroherd
- Entscheidung für billige Energie: Gasherd

Kann nach diesen Kriterien keine Entscheidung getroffen werden: Kombination von Elektro- und Gasherd.

Kippbratpfanne

Die Kippbratpfanne ist ein typisches Großküchengerät der konventionellen Küche. Allerdings wird dieses Gerät zunehmend vom Kombidämpfer verdrängt. Kippbratpfannen sind vor allem zum Braten, Kurzbraten und Schmoren geeignet. Beheizt werden sie entweder elektrisch oder mit Gas.

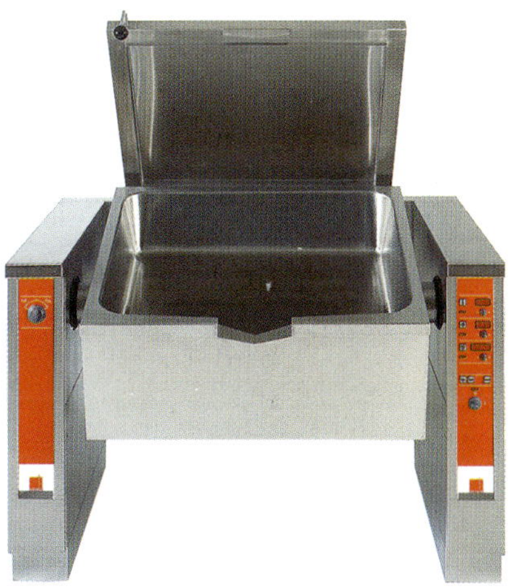

Kippbratpfanne

Bratenplatte oder Grill

Ist meist ein Tischgerät oder wird in den Herdblock integriert. Es dient zum Kurzzeitbraten von Portionsstücken wie Steaks oder Schnitzeln.

Bratenplatte

Fritteuse

Sie wird als Tischaufsatzgerät, separates Blockgerät oder als Einbaueinheit gefertigt. Die Größe muss der Betriebsform und den Anforderungen entsprechen. Für mittlere Betriebe eignen sich zumeist zwei nebeneinanderliegende Becken mit einem Füllvolumen von vier bis sechs Litern.

Fritteuse

Gebrauch

- Für Fritteusen gibt es spezielle Pflanzenfette, die hitzebeständig und neutral im Geruch sowie im Geschmack sind.
- Die Temperatur bei Bereithaltung soll 120 °C betragen; die Backtemperatur 150 °C bis maximal 180 °C (bei höheren Temperaturen entsteht das krebserregende Acrolein).
- Nur trockenes Backgut verwenden, Wasser beschleunigt den Fettverderb.
- Das richtige Verhältnis von Backgut und Frittierfett beträgt 1 : 8.
- Nicht über der Fritteuse salzen oder würzen.

Wartung

- Bei Nichtgebrauch die Fritteuse abdecken, vor Licht, Luft und Staub schützen.
- Fett täglich ablassen und filtern. Testgeräte zur Messung der Fettqualität verwenden.
- Gründlich reinigen und die Harzrückstände entfernen.
- Thermostat in regelmäßigen Abständen – zur eigenen Sicherheit – überprüfen. Eine Temperatur von über 180 °C soll wegen der Gefahr der Acroleinbildung nicht möglich sein.

Wok

Schnelles Garen bei starker Hitze unter ständigem Wenden – das sind die wichtigsten Merkmale dieser beliebten ostasiatischen Kochmethode. Das Universalkochgerät mit abgerundetem Boden kann entweder mit Gas oder elektrisch beheizt werden, auch als Induktionsgerät – in einer Vertiefung in die Arbeitsplatte integriert – wird es angeboten.

Wok

Anwendung

Es ist eine Garmethode, die darauf angelegt ist, Energie zu sparen. Die Zutaten werden gerade so lange wie unbedingt nötig gegart. Garen im Wok ist ganz im Sinne gesunder Ernährung, man braucht nur wenig Fett und durch die kurzen Garzeiten bleiben die Vitamine erhalten. Beim Kochen im Wok werden alle Zutaten – Gemüse, Fleisch oder Fisch – in kleine Streifen geschnitten, der Fantasie sind kaum Grenzen gesetzt. Beim Garen wird fast ständig gerührt, sodass alle Zutaten gleichmäßig gar werden. Besteht die Gefahr, dass eine Zutat zu schnell garen könnte, schiebt man sie am Rand des Woks hoch, dort ist die Temperatur niedriger als in der Mitte.

Kochkessel

Den Kochkessel kann man sich wie einen überdimensionalen kippbaren Kochtopf vorstellen. Es gibt ihn in verschiedenen Ausführungen und Größen. Er findet vor allem in Großküchen Verwendung. Beheizt wird er mit Gas, Elektrizität oder Dampf. Der Kochkessel eignet sich zum Kochen von Suppen, Gemüse oder Nudeln, zum Sieden von Fleisch, zum Dämpfen von Kartoffeln und zum Blanchieren von allen Gemüsesorten.

Kochkessel

Pastakocher oder Nudelkocher

Sie werden als Tischaufsatzgeräte, als eigenes Blockgerät oder als Einbaugerät angeboten. Je nach Größe verfügt das Gerät über ein bis drei nebeneinanderliegende Becken – ähnlich einer Fritteuse. Sowohl bei Gas- als auch bei Elektrogeräten kann die gewünschte Temperatur manuell mit einem Thermostat eingestellt werden. Für den Wasserzufluss sorgt ein Magnetventil mit automatischer Nachfüllfunktion.

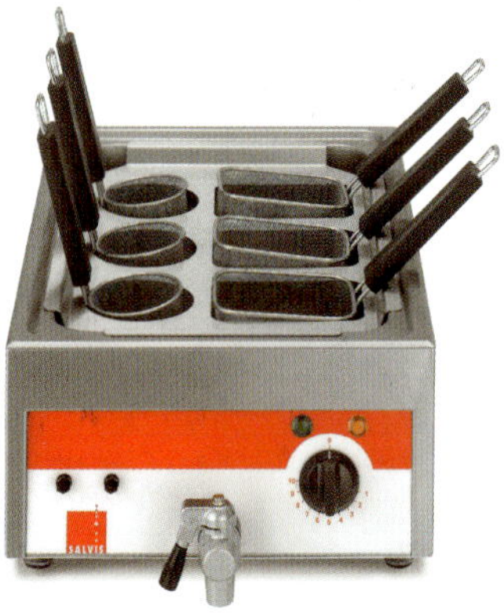

Pastakocher

DER GRILLSPIESS FÜR DÖNER KEBAB IST EIN SENKRECHTER, DREHENDER GRILLSPIESS MIT EINER SEITLICH ANGEBRACHTEN HITZEQUELLE, DIE MIT GAS ODER ELEKTRISCH BETRIEBEN IST

Pizzaofen

Pizzaöfen werden nach dem Steinbackofenprinzip gebaut. Der Korpus besteht aus Edelstahl und die Backflächen sind mit feuerfestem Schamottestein belegt. Beheizt wird er mit Gas oder elektrisch. Die Temperatur wird mit Thermostaten mechanisch geregelt, Ober- und Unterhitze sind getrennt regulierbar. Diese Öfen sind mit einer oder zwei Kammern erhältlich.

Pizzaofen

Drehspieß

Drehspieße gibt es in verschiedenen Ausführungen:

- **Hühnergrill:** Das Gehäuse besteht aus Edelstahl. Im Gehäuse sind mehrere waagrecht rotierende Bratspieße angebracht. Darauf werden die Grillhähnchen aufgehängt und in verschiedenen Bratzonen gegrillt.
- **Rotationsgrill mit Drehspieß:** ein Back- oder Grillautomat mit eingebautem motorisch bedienbarem Drehspieß für Geflügel und größere Bratenstücke.
- **Grillfläche mit einem Aufbau für einen Drehspieß:** Als Hitzequelle kommt Holzkohle oder Gas infrage. Durch die Höhenverstellung ist ein langsames und schonendes Grillen von Spanferkeln, Lammkeulen und großen Bratenstücken möglich.

Räucherofen

Räucheröfen sind Standgeräte, die zum Einsatz kommen, um dem Gargut einen Rauchgeschmack zu verleihen. Räucherraum und Brennraum sind durch ein gelochtes Gitter getrennt und mit einem Rauchabzug versehen. Rauch entsteht durch Entzünden von Räuchermehl, das aus Hartholz (z. B. Buche) und Räuchergewürzen besteht. Das Räuchermehl wird auf die Heizstäbe gelegt. Auch Räucherspäne können verwendet werden. Das Gargut wird kurz heiß geräuchert, um einen Rauchgeschmack zu erhalten, und anschließend gegart – gegrillt, gebraten oder poeliert. Dafür eignen sich besonders Portionsfische und Fischfilets, die warm als Vorspeise oder als Fischgericht serviert werden.

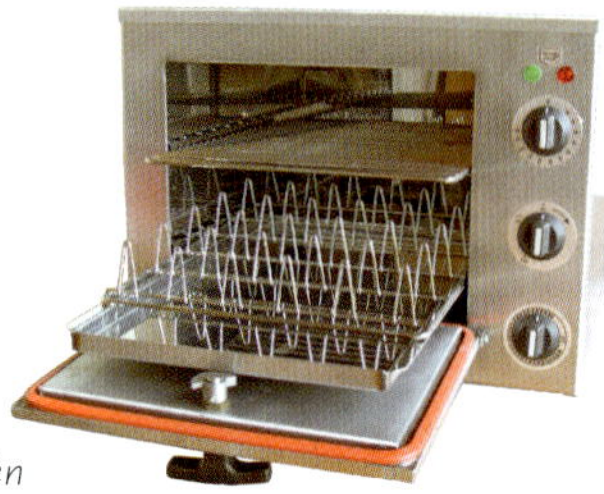

Räucherofen

Langsam gegart und dadurch besonders saftig – das Niedertemperaturgarverfahren macht's möglich

Der Dampf wird direkt auf das Gargut gesprüht. Das bewirkt ein schonendes Garen in kurzer Zeit. Besonders geeignet ist der Steamer zum Dämpfen von Kartoffeln und Gemüse.

Kombidämpfer, Heißluftdämpfer oder Kombisteamer

Der Kombidämpfer entwickelt sich zum Klassiker unter den Gargeräten – er darf in keiner betrieblichen Küche fehlen. Er ist der Prototyp neuer technologischer Garverfahrenskombinationen. Dabei werden Heißluft und Dampf in verschiedenen Kombinationen und Temperaturvariationen eingesetzt.

Gargeräte für neue Kochmethoden

Veränderte Anforderungen an moderne Küchen haben **neue Kochmethoden** nötig gemacht, die **neue Gargeräte** erfordern. Im Vordergrund dieser Garmethoden stehen Hygienemanagement, Wirtschaftlichkeit und eine optimale Auslastung der Arbeitszeit. Durch die Zeit- und Ortsungebundenheit bzw. die nährstoffschonende Zubereitung kommen diese Garverfahren einer **Qualitätssicherung** besonders entgegen und sind aus Produktionsküchen nicht mehr wegzudenken.

Gemeint sind Verfahren wie **Cook and chill**, bei dem die im Steamer oder Kombisteamer gegarten Speisen im Schockfroster abgekühlt und anschließend bis zum Service aufbewahrt werden. Bei **Cuisson sous Vide** wird das Gericht im Vakuumbeutel schonend bei niedrigen Temperaturen gegart. Es gibt aber auch **alternative Kochtechniken** wie **Niedertemperaturgarung**, bei der das Gargut im Niedertemperaturgargerät langsam gart und dadurch besonders saftig bleibt. Auch das einfache **Vakuumkochen** ist eine dieser Methoden; die Speisen, z. B. Gemüsebeilagen, werden portionsweise im Vakuumbeutel im Kombisteamer schonend gedämpft.

Von großer Bedeutung für moderne Küchen sind das **Regenerieren** oder **Aufwärmen** und die **Fertigstellung** vorbereiteter Speisen. Vor allem der Einsatz von **Convenienceprodukten** hat hier Umstellungen notwendig gemacht. Auch hier hat sich neben Geräten wie dem Salamander der Kombidämpfer bestens bewährt. Sehen wir uns daher dieses Wunderding und andere moderne Gargeräte, die die Küchenabläufe verändert haben, genauer an.

Steamer – Druckdämpfer – Jet-Cooker

Druckdämpfer haben dicht verschließende Garräume, die sich mit Dampf füllen. Darin wird das Gargut einem Überdruck von 0,3–1,0 bar bei 120 °C ausgesetzt. Die Einstellung von Dampfdruck und Garzeit hängt vom Gargut und von seiner Größe ab.

Steamer

Nahezu alle Speisen können schonend, material- und energiesparend sowie mit hoher Qualität zubereitet werden. Programme für verschiedene Garmöglichkeiten für unterschiedliche Gerichte können gespeichert werden.

Kombidämpfer

Die vielfältigen Einsatzmöglichkeiten des Kombidämpfers im Überblick	
Dämpfen	Die Garraumtemperatur bei dieser Betriebsart wird konstant auf 100 °C eingestellt. So kann alles gedämpft werden, was sonst in Wasser gekocht wird, wie Kartoffeln, Knödel, Gemüse oder Eier. Der Garprozess beginnt sofort, lange Ankochzeiten entfallen. Durch die kurzen Garzeiten wird auch den ernährungsphysiologischen Erkenntnissen Rechnung getragen, die Vitamine und Mineralstoffe werden nicht in das Kochwasser ausgeschwemmt.
Braten in Heißluft	Im Gegensatz zum herkömmlichen Bratrohr (Bratofen) mit Ober- und Unterhitze wird in dieser Betriebsart mit permanenter Heißluftumwälzung gegart. Die Temperatur reicht von 50 bis 300 °C und ist stufenweise einstellbar.
Braten in Heißluft und Dampf	Das Austrocknen des Garguts wird verhindert, da feuchte und trockene Hitze miteinander kombiniert werden. Mit diesem Programm kann alles gebraten werden, was sonst im Backrohr (Backofen) gebraten wird. Die Zusatzfunktion der Kerntemperaturmessung übernimmt die Kontrolle des Garprozesses. Nach Erreichen der vorgewählten Kerntemperatur wird das Braten automatisch beendet. Natürlich können Erfahrungswerte der Köchin, des Kochs dadurch nicht ersetzt werden.
Niedertemperaturdämpfen	Damit ist schonendes Garen unter 100 °C möglich. Empfindliche Produkte lassen sich garen (z. B. Fisch) oder pochieren (z. B. Terrinen oder Farcen). Ermöglicht wird dies durch stufenloses Einstellen der Temperatur von 60 bis 99 °C.
Cook and chill (siehe auch Schockfroster oder Chiller, S. 101)	Das Gericht wird im Kombidämpfer schonend gegart, im Schockfroster schnell abgekühlt, anschließend bei 12 °C Raumtemperatur portioniert und bei 3 °C aufbewahrt. Das Gericht ist so im Kühlraum drei bis fünf Tage bei geringem Qualitätsverlust haltbar. Bei Bedarf wird das Gericht wiederum im Kombidämpfer regeneriert.
Cuisson sous Vide	In einem Vakuumbeutel wird die Speise schonend gegart, wobei sie das volle Aroma behält. Der eigentliche Vorteil des Cuisson sous Vide liegt in der Verlagerung der Produktion auf die produktionsarme Arbeitszeit und in der langen Haltbarkeit der fertigen Speisen. Das **einfache Vakuumkochen** – im Vakuumbeutel garen, besonders geeignet für Gemüse – ist eine weitere schonende Möglichkeit der Zubereitung.
Regenerieren von Speisen	Durch Heißluft und exakt dosierte Dampfzugabe. In jeder Küche gibt es Vorbereitungen, um für Zeiten mit Spitzenbelastung gerüstet zu sein, vor allem bei Banketten und im Catering. Im ungünstigsten Fall wird das Essen warm gehalten, bis die Gäste kommen. Beim Regenerieren – innerhalb weniger Minuten – werden die essfertigen, aber kalten Speisen direkt auf dem Teller oder auf einer Platte erhitzt.

Konvektomat oder Convectomat
Ist die Bezeichnung für einen Umluftofen, der dieselben Funktionen wie ein Kombidämpfer hat.

Niedertemperaturgargerät: Hold-o-Mat oder Alto-Shaam

Dieses Gerät eignet sich zum Garen bei niedrigen Temperaturen und zum Warmhalten von Speisen. Dabei bewahrt es – bei genauer Steuerung von Temperatur und Feuchtigkeit – die Qualität der Speisen. Fleisch und Fisch können damit besonders schonend warm gehalten werden.

Niedertemperaturgargerät

Und so funktioniert's

- Große Bratenstücke werden kurz vorgebraten. Anschließend kommen sie in das Niedertemperaturgargerät. Die Vorheiztemperatur liegt bei 120 °C. Anschließend wird automatisch auf die Reife- bzw. Warmhaltetemperatur zwischen 65 und 75 °C umgeschaltet. Die Einstellung von Temperatur und Garzeit hängt vom Fleischstück bzw. Gewicht des Bratguts ab.
- Durch die gradgenaue Steuerung können Kurzbratstücke durch schonendes Nachgaren **(Cook-and-hold-Verfahren)** warm und servierfertig gehalten werden.

Vorteile

- Geringer Gewichtsverlust des Bratguts, dadurch behält das Fleisch seine Saftigkeit. Der Bratverlust liegt bei 5–8 % (beim herkömmlichen Braten bei bis zu 30 %).
- Es kann sowohl als Bratgerät als auch als Warmhaltegerät verwendet werden. Die in der Küche fertiggestellten Speisen können im Gerät warm und servierfertig transportiert werden.

Nachteile

- Hohe Anschaffungskosten.
- Keine Bräunung der Speisen möglich.
- Durch den geringen Brat- und Feuchtigkeitsverlust des Garguts gibt es keinen Bratensaft.

Salamander – Gratiniergerät

Durch die starke Infrarot-Oberhitze eignet sich das Gerät zum Gratinieren und Glacieren von fertigen Speisen wie Fleisch-, Fisch- und Gemüsegerichten. Die Auflagefläche für das Kochgut ist höhenverstellbar, dadurch können auch fertige Gerichte erhitzt werden, allerdings nur bei niedriger Temperatur, sonst trocknen sie aus.

Salamander

Mikrowellengerät

Mikrowellen sind elektromagnetische Schwingungen, die die Wassermoleküle im Lebensmittel in Bewegung setzen und durch Reibung aneinander erwärmen. Sie durchdringen Glas, Porzellan und Kunststoff und reflektieren Metall. Daher kein Metallgeschirr zum Garen in der Mikrowelle verwenden! Geeignet ist der Mikrowellenherd zum raschen Erwärmen von fertigen Portionsgerichten (Regenerieren). Garen ist im Mikrowellenherd nur begrenzt möglich.

Mikrowellengerät

Infrarotstrahler

Die geruchsfreien Infrarotlampen oder -strahler erhitzen sich durch Einschalten in Sekundenschnelle und werden daher bevorzugt bei der Speisenausgabe verwendet, damit die angerichteten warmen Gerichte nicht auskühlen.

Bain-Marie oder Heißwasserbad

Ist ein von einem Thermostat reguliertes Wasserbad zum Warmhalten von fertigen Speisen, wie Suppen, Fleischgerichten, Beilagen oder Kartoffeln. Die Speisen müssen bis zur Ausgabe mindestens auf 75 °C erhitzt bleiben. Das Warmhalten von Speisen soll sich auf relativ kurze Zeit (höchstens zwei Stunden) beschränken, damit Qualitätseinbußen auf ein Minimum reduziert werden.

Bain-Marie

Küchenmaschinen und Küchengeräte

In allen Küchen, in denen es auf hohe kulinarische Qualität ankommt, nimmt die Vorbereitung und dabei vor allem die manuelle Tätigkeit einen großen und wichtigen Platz ein. Im Folgenden werden die wichtigsten Maschinen und Geräte vorgestellt, die diese Arbeiten unterstützen.

Küchenuniversalmaschine

Die Küchenuniversalmaschine wird zum Rühren, Schlagen, Pürieren, Hacken, Kneten und Reiben verwendet. Es ist mit Schneebesen, Teigrührer (Bischof), Knethaken und Messeraufsätzen ausgestattet. **Sonderzubehör:** Zitruspresse, Getreidemühle, Saftzentrifuge, Fleischwolf, Pommes-frites-Schneidescheibe, Juliennescheibe, grobe Reibscheibe.

Küchenuniversalmaschine

Gemüseschneidemaschine und Tischcutter

Diese Maschine wird vorwiegend in Großküchen und in der Gemeinschaftsverpflegung verwendet. Empfehlenswert ist ein Kombinationsgerät mit verschiedenen Aufsätzen und Einsätzen aus Edelstahl zum Schneiden von Gemüse bzw. zum Cuttern. Tischcutter haben ein Fassungsvermögen von einem Liter bis zu sechs Litern. Das Gehäuse ist aus

Metall. Der Tischcutter ist mit elektronischer Drehzahlregelung, aufsetzbarer Cutterschüssel und einem Messer aus Edelstahl ausgestattet. Er eignet sich zum Zerkleinern, Pürieren und Cuttern von Fleisch, Fisch, Gemüse und Obst zu Mousses und Farcen.

Gemüseschneidemaschine

Pacojet

Der Pacojet ist ein Schweizer Multifunktionsgerät – als **Mixer, Cutter oder Eismaschine** verwendbar. In einer modernen Küche ist dieses Gerät kaum wegzudenken. Es eignet sich zur Herstellung von Mousses, Farcen, Terrinen, Saucen, Suppen und für die Speiseeiszubereitung.

Der Pacojet bringt eine wertvolle **Zeitersparnis im À-la-carte-Geschäft.** Mehrere Gerichte können zeitgerecht im **Pacossierbecher** (Gerätbestandteil) vorbereitet werden und à la minute wie nebenstehend beschrieben fertig gestellt werden, z. B. Fischfarce zum Pochieren, Kräutermasse für Saucen oder Sorbet für Desserts.

Pacojet

Das GreenVac-System schont beim Vakuumieren das Produkt

So funktioniert der Pacojet – drei Schritte zum Ziel

- Nach Rezept werden alle benötigten Zutaten grob zerkleinert und gut vermengt. Die vorbereitete Menge kommt in den Pacossierbecher und wird bei –18 °C eingefroren. Die Mengen betragen zwischen zwei und zehn Portionen.
- Den tiefgekühlten Becher zusammen mit dem **Pacossiermesser** an den Pacojet ansetzen. Die benötigte Menge zwischen zwei und zehn Portionen wählen. In Sekundenschnelle moussiert (pacossiert) das Gerät die gewünschte servierbereite Menge.
- Der Rest im Becher kann zur späteren Verwendung wieder in das Tiefkühlfach gegeben werden.

Vakuummaschine

Die Aufbewahrung von Lebensmitteln und Speisen in luftdichten Frischhaltefolien oder Vakuumbeuteln ist zur Einhaltung der **Hygienevorschriften** unumgänglich. Dazu reicht ein einfaches Tischgerät mit verschiedenen Vakuum- und Druckeinstellungen.

Vakuummaschinen ermöglichen eine **luftdichte Verpackung** und damit die beste Aufbewahrungsmöglichkeit für alle gekochten und rohen Lebensmittel. Dem gefüllten Beutel wird beinahe die gesamte Luft entzogen. Keime und Bakterien haben dadurch kaum eine Wachstumschance, Geruchs- und Schimmelbildung wird verhindert.

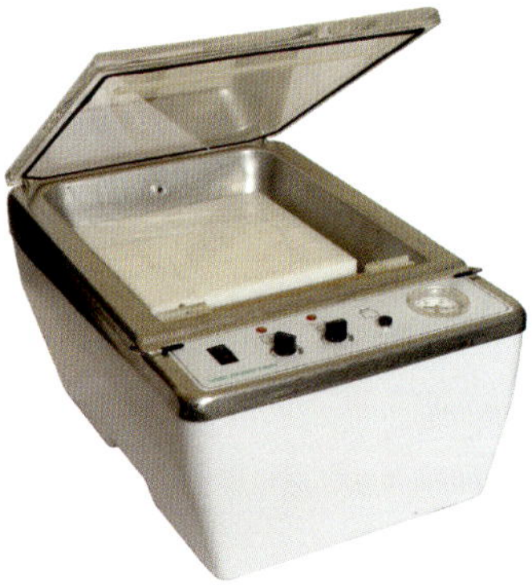

Vakuummaschine

Die verschiedenen Verwendungsmöglichkeiten

- Beim Portionieren von rohem Fleisch im À-la-carte-Bereich – Fleisch ist vor Austrocknung geschützt.
- Portionen von gekochtem bzw. gebratenem Fleisch – bewahrt die Qualität des Gerichts.
- Beibehaltung der Frische von geputztem oder gekochtem Gemüse.

GreenVac ist ein neues System, das ein Vakuumieren direkt im speziell dafür gefertigten GN-Behälter ermöglicht. Mit dem GreenVac-System ist es möglich, auch druckempfindliche Produkte, wie Salate, Saucen, Fleischgerichte, zu vakuumieren, da der atmosphärische Druck vom Behälter und vom Deckel aufgenommen wird. Danach können die Speisen im Kühlfach bis zur weiteren Verwendung aufbewahrt werden.

Schockfroster oder Chiller

Zum schnellen Abkühlen des heißen Produkts – für die Kochmethode Cook and chill (siehe S. 98) – sind Chiller vorgesehen.

Schockfrosten

Heiße Speisen werden direkt vom Herd kommend im Schockfroster abgekühlt. Je nach Größe und Geräteeinstellung können heiße Speisen innerhalb von 30 bis 90 Minuten auf 2 bis 3 °C gekühlt werden. Mit einer Innentemperatur bis zu –40 °C und einer hohen Luftumwälzung wird gefrostet. Die Eigenfeuchtigkeit des Garguts bleibt dadurch erhalten und in den Zellwänden bilden sich keine groben Eiskristalle. Durch diese Kühlung wird den schädlichen Mikroorganismen die Möglichkeit zur Keimbildung genommen.

Chiller

Hotwip

Der Hotwip sieht aus wie eine gewöhnliche Rührmaschine, ist aber ein Thermorührgerät. Damit werden Saucen (z. B. Sauce hollandaise), Massen (z. B. Biskuit), Parfaits u. Ä. über Dunst im Wasserbad aufgeschlagen und bis zur Weiterverwendung warm gehalten. Ebenso kann es zum Temperieren von Schokolade verwendet werden. Gerinnen und Verbrennen ist durch eine konstante Warmhaltung der fertigen Produkte nicht möglich. Wassertemperatur und Rührgeschwindigkeit können individuell geregelt werden. Das Gerät kann auch kalt zum Aufschlagen von Obers (Sahne), Mayonnaise, Eischnee etc. eingesetzt werden.

Fleischwolf oder Faschiermaschine

Zur Herstellung von Faschiertem (Hackmasse), Füllungen und Farcen. Nur zerkleinertes Fleisch einfüllen!

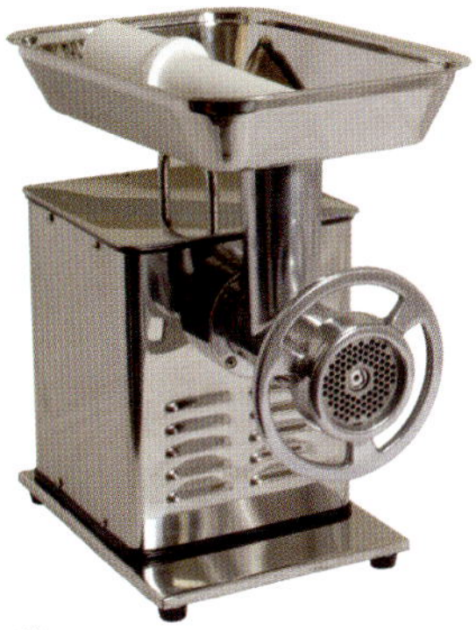

Fleischwolf

Kartoffelschälmaschine

Zum Schälen von rohen Kartoffeln und Wurzelgemüse.

Kartoffelschälmaschine

Zur Sicherheit
Alle Geräte müssen vorschriftsmäßig zusammengesetzt, gewartet und gereinigt werden! Die Sicherheitshinweise sind unbedingt zu lesen und einzuhalten! Sie müssen in der Nähe der Geräte angebracht bzw. aufbewahrt sein.

Aufschnittmaschine

Zum Schneiden von Wurstwaren, Schinken, Käse, gegartem Fleisch und Carpaccio. Zum Aufschneiden von Brot und Gebäck gibt es spezielle Brotschneidemaschinen.

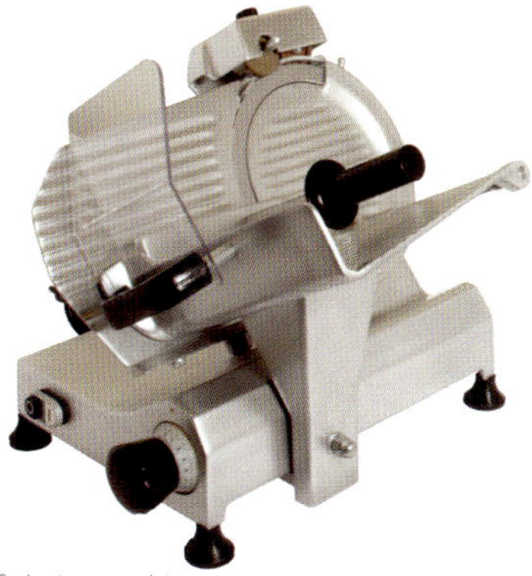

Aufschnittmaschine

Teigausrollmaschine

Zum Ausrollen und Tourieren von Teigen in verschiedenen Stärken, wie Blätter-, Plunder- und Nudelteig.

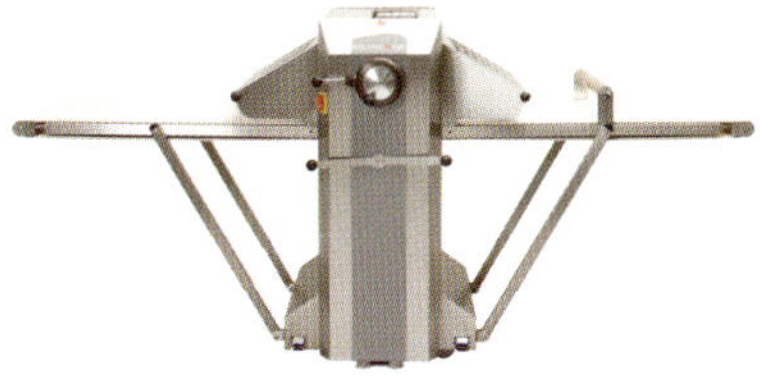

Teigausrollmaschine

Nudelmaschine

Zum Ausrollen und Schneiden von Nudelteig in verschiedene Formen und Stärken.

Nudelmaschine

Salatschleuder

Darin werden Blattsalate nach dem Waschen in einer Zentrifuge getrocknet. Sie sind entweder aus Kunststoff oder Edelstahl gefertigt und werden je nach Größe händisch oder elektrisch betrieben.

Aufsatzmixer

Der Aufsatzmixer ist mit einem Becheraufsatz und stufenloser Geschwindigkeitsschaltung ausgestattet. Er wird zum Zerkleinern und Pürieren von Gemüse und Früchten und zum Montieren (Emulgieren) von Saucen und Suppen in kleineren Mengen verwendet.

Aufsatzmixer

Turbomixer

Zum Pürieren von Suppen, Saucen etc. Der Turbomixer ist für große Mengen geeignet. Es können auch andere Aufsätze, wie etwa ein Schneebesen, auf dieses Gerät aufgesetzt werden.

Turbomixer

Qualitativ hochwertiges Kochgeschirr erleichtert den Arbeitsalltag

Handmixstab

Kein Koch kommt ohne einen kleinen Handmixstab aus. Zum schnellen Aufmixen von Suppen, Saucen oder Marinaden.

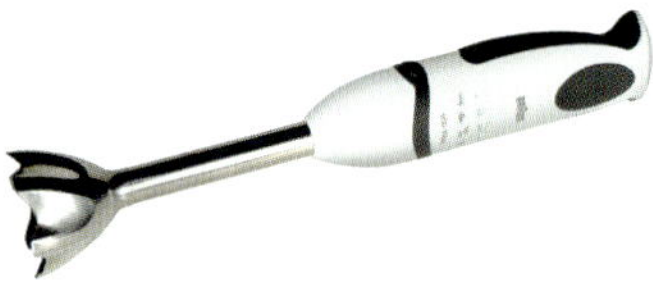

Handmixstab

Getreidemühle

Das Gehäuse ist meist aus massivem Hartholz und enthält eine steinerne Mahlkammer zur Grob- und Feinmahlung von Getreide.

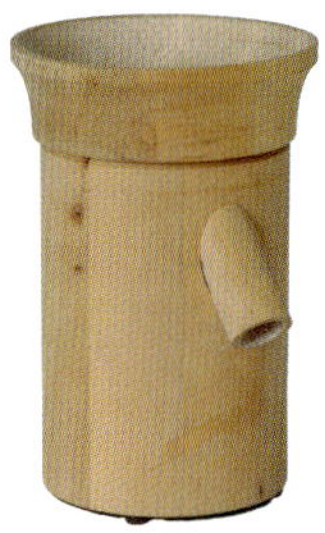

Getreidemühle

Kontaktthermometer oder Kerntemperaturmessgerät

Zum Messen der Braten- und Serviertemperatur. Gehört mittlerweile zur Standardausrüstung eines jeden Kochs (siehe Hygiene, S. 65).

Küchengeschirr

Im Küchenalltag wird das Kochgeschirr reichlich strapaziert, daher müssen die Töpfe und Pfannen aus hartem, widerstandsfähigem Material sein. Wichtig ist auch die Wahl des richtigen Kochgeschirrs, um sich Ärger zu ersparen.

Für den Elektroherd eignet sich doppelbödiges Kochgeschirr aus Chromstahl am besten, für den Induktionsherd Kochgeschirr aus mehrschichtigem Material und für den Gasherd grundsätzlich jedes herkömmliche Küchengeschirr.

Kochtöpfe und Kasserollen

Das vielseitig verwendbare Kochgeschirr soll aus langlebigem Chromnickelstahl hergestellt sein. Damit ist schonendes Kochen möglich. Es eignet sich zum Kochen, Dünsten, Blanchieren und Dämpfen, Pochieren und Schmoren.

Die Qualität des Werkzeugs ist mitbestimmend für die Qualität der Küche

Pfannen
Sie müssen gründlich gepflegt und gut getrocknet werden, damit das Kochgut nicht kleben bleibt. Drei Arten in verschiedenen Größen sind zu bevorzugen:

- **Edelstahlpfannen** zum Braten und Glacieren von Fleisch, Fisch und Gemüse.
- **Stahlblech- oder Stahlgusspfannen** zum Braten von Kartoffeln, Schnitzeln und Steaks von dunklem Fleisch.
- **Teflonpfannen** zum Braten und Pochieren von weißem Fleisch und Fisch, zum Anschwitzen von Gemüse und zur Vollendung von Pastagerichten.

Schwenkkasserollen, Sauteusen
Mit schrägem, unten etwas abgerundetem Seitenrand, aus Chromstahl oder mit Antihaftbeschichtung. Eignen sich besonders für die À-la-minute-Zubereitung, wie die Fertigstellung von Pastagerichten, Saucen oder Suppen, sowie zum Poelieren, Sautieren und Pochieren von Fleisch, Fisch und Gemüse.

Sauteuse

Küchenwerkzeuge

Jeder Koch hat seine eigenen Werkzeuge, die aus einwandfreien Materialien bestehen müssen. Ihre Ausführung soll gut überlegt werden, da man täglich stundenlang damit arbeitet.

Die Hardware eines Profis
Werkzeuge, wie Messer, Gabeln oder Paletten, sind empfindlich und teuer. Es gibt sie in verschiedenen Ausführungen und Größen. Es ist wichtig und empfehlenswert, beim Kauf nicht zu sparen.

Gute Köche pflegen und reinigen die Handwerkzeuge selbst – sie geben sie nicht aus der Hand. Sie gehören zur persönlichen Ausrüstung des Koches, denn jedem Koch ist bewusst, dass gute Werkzeuge und Küchenzubehör ein wesentlicher Teil einer hochwertigen Küche sind. Die Ausstattung mit Messern und Werkzeugen wird sich nach seiner Position richten.

Messer und Spezialmesser eines Profikochs
Qualitativ hochwertige Messer sind teuer. Daher ist ihre sorgfältige Pflege von großer Bedeutung. Messer niemals im Geschirrspüler waschen, sie werden davon stumpf. Am besten reinigt man sie sofort nach Gebrauch mit kaltem oder warmem Wasser. Messer nach der Reinigung sachgemäß aufräumen.

Damit Sie beim Messerkauf nicht über die Klinge springen
Was zeichnet ein gutes Messer aus? Es ist nicht zu schwer, liegt gut in der Hand, ist aus hochwertigem Edelstahl, der in einem bis zur Spitze durchgezogen ist, und der Griff ist aus gutem Hartholz (evtl. aus Palisander) oder hochwertigem Kunststoff gefertigt. Ein gutes Messer kann Sie ein Leben lang begleiten, ein billiges wird sich im Küchenalltag nicht bewähren und schon nach ein paar Jahren auszutauschen sein.

Achtung vor „günstigen" Angeboten!
Die Anschaffung eines Messerkoffers mit einer großen Produktpalette – versperrbar, übersichtlich und praktisch – ist oft verlockend. Gerade am Anfang der Küchenkarriere hat man vielleicht das Gefühl, damit endlich richtig ausgestattet zu sein. Aber Achtung: Viele dieser Messer sind unhandlich und die Klingen aus billigem Stahl haben eine unterbrochene Schneide. Billiger Stahl kann außerdem beim Schleifen verbrennen – die Messer werden unbrauchbar.

Empfehlenswertes Grundset
Kaufen Sie sich zu Beginn ein Officemesser, ein Gemüsemesser und ein Küchenmesser in hoher Qualität und ziehen Sie dazu bei Bedarf einen erfahrenen Koch zu Rate. Erproben Sie die Messer nun selbst – im Lauf der

Zeit hat man täglich viele Stunden Zeit dazu, Erfahrung im Umgang mit Messern zu sammeln – und ergänzen Sie Ihr Messerset um jene Messer, die Sie in Ihrem Küchenalltag tatsächlich verwenden werden. So stellen Sie sich über die Jahre Ihr maßgeschneidertes Set zusammen, das im Endeffekt günstiger ist und Ihr langjähriger Begleiter im Küchenalltag sein wird.

Wenn die Schärfe des Messers nachlässt, wetzen Sie es auf einem Wetzstahl, indem Sie die Klinge in einem Winkel von 20° in Richtung der Schneide über den Stahlstreicher streichen.

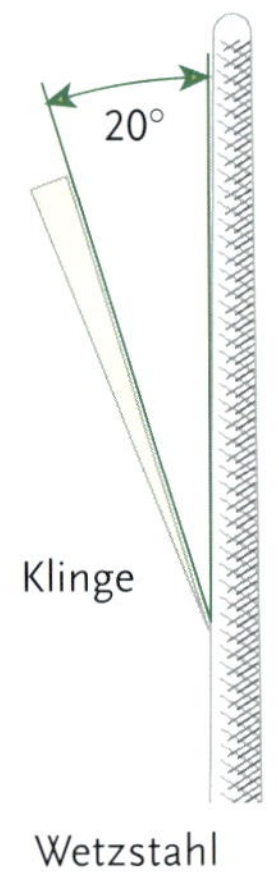

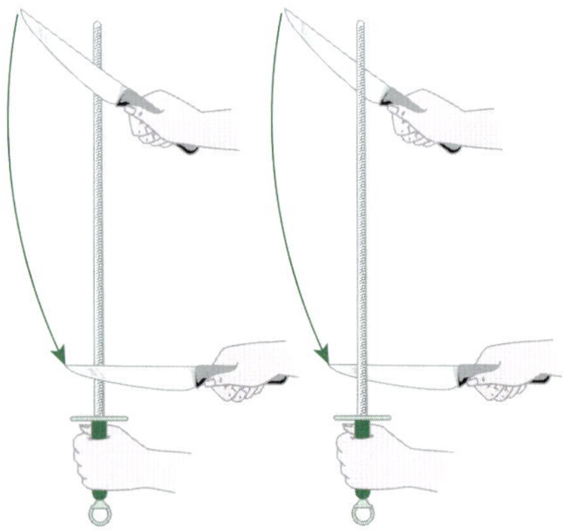

Die Klingen der Messer müssen scharf gewetzt sein, damit man problemlos saubere Schnitte machen kann.

Hochwertiges Messerset

1 Wetzstahl, Stahlstreicher/Aiguisoir/ Sharpening steel
Zum Abziehen, Schärfen glatter Messer.

2 Lachsmesser/Couteau de saumon/ Salmon knife
Lang, schmal und biegsam, abgerundete Klinge; zum Schneiden von Räucherlachs.

3 Fleischmesser/Couteau de viande/ Meat knife
Zum Schneiden von rohem Fleisch.

4 Schneidemesser oder Küchenmesser/Couteau de cuisine/ Kitchen knife
Allroundmesser zum Schneiden von Gemüse, Kartoffeln, Obst, Fleisch.

5 Säge-, Torten- bzw. Brotmesser/ Couteau de patisserie/Cake knife
Mit Wellenschliff, zum Schneiden von kalten Braten, Terrinen, Pasteten, Brot, Kuchen, Germ(Hefe)teiggebäck und Torten.

6 Filetmesser/Couteau à fileter/ Filleting knife
Zum Filetieren von Filetfleisch und Fisch.

7 Officemesser/Couteau d'office/ Paring knife
Mit schmaler, spitzer, ca. 10–15 cm langer Klinge; zum Vorbereiten und Schneiden von Gemüse und Obst.

8 Ausbeinmesser/Couteau à désosser/ Boning knife
Zum Ausbeinen und Knochenauslösen von großen Fleischstücken.

9 Chartreuse- oder Dressiermesser/ Couteau à la chartreuse/Dress knife
Zum Schneiden geriffelter Scheiben von Gemüse, z. B. Roten Rüben, Gurken sowie Kartoffeln.

10 Gemüsemesser, Gemüseputzmesser, Rüstmesser/ Couteau de légumes/Paring knife
Zum Putzen und Vorbereiten von Gemüse, Salaten, Kartoffeln, Pilzen und Obst.

11 Tourniermesser/Couteau à tourner/ Tourné knife
Für gleichmäßiges Formen bzw. Tournieren von Gemüse, Kartoffeln und Obst.

Es gibt auch Messer mit Klingen aus Porzellan. Sie haben den Vorteil, dass sie die Schärfe nicht verlieren, sind aber noch teurer als Messer mit Stahlklingen.

Küchenwerkzeug des täglichen Gebrauchs

Weitere Küchenwerkzeuge und Küchenzubehör

1 Palette/Palette/Pallet
Zum Aufstreichen von Füllungen, Cremen und als Hilfe zum Abheben und Anrichten.

2 Fleischgabel/Fourchette de viande/ Meat fork
Zum Fixieren und Wenden gegarter Fleisch-, Fisch- und Gemüsestücke.

3 Julienneschneider/ Coupeur de julienne/Julienne cutter
Mit mehreren Rillen; zum Schneiden von Julienne.

4 Gemüseschäler, Spargelschäler/ Économe/Peeler
Zum Schälen von Gemüse, Kartoffeln und Obst.

5 Grätenzange, Fischpinzette/ Pincette d'arête/Fish zweezer
Zum Entfernen von Gräten aus Fischfilets.

6 Austernöffner oder Austernbrecher/ Ouvre-huîtres/Oyster knife
Mit kurzer, scharfer Spitze, zum Öffnen von Austern.

7 Butterroller/Coquilleur à beurre/ Butter curler
Zum Formen von Butterröllchen.

8 Fischschere/Ciseaux de poisson/ Fish shears
Zum Abschneiden der Flossen von Fischen.

9 Parisienne- oder Noisetteausstecher/ Cuillère à pommes parisiennes/ Ball cutter
Zum Formen von Kugeln aus Gemüse, Kartoffeln und Obst, z. B. Melonen.

Melonenkugeln werden mit dem Parisienneausstecher angefertigt

10 Kanneliermesser (Riefenschneider)/ Couteau de cannelures/Groove knife
Zum Kannelieren (Verzieren mit Rillen) von Zitrusfrüchten, Gurken, Radieschen etc.

11 Zestenmesser/Zesteur/ Lemon zester
Zum Schneiden von feinen Fäden der Schalen von Zitrusfrüchten (Zesten).

12 Spachtel/Spatule/Spatula
Zum Wenden des Garguts auf der Grill- und Bratenplatte und Abziehen der Garplatte (Entfernen von Bratenrückstand und Fett).

13 Bridiernadel/Aiguille à brider/ Trussing needle
Mit der Bridiernadel und Küchengarn wird Geflügel vor dem Garen in Form gebracht.

14 Spicknadel/Aiguille à larder/ Larding pin
Speckstreifen und Gemüsestreifen (Karotten, Sellerie etc.) werden damit in rohes Fleisch, Geflügel und Wild eingezogen.

Der richtige Einsatz der Werkzeuge erfordert Fachkenntnisse, damit die täglich anfallende Arbeit ökonomisch und mit einem gewissen Arbeitskomfort umgesetzt werden kann.

Unverzichtbare Werkzeuge in der warmen Küche

- **Siebe:** Abtropfsieb, Gemüsesieb, Spitzsieb, Passiersieb, kleines Saucensieb.
- **Hobel:** Gemüsehobel, Trüffelhobel, Universalhobel (Mandoline), Nockerlhobel.
- **Raffeln und Reiben:** Muskatreibe, Käsereibe, Röstireibe.
- **Schaufeln:** Backschaufel, gelocht und ungelocht, Schäumer, Portionierlöffel, Schaumlöffel.
- **Schöpfer:** Suppenschöpfer, Saucenschöpfer, Spitzschöpfer, Lochschöpfer.
- **Verschiedenes:** Schneidebretter in verschiedenen Farben, Kochlöffel, Bratpfannenscherrer, Kartoffelstampfer, Trichter, Eierring, Messbecher, Anrichtezange, Grillzange, Passiertuch, Kartoffelpresse, Zitronenpresse, Schneebesen, Kesselrute, Maronimesser, Gummischaber, Pinsel, Dosenöffner.

Unverzichtbare Werkzeuge im Vorbereitungsraum und für den Gardemangerposten

- **Spezialmesser:** Käsemesser, Grapefruitmesser, Rettichschneider, Wiegemesser, Butterroller, Modellierwerkzeuge.
- **Ausstecher:** Teigausstecher, Garnierausstecher, Apfelausstecher, Eierteiler.
- **Verschiedenes:** Schneidebretter in verschiedenen Farben, Fischschupper, Fischgrätenpinzette, Fleischklopfer oder Plattiereisen, Hackstockbürste (Hauklotzbürste), Knochenhacke, Knochensäge, Schneidschutzhandschuh, Stechschutzschürze, Spicknadel, Pasteten- und Terrinenformen.

Unverzichtbare Werkzeuge in der Patisserie

- **Ausstecher:** Ausstechersatz, rund und gezackt, Pastetchenausstecher, Teegebäckausstecher.
- **Tüllen:** Sterntüllen, Rundtüllen und Spezialdressiertüllen.
- **Verschiedenes:** Nudelbrett, Marmorplatte, Tortenreifen, Backformen (z. B. aus Silikon), Soufflé- und Darioleformen (kleines, konisches Becherförmchen), Mehlbürste, Mehlschaufel, Mehlsieb, Torteneinteiler, Schneebesen, Rollholz, Dressiersäcke, Glaciergitter, Silikonmatten, Teigschneider, Teigkarte, Teigspachtel, Backlineal, Zuckerstreuer, Zuckerthermometer, Tortenheber, Waage, Modellierwerkzeuge und -schablonen.

Natürlich gehören noch viele Arbeitsgeräte wie Schöpfer, Kellen, Schaufeln, Schneebesen, Siebe, Scheren, Messbecher, Zangen, Gemüsehobel, Handpressen, Fettpinsel, Kochlöffel in verschiedenen Größen und Formen unverzichtbar zum Kücheninventar. Ebenso müssen diverse Behälter, Küchenschüsseln, Bleche, Speiseschalen und Terrinen je nach Betrieb in unterschiedlichen Größen und Mengen vorhanden sein.

Spezialwerkzeuge

Spezialwerkzeuge zum Gemüseschnitzen

Mithilfe dieser Utensilien können aus Gemüse und Obst dekorative Schaustücke oder Garnierungen angefertigt werden – es bedarf dazu allerdings einiges an Übung.

Spezialwerkzeuge zum Butter-, Schokolade- oder Marzipanmodellieren

Produkte mit weicher Konsistenz werden mit diesen Werkzeugen in Form gebracht. Aus Butter, Schokolade oder Marzipan formen Profis der Patisserie damit echte Meisterwerke.

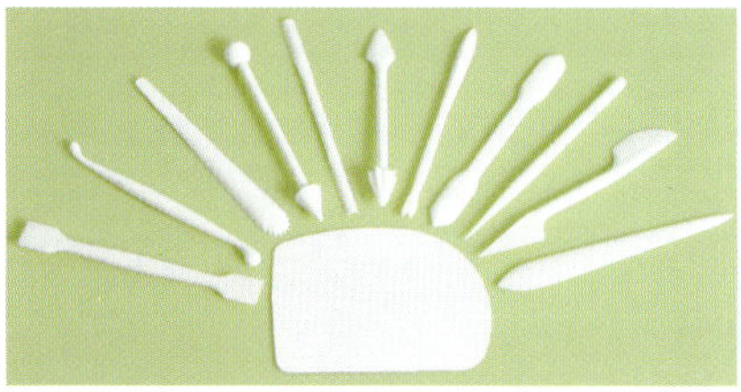

Spezialwerkzeuge zum Eismeißeln

Mit diesen Werkzeugen werden Eisblöcke in kunstvolle Skulpturen verwandelt.

Equipment moderner Küchen

Nicht nur die Essgewohnheiten der Menschen sowie das Angebot und die Qualität der Speisen haben sich verändert, auch die Art zu kochen: In die Küchen sind in den letzten Jahren programmierbare und computergesteuerte High-Tech-Geräte eingezogen, die mit dem alten Herd nichts mehr gemeinsam haben, und mit diesen Geräten auch neue Kochtechniken, die einen wesentlichen Einfluss auf das Speisenangebot der Betriebe haben – für die Köche in der Individualgastronomie, in guten Restaurants, in der gehobenen Hotellerie und in der Gemeinschaftsverpflegung eine große Herausforderung.

In diesem Kapitel finden Sie die wichtigsten Küchengeräte für die unterschiedlichen Küchen aufgezählt. Die Größen und Marken der Geräte sollen nach Bedarf und Notwendigkeit ausgesucht werden. Bei den führenden Marken gibt es keine wesentlichen Qualitätsunterschiede.

Selbstverständlich sollen alle Geräte und Behälter in Gastronorm ausgeführt sein. Aus Flexibilitätsgründen ist zu empfehlen, die Küchen mit mobilen Einheiten auszustatten. Die Küchenarten finden Sie auf Seite 83 genau erklärt, das Equipment ab Seite 91.

Konventionelle Küche/Mischküche

Koch- und Gargeräte

Herdblock mit Induktionsherd ▪ Grillplatte ▪ Fritteuse ▪ Bain-Marie ▪ Salamander ▪ Hold-o-Mat ▪ Kombidämpfer ▪ Mikrowellengerät

Küchensysteme bieten Rahmenelemente und Modulblöcke, in die die Geräte nach Bedarf integriert werden

Küchenmaschinen

Pacojet ▪ Küchenuniversalmaschine oder Gemüseschneidemaschine als Standgerät ▪ Vakuummaschine als Standgerät ▪ GreenVac-Gerät ▪ Schockfroster

Produktions-und-Fertigungs-Küche

Koch- und Gargeräte

Induktionsherd ▪ Kochkessel ▪ Kombidämpfer ▪ Grillplatte ▪ Niedertemperaturgargerät ▪ Mikrowellengerät ▪ Salamander

Küchenmaschinen

Gemüseschneidemaschine ▪ Tischcutter ▪ Pacojet ▪ Schockfroster ▪ Vakuummaschine ▪ Aufschnittmaschine ▪ Schlag-und-Rühr-Gerät

Produktionsküche

Koch- und Gargeräte

Kippbratpfanne ▪ Kochkessel ▪ Steamer ▪ Induktionsherd ▪ Niedertemperaturgargerät ▪ Salamander ▪ Grillplatte

Küchenmaschinen

Gemüseschneidemaschine ▪ Schockfroster ▪ Vakuummaschine ▪ Aufschnittmaschine ▪ Schlag-und-Rühr-Gerät ▪ Teigausrollmaschine ▪ Getreidemühle ▪ Salatschleuder

Fertigungs- oder Fastfoodküche

Koch- und Gargeräte

Hold-o-Mat ▪ Infrarotstrahler ▪ Mikrowellengerät ▪ Kombisteamer ▪ Salamander ▪ Fritteuse

Küchenmaschinen

Vakuummaschine ▪ Aufschnittmaschine

Sicht- oder Showküche

Koch- und Gargeräte

Induktionsherd ▪ Wok ▪ Pizzaofen ▪ Kombidämpfer ▪ Hold-o-Mat ▪ Salamander

In einem italienischen Lokal mit Sichtküche ist ein stilvoller Pizzaofen unumgänglich

Küchenmaschinen

Vakuummaschine ▪ Pacojet ▪ Getreidemühle ▪ Nudelteigmaschine

Küche für Gemeinschaftsverpflegung

Koch- und Gargeräte

Kippbratpfanne ▪ Kochkessel ▪ Steamer ▪ Induktionsherd ▪ Niedertemperaturgargerät ▪ Salamander ▪ Grill- oder Bratenplatte ▪ Mikrowellengerät

Küchenmaschinen

Gemüseschneidemaschine ▪ Vakuummaschine ▪ Schockfroster ▪ Aufschnittmaschine ▪ Schlag-und-Rühr-Gerät

Mobile Ausgabegeräte und Transportmittel

Für Catering (Partyservice) bzw. Bankettveranstaltungen werden zur Fertigstellung der Speisen mobile Kücheneinheiten verwendet. Diese Geräte sind meist multifunktionelle und fahrbare Koch-, Anrichte- und Kühleinheiten. Es gibt auch komplett ausgestattete Cateringfahrzeuge, die mit Gargeräten, Halterungssystemen für Transportboxen, Kühleinrichtungen, Ausgabetresen etc. ausgestattet sind.

Arten mobiler Einheiten

- Herdblöcke, kombiniert mit Grillplatte und Abstellflächen
- Geschirr- und Gläsertransporter
- Wärmeschränke oder -boxen für Speisen
- Gekühlte Salat- und Vorspeisenwagen
- Geschirrauffangtische
- Barteile und Ausgabetresen

In Speisentransportsystemboxen – selbstverständlich nach Gastronorm konzipiert – können Speisen unbeschadet ihren Bestimmungsort erreichen

Resümee

Revolutionär – multifunktionell – individuell – bei all diesen Schlagworten der modernen Küchentechnologie kann man ob der selbstständigen Leistungen der Geräte schon ins Staunen geraten. Eines bleibt jedoch gewiss: In der Spitzengastronomie sind Sie als kreativer Koch mit handwerklichen Fähigkeiten und Erfahrungen trotz neuer Kochtechniken und Produkte in jedem Fall unersetzlich.

Küchenmanagement

Wenn der Servicemitarbeiter dem Gast den Teller einstellt, ist das Ziel allen küchenorganisatorischen Schaffens erreicht. Zu diesem Ziel führt ein mehr oder weniger langer, mehr oder weniger effizienter und mehr oder weniger wirtschaftlicher Weg. Natürlich, alle Wege führen nach Rom, der kürzeste, effizienteste und wirtschaftlichste ist aber sicher der sinnvollste. Um ihn beschreiten zu können, benötigt man ein den Betriebsanforderungen angepasstes Management, vom Einkauf über die Warenbestellung, von der Lagerung der Waren über die Mise en Place, von einer gezielten Speisen- und Menüplanung bis hin zur Arbeitsorganisation an den einzelnen Posten.

Begriffe, die uns durch das Küchenmanagement begleiten

Actionplan	Eventplan mit Arbeitsschritten und Arbeitsabläufen in chronologischer Reihenfolge nach Speisenfolgen
Arbeitsplan	Individual-to-do-List; darauf sind in chronologischer Reihenfolge die Arbeitsabläufe erfasst; er wird täglich den Anforderungen entsprechend angefertigt und ergänzt die Daily-to-do-List
Bedarfsliste	Fassungsliste; Bestellliste
Bestellliste	Fassungsliste; Bedarfsliste
Bruttogewicht	Einkaufsgewicht
Bruttopreis	Einkaufspreis mit Umsatzsteuer
Catering	Partyservice; caterer = (Lebensmittel-)Lieferant; to cater = ausrichten, versorgen, liefern; hier: Belieferung und Service von Speisen und Getränken für eine Veranstaltung im eigenen Haus (Inside- oder Inhousecatering) oder außer Haus (Outsidecatering)
Chafingdish	Wasserbadwanne zum Warmhalten von Speisen auf dem Buffet
Checkliste	darauf sind Standardarbeiten in rationeller Reihenfolge angeführt
Conferencepackage	Pauschalbetrag pro Person für Konferenzen, Seminare etc., der alle Aufwände inkludiert
Daily-to-do-List	Checkliste, auf der die täglich gleichbleibende Standardarbeit erfasst ist
Deckungsbeitrag	wird in der retrograden Kalkulation berücksichtigt; es ist jener Betrag, der übrig bleibt, wenn vom Verkaufspreis alle Kosten abgezogen sind; er wird als Summe und in Prozent angegeben
Display	Dekorationselement, Hingucker, z. B. Displaytisch zur Produktpräsentation oder Gestaltungselement auf dem Buffet
Einkaufsgewicht	ist bei der Kalkulation immer das Bruttogewicht (100 %)
Einkaufspreis	zu zahlender Betrag mit Umsatzsteuer
Eventmanagement	Organisation von Veranstaltungen
Eventmanager	Bankettmanager; Leiter der Bankettabteilung; verantwortlich für die gesamte Organisation von Veranstaltungen
Eventorder (EO)	Functionsheet, Veranstaltungsplan
Eventplan	Actionplan, hier werden die Abläufe von Veranstaltungen für Küche und/oder Service festgehalten
Eyecatcher	Hingucker; deutlich sichtbare Platzierung von Informationen (z. B. auf Schriftstücken oder Werbefoldern) oder von Schaustücken (z. B. auf Buffets oder Präsentationstischen)
Fassungsliste	Bedarfsliste, Bestellliste; Liste zur Warenanforderung für eine Abteilung, interner Bestellschein bzw. Ausgabeschein für täglich benötigte Produkte aus dem Lager
Foodcost	Wareneinsatz
Functionsheet	Veranstaltungsplan – Information über Speisen, Getränke, Zeitabläufe etc. für Bankett oder Catering
Gemeinkosten	indirekte Kosten, die durch die Betriebsführung entstehen und die bei der Kalkulation zu berücksichtigen sind
Individual-to-do-List	täglich aktuell erstellter Arbeitsplan je nach Arbeitsanforderungen
Inventur	Bestandsaufnahme aller Waren zu einem bestimmten Zeitpunkt
Jobdescription	Anforderungsprofil, für jeden Posten festgelegt; Stellenbeschreibung
Kartenpreis	Verkaufspreis, Bruttopreis, Inklusivpreis

Lagerkarteiliste	Bestell- und Lagerliste von Lagerprodukten mit Einheiten, Preisen, Lieferanten etc. (siehe auch Marktliste für Frischprodukte)
Layout	Gestaltung und Anordnung einer Druckseite, z. B. Speisenkarte
Marktliste	Bestell- und Lagerliste von Frischprodukten und Tiefkühlprodukten mit Einheiten, Preisen, Lieferanten etc. (siehe auch Lagerkarteiliste für Lagerprodukte)
Mengenberechnung	Warenkosten eines Gerichtes oder Menüs für bestimmte Portionsmengen
Menüordner	darin werden alle Tagesmenüs und Tagesgerichte festgehalten
Mise en Place	Vorbereitung und Bereitstellung von benötigten Lebensmitteln und Werkzeugen zur Fertigstellung der Speisen
Mise-en-Place-Liste	Vorbereitungsplan und Angabe der Lebensmittelmengen, die zur Vorbereitung des Arbeitsplatzes benötigt werden
Nettopreis	Verkaufspreis ohne Umsatzsteuer
Pick-up-Performance	aktuelle Zimmerbelegung, die das Sales- oder Frontofficedepartment per E-Mail an die Küche übermittelt, z. B. mit der aktuellen Anzahl der Frühstücksgäste
Postenbriefing	kurze Tagesbesprechung der Abläufe in der Abteilung
Preistransparenz	bedeutet, dass den Kunden der marktübliche Preis eines Gerichtes bekannt ist – das Gericht hat eine hohe Preistransparenz
Premeal-Meeting	kurze Besprechung des Serviceablaufs und der Tagesempfehlungen vor Servicebeginn
progressive Kalkulation	Preisberechnung mit Gemeinkostenzuschlag, ausgehend von den Warenkosten
retrograde Kalkulation	Preisberechnung mit Deckungsbeitrag, ausgehend vom Verkaufspreis
Rezeptkartei	darin werden Standardrezepte inklusive Mengenangaben erfasst und evtl. mit einem Foto oder einer Skizze ergänzt
Rohaufschlag	Gemeinkosten plus Gewinnzuschlag; wird als Komponente zur Ermittlung des Verkaufspreises bei der progressiven Kalkulation berücksichtigt
Schlüsselzahl	Kalkulationsfaktor; Verkaufspreis : Warenkosten = Schlüsselzahl; mit der Schlüsselzahl können Preisberechnungen für vergleichbare Gerichte durchgeführt werden
Skirting	Buffetschürze zum Abdecken der Buffettische an der Schauseite
Tagesanalyse	Nachbesprechung zu Arbeitsende, in der der Tagesablauf analysiert wird
Tronc	gesetzliche und freie Trinkgelder laut österreichischem Kollektivvertrag
Verbraucherliste	Liste mit standardisierten Portionsgrößen zur Bedarfsermittlung und Kalkulation
Verkaufbares Rohgewicht	in der Küche zu verwendende Teile ohne Abfall
Verkaufspreis	Inklusivpreis; Preis inklusive Umsatzsteuer
Wareneinsatz	Foodcost; in der Preiskalkulation zu berücksichtigende Bruttowarenkosten (der Wareneinsatz wird immer vom tatsächlichen Einkaufspreis berechnet) aller Lebensmittel, die zur Herstellung eines Gerichtes verwendet werden
Warentest	wird vor allem mit Fleisch und Fisch durchgeführt und dient zur Ermittlung des tatsächlichen Nettogewichts und des Wareneinsatzes pro Portion; einmal errechnete Warentests können für weitere Kalkulationen herangezogen werden

Ready, steady, go – praxisnahes Küchenmanagement

Ein gut durchdachtes Küchenmanagement ermöglicht Kosten- und Zeitersparnis ohne Qualitätsverlust – Faktoren, von denen die Leistungs- und somit Konkurrenzfähigkeit eines Betriebes abhängen und die in weiterer Folge über Sein oder Nichtsein eines Betriebes entscheiden. Erneut werfen wir einen Blick in die Küche, um zu sehen, was angewandtes Küchenmanagement aus der Sicht eines Abteilungskochs bedeutet.

Im Kapitel zu finden	Küchenmanagement – so läuft's in der Praxis ab!	Das macht den Profi aus
	7.00 Uhr	
■ Dienstplan	Pünktlich laut Dienstplan tritt der Abteilungskoch seinen Dienst an.	■ Auf geht's!
■ Logbuch	Er wirft einen kurzen Blick ins Logbuch. Erfreut liest er die Mitteilung des Küchenchefs, der sich lobend über den reibungslosen Ablauf des gestrigen Banketts äußert.	
■ Veranstaltungsplan  *Die Veranstaltungspläne sind für den Abteilungskoch wichtige Informationsquellen*	Anschließend verschafft er sich Einblick in die Veranstaltungspläne. Dabei stellt er fest, dass heute, – zusätzlich zum Tagesmenü – zwei Bankette stattfinden und darüber hinaus noch Vorbereitungen für eine große Veranstaltung zu treffen sind.	■ Neuer Tag – neue Herausforderung!  *Das Frühstücksbuffet ist zu checken, damit das Angebot appetitlich bleibt*
	Nachdem er sich ausreichend informiert hat, beginnt er das Frühstücksbuffet zu checken.	
	Der Souschef erinnert ihn, dass auch die Abläufe eines in Kürze stattfindenden Galadiners geplant werden müssen.	
	Nun wartet die tägliche Kontrolle der Kühlanlagen auf ihn. Die Temperatur im Kühlraum beträgt + 5 °C und muss daher nachgestellt werden. Das bedeutet eine nochmalige Kontrolle in einer Stunde.	■ Verantwortung übernehmen.

- Fassungsliste (Warenanforderungsliste)

Auch die vorhandene Mise en Place muss noch kontrolliert werden. Er notiert, was zu ergänzen bzw. zu überprüfen ist. Anschließend werden die Menge und Qualität der benötigten Lebensmittel, die bereits am Vortag mit der Fassungsliste aus dem Lager bestellt wurden, gecheckt.

- Beitrag zur Qualitätssicherung.

Der Abteilungskoch gibt Anweisungen für den Arbeitsaufbau

Nun beauftragt er seine Mitarbeiter mit dem Arbeitsaufbau beim Posten. Unter Einhaltung der HACCP-Richtlinien werden die gefassten (angeforderten) Lebensmittel verräumt und die benötigten Werkzeuge, Geschirre und Geräte bereitgestellt.

- Selbstständiges Handeln ist angesagt.

7.30 Uhr

- Arbeitsplan

Endlich kann er mit der Erstellung des Arbeitsplans für sich und seine Mitarbeiter auf dem Posten beginnen. In Stichworten führt er jeden Arbeitsschritt in chronologischer Reihenfolge an. Er weiß, je detaillierter sein Plan ausgearbeitet ist, desto rationeller und effizienter gestaltet sich der Arbeitsablauf.

- Genaue Planung ermöglicht wirtschaftliches Arbeiten.

- Menüordner

Die Ergänzung der Mise-en-Place-Liste ist der nächste Schritt im Arbeitsablauf. Dazu wirft er zuerst einen Blick in den Menüordner.

Er weiß nun, welches Menü und welche Tagesgerichte auf dem Plan stehen und wofür er als Chef de Partie zuständig ist. Genaue Informationen darüber entnimmt er dem detaillierten Menüplan.

Die Mise-en-Place-Liste erstellt der Abteilungskoch elektronisch und berücksichtigt dabei die aktuelle Tageskarte

Die Menüzubereitung ist natürlich nicht die einzige Tagesaufgabe der Abteilung. Auch für das À-la-carte-Geschäft muss er mit seinem Team gerüstet sein. Deshalb liest er die Tageskarte, um für die Erstellung der Mise-en-Place-Liste für die aktuelle Karte nichts zu übersehen.

- Mise-en-Place-Liste

Anhand dieser Informationen erstellt er nun die Mise-en-Place-Liste.

Anschließend wendet sich der Abteilungskoch an seine Mitarbeiter und führt eine kurze Tagesbesprechung – ein Postenbriefing oder eine Posteneinweisung – durch.

- Mitarbeiter ausreichend informieren und leiten.

- Arbeitsplanung

Sein Team weiß nun darüber Bescheid, was der heutige Arbeitsplan vorsieht, und beginnt mit den Vorbereitungsarbeiten.

Die Postenmitarbeiter beginnen mit den Vorbereitungsarbeiten

Vorbereitete Mise en Place

Der Vorbereitung der Mise en Place steht nun nichts mehr im Wege. Als Postenchef weiß er, dass er sich dabei auf sein Team verlassen kann, und nutzt die Zeit für die Nachkontrolle der Kühlanlage und um sich über die Reservierungen im Restaurant zu informieren.

Er schaut auf die Uhr und stellt fest, dass die Besprechung für das in einer Woche geplante Diner bereits in fünf Minuten stattfindet.

- Zeitpläne einhalten.

9.00 Uhr

An der Besprechung nehmen alle Chefs de Partie, der Küchenchef, der Souschef und der Eventmanager teil. Schnell einigt man sich auf den Veranstaltungsnamen: Dîner Amical. Etwas mehr Zeit hingegen wird benötigt, um die Speisengänge und die einzelnen Programmpunkte festzulegen. Der detaillierte Action- oder Eventplan für die Veranstaltung wird später vom Souschef in Zusammenarbeit mit dem Küchenchef erstellt.

- Kreativität ist gefragt.
- Action- oder Eventplan

Die Hauptarbeit am Posten im vollen Gange

- Hauptarbeit

In der Zwischenzeit haben seine Mitarbeiter die Vorbereitungsarbeiten abgeschlossen und sind bereits mit der Hauptarbeit beschäftigt.

10.00 Uhr

Für ihn ist die Besprechung vorüber, er steigt ebenfalls in die Hauptarbeit an seinem Posten ein. Es gilt, keine Zeit zu verlieren – der Souschef hat ihm mitgeteilt, dass heute im Restaurant mit mehr Geschäft zu rechnen ist. Es soll zu keinen langen Wartezeiten für die Gäste kommen.

- Der Situation entsprechend agieren!

- Arbeitsablauf
- Verbraucherliste
- Rezeptkartei

Vorerst kümmert er sich um die Bankette. Dazu nimmt er die Verbraucherliste und die Rezeptkartei zu Hilfe und gibt seinen Mitarbeitern genaue Anweisungen für das Anrichten.

- Hilfsmittel einsetzen.

 *Eine gute Mise en Place garantiert den reibungslosen Arbeitsablauf während der Servicezeit*	Mittlerweile sind auch die Vorbereitungen für die kommende Veranstaltung voll im Gange. Besonderes Augenmerk richtet er heute – wie mit dem Küchenchef besprochen – auf die Mise en Place des À-la-carte-Service. Dabei werden die Abläufe mit dem Demichef de Partie besprochen und einige Änderungen durchgeführt.	■ Neues probieren und Bewährtes erhalten.
	11.00 Uhr	
■ Arbeitsablauf  *Der Küchenchef auf seinem Rundgang durch die Küche*	Der Küchenchef – auf seinem Rundgang durch die verschiedenen Posten – zeigt sich mit dem Arbeitsablauf zufrieden.	
■ Premeal-Meeting ■ Servicezeit	Mit dem Küchenchef wird kurz der Ablauf der Servicezeit für die Veranstaltungen besprochen – er betont vor allem die Bedeutung der Ausgabetemperaturen und die Qualitätssicherung der Speisen.	■ Qualitätsbewusstsein fordern und fördern. ■ Hygienecheck nicht außer Acht lassen.
	11.30 Uhr	
	Der Abteilungskoch wendet sich nun wieder seinem Team zu und bespricht mit ihm die Servicezeit – einige Details werden korrigiert und ergänzt. Anschließend gehen seine Mitarbeiter in die Pause.	■ Auf die Details kommt es an.
	Er kontrolliert noch schnell den Posten und stellt fest, dass die Servicezeit beginnen kann.	■ Übersicht bewahren.
■ Speisenplanung	Ein Blick auf die Uhr bestätigt ihm, dass es höchste Zeit ist, sich mit der Speisenplanung der morgigen Tageskarte sowie der Bankette auseinanderzusetzen.	■ Vorausschauend planen.
■ Marktliste (Bestellliste)	Kurz darauf betritt er das Büro des Küchenchefs, um ihm seine Vorschläge mitzuteilen. Der Küchenchef ist mit der Speisenauswahl einverstanden und trägt die Menge der dafür benötigten Frischprodukte in die Marktliste (Bestellliste) ein.	

Bei diesem Gespräch wird außerdem vereinbart, dass die Veranstaltungen in den Aufgabenbereich des Souschefs fallen und er als Chef de Partie für das À-la-carte-Service zuständig ist.

Damit auch sein Team ausreichend informiert ist, trägt der Abteilungskoch die Anweisungen ins Logbuch ein.

- Mitarbeiter immer auf dem Laufenden halten – zeitgerecht informieren.

12.15 Uhr

Gestärkt kommen seine Mitarbeiter aus der Pause zurück. Der Abteilungskoch gibt ihnen noch die letzten Anleitungen für die Speisenausgabe im Bankett. Er weiß, dass er sich voll und ganz auf sein Team verlassen kann und der Souschef zufrieden sein wird.

- Ruhepausen steigern die Konzentrations- und Leistungsfähigkeit.
- Vertrauen schenken.

Die Servicezeit erfordert volle Konzentration und Flexibilität der Mitarbeiter

Mittlerweile ist das Servicegeschäft in vollem Gange. Vor der Speisenausgabe zeigt der Abteilungskoch seinen Mitarbeitern, wie sie die Speisen anrichten müssen. Auch die Ausgabetemperatur wird stichprobenartig kontrolliert, damit die HACCP-Dokumentation lückenlos ist.

- Effizienz und Kreativität sind gefragt.

14.15 Uhr

- Endarbeiten und Reinigung
- Lebensmittelhygiene

Nach Beendigung der Servicezeit beginnen die Mitarbeiter, ihren Arbeitsplatz wieder in Ordnung zu bringen. Dabei werden nicht verwendete Speisen zur Aufbewahrung in entsprechende Behälter gefüllt und anschließend in das Kühl- bzw. Tiefkühllager gebracht.

Am Abschluss der Arbeiten stehen schließlich noch die Vorbereitungsarbeiten für die kommende Servicezeit und die Reinigung des Arbeitsplatzes.

Aufbewahrungsbehälter für wiederverwertbare Speisen

- Tagesanalyse am Posten

Bei der Tagesanalyse wird ermittelt, was zu verbessern ist, um Hektik in der Küche zu vermeiden

Anschließend wird im Team der Tagesablauf analysiert. Verbesserungen bei der Bereitstellung der Mise en Place werden besprochen, der reibungslose Serviceablauf wird lobend hervorgehoben.

Durch das Gespräch motiviert und in Erwartung der nahenden Freizeit, geht die Endreinigung rasch von der Hand.

Sichtlich zufrieden, verabschiedet sich der Abteilungskoch von seinem Team – nun darf auch er sich eine Pause gönnen.

- Möglichkeiten zur Optimierung des Tagesablaufs im Team erarbeiten.
- Lob motiviert!

14.30 Uhr

Er freut sich auf das gemeinsame Mittagessen mit dem Souschef sowie allen Chefs de Partie.

- Tagesbesprechung mit dem Küchenchef

Tagesbesprechung mit dem Küchenchef

Nach dem Essen werden mit dem Küchenchef und allen Mitarbeitern in der Tagesbesprechung die Tagesabläufe der Posten analysiert. Er nimmt mit Befriedigung zur Kenntnis, dass die Kooperation mit dem Service besser funktioniert hat.

Er informiert seine Chefs de Partie über die zu hohen Warenkosten bei den Tagesgerichten. Sie müssen neu kalkuliert werden und es müssen saisonale Produkte auf jeden Fall forciert werden.

- Teamwork fördern.

15.00 Uhr

Bei der Verabschiedung wird noch das eine oder andere mitgeteilt, dann haben die Mitarbeiter im Spätdienst das Sagen

Der Abteilungskoch kehrt auf seinen Posten zurück. Dort hat bereits der Spätdienst seine Tätigkeit aufgenommen. Er gibt dem Demichef de Partie noch die letzten Anweisungen für das Abendservice. Da es sich heute um einen Routinetag handelt, verlässt er anschließend seine Wirkungsstätte.

Schluss für heute.

Arbeitsplanung

Kochen bedeutet nicht nur das Vor- und Zubereiten von Speisen und Gerichten, sondern bedarf auch einer effektiven Organisation. Denn eine vorausschauende Arbeitsplanung, ein Abwägen von Wareneinsatz und Zeit, garantiert Wirtschaftlichkeit und trägt zum Erfolg des Betriebes bei. Die Arbeitsplanung umfasst die Arbeitseinteilung – wer macht wann welche Arbeiten –, den Arbeitsaufbau – was ist vorzubereiten, um rationell arbeiten zu können – und den Arbeitsablauf – wie wird die Planung schließlich in die Praxis umgesetzt, also wie wird gekocht.

Arbeitseinteilung

Bei der Arbeitseinteilung geht es darum, dass zur richtigen Zeit die richtigen Mitarbeiter den Betriebsanforderungen entsprechend zur Verfügung stehen.

Für die Arbeitseinteilung ist der Küchenchef verantwortlich. Er erstellt auf Basis der Arbeitseinteilung die wöchentlichen Dienstpläne (siehe auch Personalplanung, S. 127 f).

Die Arbeitseinteilung basiert auf folgenden Komponenten:

- **Der Stellenbeschreibung:** Darin ist das Anforderungsprofil für jede Position festgehalten.
- **Dem Speiseplan:** Der Speiseplan bestimmt die Arbeiten in der Küche bzw. auf dem Posten und richtet sich nach der Art des Betriebs, z. B. Produktionsküche oder À-la-carte-Küche (siehe Küchenarten, S. 83). Ebenso lassen sich anhand des Speiseplans der tägliche Arbeitsaufwand und die Menge der zu produzierenden Speisen ermitteln.
- **Den Arbeitsplänen:** Aus den Arbeitsplänen, die für jeden Posten erstellt werden, lassen sich die unterschiedlichen Arbeitsanforderungen und somit der Personal- und Arbeitsaufwand ermitteln.

EINE GUTE ARBEITSEINTEILUNG ALS BASIS EFFEKTIVER ARBEIT HILFT, UNNÖTIGEN STRESS ZU VERHINDERN, IN SPITZENZEITEN LÄSST SICH STRESS OHNEDIES NICHT GANZ VERMEIDEN

Arbeitsaufbau

Der Arbeitsaufbau sorgt für die rationelle Vorbereitung des Arbeitsplatzes. In großen Brigaden ist der Chef de Partie, in kleinen Brigaden der Küchenchef für den Arbeitsaufbau verantwortlich.

Tätigkeiten des Arbeitsaufbaus

- Zusammenstellung der benötigten Lebensmittel nach dem Speiseplan, basierend auf der Standardkarte, der Tageskarte und Menüs für Veranstaltungen,
- Kontrolle der Kühlräume und -einrichtungen,
- Fassung (Ausgabe) der benötigten Lebensmittel vom Lager,
- Aufteilung der Tätigkeiten auf die Mitarbeiter.

Jeder Mitarbeiter am Posten gestaltet daraufhin seinen Arbeitsplatz durch Bereitstellung der notwendigen Werkzeuge, Geschirre, Geräte und Maschinen sowie der Lebensmittel.

Folgende Listen unterstützen den Arbeitsaufbau:

- **Checkliste und Arbeitsplan** (siehe S. 119): Darauf sind alle Arbeitsschritte in rationeller Reihenfolge angeführt. Dadurch kann sich der Koch voll und ganz der Zubereitung der Speisen widmen.
- **Mise-en-Place-Liste** (siehe S. 122): Die Liste existiert für jeden Posten. Auf ihr werden alle Vorbereitungsarbeiten, Standardmengen sowie zusätzlich täglich anfallende Produktionsmengen vermerkt. Sie dient u. a. der Qualitätskontrolle.

- **Rezeptkartei, Verbraucherliste** (siehe S. 123): Mit ihnen kann die Menge der benötigten Lebensmittel berechnet werden. Darüber hinaus dienen sie zur Beibehaltung des Qualitätsstandards.
- **Action- oder Eventplan** (siehe S. 123): Er wird für die Planung von Veranstaltungen erstellt, die im Arbeitsaufbau zu berücksichtigen sind.

Checkliste und Arbeitsplan

- **Checkliste – Daily-to-do-List:** Die Checkliste enthält die täglich anfallende Routinearbeit am Posten und ist an jedem Tag gültig.
- **Arbeitsplan – Individual-to-do-List:** Der Arbeitsplan wird täglich den Anforderungen entsprechend angefertigt und ergänzt die Daily-to-do-List mit den an diesem Tag speziell zu erledigenden Arbeiten.

Auf der **Checkliste** sind alle **Standardarbeiten** in Stichwörtern in rationeller Reihenfolge – vom Beginn bis zum Ende der Arbeitszeit – für die Mitarbeiter eines Postens angeführt. Die Liste, in der auch die Mise-en-Place-Mengen verzeichnet werden können, gewährleistet, dass sich der Koch auf die Zubereitung der Speisen konzentrieren kann. Sie bleibt gleich und gilt für jeden Tag.

Noch ein Tipp am Rande
Die Checkliste ist besonders für neue Mitarbeiter hilfreich, da sie ihnen eine gute Übersicht gibt, was an jedem Arbeitstag zu tun ist. Sie kann dem Mitarbeiter schon bei der Einstellung überreicht werden. So hat er Zeit, sich auf die Anforderungen seines Jobs einzustellen.

Beispiel einer Checkliste (Daily-to-do-List)
(Chef Gardemanger in einem Großbetrieb, Frühschicht: 7.00 bis 15.30 Uhr)

Uhrzeit, Zeitraum (→ bis)	Täglich zu tun – wie, was und wo?	Anmerkungen
7.00 Uhr	▪ Logbuch, Veranstaltungspläne, Frühstücksbuffet, Kühlanlagen, Lebensmittel laut Fassungsliste (Bestellliste), Menüordner kontrollieren.	
7.00–10.30 Uhr	▪ Frühstücksservice und Frühstücksbuffet im Restaurant regelmäßig kontrollieren und fehlende Produkte am Buffet ergänzen.	▪ Frühstückskoch bei Arbeitsspitzen unterstützen.
→ 7.30 Uhr	▪ Arbeitsplan erstellen, Mise-en-Place-Mengen ermitteln.	▪ Mitarbeiter anweisen.
→ 8.00 Uhr	▪ Frischprodukte laut Fassungsliste (Bestellliste, Bedarfsliste) vom Lager entnehmen. ▪ Arbeitsaufbau und Arbeitsablauf überwachen. ▪ Funktion und Sicherheit der Geräte und Maschinen überprüfen. ▪ Mise en Place für den À-la-carte-Betrieb sowie für die Menüs und Tagesgerichte nach Bedarf vorbereiten.	▪ Auf die Qualität der Lebensmittel achten. ▪ Qualitätsstandards beachten. ▪ Commis und Apprentis einschulen. ▪ Reservierungszahlen heranziehen.
10.45–11.15 Uhr	▪ Frühstücksbuffet abräumen. ▪ Frühstücks-Mise-en-Place für den nächsten Tag planen – Gästeanzahl beachten.	▪ Commis einteilen. ▪ Commis und Apprenti bei der Vorbereitung kontrollieren.
→ 10.45 Uhr	▪ Für das Personalessen – je nach Menüplan – Salatbuffet, Vorspeisen und Marinaden vorbereiten. ▪ Gerichte für Bankett/Catering vorbereiten und anrichten.	▪ Commis informieren. ▪ Auf Qualität achten. ▪ Anrichtestandards beachten.
→ 11.00 Uhr	▪ À-la-carte-Mise-en-Place laut Checkliste kontrollieren und auffüllen. ▪ Postenmitarbeiter für die Servicezeit einteilen und instruieren.	▪ Menge nach Geschäft.
11.45 Uhr	▪ Premeal-Meeting: Tagesempfehlung besprechen – eventuell Probeteller vorbereiten und anrichten. Anzahl der Portionen mitteilen und Zubereitung der Tagesgerichte erklären. ▪ Mitarbeiter machen Pause und gehen essen.	▪ Welche Speisen sind in welcher Portionsanzahl verfügbar? Was soll den Gästen von den Servicemitarbeitern besonders empfohlen werden, weil reichlich vorhanden? ▪ Speisen abschmecken.

12.15–14.30 Uhr	■ Servicezeit überwachen. ■ Hilfestellung bei der Fertigstellung geben. ■ Angerichtete Speisen kontrollieren.	■ Anrichtestandards einhalten und Verbraucherliste im Auge behalten. ■ Auf schnellen Serviceablauf achten.
14.15 Uhr	■ Mit den Endarbeiten beginnen. ■ Vorarbeiten für die kommende Servicezeit treffen.	■ Verantwortung den Mitarbeitern übertragen.
14.30 Uhr	■ Tagesanalyse mit Mitarbeitern durchführen: Was hat gut funktioniert? Was kann verbessert werden? ■ Pause (Essenszeit), Besprechung mit dem Küchenchef.	■ Mit Lob nicht sparen. ■ Mitarbeiter motivieren. ■ Notizen machen.
15.00 Uhr	■ Postenübergabe an den Spätdienst durchführen. ■ Endarbeiten und Reinigung überprüfen. ■ Tagesgerichte für den nächsten Tag fixieren. ■ Bestellung/Fassung notieren. ■ Ein letzter Blick auf die Functionsheets – was läuft morgen?	■ Anweisungen ins Logbuch eintragen. ■ Lebensmittelhygiene! ■ Saisonale Produkte forcieren.

Ergänzend dazu gibt es für die Zubereitung von À-la-carte- und Tagesgerichten einen **Arbeitsplan** mit Angabe der Mise-en-Place-Mengen, der sich – je nach Speisenangebot und Gästeanzahl – **täglich ändern kann** (im Gegensatz zur Daily-to-do-List, die sich nicht ändert). Bei der Erstellung dieses Arbeitsplans bzw. der Mise-en-Place-Liste sind Veranstaltungen wie Buffets, Bankette und Caterings mit einzubeziehen.

Der Arbeitsplan wird anhand von
- Logbucheintragungen (siehe S. 121),
- Veranstaltungsplänen (siehe S. 122),
- Menü- und À-la-carte-Karten,
- Menüordnern (siehe S. 122) sowie
- Reservierungszahlen im Restaurant

erstellt.

Beispiel eines Arbeitsplans mit Mise-en-Place-Mengen
(Posten Gardemanger)

Uhrzeit, Zeitraum (→ bis)	Heute (aktuell) zu tun	Mengen	Anmerkungen
→ 8.00 Uhr	■ Kartoffeln für Kartoffelsalat kochen, schälen, schneiden. ■ Marinade zubereiten.	6 kg	■ Kartoffeln – Valenta (Commis), Marinade – Obermüller (Apprenti). ■ Fertigstellung 11.30 Uhr.
→ 9.00 Uhr	■ Buffet laut Bankettmappe Nr. 3 vorbereiten. ■ Tagesgericht 1. ■ Tagesgericht 2. ■ Bankett: Blattsalate mit Kaisergranaten ... ■ Menü: Vorspeise. ■ Canapés: siehe Veranstaltungsplan, Crudités (Gemüserohkost) mit zwei Dips. ■ Restaurant: à la carte.	145 PAX 15 Port. 20 Port. 86 Port. 30 Port. Je 70 Stk. Doppelte Menge	■ Vorauer (Demichef de Partie), Tuchek (Küchenhilfe), Obermüller (Apprenti). ■ Reisner (Chef Gardemanger). ■ Reisner (Chef Gardemanger). ■ Berger (Apprenti). ■ Kortesch (Commis). ■ Dekor: Gemüseblumen auf Silberplatten, Spitzenpapier, Kapseln. ■ Vorauer – wichtig!
09.45 Uhr	■ Besprechung Galabuffet.		■ Mit Frau Mag. Bogner.
→ 11.30 Uhr	■ Buffet aufstellen, Dekor: Schwanenhälse, Artischocken, Spitzenpapier.  *Artischocke*	145 PAX	■ Reisner (Chef Gardemanger), Valenta (Commis). ■ Buffetaufbau checken. Achtung: Stoffservietten, Blumen in der Housekeeping-Abteilung holen. ■ Gäste um 12.15 Uhr.

12.15 Uhr	■ Bankett: Vorspeise anrichten. 	86 Port.	■ Kortesch (Commis).
12.30 Uhr	■ Fertigstellung der Canapés. ■ Restaurant: À-la-carte-Service.	Je 70 Stk.	■ Berger (Apprenti). ■ Reisner (Chef Gardemanger), Vorauer (Demichef de Partie), Valenta (Commis).
→ 14.30 Uhr	■ Mise en Place für Catering laut EO Nr. 235 vorbereiten; Terrinen und Parfaits.	150 PAX 3 Formen	■ Grunner, Kargl (Commis).
→ 15.00 Uhr	■ Postenübergabe: Frühstücks-Mise-en-Place verbessern. ■ Menü im Restaurant.	22 PAX	■ Reisner (Chef Gardemanger), Jagovic (Commis). ■ VIP-Gäste – wichtig!

Oft laufen verschiedene Servicearten an einem Tag parallel. Um dafür bestens vorbereitet zu sein, muss sich jeder Koch in der Abteilung sowohl an die standardisierte Checkliste als auch an den täglich aktuell erstellten Arbeitsplan halten. Die Listen sind die Grundlage einer effizienten Arbeitsplanung in der Küche – sie unterstützen den Arbeitsaufbau und sorgen für einen reibungslosen Arbeitsablauf. So kann Chaos verhindert werden – flexibel muss man natürlich trotzdem bleiben.

Um für die Servicezeit optimal vorbereitet zu sein, sind Arbeitspläne unersetzlich

Das Erstellen von Arbeitsplänen ist mitunter aufwendig, aber auch abwechslungsreich und daher interessant für den Koch. Ähnlich wie der Dienstplan trägt auch ein genauer Arbeitsplan wesentlich zur Wirtschaftlichkeit und zu einem bleibenden Qualitätsstandard eines Betriebes bei.

Logbuch

Da in vielen Betrieben, bedingt durch Schichtdienst, nicht immer die gleichen Personen in der Küche – auf dem Posten – tätig sind, ist eine schriftliche Kommunikation in Papierform oder elektronisch unumgänglich. Sie trägt zur guten Teamarbeit bei und ist wesentliche Voraussetzung für einen reibungslosen Ablauf des Küchenbetriebs. In großen Küchenbrigaden wird auf den Posten ein Logbuch geführt, in das jeder Mitarbeiter Einsicht hat, bzw. werden am Vorabend vor Dienstbeginn E-Mails zur Information übermittelt.

Darin werden Nachrichten eingetragen, die die Dienstübergabe betreffen, z. B. welche Waren zu bestellen sind. Aber auch persönliche Bemerkungen, die das Arbeitsklima fördern, können im Logbuch eingetragen werden, z. B. „Alles Gute zum Geburtstag!“, „Danke für die tolle Mise en Place!“ etc.

Ob handgeschrieben oder elektronisch, spielt keine Rolle; Hauptsache, die Kommunikation funktioniert

Das Logbuch, Tage- oder Nachrichtenbuch oder die regelmäßige Information mit E-Mail ist ein wichtiger Bestandteil der Mitarbeiterkommunikation und trägt zur Effizienz bei der Arbeitsplanung bei.

Veranstaltungsplan, Functionsheet (FS), Eventorder (EO)

Neben der Arbeitsplanung für die alltäglichen Abläufe in der Küche ist für Veranstaltungen zusätzliche Planungsarbeit notwendig. Auch hier unterstützen Checklisten und andere Organisationsmittel die Vorbereitungen.

Die Veranstaltungspläne – in großen Betrieben vom Food-&-Beverage-Manager oder vom Cateringmanager erstellt – dienen zur Übersicht für alle an der Veranstaltung beteiligten Abteilungen eines Betriebs. Darauf sind das Datum der Veranstaltung, die Art der Veranstaltung, die zu erwartende Personenanzahl, das Menü und alle sonstigen Vereinbarungen notiert. Die Veranstaltungspläne werden in der Küche nach Wochentagen gereiht meist auf einem Clipboard (Schwarzen Brett) oder einer Pinnwand gut sichtbar angebracht.

Blick in die Zukunft
Wie in Amerika bereits üblich, wird voraussichtlich auch in unseren Breiten das Schwarze Brett in der Küche bald einem Flatscreen – einem Flachbildschirm – weichen. Jede Änderung ist darauf sofort nach Eingabe am Rechner durch farblich hervorgehobene, blinkende Schrift erkennbar – das Functionsheet ist dadurch immer auf dem allerneuesten Stand.

Im Hotelbetrieb gibt es darüber hinaus noch einen Wochenplan für die Zimmerbelegung mit der Gästeanzahl, dem der Frühstückskoch die Gästezahl für das Frühstücksbuffet entnimmt. Oder – noch zeitgemäßer – der Küchenchef erhält die aktuelle Zimmerbelegung (die Pick-up-Performance) mit E-Mail von der Sales- oder der Frontoffice-Abteilung.

Menüordner

Im Menüordner werden die Tageskarten (siehe Speisenplanung, S. 135) gesammelt. Dieser Ordner dient zur Planung und Erstellung der nächsten Tageskarte, der Warenbestellung sowie zur Erstellung der Mise-en-Place-Liste.

DAS SCHWARZE BRETT ALS DREHSCHEIBE DER KOMMUNIKATION IN DER KÜCHE – HIER SIND ALLE FUNCTIONSHEETS DER LAUFENDEN WOCHE ZU FINDEN

Der Menüordner kann zusätzlich eine Verkaufsstatistik enthalten, die Auskunft darüber gibt, wie oft ein Gericht verkauft wurde. So kann festgestellt werden, welche Speisen

- die Gewinner – sehr guter Verkauf und hoher Deckungsbeitrag –
- die Renner – guter Verkauf und durchschnittlicher Deckungsbeitrag –
- die Schläfer – schlechter Verkauf und guter Deckungsbeitrag –
- die Verlierer – schlechter Verkauf und niedriger Deckungsbeitrag –

sind (siehe Verkaufsanalyse, S. 190).

Mise-en-Place-Liste

Die Mise en Place – das Bereitstellen von Werkzeugen, vorbereiteten Produkten, Garnituren, Garnierungen etc. in erforderlicher Menge und die Gestaltung des Arbeitsplatzes – ist Voraussetzung für die Fertigstellung der Speisen in der Servicezeit. Sie richtet sich nach dem Speiseplan, der Tageskarte, der Standardkarte und nach Bankettveranstaltungen bzw. Catering.

Eine gute Mise en Place garantiert einen reibungslosen Arbeitsablauf während der Servicezeit. Die benötigte Mise en Place wird vom Abteilungskoch in die **Mise-en-Place-Liste** eingetragen. Die Liste dient auch zur Kontrolle von Qualität und Quantität der Lebensmittel und zur besseren Übersicht von Zeit- und Wareneinsatz. Die Mise-en-Place-Liste kann vom Abteilungskoch in den Arbeitsplan integriert werden.

Die Mise en Place wird

- im Bankettbereich von der Personenanzahl bestimmt,
- im À-la-carte-Betrieb nach der zu erwartenden Personenanzahl (Reservierungsbuch) und nach Erfahrungswerten hergerichtet und ist
- saison-, wetter- und klientelabhängig.

Nach diesen Kriterien sollte die Mise en Place vorbereitet werden. Die Mitarbeiter verwenden dazu jene Liste, die der Chef de Partie oder der Küchenchef erstellt hat.

Mise en Place – was ist zu beachten?
Ein Zuviel an Mise en Place beeinflusst die Wareneinsatzkosten (Foodcost) nachhaltig. Zusätzlich nimmt man große Qualitätsverluste in Kauf. Ein Zuwenig an Mise en Place verzögert den reibungslosen Serviceablauf und verlängert die Wartezeiten der Gäste. Beim sogenannten „Schleuderservice" („Rauskeulservice"), bei dem Vor- und Zubereitung gleichzeitig passieren, können Qualitätsstandards nicht aufrechterhalten werden.

Mit dieser Mise en Place lässt sich die Servicezeit wunderbar meistern

Beispiel einer Mise-en-Place-Liste eines kleinen Restaurantbetriebes inklusive Arbeitsplatzgestaltung
Zu Arbeitsbeginn sind folgende Tätigkeiten durchzuführen:

- Temperatur in allen Kühlanlagen kontrollieren, in den HACCP-Plan eintragen.
- Schneidebretter auf Gummiunterlagen (-ringe) legen. Dies verhindert ein Weggleiten der Bretter beim Schneiden. Verschiedenfärbige Bretter je nach Lebensmittelgruppe verwenden: blau – Fisch, rot – rohes Fleisch, braun – gekochtes Fleisch, gelb – Geflügel, grün – Gemüse, weiß – Molkereiprodukte, Mehlspeisen und Patisserie.
- Zwei Becher für Kost- und Anrichtelöffel (für saubere und benutzte) sowie Kostteller bereitstellen.
- Schöpflöffel, Kochlöffel und Schneebesen herrichten.
- Spitz-, Haarsiebe, Spachteln, Paletten und Messer bereitlegen.
- Herd mit Gasbetrieb: Zündflammen einschalten, eventuell Backrohr (Backofen) vorheizen.
- pH-Wert des Frittierfetts kontrollieren (HACCP-Dokumentation nicht vergessen), gegebenenfalls wechseln.
- Mise-en-Place-Laden vorbereiten.
- Pfannen und Sauteusen bereitstellen.
- Rechaud und Bain-Marie zeitgerecht einschalten.
- Funktion der Wärmebrücke, Drehgeräte etc. überprüfen.
- Mengen der vorbereiteten Produkte für die Fertigstellung der Gerichte notieren.

Drehgeräte prüfen

Hinweis: Eine kurze Kontrolle der Geräte vor Servicebeginn erspart Stress während der Speisenausgabe!

Rezeptkartei, Verbraucherliste

Die Rezeptkartei enthält Standardrezepte inklusive Mengenangaben. Sie dient zur Mengenerstellung und zur Aufrechterhaltung des Qualitätsstandards. Die meisten Computerprogramme zur Küchenverwaltung verfügen schon beim Kauf über eine große Anzahl an Basisrezepten, die individuell erweitert, ergänzt und modifiziert werden können.

Oft verwendete Rezepte sollen so angebracht sein, dass sie rasch zur Hand sind und vor Verunreinigung geschützt werden. Dafür erweisen sich Wandhalterregister mit Kunststoffhüllen zum Blättern als vorteilhaft.

So sind Rezepte rasch zur Hand

Ein Musterbeispiel einer Rezeptkartei finden Sie im Kapitel Kalkulation in der Küche, S. 182 f.

Skizzen oder Fotos einzelner Gerichte helfen, Standards aufrechtzuerhalten. In Zeiten der Digitalkamera können die Rezepte mit dazugehörigem Foto im Computer verwaltet werden.

Skizze als Richtlinie für die Anrichteart

Action- oder Eventplan

Für einen reibungslosen Ablauf von Veranstaltungen ist die Verwendung von Action- oder Eventplänen besonders hilfreich. Actionpläne werden chronologisch nach den Speisengängen bzw. Programmpunkten erstellt und enthalten sämtliche Informationen wie Arbeitsschritte, Arbeitsabläufe und sonstige wichtige Details. Sie werden für alle Mitarbeiter gut sichtbar ausgehängt.

Beispiel eines Action- oder Eventplans

Chaîne des Rôtisseurs		Restaurant „La Bellevue“		5. Dezember	
Souschef: Roland Kainrath		**Dîner Amical, Chef de Cuisine: Willibald Funke**			
Name des Gerichts	**Erläuterung**	**Anrichteart**	**Besteck**	**Servierart**	**Zuständigkeiten/ Anmerkungen**
„Vienna Special“ Erlesene Gaumenfreuden	Zum Cocktail: Wachtelei im Gemüsenest, Spargel, Gänseleberpraline, Taschenkrebs, gebackene Auster auf Spinat, Amuse-bouche auf chinesischen Löffeln  Der Küchenchef bittet ins Restaurant, die Gäste betreten die Räumlichkeiten	Glaspyramide mit schwarzen Gourmettellern; Glasplatte auf Sektgläsern, darauf Canapés (siehe Skizze); Garnitur: Auberginen, Nüsse, Mandarinen, Gemüseblumen 		Gäste bedienen sich selbst	Gardemanger: Fr. Fechta, Hr. Lindorfer, Hr. Boltosch, Fr. Qiu Servicemitarbeiter tragen weiße Handschuhe
„La Bellevue“	Geformte Butterkugeln, gefüllt mit Nüssen Acht Sorten ofenfrisches Gebäck	Glasschale auf Eis Silberbrotkorb mit Serviette und Getreideähren	Buttermesser	Am Tisch eingestellt, warmes Brot nachreichen	Butter wird geformt, hausgemachtes Jourgebäck (Kleingebäck)
Gänseleber-Reh-Parfait mit schwarzer Nuss	Schichtweise Rehfarce mit Pinienkernen, Gänseleberterrine, Madeiragelee, Apfel-Quitten-Gelee; Briochestangerl, Moosbeeren; schwarze Nüsse	Tafelteller aus Glas	Vorspeisenbesteck	Auf einem Unterteller mit Spitzenpapier einstellen (einsetzen)	Gardemanger: Fr. Fechta, Hr. Lindorfer, Hr. Boltosch, Fr. Qiu
„Vision“ Velouté vom Sellerie, im Sellerie serviert, mit weißen Trüffeln	Selleriecremesuppe mit Trüffelöl in der ausgehöhlten Sellerieknolle; Deckel abschneiden	Schwarzer Tafelteller; kreisförmig mit gebackenem Sellerie belegen	Runder Bouillonlöffel	Pro Tisch gleichzeitig einstellen (einsetzen), Achtung: Selleriedeckel abheben	Saucier: Hr. Schauer, Hr. Kargl, Fr. Borek, Hr. Lipschitz, Hr. Scheinecker Trüffel wird im Restaurant vom Chef gehobelt

Gedämpfter Saibling im Räucherfond mit Kaviar	Saibling, im Räucherfond pochiert; Erbsenpüree, breite Bohnen, Saibling ohne Haut anrichten, mit gebackenem Topfen-(Quark-) Blätterteigstangerl mit Koriander, Saiblingskaviar	Fischteller	Fischbesteck, Gourmetlöffel, Löffel für den Fond	Mit großem Unterteller einstellen (einsetzen).	Poissonier: Hr. Neuhauser, Fr. Bauer
Das Beste vom Lamm	Ein Kotelett mit Nusskruste; eine Scheibe gepökelte Lammzunge; eine Lammniere am Rosmarinspieß; grüne Linsen; Polentastrudel; Lammjus 	Gourmetteller, Silbercloche	Fleischbesteck	Einstellen (einsetzen), Cloches gleichzeitig abheben	Saucier: Hr. Schauer, Hr. Kargl, Fr. Borek, Hr. Lipschitz, Hr. Scheinecker
Crottin mit braisiertem Chicorée	Crottin de Chavignol (Ziegenweichkäse), braisierter Chicorée, Ratatouille, Olivenbrot, Garnitur: Thymianzweig	Fischteller	Vorspeisenbesteck	Einstellen (einsetzen). Anbieten: warmes hausgemachtes Olivenbrot	Gardemanger: Fr. Fechta, Hr. Lindorfer, Hr. Boltosch, Fr. Qiu
Passionsfruchttörtchen mit Valhrona Schokolade	Mandelbiskuit mit Passionsfruchtmark, in der Schokoladenschleife, Brombeeren, Schokoladenstangerl, Minze	Tafelteller aus Glas	Dessertbesteck	Einstellen (einsetzen) Info an Gast: Valhrona zählt zu den besten französischen Schokoladen (hoher Kakaobutteranteil)	Patissier: Fr. Lemberger, Hr. Feichtner, Hr. Ladstetter
Café „Diable“	Flambierter Kaffee mit Grand Marnier und mit Zimtstange zum Umrühren; Gewürznelke	Dessertteller; Orangenspirale; geschlagenes Obers (Sahne); Zimtpulver	Ohne Kaffeelöffel servieren	Einstellen (einsetzen)	Kaffee wird vom Maître flambiert
Bunte Näschereien 	Hausgemachte Petits Fours und Pralinen	Schwarzer Tafelteller		Vor dem Kaffeeservice einstellen (einsetzen)	Patissier: Fr. Lemberger, Hr. Feichtner, Hr. Ladstetter
Give-aways	Hausgemachte Marmelade in Gläsern	Schwarzer Korb		Überreichen Chef de Cuisine und Mâitre d'Hôtel den Damen	

Arbeitsablauf

Der Arbeitsablauf umfasst alle Tätigkeiten von der Vorbereitung bis zur Reinigung des Arbeitsplatzes. Die Arbeitsabläufe werden vom Küchenchef bzw. Souschef und/oder Chef de Partie überwacht.

Fotos der Gerichte helfen, Qualitätsstandards aufrechtzuerhalten

Zu den Arbeitsabläufen zählen:

- **Fassung der Waren:** Bevor mit der Vorbereitung begonnen wird, werden die Waren aus den Kühl- und Lagerräumen geholt.
- **Vorbereitungsarbeiten – Mise en Place:** Dazu gehören alle vorbereitenden Tätigkeiten für die Fertigstellung der Speisen.
- **Hauptarbeit:** Das ist die Fertigstellung der Speisen je nach Zubereitungsart bzw. nach den erforderlichen Garmethoden. Zur Beibehaltung des Qualitätsstandards sind Garnituren, Anrichteart und Zutaten für das À-la-carte-Service zu kontrollieren. Zur Kontrolle werden die Rezeptkartei, die Mise-en-Place-Liste sowie Fotos oder Skizzen von Standardgerichten herangezogen.
- **Servicezeit:** Die Speisenausgabe muss rationell und effizient organisiert werden. Die Servicezeit erfordert von jedem Koch große Konzentration, Flexibilität und soziale Kompetenz im Umgang mit den Kollegen in der Küche und im Service.
- **Endarbeiten und Reinigung:** Nach der Servicezeit ist der Arbeitsplatz wieder in Ordnung zu bringen. Alle wiederverwertbaren Speisen müssen unter Einhaltung der HACCP-Richtlinien sachgemäß versorgt und aufbewahrt werden. Ebenso sind die Vorkehrungen für den nächsten Arbeitsablauf zu treffen.

Gehört auch dazu – die Reinigung des Arbeitsplatzes

Einteilung, Aufbau und Ablauf der Arbeit in einer Küche sind je nach Betriebsart und Tagesanforderung – À-la-carte-Service, Bankettservice, Catering, Systemgastronomie, Gemeinschaftsverpflegung – unterschiedlich.

Postenbriefing

Das Postenbriefing ist eine kurze Besprechung zu Beginn der Tätigkeiten auf dem Posten. Dabei weist der Chef de Partie seine Mitarbeiter mithilfe der erstellten Arbeitspläne und Mise-en-Place-Listen in die Tätigkeiten des Tages ein.

Premeal-Meeting

Vor Beginn der Servicezeit wird eine kurze Besprechung einberufen und geklärt, worauf an diesem Tag besonders zu achten ist.

Tagesanalyse

Nach Beendigung der Servicezeit macht der Chef de Partie mit den Mitarbeitern auf seinem Posten eine kurze Nachbesprechung. Dabei handelt es sich um eine Bestandsaufnahme bzw. eine Feedbackrunde, bei der sich jeder Mitarbeiter darüber Gedanken machen sollte, was beim Arbeitsablauf und bei den Endarbeiten gut war bzw. was beim nächsten Mal verbessert werden muss. Diese Meinungen sollten bei Bedarf im Logbuch aufgezeichnet werden und bei der regelmäßig stattfindenden Besprechung mit dem Küchenchef eingebracht werden. Diese Nachbesprechung dient vor allem der Qualitätssicherung und der Festigung der Standards.

Postenbriefing und Tagesanalyse bilden den Rahmen des täglichen Arbeitsablaufs

Personalplanung

Da die Personalkosten der wichtigste Kostenfaktor eines gastronomischen Betriebes sind, gehört eine effiziente Personalplanung wohl zu den größten Herausforderungen eines Küchenchefs. Mit vorausschauendem Blick und entsprechender Erfahrung wird er alle Eventualitäten im Vorfeld erkennen und berücksichtigen, ohne dabei die Posten überzubesetzen.

Bedarfsermittlung

Die Personalplanung erfolgt unter Berücksichtigung der Küchenart, Betriebsgröße und -form, Ausstattung, Auslastung, Öffnungszeiten, Qualitätsstandards, des Einsatzes von Convenienceprodukten und der Einhaltung gesetzlicher Bestimmungen, z. B. des Arbeitszeitgesetzes.

Wer, was, wann, wo? Damit sich die Köche nicht auf die Zehen steigen, aber auch nicht überfordert sind, ist der Personalbedarf sorgfältig zu planen. Das ist eine Aufgabe, die Erfahrung und Fingerspitzengefühl erfordert.

Die Herausforderung liegt in der richtigen Einschätzung des Bedarfs: Wie erkennt man vorab, wie viel Personal man benötigen wird? Wie kann man den Personalaufwand und -einsatz dem Bedarf anpassen? Neben den bereits erwähnten Faktoren sind vor allem Erfahrung und Fingerspitzengefühl des Küchenchefs das Um und Auf bei der Personalplanung.

Der Mitarbeiterbedarf ist richtig einzuschätzen

Um die Lohnkosten stets im Überblick zu haben, muss die Wirtschaftlichkeit wöchentlich und schließlich monatlich gecheckt werden.

Beispiel Mitarbeiterbedarf nach Qualitätsstufen

Personalbedarf für ein Restaurant mit 100 Sitzplätzen für Mittags- und Abendgeschäft (durchschnittliche Auslastung von 60 % zu Mittag und 85 % am Abend) ohne Ruhetage in drei verschiedenen Qualitätsstufen.

- **Qualitätsstufe 1 (sehr hoch):** Der Personalbedarf liegt bei **zwölf Köchen** (einem Küchenchef, einem Souschef, drei Chefs de Parties, zwei Demichefs, vier Commis, einem Apprenti) und **zwei Hilfskräften.** Es wird davon ausgegangen, dass mittags fünf Köche (davon zwei Köche im Teildienst) und abends sieben Köche (inklusive zwei Köchen im Teildienst) im Einsatz sind. Mindestens zwei Köche haben täglich ihren freien Tag.
- **Qualitätsstufe 2 (hoch):** Der Personalbedarf liegt bei mindestens **sechs Köchen** (einem Küchenchef, zwei Chefs de Partie, drei Commis) und **einer Hilfskraft.** Beim Mittagsservice sind zwei bis drei Köche im Einsatz und abends drei bis vier Köche (davon ein bis zwei Köche im Teildienst). Mindestens ein Koch hat täglich seinen freien Tag.
- **Qualitätsstufe 3 (durchschnittlich):** Dafür genügen in der Regel **drei bis vier Köche** und **eine Hilfskraft**, je nach Einsatz von Convenienceprodukten. Mittags sind zwei Köche und eine Hilfskraft im Einsatz, abends drei Köche. Zwei Köche sind täglich im Teildienst.

Bei dieser Berechnung wurden Urlaub und Krankenstand noch nicht berücksichtigt.

Noch ein Tipp am Rande
Als Richtschnur für die ideale Mitarbeiteranzahl gilt: Die Lohnkosten der Küchenbrigade sollen ungefähr 35–40 % des Nettoumsatzes der Speisen ausmachen; liegt der Wert hingegen über 45 %, ist dringender Handlungsbedarf gegeben, denn die Wirtschaftlichkeit der Küche ist gefährdet.

Organisationsmittel zur Personalplanung

Dienstplan

Der wöchentliche Dienstplan wird vom Küchenchef erstellt. Die Arbeitszeiten richten sich nach Bedarf und Arbeitsanforderung (z. B. À-la-carte-Geschäft, Bankette und Menge der herzustellenden Speisen). Je nach Betriebsart und -größe kommt es zu Schicht- oder Teildiensten.

Die Mitarbeiter müssen dem Küchenchef Dienstplanwünsche für die kommende Woche bis spätestens Donnerstag schriftlich bekannt geben. Am Freitagvormittag wird der Dienstplan für die kommende Woche ausgehängt und muss von allen Mitarbeitern unterschrieben werden.

Was steht auf dem Dienstplan?

- Die Arbeitszeit: Sie beträgt täglich acht Stunden, wobei am Dienstplan achteinhalb Stunden inklusive einer halben Stunde Pause angeführt sind.
- Überstunden und Guttage.
- Der Vermerk „Änderungen vorbehalten“: Er weist darauf hin, dass in Absprache mit den Mitarbeitern die festgelegte Dienstzeit geändert werden kann, z. B. im Krankheitsfall eines Mitarbeiters, bei zusätzlicher Geschäftsanbahnung oder kurzfristiger Stornierung von Veranstaltungen.

Stellenbeschreibung, Jobdescription

In der Stellenbeschreibung ist das Anforderungsprofil für jede Position mit Kompetenzen, Aufgaben- und Verantwortungsbereichen festgehalten. Sie wird vom Küchenchef oder von der Geschäftsführung nach den betrieblichen Gegebenheiten erstellt. Die Stellenbeschreibung dient als wichtige Grundlage beim Einstellungsgespräch und wird neuen Mitarbeitern bei Dienstantritt ausgehändigt. Je detaillierter die Beschreibung ist, desto leichter können sich die Mitarbeiter und der Küchenchef orientieren.

Beispiel einer Stellenbeschreibung
(Chef Saucier in einem Großbetrieb)

KOMPETENZEN

- Mehrjährige Tätigkeit und fachliche Kenntnisse in allen Bereichen der internationalen und nationalen warmen Küche.
- Kostenbewusstes Denken und Agieren.
- Organisatorische Fähigkeiten, Führungsqualitäten bzw. -erfahrung, Teamfähigkeit.
- Bereitschaft zur Kooperation mit Mitarbeitern und anderen Abteilungen.
- Fortbildungs- und Innovationsbereitschaft, Kreativität und Engagement.

AUFGABENBEREICHE

- Führung der Commis und Apprentis am Posten Saucier und Anleitung zu effizienter Arbeit.
- Erstellung des Arbeitsplans mit Mise-en-Place-Mengen, falls notwendig, mit genauer Zeitangabe.
- Führung eines Logbuchs am Posten, Erstellung von Fassungslisten etc.
- Produktion und Fertigstellung der Speisen für Bankette und Catering.
- Produktion und Vorbereitung der Speisen für Restaurant, Coffeeshop, Bierlokal und Zimmerservice.
- Erstellung der Checklisten, Arbeitspläne und Mise-en-Place-Listen.

VERANTWORTUNG

- Qualitätskontrolle und Kontrolle der Verbraucherliste und Rezeptkartei.
- Einhaltung der HACCP-Richtlinien, Temperaturkontrollen, Dokumentation und Schulung der Sauciermitarbeiter.
- Abhaltung regelmäßiger Trainings für Commis und Apprentis.
- Vorschläge für Tageskarte und Tagesmenüs.

Beispiel eines Dienstplans für die Qualitätsstufe I

HILTON DIENSTPLAN — **Die Küche**

		NAME	MO	DI	MI		DO	FR	SA	SO
Datum			27. Februar	28. Februar	1. März		2. März	3. März	4. März	5. März
	m	Christoph Stolz	Dienst	Dienst	Dienst		Dienst	Dienst	A	Duty
	m	Michael Zill	A	A	Dienst		Dienst	Dienst	Dienst	Dienst
	m	Thomas Stiegler	Dienst	Dienst	Dienst		Dienst	Dienst	A	A
Restaurant										
Saucier										
	m	Alexander Kollman	A	A	15.00–23.30		15.00–23.30	15.00–23.30	A	A
	m	Erich Riegler	7.00–15.30	7.00–15.30	7.00–15.30		A	A	7.00–15.30	7.00–15.30
	m	Daniel Nußdorfer	15.00–23.30	16.30–1.00	A		7.00–15.30	7.00–15.30	15.00–23.30	15.00–23.30
Entremetier										
	m	Lukas Gut	A	7.00–15.30	7.00–15.30		7.00–15.30	7.00–15.30	7.00–15.30	7.00–15.30
	m	Gerhard Hermann	15.00–23.30	15.00–23.30	16.30–1.00		15.00–23.30	16.30–1.00	A	A
L	m	Martin Hofer	7.00–15.30	7.00–15.30	A		Schule	A	16.30–1.00	15.00–23.30
Gardemanger										
	m	Richard Jäger	7.00–15.30	7.00–15.30	7.00–15.30		7.00–15.30	7.00–15.30	A	A
	m	Oliver Wimmer	A	A	15.00–23.30		16.30–1.00	15.00–23.30	15.00–23.30	16.30–1.00
	m	Christian Kovacs	16.30–1.00	15.00–23.30	10.00–18.00	BQ	A	A	7.00–15.30	7.00–15.30
Boucherie										
	m	Werner Lohmayr	6.00–14.30	6.00–14.30	6.00–14.30		6.00–14.30	6.00–14.30	A	A
Jazzclub										
	w	Marie Wiesner	16.00–0.30	16.00–0.30	16.00–0.30		A	16.00–0.30	16.00–0.30	16.00–0.30

Änderungen vorbehalten! — 8 Stunden — Erstellt von:
Duty = nach Bedarf, A = außer Dienst, L = Lehrling, BQ = Bankett

Wareneinkauf

Ein gut geplanter Einkauf garantiert Wirtschaftlichkeit und trägt somit wesentlich zum Erfolg eines Betriebes bei. Ziel des Einkaufs ist es, die beste Qualität zum bestmöglichen Preis zu erwerben. Niedrige Preise sind kein Ersatz für Qualität.

GIBT ES DEN OPTIMALEN WARENBESTAND? JA, WENN DIE KÜCHENLEITUNG EINERSEITS BEI DER BESTELLUNG UND ANDERERSEITS DURCH FLEXIBLES HANDELN DEN WARENVERBRAUCH OPTIMAL STEUERT.

Voraussetzungen für den wirtschaftlichen Einkauf

Um für die Bestellung den Warenbedarf zu erfassen, sind folgende Faktoren zu berücksichtigen:

- **Gästestand:** Die Anzahl der zu erwartenden Gäste muss bekannt sein. In Restaurants errechnet man die zu erwartende Gästezahl anhand der Reservierungen und der Erfahrungswerte. Bei Veranstaltungen und Caterings ist die Personenzahl meist bekannt.
- **Warenbestand:** Der Warenbestand ist im Lager bzw. in der Küche zu erfassen und zu kontrollieren. Auch hier gilt es, das richtige Maß zu finden: Ein Zuwenig an Waren beeinträchtigt bzw. behindert die Produktion – ein Zuviel verursacht Qualitätsverlust und blockiert Betriebsmittel.
- **Saisonangebote, Marktlage:** Preise und Angebote von Frischprodukten sind saisonal verschieden und beim Einkauf zu berücksichtigen. Jeder Koch sollte zumindest einmal monatlich einen Marktbesuch einplanen, um sich einen Überblick über die frischen Produkte sowie Preise zu verschaffen.

Saisonangebote nutzen!

- **Tagespreis:** Marktprodukte, wie Gemüse und Obst, haben Tagespreise. Sonderangebote im Großhandel, z. B. von Fleisch oder Fisch, sind für die Planung der Tageskarte von Bedeutung.
- **Speisen-, Tages- und Menükarten:** Der Einkauf der benötigten Waren richtet sich nach den angebotenen Gerichten.
- **Haltbarkeit der Lebensmittel und Lagermöglichkeiten:** Bei den Einkaufsmengen sind die Ablaufdaten zu beachten.
- **Zahlungsbedingungen:** Beim Vergleich von verschiedenen Waren sind auch verschiedene Rabattbedingungen (Mengen-, Treuerabatt) bzw. Zahlungsbedingungen (Bar-, Kreditkauf etc.) zu berücksichtigen (siehe Beispiel eines Preis- bzw. Angebotsvergleichs, S. 131).

Darüber hinaus ist beim Einkauf auf die Produktgröße, den Zuschnitt (z. B. beim Fleisch), den Nettoinhalt und die Qualität zu achten, andernfalls können sich scheinbar günstige Lebensmittel als teuer herausstellen.

Was beim Einkauf eingespart wird, braucht nicht erst verdient zu werden.

Organisationsmittel für den wirtschaftlichen Einkauf

Folgende Hilfsmittel werden für den wirtschaftlichen Einkauf herangezogen:

- **Marktliste:** Vermerk von allen tiefgekühlten und frischen Produkten wie Fleisch, Fisch, Milchprodukten, Gemüse, Obst und Gebäck. Bestellt werden die frischen Produkte meist täglich.
- **Lagerkarteiliste:** Erfassung des Warenbestandes von lagerfähigen Trockenprodukten. Diese Waren werden in größeren Intervallen bestellt.

Marktliste

Die Marktliste (siehe unten) ist meist in **Kühllagerprodukte**, das sind frische Produkte wie Fleisch, Fisch, Gemüse und Obst, und **Tiefkühllagerprodukte** gegliedert. Sie dient der Übersicht über den aktuellen Lagerstand, der Kontrolle und der ökonomischen Bestellung von Lebensmitteln und kann gleichzeitig als Inventurliste (Inventur siehe S. 134) verwendet werden. Bei der Erstellung der Liste wird der Lagerleitsatz „First in – first out“ (siehe S. 46) berücksichtigt. Spezielle Angebote von Lieferanten, die bei der Menüplanung berücksichtigt werden sollten, können ebenso darauf vermerkt werden.

Neben der Bestellung ganz wichtig: selbst auf den Markt gehen und die Augen nach Saisonprodukten und Angeboten offen halten – nur so kommen neue Ideen

Neben dem Produkt wird der Stand der vorrätigen Lebensmittel eingetragen. Die benötigten Lebensmittel bestellt der Küchenchef direkt beim Lieferanten oder er gibt die Bestellung an die Lagerleitung weiter, die sie dann durchführt.

Lagerkarteiliste

Im Trockenlager werden Produkte, die eine längere Haltbarkeit haben und keine Kühlung benötigen, aufbewahrt, z. B. Mehl, Salz, Zucker oder Gewürze. Diese Produkte sind in der Lagerkartei genormt nach Einheiten, Lieferanten und Preisen verzeichnet. Zusätzlich sind sie mit einem Minimum- und Maximumlagerstand versehen – sobald der Minimumstand erreicht ist, werden sie wieder auf den Maximumstand aufgestockt. Nachbestellt wird meist wöchentlich. Mithilfe der EDV ist diese Bestellform sehr einfach zu handhaben.

Trockenlager

Bestellung

Die tägliche Bestellung beim Lieferanten erfolgt telefonisch, mit Fax oder E-Mail. Die telefonische Bestellung hat den Vorteil, dass man sich im Gespräch zusätzliche Informationen über die Produkte verschaffen, Wünsche mit dem Verweis auf spezielle Eigenschaften des Lebensmittels, des Produkts, mitteilen, Kriterien, wie z. B. reife Charantais-Melonen mit einem Gewicht von 0,80 kg, vorgeben und Preisvorteile aushandeln kann. Bei einer Fax- oder E-Mail-Bestellung stehen diese Informationen bzw. Dienstleistungen nur zum Teil oder gar nicht zur Verfügung.

Auszug aus einer Marktliste

Kühllager für frische Produkte						Tiefkühllager		
Marktprodukte			**Fleisch, Fisch**					
Produkt/Einheit	**Stand**	**Bestellmenge**	**Produkt/Einheit**	**Stand**	**Bestellmenge**	**Produkt/Einheit**	**Stand**	**Bestellmenge**
Gemüse:			Rind:			Gemüse:		
Artischocken/Stk.	12	12	Beiried (Roastbeef)/kg	10	15	Bohnen/3 kg	5	10
Bohnen/kg	6	–	Wade (Hesse)/kg	–	8	Erbsen/2,5 kg	3	6
Obst:			Kalb:			Fisch:		
Äpfel/Kiste	2	4	Rückenfilet/Stk.	4	12	Garnelen/kg	2,5	7,5
Bananen/Kiste	1	3	Oberschale/Stk.	2	6	Meeresfrüchte/kg	8	

Bei der telefonischen Bestellung kann man zusätzliche Informationen über die Produkte in Erfahrung bringen

Lieferantenliste

Lieferantenlisten werden vorzugsweise nach Produktgruppen – Frisch-, Tiefkühl-, Trocken- und Convenienceprodukten – angelegt bzw. eingeteilt.

Die Listen enthalten folgende Informationen:

- Firmenbezeichnung
- Firmenanschrift
- Telefon-, Faxnummer, E-Mail-Adresse
- Ansprechpartner
- Lieferprogramm
- Liefer- und Zahlungsbedingungen, Rabatte, Sonderkonditionen etc.

Lieferanten – die Qual der Wahl

Es sollen nur jene Lieferanten in die Lieferantenliste aufgenommen werden,

- die vertrauenswürdig,
- leistungsfähig,
- verlässlich sind, d. h. termingerecht liefern,
- fachlich kompetent sind (z. B. Fleisch richtig zuschneiden) und
- eine gleichbleibende Qualität zu fairen Preisen bieten.

Verlässliche Lieferanten leisten ihren Beitrag zur Qualität der Küche

Grundsätzlich sollte die Zahl der Lieferanten nicht zu groß sein, damit man den Überblick bewahren kann. Pro Produktpalette sollten zwei bis drei Lieferanten zur Hand sein.

Noch ein Tipp am Rande

Von Zeit zu Zeit empfiehlt es sich, andere Lieferanten zu kontaktieren, um über neue Produkte informiert zu werden oder um Preisvergleiche machen zu können und der Devise „Beste Qualität zum besten Preis" treu zu bleiben.

Verantwortlichkeit für den Einkauf

Die Handhabung des Einkaufs ist je nach Betriebsform und -größe unterschiedlich.

- Im **Großbetrieb** übernimmt den Einkauf die Einkaufsleitung in Zusammenarbeit mit der Lagerverwaltung, dem Food-&-Beverage-Manager und der Küchenleitung (dem Küchenchef).
- Im **Mittelbetrieb** wird der Einkauf vom Küchenchef in Absprache mit der Geschäftsleitung ausgeführt.
- Im **Kleinbetrieb** erledigt der Besitzer unter Mitarbeit des verantwortlichen Kochs den Einkauf und die Lagerverwaltung.

Beispiel eines Preis- bzw. Angebotsvergleichs

Rindfleisch: Frischware, beste Qualität, pariert	Firma Heine	Firma Kredl	Firma Freiseneder
	Preis/kg in €	Preis/kg in €	Preis/kg in €
Beiried (Roastbeef)	12,00	11,80	10,50
Rinderfilet	19,50	21,50	21,00
Rostbraten	11,50	11,20	10,50
Rinderschale (Oberschale)	8,50	8,30	8,60
Brustkern (Brustbein, Brustspitze)	6,40	6,50	6,30
Wadschinken (Hesse)	5,90	5,60	5,60
Lieferfrist	1 Tag	2 Tage	1 Tag
Frachtkosten	Frei Haus	Frei Haus	15 € unter 300 €
– Rabatt	2 %	–	2 %
Zahlungsfrist	Eine Woche	Sofort nach Rechnungserhalt	Monatsende
– Skonto	2 % bei einem monatlichen Umsatz von 1000 €	3 % Treueprämie am Jahresende	2 % bei pünktlicher Zahlung am Monatsende

Zahlungsbedingungen und Lieferfristen müssen mit jedem Lieferanten schriftlich vereinbart werden.

Lagerverwaltung

Eine gut funktionierende Lagerverwaltung ist unerlässlich, um mit dem angerichteten Teller Qualität zu servieren. Darüber hinaus werden Kosten und Zeit gespart. Hier treffen sich die Themen HACCP und wirtschaftlicher Einkauf ebenso wie das „First-in-first-out"-Prinzip und die Speisenplanung.

Die Lagerverwaltung umfasst die Bereiche Warenübernahme, Warenausgabe, Lager- und Produktkontrolle. In Großbetrieben gibt es eine eigene Lagerverwaltung, in Klein- und Mittelbetrieben übernimmt die Aufgaben meist der Küchenchef oder sein Stellvertreter.

Die Lagerverwaltung erfolgt in den meisten Betrieben computerunterstützt. Eine schriftliche Dokumentation des gesamten Warenweges ist vorgeschrieben.

Warenübernahme

Bei der Warenübernahme werden die bestellten Waren zum vereinbarten Termin und in der entsprechenden Menge und Qualität übernommen. Zur Übernahme und Qualitätskontrolle von Frischprodukten (Fleisch, Fisch, Gemüse) sollte die Küchenleitung hinzugezogen werden.

Noch ein Tipp am Rande
Der findige Küchenchef übernimmt die Waren, sooft es geht, persönlich. Nur so kann er den Lieferanten auf die Finger schauen – und dabei einen Blick in den Lieferwagen werfen und sich durch die Angebotspalette inspirieren lassen. Nicht selten werden dabei erlesene Köstlichkeiten entdeckt, die das eine oder andere Gericht ungewöhnlich verfeinern.

Das ist bei der Warenübernahme zu beachten

- Der **Lieferschein** wird **überprüft:** Die Menge oder das Gewicht der Lieferung muss der Bestellung entsprechen.

WICHTIG BEI DER WARENÜBERNAHME: NEUGIERIG SEIN UND DIE PRODUKTPALETTE DES LIEFERANTEN MUSTERN, UM AUF NEUE IDEEN ZU KOMMEN

- Die **Ware** wird **kontrolliert:** Qualität, Temperatur, Gebinde und Haltbarkeitsdaten (vor allem bei Trockenprodukten und Tiefkühlware) werden überprüft (siehe Lebensmittelhygiene, S. 58 f). Mangelhafte Ware geht an die Firma retour. Die Mängel werden auf dem Lieferschein vermerkt, der vom Lieferanten gegengezeichnet werden muss.

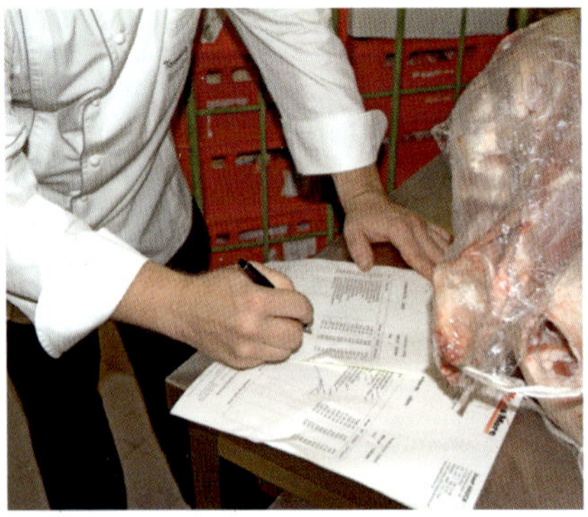

Bei Warenübernahme ist der Lieferschein zu überprüfen

- Die gelieferten Lebensmittel werden als **Wareneingang** in die **Marktliste** bzw. **Lagerkarteiliste** eingetragen. Dabei werden neben dem Lagerbestand auch die Einheit, der Einkaufspreis und der Lieferant angeführt.
- Die Ware wird mit dem **Eingangsdatum** versehen und in den vorgesehenen Lager- und Kühlräumen **sachgemäß versorgt.**

Warenausgabe

- Die Ausgabe aus dem Lager wird im **Fassungsbuch (Warenentnahmebuch)** oder in **Lagerkarteikarten** vermerkt. Dadurch ist ein Überblick über den Lagerstand gegeben.
- Die Waren werden von der Küche mit einer Fassungsliste vom Lager angefordert.

Fassungsliste (Bestell- oder Bedarfsliste)

In Großbetrieben gibt es meist eigens vorgefertigte Fassungslisten (Bestell-

oder Bedarfslisten). Sie werden von der Wirtschaftsleitung den Anforderungen entsprechend ausgefüllt.

Fassungslisten (Bestell- oder Bedarfslisten) haben den Vorteil, dass die Grundausstattung an Lebensmitteln, wie Mehl, Zucker, Salz, nur einmal erfasst werden muss. Dies spart Zeit und eine Menge Schreibarbeit. Gegebenenfalls ist die Liste zu adaptieren.

Gleichzeitig dient diese Liste zur Kontrolle der Verfügbarkeit der benötigten Produkte, zur Erstellung der Marktliste und zur Warenbestellung für das Trockenlager. Zusätzlich kann ein Minimum- und ein Maximumstand der Produkte auf der Liste vermerkt sein, z. B. Butter/3, d. h., bei weniger als drei Päckchen Butter muss die Menge auf z. B. acht Päckchen erhöht werden. Die bereits entnommenen Artikel werden auf der Fassungsliste (Bestell- oder Bedarfsliste) mit Häkchen gekennzeichnet oder durchgestrichen. Dies dient der besseren Übersicht.

Auszug aus einer Fassungsliste
(Posten: Gardemanger)

Gegliedert ist sie nach der Reihenfolge der Kühlhäuser bzw. -kästen.

Lagerraum	Menge	Einheit	Artikel	Menge	Einheit	Artikel	Menge	Einheit	Artikel	Besonderes/ Anmerkungen
Milch-produkte	1,5	kg	Butter/3 ✓			**Käse**	1	Pkg.	Hefe	
	1	l	Milch/6 ✓		kg	Brie			à 0,05 kg	
	2	l	Obers/2 ✓		kg	Emmentaler				
	0,5	l	Rahm/1,5 ✓		kg	Gouda				
	–		Topfen		kg	Mozzarella				Mozzarella kommt um 14.00 Uhr
					kg	Roquefort				
		l	**Joghurt/je 2**		kg	Parmesan/0,5				
	1	l	Heidelbeere ✓		kg	Feta				
	0,5	l	Kirsch ✓		Box	Spezialkäse				für Käsewagen; Lieferung um 11.00 Uhr, Fa. Käseexpress
	–	l	Marille							
	2		Natur ✓							
Gemüse		Stk.	Artischocken			**Nach Saison**				
		kg	Tomaten		kg	Spargel, weiß				
		kg	Cherrytomaten		kg	Schwarzwurzel				
		kg	Paprika							
Obst		kg	Äpfel			**Kräuter**				
		kg	Birnen		Bd.	Basilikum				
		kg	Bananen		Bd.	Dill				
			Melonen		Bd.	Estragon				
		Stk.	Honig							
		Stk.	Zucker							
						Nach Saison				
					kg	Heidelbeeren				
					kg	Marillen				
					kg	Weintrauben				
Fleisch			Nach Bedarf							
Geflügel/ Wildgeflügel			Nach Bedarf							

Lagerraum	Menge	Einheit	Artikel	Menge	Einheit	Artikel	Menge	Einheit	Artikel	Besonderes/ Anmerkungen
Fisch		kg	Lachsfilet			**Nach Saison**				
		kg	Zander		kg	Hering				
		Stk.	Seezunge		kg	Maischolle				
		Stk.	Forelle		kg	Muscheln				
					Stk.	Austern				
			Räucherfisch							
		Stk.	Lachs							
		Stk.	Forelle							
		Stk.	Saibling							
Lager		R.	Frischhaltefolie							
		R.	Aluminiumfolie							
Tiefkühlraum	2	Pkg.	Blätterteig							

In kleinen Betrieben ist die Fassungsliste (Bestell- oder Bedarfsliste) gleichzeitig auch die Marktliste

Inventur

Sie dient zur Kontrolle und Ermittlung des Warenverbrauchs und wird durch eine vorschriftsmäßig geführte Lagerkartei wesentlich erleichtert.

So läuft eine Inventur ab

- Vom Bestand jedes Artikels werden die Menge und der Wert ermittelt und in Inventurlisten eingetragen.
- Es wird überprüft, ob Rechnungen und Lieferscheine übereinstimmen, und sie werden mit dem Warenbestand und der Lagerkartei verglichen.

Auf diese Weise können Warenverluste, die durch einen unsachgemäßen Wareneinsatz (Überproduktion, falsche Portionsgrößen), Diebstahl u. Ä. verursacht wurden, aufgezeigt werden. Für die Wirtschaftlichkeit eines Betriebes empfiehlt es sich deshalb, Bestandsaufnahmen in kürzeren Intervallen durchzuführen, um rechtzeitig entsprechende Gegenmaßnahmen treffen zu können (siehe auch Wareneinsatz – Soll-Ist-Kostenvergleich, S. 183 f).

Speisenplanung

Die Speisenplanung eines Betriebes orientiert sich an der Küchenart, der Betriebsart und an den Bedürfnissen der Gästezielgruppe. Ebenso spielen Saison, Marktangebote und damit Einkauf und Lagerverwaltung eine Rolle. Vom Koch verlangt sie daher Flexibilität, Organisationsgeschick, Weitsicht und Durchblick.

Menüreihenfolge

Mit dem aus dem Französischen abgeleiteten Wort **Menü** ist in unserem Sprachgebrauch eine **Speisenfolge** aus drei oder mehr aufeinander abgestimmten Gerichten in einer festgelegten Reihenfolge oder eine **Speisenkarte** gemeint.

Grundsätzlich unterscheidet man drei verschiedene Arten von Menüs:

- **Grundmenü oder Tagesmenü:** ein einfaches Menü, bestehend aus drei Gerichten bzw. Gängen.
- **Erweitertes Menü oder Festmenü:** Es besteht aus vier bis sechs Gängen.
- **Gourmetmenü oder Degustationsmenü:** Es besteht aus bis zu zehn Gängen. Es ist für Feinschmecker und Genießer und wird in Spitzenrestaurants als Abendmenü häufig mit passenden Weinen angeboten.

Die Portionsgrößen werden der Anzahl der Menügänge angepasst, um Ausgewogenheit und Bekömmlichkeit zu gewährleisten.

Fachlich richtige Speisenfolge – Menüreihenfolge

Die **klassische französische Menüreihenfolge** – aus dem 19. Jahrhundert stammend und bis zu 14 Gänge umfassend – ist aus ernährungsphysiologischer Sicht nicht mehr zu vertreten. Sie bildet jedoch nach wie vor die fachliche Grundlage für die Zusammensetzung von **zeitgemäßen Menüs**.

Diese zeitgemäße Menüreihenfolge hat sich durchgesetzt und wird bei allen Menüarten eingehalten.

NICHT ZU KLEIN, NICHT ZU GROSS, DIE PORTIONSGRÖSSE MUSS DEM MENÜABLAUF ANGEPASST SEIN

Zeitgemäße Menüreihenfolge

Auf Deutsch	En français	In English
Gaumenfreuden, Appetithappen, Mundbissen	Amuse-gueule, Amuse-bouche	Appetizers
Kalte Vorspeise	Horsd'œuvre froid	Starter, first course
Suppe	Potage, soupe	Soup
Warme Vorspeise	Horsd'œuvre chaud	Hot entree
Fisch, Meeresfrüchte	Poisson, fruit de mer	Fish, seafood
Sorbet/Eisgetränk	Sorbet	Sherbet, sorbet
Hauptgang – Fleischgang	Rôti, grosse-pièce, relevé	Main course
Käse	Fromage	Cheese
Warme Süßspeise	Dessert, entremets chauds	Hot dessert
Kalte Süßspeise	Dessert, entremets froids	Cold dessert
Kaffee – kleine Näschereien	Café – petits fours	Coffee – cookies

Grundsätze zur Menüerstellung

Damit das Menü bzw. die Speisenkarte dem Betrieb, dem Gästekreis und dem Anlass entspricht und damit die Gerichte des Menüs optimal aufeinander abgestimmt sind, ist es ratsam, sich bei der Erstellung an einige Grundregeln zu halten. Dabei geht es um die Berücksichtigung ernährungsphysiologischer Erkenntnisse und Essgewohnheiten ebenso wie um eine korrekte Menürechtschreibung.

Wählen Sie für Ihre Menüplanung bevorzugt Saisonprodukte aus – nicht nur den Gast wird's freuen, auch Ihre Kalkulation wird gut aussehen

Die zehn Regeln zur Menüerstellung

1. Anlass des Essens

Zu berücksichtigen ist der Anlass, für den das Menü geplant wird. Grundsätzlich wird dabei zwischen drei verschiedenen Anlässen unterschieden:

- **Privater Anlass:** Tagesmenü, Familienfest, Hochzeitsfeier, Geburtstagsessen, Oster- oder Weihnachtsfest. In diesem Fall muss auf die Essgewohnheiten und auf die Tradition Rücksicht genommen werden.
- **Gesellschaftlicher Anlass:** Sommerfest, Vereinsfeier oder Klubabend, Galadiner, Silvestersoiree, Wohltätigkeitsveranstaltung. Bei diesen Anlässen muss auf die Jahreszeit und auf die Gästegruppe Bedacht genommen werden.
- **Geschäftlicher Anlass:** Firmenfest, Businesslunch, Konferenz, Tagung, Seminar, Symposium, Workshop etc.

Beim Businesslunch sind zwei Faktoren ausschlaggebend: Der Gast hat wenig Zeit und braucht trotzdem etwas Vernünftiges zu essen

Bei einem Mittagessen muss vor allem auf den Zeitfaktor und auf Bekömmlichkeit geachtet werden. Lunchbuffets sind daher sehr beliebt, da der Kunde die Auswahl und das Timing selbst bestimmen kann. Beim geschäftlichen Abendessen hingegen kommt – je nach Anlass und Gästekreis – ein erweitertes, exklusives Menü mit korrespondierenden Weinen infrage.

2. Verkaufspreis

Wie viel darf es kosten? Diese Frage spielt bei jeder Menüplanung die entscheidende Rolle. Denn planen lässt sich viel, es muss aber auch finanzierbar sein. Jede Veranstaltung wird daher budgetiert und es wird bei der Menüplanung von den kalkulierten Kosten (siehe Kalkulation, S. 174 ff) ausgegangen. Auch müssen zusätzliche Kosten für Menükarten, Blumenschmuck, Namensschilder, technisches Equipment o. Ä. bei der Kalkulation berücksichtigt werden.

> **Noch ein Tipp am Rande**
> Lassen Sie sich bei der Erstellung von Menüs Zeit – Ihre Gäste werden es Ihnen danken.

3. Gästekreis

Die Speisenfolge ist dem **Gästekreis** (Geschäftsleute, Touristen verschiedener Nationalitäten) und der **Zielgruppe** (Erwachsene, Jugendliche, Senioren) anzupassen, wobei Essgewohnheiten, besondere Wünsche, religiöse Ansprüche, Diäten etc. zu berücksichtigen sind.

4. Jahreszeit/Tageszeit

Die Gerichte können und sollen der Jahreszeit angepasst sein, damit saisonale Lebensmittel gewählt werden können. Auch die Tageszeit und die dem Gast zur Verfügung stehende Zeit haben Einfluss auf die Erstellung von Menüs.

- **Saisonbedingt:** Lebensmittel der Saison schmecken nicht nur am besten, sondern sind auch am preisgünstigsten. Deshalb soll bei der Planung von Menüs darauf geachtet werden, welches Fleisch (z. B. Wild), welcher Fisch oder welche Meeresfrüchte, welches Gemüse oder Obst gewählt wird.
- **Tageszeit:** Es ist ein großer Unterschied, ob das Menü für ein Mittagessen oder für ein Abendessen geplant ist. Mittags werden einfache, bekömmliche und leicht zu servierende Menüs bevorzugt, wogegen beim Abendessen der Zeitfaktor meist keine Rolle spielt und daher je nach Anlass gehobene und erweiterte Menüs angebracht sind.

5. Zusammenstellung und Umfang

Generell gilt es zu verhindern, dass Speisen aus unterschiedlichen Küchenrichtungen (z. B. regionaler, klassischer, ethnischer oder kreativer

DIE HARMONISCHE BEZIEHUNG EINES GUTEN WEINES ZU EINER GUTEN SPEISE SOLL NICHT GESTÖRT WERDEN

Küche, siehe Esskultur, S. 197) in einem Menü vorkommen. Die richtige Menüreihenfolge ist bei allen Speisenfolgen einzuhalten.

Weiters ist Folgendes zu berücksichtigen:

- **Anzahl der Gerichte:** Insbesondere bei erweiterten Menüs (Gourmet- oder Degustationsmenüs) ist auf den Geschmacksaufbau und auf die Größe der Portionen (siehe dazu Gewichtstabellen für Portionsgrößen, S. 175 ff) zu achten.
- **Aufbau des Menüs:** Die ersten Gerichte in der Menüfolge sollen mild und appetitanregend (säurebetont) sein, um dem Gast Geschmack auf die folgenden Gerichte zu machen.
- **Getränke:** Die korrespondierenden Weine, vor allem wenn eine Weinsorte für mehrere Gänge geplant ist, müssen berücksichtigt werden – die Speisen müssen mit den Weinen harmonieren (siehe Speisen mit korrespondierenden Getränken, S. 153).

6. Ausgewogenheit

Je nach Gästekreis und Tageszeit ist auf die Ausgewogenheit der Speisen zu achten. Zu berücksichtigen ist dabei:

- **Der Sättigungsgrad:** Die Sättigung ist beim Mittagessen und in den warmen Jahreszeiten schneller erreicht als beim Abendessen oder in der kalten Jahreszeit.
- **Die Bekömmlichkeit:** Schwere Gerichte wie deftige Ragouts, eingemachte oder fettreiche Speisen – vor allem in umfangreicheren Menüs – sind zu vermeiden.
- **Die Wahl der Lebensmittel:** Die Auswahl von Fleisch, Fisch, Gemüse und Obst muss sich in einem vernünftigen Verhältnis im Menü widerspiegeln, wobei die geschmackliche Abstimmung absolut vorrangig ist.
- **Die farbliche Harmonie:** Da auch das Auge mitisst, muss bei der Zusammenstellung von Gerichten auf die farbliche Ausgewogenheit geachtet werden.

Farbliche Harmonie erfreut das Auge

- **Die Ausgewogenheit der Inhaltstoffe:** Die Auswahl der Lebensmittel soll nach ernährungsphysiologischen Erkenntnissen erfolgen, um dem Bedarf an Nährstoffen (Fetten, Eiweiß, Kohlenhydraten), Wirkstoffen (Mineralstoffen, Vitaminen, Enzymen) und Geschmacksstoffen (süß, sauer, salzig, bitter) gerecht zu werden.

7. Schreibweise

Eine Aufzählung der Gerichte genügt nicht, sondern die Speisen sind appetitanregend zu beschreiben. Dabei sind die in der Gastronomie üblichen Schreibweisen einzuhalten (siehe Gestaltung von Speisenkarten, sprachliche Gestaltung und gastronomische Regeln, S. 149).

8. Keine Wiederholungen

Wiederholungen im Menü sind grundsätzlich zu vermeiden. Dies gilt sowohl für Speisenbegriffe als auch für Garmethoden und Lebensmittel. Spezialmenüs, wie z. B. Wild-, Fisch- oder Spargelmenüs, bilden jedoch eine Ausnahme.

9. Wirtschaftlichkeit

Eine zeitgerechte Planung hilft, böse Überraschungen bei der Abrechnung zu verhindern. Daher müssen Mengenberechnung, Kalkulation und Preisgestaltung (siehe S. 174 ff) gewissenhaft durchgeführt werden. Ohne Kosten-Nutzen-Vergleich kann es keine Wirtschaftlichkeit geben.

10. Vorhandene Möglichkeiten

Die räumlichen Voraussetzungen, die Ausstattung der Küche und die fachliche Qualifikation der Mitarbeiter in Küche und Service müssen berücksichtigt werden. Je genauer man diese Voraussetzungen kennt, desto präziser und effizienter können sie bei der Planung berücksichtigt werden.

Noch ein Tipp am Rande

Es ist nicht notwendig, alle Regeln bei der Menüerstellung zu beachten. Aber vergessen Sie nicht, dass der Grundstock für die Zufriedenheit der Gäste und den Erfolg des Restaurants bereits bei der Speisenplanung gelegt wird. Attraktive Angebote, die Suche nach Abwechslung, Wohlbefinden, Atmosphäre, Unterhaltung und das Bestreben, den Alltag für einige Stunden zu vergessen, das sind für jeden Gast die wichtigsten Beweggründe, ein Restaurant aufzusuchen. Können Sie das bieten und stimmt auch noch die Rechnung, so ist für den Erfolg schon einiges getan.

Zusammenstellung von Menüs

Bei jeder Art von Menü muss grundsätzlich die richtige Menüreihenfolge eingehalten werden. Je umfangreicher ein Menü ist, desto mehr Bedeutung bekommen die zehn Regeln der Menüerstellung.

GRUNDMENÜS ODER TAGESMENÜS

Bouillon mit Frittaten (Bouillon Célestine)
▪▪▪
Gebratenes Kalbsschnitzel mit Champignonsauce glacierte Karotten, Basmatireis mit Pinienkernen
▪▪▪
Frischer Fruchtsalat mit Maraschino

oder

Sommerliche Blattsalate mit Kräutervinaigrette
▪▪▪
Gebratene Lammkoteletts mit Thymianjus, Grünen Bohnen, Zwiebelkartoffeln
▪▪▪
Zitronensorbet mit frischer Minze

Kresseschaumsuppe mit Blätterteigstangerln
▪▪▪
Poeliertes Zanderfilet im Gemüsefond, Petersilienkartoffeln
▪▪▪
Erdbeerknöderln mit Butterbröseln

oder

Carpaccio mit geriebenem Parmesan und Rucola
▪▪▪
Pochiertes Perlhuhnbrüstchen mit Pilzen, Gemüsenudeln
▪▪▪
Schokoladenmousse auf Fruchtspiegel

ERWEITERTE MENÜS ODER FESTMENÜS MENÜS MIT VIER GÄNGEN

Mild geräuchertes Saiblingsfilet auf Topinambur in Walnussölmarinade
▪▪▪
Klare Kräutersuppe
▪▪▪
Sautierte Tournedos vom Rind in Blauburgundersauce mit Steinpilzen und Grießknödeln
▪▪▪
Mohn-Zimt-Parfait auf marinierten Beeren

Grüner Spargel mit Kräutervinaigrette, Salatbouquet
▪▪▪
Consommé à la royale
▪▪▪
Gebratenes Kalbsschnitzel mit Limettensauce Frühlingsgemüse und Petersilienkartoffeln
▪▪▪
Biskuitsavarin mit Hagebuttensauce und Vanilleobers (Vanillesahne)

Blattsalate in Olivenölmarinade mit sautierten Eierschwammerln (Pfifferlingen)
▪▪▪
Geeiste Gurkensuppe mit Räucherlachsröllchen
▪▪▪
Gebratene Lammkeule mit Naturjus, Ratatouille Lyoner Kartoffeln
▪▪▪
Erdbeerstrudel mit Zitronenjoghurt

MENÜS MIT FÜNF BIS SECHS GÄNGEN

Pochierte Wachteleier mit Balsamicorahm im Gemüsenest
▪▪▪
Schaumsuppe von grünen Paprikaschoten, Käseblätter mit Parmaschinken
▪▪▪
Gratin von Lachs und Spargel
▪▪▪
Karree vom Weidelamm mit glacierten Schalotten und gebackenen Ricotta-Spinat-Bällchen
▪▪▪
Erdbeeren und Walnüsse im Blätterteig mit Erdbeerparfait

Salat von der Artischocke mit gegrillten Steingarnelen
▪▪▪
Consommé double mit Sellerieravioli
▪▪▪
Gebratenes Zahnbrassenfilet auf Wurzelgemüse
▪▪▪
Glacierte Barbarieentenbrust mit Pfeffer-Orangen-Sauce Brokkolirosen und Kartoffelcrêpe
▪▪▪
Kokosnusssoufflé mit Confit von Passionsfrüchten

Gourmet- oder Degustationsmenüs

Erlesene Gaumenfreuden

▪▪▪

Delice von Langustinos
mit grünem Spargel,
Friséesalat in Distelölmarinade

▪▪▪

Suprême vom Perlhuhn
mit sautierten Steinpilzen
und Eierschwammerln (Pfifferlingen)

▪▪▪

Souffliertes Filet vom Steinbutt
mit Zucchiniblüte

▪▪▪

Filet mignon vom Milchkalb im Kräuterfond
mit Gartengemüse

▪▪▪

Bouquet von Waldbeeren
auf Fruchtmark

Ausgelöste Wachtel, gefüllt mit Entenleber,
auf Salatherzen in Haselnussmarinade

▪▪▪

Essenz von schwarzen Trüffeln

▪▪▪

Sautierte Riesengarnelen
in Basilikumschaum

▪▪▪

Grapefruitsorbet mit Champagner

▪▪▪

Rinderfilet in Senfsauce
Bouquet vom Gemüse

▪▪▪

Schaf- und Ziegenkäse
mit Muskattrauben

▪▪▪

Schneenockerl (Schaumklöße)
in Karamellhaube mit Cassis

Menüplanung

Der Inhalt eines Menüplanes hängt wesentlich von der Betriebsart ab.

- **In der Gemeinschaftsverpflegung** wird ein Menügrundplan für mindestens zwei Wochen im Voraus erstellt, um die Grundsätze bei der Menüerstellung zu erfüllen und den Einkauf rationell zu organisieren.
- **In der Gastronomie** werden – je nach Speisenkarten – zusätzlich Tageseinkauf und Sonderangebote berücksichtigt. Daher wird zur Übersicht ein grober Menügrundplan erstellt, der sich je nach Geschäftslage und Reservierungen ändern kann.

Der Küchenchef erstellt einen groben Menügrundplan und adaptiert ihn nach aktuellen Anforderungen – die EDV unterstützt ihn dabei

Beispiel eines Menüplans für das Mittagsmenü: Dreitagesvorschau

Dienstag, 3. Oktober
Kürbisschaumsuppe
Sautierte Lachsforelle mit Wurzelgemüse und Kräutern
Waldbeeren auf Blätterteig
Tagesgerichte: Steinpilze in Rahmsauce, gebratener Zander mit Paprikasauce, glaciertes Lammkarree mit Thymian und Rosmarin

Mittwoch, 4. Oktober
Kräutersuppe mit Käsestangerln
Gebratenes Putenbrustschnitzel mit Steinpilzen und Eierschwammerln (Pfifferlingen), Vollkornreis mit Gemüse
Zwetschkenkuchen
Tagesgerichte: Gemüsesulz mit Austernpilzen, gebratenes Dorschfilet mit Kräutern, geschmorter Hirschbraten in Rahmsauce

Donnerstag, 5.Oktober
Gefüllte Aubergine mit Tomaten und Oliven
Gedämpfte Lammschulter mit Thymian und Zwiebelkartoffeln
Mohnnudeln mit Preiselbeeren
Tagesgerichte: Gemüsestrudel mit leichter Tomatensauce, Hechtnockerln in Dillsauce, soufflierte Barbarieentenbrust in Preiselbeer-Pfeffer-Sauce, Kohlsprossen und Kartoffelcrêpes

Klassische Menüarten

Durch eine besondere Speisenauswahl wird Menüs eine spezielle Note gegeben. Je nach Jahreszeit und nach der Gästeschicht werden zusätzlich verschiedene Menüarten angeboten.

Wahlmenüs

Bei Wahlmenüs kann der Gast das Menü selbst aus vorgegebenen Speisen zusammenstellen. Diese Angebotsform wird vor allem bei Tagesmenüs gewählt. Der Gast hat eine attraktive Auswahl und man reduziert die Tauschwünsche der Gäste. Ein zusätzlicher Vorteil ist die besonders ökonomische Vorbereitung der Speisen in der Küche.

Spezialmenüs

Je nach Jahreszeit und zu besonderen Festtagen werden spezielle Menüs angeboten. Sie sind eine willkommene Abwechslung für Stammgäste. Es können dadurch auch – verbunden mit entsprechenden Werbemaßnahmen – zusätzlich neue Gäste gewonnen werden.

Ab und zu was Neues bieten – nicht nur Stammgäste freuen sich über Abwechslung

Spezialmenüs werden eingeteilt in

- **Feiertagsmenüs:** An Festtagen erfolgt die Speisenwahl meist nach landesüblicher Tradition oder regionalem Brauchtum. Beispiele sind Heringsschmaus, Ostermenüs, Martini- oder Weihnachtsmenüs.
- **Saisonmenüs:** In Restaurants werden der Jahreszeit entsprechende Spezialitätenmenüs angeboten, wie Frühlings-, Fisch- oder Spargelmenüs oder Wildmenüs während der Jagdsaison.

Im Frühling haben Spargelmenüs Saison

- **Festmenüs:** Festmenüs werden zu besonderen Anlässen angeboten, wobei auf die Wünsche der Gäste besonders Rücksicht zu nehmen ist. Anlässe für Festmenüs sind Hochzeiten, Geburtstage, Jubiläen, Firmenfeiern etc.

Heringsschmaus

Einer alten Tradition folgend, wird in manchen gastronomischen Betrieben – je nach Klientel – der Fasching mit einem Heringsschmaus beendet und damit die Fastenzeit eingeleitet. Um eine optimale Qualität zu gewährleisten, empfiehlt es sich, die kalten Fischgerichte in Form eines Buffets (siehe S. 162 ff) anzubieten, danach die warmen Gerichte zu servieren und den Heringsschmaus mit einem dekorativen Dessertbuffet zu beenden. Natürlich kann auch das gesamte Menü in der Küche servierbereit auf Tellern oder Platten vorbereitet und auf dem Tisch des Gastes eingestellt oder angerichtet werden.

Festlicher Heringsschmaus	Rustikaler Heringsschmaus
Kaltes Vorspeisenbuffet	**Kalte Speisen**
Austern aus der Bretagne – Belon und Fines de Claires	Traditionelle Heringssalate
Cocktails von Garnelen und Meeresfrüchten	Räucherforelle und Räuchermakrele mit Oberskren (Sahnemeerrettich)
Sautierte Scampi mit Koriander und Tomaten	Bratheringe mit roten Zwiebelringen
Atlantikhummer auf Pariser Art	Matjeshering in Dillrahm
Pochierte Lachsforelle im Kräutermosaik	Bismarckhering mit Apfelsalat
Mild geräucherter und hausgebeizter frischer Lachs	Mariniertes Heringsfilet mit Tomaten
Gefüllter Zander mit Gemüsegelee	Gefüllte Eier mit Forellenkaviar
Seezungenröllchen mit Hummermousse	Muschelsalat mit Gemüse
Auswahl von pikanten Heringssalaten	Tintenfisch in Olivenöl mit Kräutern
Gefüllte Eier mit Sevruga- und Ketakaviar	Fischterrine, garniert mit Krevetten
Terrinen von Gemüse und Fisch	Pikanter Thunfischsalat mit Grünen Bohnen
Gänselebermedaillons auf Apfelscheiben	Russischer Gemüsesalat
Artischockensalat in Kräutermarinade	Meeresfrüchtesalat mit Dill und Sellerie
Salat von Taschenkrebsen mit Avocados	Rohkostsalate und Blattsalate
Verschiedene Rohkost-, Blatt- und Gemüsesalate mit einer Auswahl von Marinaden	
Suppen	**Warme Speisen**
Hummerbisque mit Armagnac	Fischsuppe
Überbackene Steinpilzconsommé	Gemüsestrudel mit Petersiliensauce
	Wurzelkarpfen mit Butterkartoffeln
	Gebratener Zander in Paprikasauce
	Gebratene Forelle mit Mandelbutter
	Pochierter Bachsaibling in Kräutersauce
Hauptgerichte	
Gebratenes Filet vom Wolfsbarsch auf Trüffel-Lauch-Gemüse, wilder Reis	
Gedämpfter Steinbutt im Gemüsefond mit Blattspinat und Petersilienkartoffeln	
Dessertbuffet	**Nachspeisenbuffet**
Exotische Früchteplatte mit Zitronensorbet und Himbeermark	Fruchtsalat mit Kirsch, Wiener Schokoladenmousse
Mousse von Passionsfrüchten	Hausgemachte Rouladen und Kuchen

Fisch ist seit jeher die traditionelle Alternative zu Fleisch in Fastenzeiten; daher kommt der Heringsschmaus am Aschermittwoch

Festlicher Heringsschmaus	Rustikaler Heringsschmaus
Dessertbuffet	**Nachspeisenbuffet**
Erdbeeren auf Blätterteig	Kardinalschnitten, Cremeschnitten, Esterházyschnitten
Mousse von weißer und Bitterschokolade	Sachertorte, Nusstorte, Schwarzwälder Kirschtorte
Karamellcreme und Savarin au Rhum	Apfel- und Topfenstrudel
Kuchen- und Tortenauswahl	Faschingskrapfen (Berliner)
Pralinen und Früchte-Petits-Fours	
Kleine Faschingskrapfen (Berliner)	
Käsesortiment mit Gebäckauswahl	

Wildmenüs

„Auf zur Tafel!", heißt es im Herbst für alle Liebhaber von Wildbret. Das Angebot reicht von traditionellen Gerichten bis zur klassischen Zubereitung mit einer Vielfalt von Zutaten und Beilagen und ist eine willkommene Abwechslung für jede Küche. Das Wildbret wird meist gebraten oder geschmort.

Frischling oder Kitz? – Kleine Auswahl von Wildbret

Wild	Bezeichnung	Bezeichnung nach Altersstufen
Haarwild	Reh	Kitz (unter einem Jahr), Geiß (weiblich), Bock (männlich)
	Hirsch	Hirschkalb (weiblich), Spießer (männlich)
	Wildschwein	Frischling (unter einem Jahr)
	Feldhase, Wildkaninchen, Gams	
Federwild	Fasan, Rebhuhn, Wachtel, Wildente	

Passende Beilagen zu Wild

Neben Rotkraut, Kroketten und Preiselbeeren können auch Früchte, Kastanien und Pilze zu Wildgerichten serviert werden. Nachfolgend einige Anregungen aus einer Vielzahl von Möglichkeiten.

- **Gemüse:** Brokkoli, Erbsenschoten, Kohlrabi, Grüne Bohnen, Artischocken, Wirsingkohl, Kraut (Wein- oder Champagnerkraut), Linsen, Bohnen, Kichererbsen, Okra oder Sojasprossen, Kresse- oder Petersilienpüree, Perlzwiebeln oder Schalotten, im Ganzen glaciert, Chicoreé, Trevisio (Radicchio).
- **Früchte:** Granatäpfel oder Feigen, Quitten, saure Äpfel, Ananas, Mangos oder Gemüsebananen, Hagebuttenpüree, Schlehen, Preiselbeeren oder Holunderbeeren, Sauerkirschen in Rotwein, Backpflaumen oder gedörrte Äpfel, Birnen, Zwetschken, schwarze Nüsse (süß oder säuerlich eingelegte grüne Walnüsse).
- **Pilze:** Waldpilze, z. B. Eierschwammerln (Pfifferlinge), Steinpilze, schwarze Trüffeln, Spitzmorcheln und Reizker, sowie Zuchtpilze, z. B. Champignons, Austernpilze, Trompetenpilze, Shiitakepilze.
- **Sättigungsbeilagen:** Einige Alternativen zu Nockerln und Knödeln sind Schupfnudeln, Markknödel, Dauphinekartoffeln, Williamskartoffeln, Mandelkartoffeln, Pariser Kartoffeln, Kartoffelrösti, Kartoffelroulade, hausgemachte Nudeln, Gnocchi, Weißbrotscheiben, in Butter geröstet, und gebackene Polenta.

Wild der Saison bietet sich geradezu für Spezialmenüs an

Fisch kann auf viele verschiedene Arten zubereitet werden und wird von Gästen, die auf eine gesunde, ausgewogene Ernährung achten, sehr geschätzt

Fischarten und ihre besten Zubereitungsmethoden

Fischarten	Zubereitungsmethode/ Verwendung	Hinweise
Flussaal	Pochieren, Braten, Räuchern, für Suppen.	Junge Aale sind am schmackhaftesten.
Äsche	Grillen und Braten.	Am besten schmecken Äschen mit einer Größe von 30 cm und einem Gewicht von 500 g.
Flussbarsch	In der Pfanne mit Butter braten oder frittieren.	Dieser Fisch ist unter der Bezeichnung Egli oder Perche in der Schweiz sehr beliebt.
Bachforelle, Regenbogenforelle	Vielseitige Zubereitungsmöglichkeiten, am besten Braten oder Blaukochen, Räuchern.	Die heutigen Zuchtforellen sind meist Regenbogenforellen.
Bachsaibling, Seesaibling	Pochieren, Braten, Räuchern.	25 cm lange und 350 g schwere Saiblinge schmecken am besten.
Hecht	Braten oder als Farce für Hechtnockerln.	Geschätzt werden kleine Hechte mit bis zu einem Kilogramm.
Karpfen	Braten, Pochieren und Backen, für Suppen.	Viele unterschiedliche Zubereitungsmethoden.
Zander (Schill oder Fogosch)	Pochieren, Braten am Rost oder Grill sowie für Farcen und kalte Speisen.	Edler Geschmack, vorausgesetzt die Fische wurden nicht tiefgekühlt.
Wels (Waller)	Pochieren, für Ragouts und Suppen, Räuchern.	Sehr schmackhaft sind junge Welse.
Barbe	Am besten Filets, in Butter gebraten.	Ein in unseren Flüssen eher selten vorkommender Fisch.
Felchen, Reinanke (Renken)	Am besten im Ganzen gebraten oder geräuchert.	Geräucherte Felchen sind eine Spezialität.

Menüs aus Süßwasserfischen
In ihrer ungeheuren Vielfalt bieten Fische nahezu unbegrenzte Möglichkeiten bei der Verwendung in der Küche. Hier kann der Koch seine Kreativität beweisen. Denn es sind nicht nur die teuren Edelfische wie Steinbutt, Wolfsbarsch oder Seezunge, für die sich engagiertes Kochen lohnt, es sind vor allem die Süßwasserfische, die richtig zubereitet werden wollen.

Weitere Menüarten

Bei diesen Menüs handelt es sich um eine Speisenauswahl, die eine bestimmte Gästeschicht anspricht.

Kindermenüs

Kinder sind aus unternehmerischer Sicht eine nicht uninteressante Gästeschicht, dürfen sie doch nicht selten bei der Auswahl des Lokals mitentscheiden. Außerdem sind sie die Gäste von morgen.

Bei der Zusammenstellung von Menüs für Kinder bis zwölf Jahre sollte man besonders auf den Nährwert der Speisen achten und typische Essgewohnheiten berücksichtigen. Daher ist eine eigene Kinderkarte zu empfehlen, die diesen Bedürfnissen gerecht wird. Die Kinderkarte kann mit Comicfiguren oder anderen Motiven gleichzeitig als Ausmalbild funktionieren. Die Speisen können nach Märchenfiguren oder Ähnlichem benannt werden.

Für Kindermenüs ideal:
- Klare Suppen mit Einlage
- Gemüsesuppen
- Pastagerichte mit Tomatensauce, Cremesaucen oder Bolognese
- Gebackene Schnitzel oder panierte Fische
- Risotto mit Erbsen, Karotten, Champignons
- Pommes frites
- Süßspeisen, Eiscremen

Für Kindermenüs ungeeignet:
- Große Fleischbraten oder ganze Fische
- Wildgerichte

- Innereien
- Krustentiere
- Stark marinierte oder geräucherte Speisen
- Stark gewürzte oder alkoholhaltige Gerichte
- Säuerliche und fette Speisen
- Halb durch gebratenes Fleisch

Kinder – Gäste von heute und Gäste der Zukunft

Seniorenmenüs

Bei der Verpflegung von Senioren ist auf eine abwechslungsreiche, leicht verdauliche und eiweißreiche Kost besonderes Augenmerk zu richten. Ideal sind Menüs mit drei Gängen und kleineren Portionen. Bei der Speisenauswahl müssen folgende Richtlinien beachtet werden:

- Schwer verdauliche und blähende Gerichte vermeiden.
- Kleinere Portionen und mehrere Gänge servieren.
- Leicht verzehrbare, weich gekochte Speisen ohne Knochen oder Gräten anbieten.
- Kein fettes, bindegewebereiches Fleisch verwenden.
- Eher herkömmliche und bekannte Gerichte anbieten.

Diätmenüs – Basisdiäten

Die Diätkost wird nach dem Krankheitsbild des Gastes zusammengestellt. Die genaue Anweisung kann nur vom Diätassistenten oder vom Arzt gegeben werden. Bei besonderen Diätwünschen muss auf die Erklärung des Gastes genau geachtet werden.

Diätkost, die schmeckt: pochierte Hühnerbrust

Richtlinien für Diätmenüs

	Tops	Flops
Speisen	■ Klare oder leicht gebundene Gemüsesuppen, entfettete Rindsuppe mit leichter Einlage wie Nudeln, Gemüsejulienne etc.	■ Mit Mehl gebundene oder mit Obers (Sahne) angereicherte Suppen, fetthaltige Einlagen wie Backerbsen, Frittaten (Célestine), Leberknödel
	■ Gedünstetes oder gedämpftes Gemüse	■ Rohe Zwiebeln, blähende Gemüsesorten wie Kohl und Kraut sowie Hülsenfrüchte und rohes Obst und Gemüse
	■ Leicht gebundene Saucen und Fonds, Naturjus	■ Fettreiche Saucen und Mayonnaisen
	■ Fettarme Milch und Milchprodukte wie Joghurt, Magermilch oder Buttermilch	■ Fettreiche Milchprodukte wie Obers (Sahne) oder Crème fraîche
	■ Fettarme, milde Käsesorten	■ Fettreiche, würzige Käsesorten
	■ Bindegewebearmes, mageres Fleisch	■ Fettes, durchzogenes, flachsiges Fleisch
	■ Fettarme Fischsorten, pochiert oder gedämpft	■ Fette, gebratene, geräucherte Fische
	■ Kohlenhydratreiche Beilagen wie Reis, gekochte Kartoffeln, Teigwaren	■ Frittierte Speisen wie Schnitzel, Pommes frites, Gemüse, Pilze etc.
	■ Leicht altbackenes Brot	■ Frisches Brot
	■ Leichte, kalorienarme Desserts, Bäckereien aus Biskuitmasse	■ Stark zuckerhaltige Desserts, Bäckereien aus Germteig (Hefeteig)
Getränke	■ Warmer (nicht heißer) Tee	■ Eisgekühlte Limonaden
	■ Koffeinfreier Kaffee oder leichter Kaffee	■ Starker Kaffee
	■ Kohlensäurearmes Mineral- oder Tafelwasser	■ Kohlensäurehaltige Getränke
	■ Fruchtsäfte, auch frisch gepresst	■ Zuckerhaltige Fruchtsaftkonzentrate
	■ Zuckerfreie Trinkmilchprodukte wie Buttermilch	■ Angereicherte, stark zuckerhaltige Trinkmilchprodukte

Vegetarische Menüs

Alternativen zu Fleisch oder Fisch werden infolge eines zunehmenden Ernährungs- und Gesundheitsbewusstseins immer populärer, nicht nur in der warmen Jahreszeit. Da der Arten- und Sortenreichtum von Gemüse von keinem anderen Lebensmittel übertroffen wird, stehen zahlreiche Möglichkeiten zur Kreation vegetarischer Gerichte zur Verfügung. Besondere Bedeutung kommt bei der Gemüsezubereitung den frischen Kräutern zu. Nachfolgend einige Anregungen und Zubereitungsmethoden.

Im Wok lassen sich zeitgemässe vegetarische Gerichte rasch und unkompliziert herstellen; Frische und Bekömmlichkeit stehen neben der fleischlosen Ernährung dabei im Vordergrund

Antipasti
Knackig gegartes Gemüse wie Artischocken, Zucchini, Auberginen, Tomaten, Paprika, Jungzwiebeln, Stangensellerie, Fenchel etc., Champignons mit Olivenöl und gutem Essig marinieren und mit frischen Kräutern und Knoblauch nach Bedarf verfeinern. Auch in Kombination mit verschiedenen Meeresfrüchten gut geeignet.

Pastagerichte
In verschiedenen Variationen mit unterschiedlichen Saucen, Pestos und Kräutern.

Beliebter Klassiker – die Pasta

Kalte Suppen
Zum Beispiel geeiste Gurkensuppe mit Dill, kalte Avocadosuppe, Vichysoise, Gazpacho.

Gemüseterrine
Die Möglichkeiten reichen von feinen Terrinen in leichtem Gelee bis zu Mousse in Aspik.

Gefülltes Gemüse
Es eignen sich besonders Tomaten, Auberginen, Zucchini, Kohlrabi, Paprika, Kartoffeln und Zwiebeln. Das ausgehöhlte Fruchtfleisch bildet die Basis für die Füllung.

Gemüseaufläufe, Gratins oder Flans
Diese Gerichte, mit frischer Kräutersauce oder leichter Tomatensauce serviert, werden immer populärer.

Gemüse aus der Pfanne, vom Grill oder aus dem Wok
Besonders geeignet sind Auberginen, Zucchini, Tomaten, Kartoffeln und Champignons. Die beim Garen entstehende knusprige, bräunliche Oberfläche verleiht dem Gemüse einen aromatischen Geschmack.

Pilzgerichte
In der Saison werden Edelpilze wie Steinpilze, Eierschwammerln (Pfifferlinge) oder Frühlingsmorcheln sautiert, frittiert oder in Cremesauce sehr geschätzt.

Käsegerichte
Käsegerichte, wie z. B. Käsekuchen, bereichern die vegetarische Küche.

Natur- oder Vollwertmenüs

Wie der Name sagt – für diese Menüarten werden naturbelassene Lebensmittel verarbeitet, wobei besonders Wert auf die Beibehaltung und Ausgewogenheit der vorhandenen Nähr- und Wirkstoffe gelegt wird.

Die Lebensmittelauswahl erfolgt nach folgenden Kriterien:

- Biologisch angebautem Gemüse und Obst sowie Fleisch und Fisch aus artgerechter Tierhaltung wird der Vorzug gegeben.
- Keine raffinierten und gehärteten Öle, Margarine und Fette.
- Keine denaturierten Kohlenhydrate, wie Auszugsmehle und Fabrikzuckerarten.
- Weniger tierisches Eiweiß, vermehrt pflanzliche Eiweißstoffe (z. B. Hülsenfrüchte).

Menüs für ausländische Gäste

Unterschiedliche Nationalitäten haben unterschiedliche Bedürfnisse und Ansprüche, denen man gerecht werden soll. Bei der Erstellung von Menüs für ausländische Gäste muss auf ihre traditionellen Tischsitten Rücksicht genommen werden. Es ist angebracht, heimische, landesübliche Gerichte zu empfehlen, allerdings unter Berücksichtigung der Essgewohnheiten.

Nationalitäten	Speisen	
	Tops	**Flops**
Der deutsche Gast Die Essgewohnheiten eines deutschen Gastes und somit die Speisenauswahl **unterscheiden sich nur unwesentlich** von den Vorlieben österreichischer Gäste.	■ Marinierter oder geräucherter Fisch ■ Geräucherte Fleisch-, Schinken- und Wurstsorten ■ Gebundene Suppen und klare Suppen mit Einlage ■ Gebratenes und geschmortes Fleisch, Ragouts und Eintöpfe, Siedefleisch ■ Bratkartoffeln, Gemüse aller Art als Beilage ■ Beliebt ist die typisch österreichische Mehlspeisenküche, wie z. B. Apfelstrudel	■ Weißbrot ■ Innereien  *Klassiker wie Tafelspitz und Wiener Schnitzel werden von vielen Österreichbesuchern geschätzt*
Der italienische Gast Er nimmt sich Zeit zum Essen und schätzt, wenn seine Wünsche respektiert werden. Das Mittagessen soll nicht vor 13.00 Uhr stattfinden. **Ein Küchenschluss um 21.00 Uhr kommt Italienern nicht gelegen,** da sie das Abendessen zu eher später Stunde einnehmen.  *Das erfreut den italienischen Gast: eine Essig-Öl-Menage*	■ Weißbrot, zusätzlich Olivenöl und Weinessig auf dem Tisch ■ Mit Olivenöl anstelle von Butter hergestellte warme Speisen ■ Reichliche Auswahl an leichten, naturbelassenen Vorspeisen ■ Klare Suppen mit Einlage ■ Gemüsegerichte, Pilzgerichte ■ Meeresfrüchte ■ Fischgerichte, sautiert oder gebraten, mit naturbelassenen Saucen ■ Kleinere Portionsgrößen bei Fleischgerichten, dafür jedoch reichlich Beilagen ■ Naturbelassenes Gemüse, Reis, Nudeln als Beilage ■ Obstdesserts, Eisparfaits und Käse	■ Schwarzbrot, marinierte Salate, Pasteten oder Terrinen ■ Gebundene Suppen ■ Schwere Cremesaucen und Mayonnaise ■ Innereien ■ Warme Buttersaucen oder gebundene weiße Saucen zu Fischgerichten ■ Kartoffeln als Beilage ■ Kuchen, Cremetorten oder Süßspeisen aus Germteig (Hefeteig)
Der französische Gast Der französische Gast ist in der Regel aufgeschlossen und interessiert an lokalen und landesüblichen Spezialitäten. **Seine Hauptmahlzeit ist das Abendessen,** ein Menü mit vier Gängen ist durchaus üblich.	■ Helles Brot und Butter (eingedeckt) ■ Reichliche Auswahl an kalten Vorspeisen ■ Salatkombinationen mit Fisch oder Meeresfrüchten ■ Kleinere Portionen von Suppen in der Menüfolge ■ Alle Arten von Fischspeisen mit geschmackvollen Saucen ■ Hausspezialitäten oder Regionalgerichte bei Fleischspeisen ■ Aufläufe oder Soufflés ■ Früchte- und Blätterteigdesserts	Im Allgemeinen akzeptiert ein französischer Gast jedes lokale und landesübliche Gericht, das gut zubereitet ist und optisch gelungen präsentiert wird. Die Mahlzeit muss seiner Esskultur entsprechen und seine Erwartungshaltung befriedigen.

Nationalitäten	Speisen	
	Tops	**Flops**
Der ungarische Gast Die gemeinsame Geschichte mit Österreich in der österreichisch-ungarischen Monarchie spiegelt sich in der Esskultur wider. Die Speisenauswahl weicht nur geringfügig von der eines österreichischen Gastes ab.	■ Suppen in allen Variationen  *Kommt bei den Ungarn gut an – eine Suppe vor dem Hauptgericht* ■ Geräucherte und gesurte (gepökelte) Fleisch- und Fischgerichte ■ Gemüse aller Art ■ Fisch, Geflügel und Fleisch, gebraten oder geschmort ■ Ragouts ■ Torten, Kuchen, Obstdesserts	■ Parfaits, Mousses, Pasteten ■ Rohkostsalate ■ Meeresfrüchte ■ Pochierter Fisch ■ Gekochtes Fleisch und Geflügel ■ Dunkles Gebäck ■ Hart- und Schimmelkäse
Der tschechische und der slowakische Gast Seine Essgewohnheiten unterscheiden sich kaum von denen eines österreichischen Gastes. Er bevorzugt eher deftige Speisen und lässt sich leicht für lokale Gerichte begeistern.	Traditionelle österreichische Küche mit stark böhmischem Einfluss, z. B. gebratenes oder geschmortes Rind- und Schweinefleisch, Gans, Ente, Knödel, Kraut.	Eine Küche mit stark ethnischen oder asiatischen Einflüssen sollte man vermeiden.
Der russische Gast Er ist ein eher unkomplizierter Gast, interessiert und begeisterungsfähig für lokale Gerichte. Er zeigt sich gern spendabel, sobald er sich im Lokal wohl- und aufgenommen fühlt.	■ Gebundene und klare Suppen ■ Salate in allen Variationen ■ Eingelegtes, säuerliches Gemüse und Pilze ■ Geräucherter oder marinierter Fisch, z. B. Lachs und Karpfen  *Ein abwechslungsreiches Fischangebot wird von russischen Gästen sehr geschätzt* ■ Gebratener oder frittierter Fisch ■ Ragouts und Braten von Rind und Schwein ■ Cremige und fruchtige Desserts	■ Kalte Suppen ■ Terrinen, Pasteten ■ Pochierter Fisch ■ Lammfleisch ■ Gekochtes oder hell gedünstetes Fleisch ■ Helles Gebäck ■ Käse

Nationalitäten	Speisen	
	Tops	**Flops**
Der englische Gast Der Engländer ist ein dankbarer Gast, sobald er den Eindruck gewinnt, dass seine oftmals unterschätzte Esskultur respektiert wird und man sich bemüht, seinen Wünschen gerecht zu werden.	■ Generell mild gewürzte Speisen ■ Kalte und warme Snacks oder geräucherte Fischspeisen mit Pickles und Würzsaucen ■ Klare und gebundene Suppen, besonders Gemüsesuppen ■ Nudelgerichte mit Meeresfrüchten ■ Frittierte oder gebratene Fischspeisen ■ Gebratenes Fleisch oder Steaks, besonders von Rind und Lamm ■ Naturbelassenes Gemüse und frittierte Kartoffeln als Beilage ■ Puddings, Obstcremen, Biskuitdesserts, Eiscremen	■ Knoblauch ■ Innereien, ausgenommen Nieren ■ Fisch und Fleisch, pochiert oder gedünstet ■ Gekochte Kartoffeln oder Knödel als Beilage ■ Schaf- oder Ziegenkäse
Der amerikanische Gast Die Essgewohnheiten eines amerikanischen Gastes zu klassifizieren, ist nur beschränkt möglich. Das Wichtigste für ihn ist die freundliche Betreuung. Er ist, wenn man die lokalen Spezialitäten empfiehlt und gut erklärt, sehr begeisterungsfähig.	■ Rohkost mit Dipsaucen ■ Salatkombinationen mit Gemüse oder Meeresfrüchten ■ Suppen aller Art ■ Fisch und Fleisch, gebraten oder gegrillt, mit Saucen, z. B. Ketchup ■ Frittierte Kartoffeln und Nudeln als Beilage ■ Früchtedesserts, Mehlspeisen und Eiscremen	■ Vorspeisen wie Pasteten oder Terrinen ■ Innereien ■ Fisch und Fleisch, pochiert oder gedünstet
Der japanische Gast Der japanische Gast hat eine hoch entwickelte Esskultur und eine eigene Esstradition. Er ist nicht abgeneigt, lokale oder regionale Spezialitäten zu probieren, aber Vorsicht, es gibt einiges, was ein Japaner grundsätzlich nicht konsumiert.	■ Klare Suppen mit Einlage ■ Pochierte oder leicht marinierte Meeresfrüchte ■ Fisch und Fleisch, gebraten, ohne Cremesaucen ■ Naturbelassenes, bissfestes Gemüse, Reis und Nudeln ■ Leichte Desserts  *Hier kommt der japanische Gast auf seine Rechnung*	■ Mayonnaise und gebundene Salatmarinaden ■ Essigscharfe Salate ■ Gebundene Suppen, kalte Suppen ■ Innereien ■ Kombination von Fisch mit Cremesaucen ■ Panierte Speisen ■ Reduzierte und schwere Saucen zum Fleisch ■ Eingemachtes oder gebundenes Gemüse ■ Fettreiche, cremige Desserts

Gestaltung von Speisenkarten

Die Speisenkarte ist die Visitenkarte und der Verkaufskatalog eines gastronomischen Betriebes. Der Gast liest aus ihr nicht nur die Speisen, sondern gewinnt daraus auch seine individuellen Eindrücke. Im Inhalt der Speisenkarte sollen sich daher der individuelle Charakter und die Leistungsfähigkeit eines Betriebes widerspiegeln.

Voraussetzungen für die Erstellung von Speisenkarten

Als Basis für die Erstellung von Speisenkarten sollen die bewährten Grundsätze zur Menüerstellung (siehe S. 136) herangezogen werden. Nicht der Umfang der Karte ist entscheidend, sondern der richtige Inhalt, die ansprechende Form und eine übersichtliche Gliederung.

Die Gestaltung der Speisenkarte ist ein Teil der **Corporate Identity**, des Erscheinungsbildes eines Betriebes in der Öffentlichkeit (siehe auch Marketinginstrumente, S. 40).

Es braucht etwas Zeit und Gefühl, um die zum Betrieb passende Speisen- oder Menükarte zu entwerfen

Bevor die Speisenkarte für einen Betrieb erstellt wird, sind folgende Faktoren zu ermitteln:

- **Standort des Betriebes:** Lage, Verkehrsanbindung und Umfeld, z. B. Land, Stadt, Geschäfts- oder Wohngebiet, Touristenzentrum etc.
- **Gästestruktur:** Welche Gäste nutzen das Lokal? Sind es Geschäftsleute oder Büroangestellte, ist es eine gemischte Klientel, sind es Touristen, Jugendliche etc. Daraus resultieren die Bedürfnisse der Zielgruppen.
- **Angebot:** Das Sortiment richtet sich nach den zu erwarteten Gästen, nach Mitbewerbern im Umfeld und ist abgestimmt auf das Betriebsprofil, die Preisstruktur und darauf, welche Speisen im Trend liegen.
- **Öffnungszeiten:** vorgeschriebene, gewünschte oder dem Bedarf der Kunden entsprechende Öffnungszeiten.
- **Möglichkeiten des Betriebes:** Größe und Ausstattung des Lokals, technisches Equipment in der Küche, Lager- und Arbeitsplätze.
- **Mitarbeiter:** Anzahl und Ausbildungsgrad der Service- und Küchenmitarbeiter.

Die Mitarbeiter sind für das Angebot der Speisenkarte mitverantwortlich

Auf Basis dieser Analyse sollte ein Grundkonzept erstellt und eine sinnvolle Auswahl von Gerichten vorgenommen werden.

Arten von Speisenkarten und Angeboten

- **Standardkarte oder À-la-carte-Karte:** Anzahl und Auswahl der Speisen richten sich nach der Dauer des gleichbleibenden Angebotes, nach der Tageskarte, Spezialitätenkarte, Saisonkarte, eventuellen Menüangeboten sowie nach eigenen Mittags- bzw. Abendangeboten.
- **Tageskarte:** Es ist zu empfehlen, die Auswahl an Gerichten gering zu halten, damit die Speisen auch täglich frisch zubereitet werden können. Anhaltspunkte für die Erstellung der Tageskarte können die Angebote von Lieferanten und marktfrische Saisonprodukte sein. Die Tageskarte bietet im Vergleich zur Standardkarte folgende Vorteile:
  - Man kann kurzfristiger planen,
  - durch Zusatzangebote mehr Abwechslung bieten,

FÜR VERANSTALTUNGEN SIND EIGENE MENÜKARTEN ZU EMPFEHLEN, DIE ZUR TISCHGESTALTUNG PASSEN

- preisgünstige frische Waren der Saison verwenden. Man kann einplanen, was zu forcieren ist.

- **Spezialitätenkarte:** Die Spezialitäten des Hauses können in der Standardkarte integriert sein oder extra angeboten werden.
- **Saisonkarte:** Zusatzangebote von der Jahreszeit entsprechenden Gerichten wie Osterkarte, Spargelkarte, Pilzkarte, Wildspezialitätenkarte, Fischkarte, Weihnachtskarte etc.
- **Menüangebote:** Zu Mittag soll kürzeren, bekömmlicheren und leicht zu servierenden Menüs der Vorrang gegeben werden. Am Abend spielt der Zeitfaktor meist keine Rolle, daher werden eher erweiterte Menüs oder Degustationsmenüs angeboten.
- **Mittagsangebote:** Zusätzliche Angebote umfassen fertig zubereitete oder schnell zuzubereitende Gerichte, und meist ist auch die Preisstruktur für den Gast sehr entscheidend. Bevorzugt werden Lunchbuffets. Der Gast kann sich die Speisen aussuchen und den Zeitaufwand selbst bestimmen.
- **Zusätzliche Abendangebote:** Sie können als Empfehlung vom Küchenchef oder als Spezialitäten des Hauses angeboten werden. Besondere kulinarische Wochen sorgen für ein abwechslungsreiches Speisenangebot. Durch diese Maßnahmen können zusätzliche Gäste angesprochen werden.
- **Theaterkarte:** Für den kleinen Hunger nach einer kulturellen Veranstaltung mit einer begrenzten Anzahl an Angeboten kann eine Theater- oder Souperkarte aufgelegt werden.

Noch ein Tipp am Rande
Die Wahl der Speisen muss dem betrieblichen Charakter entsprechen. Es ist zu empfehlen, das Angebot eher kleiner zu halten und dafür öfters zu wechseln.

Gliederung einer Speisenkarte

Die klassische Gliederung

- Kalte Vorspeisen
- Suppen
- Warme Vorspeisen
- Gerichte von Meeresfrüchten
- Fischgerichte
- Fleischgerichte
- Beilagen, sofern sie extra angeboten werden
- Käsesortiment
- Warme Desserts
- Kalte Desserts

Der Aufbau einer klassisch gegliederten Speisenkarte hebt die **Speisengruppen** hervor. Sie wird heute kaum noch verwendet, da diese Gestaltung Kreativität und verkaufsfördernde Maßnahmen kaum zulässt.

Die moderne Gliederung

Vorspeisen

- Kalt
- Warm

Suppen

- Klar
- Gebunden

Vegetarische Gerichte

Fischgerichte

- Süßwasserfische
- Meeresfische

Fleischgerichte

- Fertige Speisen
- Frisch zubereitete Speisen: Gerichte aus der Pfanne, aus dem Wok, vom Grill etc.
- Reihenfolge: Schlachtfleisch, Geflügel und Wild

Desserts

- Käsesortiment
- Warme Desserts
- Kalte Desserts
- Eisdesserts

Die moderne Gliederung lässt Raum für zeitgemäße Gerichte und auch **Zusatzangebote** wie

- Tagesgerichte,
- Spezialitäten des Hauses und
- Menüangebote.

Die Speisengruppen (z. B. Suppen, Gerichte aus der Pfanne) sollen leicht auffindbar sein. Was man besonders empfehlen bzw. verkaufen möchte, kann als **Eyecatcher** in der Speisenkarte zentral und deutlich sichtbar platziert werden.

Sprachliche Gestaltung und gastronomische Regeln

Die Formulierung und genaue Beschreibung der Gerichte sind mitentscheidend für den Erfolg des Restaurants. Der anspruchsvolle Gast erwartet sich eine interessante, informative und eindeutige Produktbeschreibung.

Die wichtigsten Richtlinien sind:

- **Schreibweise:** Die Speisen müssen einheitlich, klar, verständlich und interessant beschrieben werden. Darüber hinaus ist auf eine richtige Rechtschreibung zu achten – ein Blick ins Wörterbuch kann bei Unsicherheiten nicht schaden.
- **Verwendung einer Sprache:** Fremdsprachige Bezeichnungen sollen nicht irreführend sein und nur für klassische Gerichte (z. B. Roastbeef oder Bouillabaisse) verwendet werden. Werden Menüs in einer Fremdsprache erfasst, ist besonders auf die Rechtschreibung zu achten.
- **Genaue und richtige Bezeichnungen:** Jeder Koch ist gesetzlich verpflichtet, ehrliche und richtige Sachbezeichnungen der Speisen anzuführen. Der Gast als Konsument hat ein Recht darauf. Bezeichnungen wie Wiener Schnitzel, Scampi, Weidelamm, Marchfeldspargel oder Nienburger Spargel und Wörter wie frisch (fangfrisch, marktfrisch, frisch zubereitet) müssen den Tatsachen entsprechen.
- **Klassische Garnituren und Fachbezeichnungen:** Sie müssen auf jeden Fall der fachlich vorgeschriebenen Speisenzusammenstellung entsprechen (z. B. Girardirostbraten, Cremolata).
- **Abkürzungen:** Sie sind dem Gast gegenüber unhöflich und auch irreführend und sollten deshalb vermieden werden. Zum Beispiel gem. statt gemischt, Sc. statt Sauce, gr. statt grün, Wr. Schnitzel mit Salat statt Wiener Schnitzel mit gemischtem Salat.
- **Genaue Beschreibungen:** Die Gerichte sind nicht nur aufzuschreiben, sondern auch zu beschreiben. Durch verkaufsaktive Informationen soll das Interesse des Gastes geweckt werden. Übertreibungen sind allerdings zu vermeiden – ganz nach dem Motto „Less is more".

Noch ein Tipp am Rande
Versprechen Sie dem Gast nichts, was Küche und Service nicht halten können.

DIE PRÄSENTATION DER SPEISENKARTE AUF DEM SPEISENKARTENSTÄNDER IST EINE WIRKUNGSVOLLE FORM, DEN GÄSTEN GUSTO ZU MACHEN

Beispiel einer Speisenbeschreibung: Salat mit Putenbrust

Informativ, verständlich	Übertrieben, verwirrend
▪ Blattsalate in Rotweinvinaigrette mit Streifen von der Putenbrust oder ▪ Gebratene Putenbruststreifen auf Blattsalaten in Olivenöl-Rotwein-Marinade	▪ Sautierte Streifen von jungem Truthahn auf sommerlichen Blattsalaten, mariniert in kalt gepresstem Olivenöl und Rotweinessig, garniert mit Brunnenkresse

Reihenfolge bei der Speisenbeschreibung

Bei der Beschreibung eines Gerichtes oder eines Menüs ist folgende Reihenfolge einzuhalten:

Vor- und Zubereitung – Garmethode
Gepökelt, geräuchert, mariniert, gebeizt, gebraten, gebacken, pochiert etc.

Hauptbestandteil – Grundmaterial
Fleisch, Fisch, Gemüse etc.

Garnitur – Machart
À l'anglaise, bordelaise, Rossini, lyonnaise, Stroganoff, Wiener Art, Müllerinart, Försterinart etc.

Sauce
Champignonsauce, Zwiebelsauce, Burgunder Sauce etc.

Gemüse als Beilage
Immer vor der Sättigungsbeilage.

Sättigungsbeilage
Kartoffeln, Getreidearten, Teigwaren etc.

Kalte Beilage
Salat als Beilage, kalte Saucen.

Beispiel für die richtige Reihenfolge ...

... eines Gerichtes

Gebratener Rehrücken
nach Försterinart mit Rotkraut,
Serviettenknödel und Preiselbeeren

oder

Gekochter Tafelspitz mit Cremespinat,
Röstkartoffeln, Schnittlauchsauce und
Apfelkren (Apfelmeerrettich)

... eines Menüs

Mild geräuchertes Saiblingsfilet auf
Artischocken in Trüffelölmarinade

▪▪▪

Fenchelschaumsuppe
mit Sesamcroûtons

▪▪▪

Sautierte Tournedos vom Rind in
Blauburgundersauce mit frischen
Steinpilzen und Grießknödeln

▪▪▪

Mohn-Zimt-Parfait mit marinierten
Beeren auf Mangospiegel

Layout und Lesbarkeit einer Speisenkarte

Die Speisenkarte soll so gestaltet werden, dass sie den Verkauf fördert. Sie ist daher als Marketinginstrument zu betrachten. Die Papierqualität und die Schriftart müssen mit der Corporate Identity harmonieren. Die Schriftgröße muss so gewählt werden, dass sie bei den Lichtverhältnissen im Speisesaal gut lesbar ist. Jeder Gast soll sich auf einer Speisenkarte leicht orientieren können, daher ist sie übersichtlich zu gestalten.

Inhalte einer Speisenkarte

Das sollte – neben dem Speisenangebot – auf einer Speisenkarte zu finden sein:

- Name und Adresse des Betriebes.
- Öffnungszeiten, Ruhetage, Betriebsurlaube.
- Telefonnummer, Faxnummer, E-Mail-Adresse, Homepage, Ansprechpartner und Reservierungsmöglichkeit.
- Verkaufspreise inklusive gesetzlicher Abgaben bzw. Steuern sowie **Gedeckpreis (Kuvert)**; es besteht Preisauszeichnungspflicht (Ausnahme ist die Damenkarte).
- Hinweise auf eine längere Zubereitungszeit sowie Gewichtsangaben (z. B. bei Steak oder Fisch).
- Zusätzliche Angebote, z. B. Tages-, Wochen- oder Saisonkarte, Getränke- und Weinkarte.
- Hinweise auf verschiedene Veranstaltungsmöglichkeiten, auf Räumlichkeiten (Ballsaal, Extrazimmer, Jagdstüberl) und Zusatzangebote, z. B. spezielle Tages- oder Wochenangebote (Erdäpfeltag [Kartoffeltag], Fischwoche).
- Hinweise auf Spezialitäten der Saison (Wildwochen, Spargelzeit).
- Zusatzverkäufe: Weine aus eigenem Anbau, hausgemachte Speisen etc.
- Chronik oder Philosophie des Hauses.
- Vorstellung des Service- bzw. Küchenteams.

Checkliste zur Überprüfung und zur Neugestaltung von Speisenkarten

Die Checkliste dient zur Kontrolle und Selbstbewertung aller Speisenkarten und ist somit ein wichtiges Hilfsmittel bei der Erstellung neuer Speisenkarten. Zusätzlich sind die Beschwerden von Gästen ernst zu nehmen und bei der Neuerstellung des Angebots zu berücksichtigen.

Checkliste	Ja	Teilweise	Nein
Entspricht das Angebot der Gästestruktur (werden fremdsprachige Speisenkarten angeboten)?	☐	☐	☐
Ist die optische Gestaltung zeitgemäß und interessant?	☐	☐	☐
Werden Wünsche und Anregungen von Gästen berücksichtigt?	☐	☐	☐
Vergrößert sich die Anzahl der Stammgäste?	☐	☐	☐
Wurde das bestehende Grundkonzept der Speisenkarten analysiert und wurden daraus auch Konsequenzen gezogen?	☐	☐	☐
Ist die Gliederung der Speisenkarte zweckmäßig und entspricht sie den Erfordernissen?	☐	☐	☐
Sind die Gerichte gut beschrieben und wird die Beschreibung als verkaufsfördernde Information für den Gast angeführt?	☐	☐	☐
Findet der Gast alle wichtigen Informationen oder Hinweise auf der Karte?	☐	☐	☐
Sind die Öffnungszeiten den Bedürfnissen der Gäste angepasst?	☐	☐	☐
Wird überprüft, ob die Gerichte so angerichtet und präsentiert werden wie vereinbart?	☐	☐	☐

Checkliste	Ja	Teilweise	Nein
Stimmt das Preis-Leistungs-Verhältnis, stimmen die Portionsgrößen und die Anrichteart?			
Werden zu den Gerichten passende Getränke bzw. Weine empfohlen?			
Bringen die Speisenkarten Art und Klasse des Betriebes zum Ausdruck?			
Sind Gestaltung und Format der Speisenkarten zeitgemäß und attraktiv und sind sie gut lesbar?			
Sind Fachausdrücke verständlich beschrieben und Fremdwörter sowie fremdsprachige Speisenkarten korrekt übersetzt?			
Ist das Angebot der Speisenkarten den Servicemöglichkeiten, der Küchenkapazität und der fachlichen Ausbildung der Mitarbeiter angepasst?			
Gibt es aufgrund des umfangreichen Speisenangebots Probleme beim Service, in der Küche oder bei der Warenbeschaffung?			
Sind die Speisenkarten der Jahreszeit mit Gerichten der Saison angepasst?			
Werden die Rezepte, Portionsgrößen und Kalkulationen von Speisen regelmäßig überprüft und auf den aktuellen Stand gebracht?			
Sind nach der Verkaufsanalyse von Speisen (siehe Kalkulation, S. 188) die Gewinner, die Renner, die Schläfer und die Verlierer bekannt?			
Werden weniger angenommene Speisen, vor allem die Verlierer, aus dem Angebot entfernt und durch neue Gerichte ersetzt?			
Ist die Speisenkarte ausgeglichen, harmonisch und nicht überladen?			
Entsprechen die Tageskarten, Menüangebote bzw. Saisonkarten der Nachfrage und sind sie abwechslungsreich?			
Denkt man an Spezialitätenwochen, wie kulinarische Wochen mit Speisen aus bestimmten Regionen oder Fisch-, Vollwert-, Wild- und Spargelwochen, eventuell kombiniert mit korrespondierenden Weinen?			
Werden Veranstaltungen, Zusatzverkäufe und Caterings bedacht bzw. wird ausreichend darauf hingewiesen?			

Bewertung (am häufigsten angekreuzt):

- **Ja** = Ihre Speisenkarten sind ausgezeichnet (eventuell lassen Sie den Test noch von einem Ihrer Gäste durchführen – kommt das gleiche Ergebnis heraus?).
- **Teilweise** = Ihre Speisenkarten sind nicht gerade berühmt. Gehen Sie die Fragen nochmals durch und notieren Sie sich Maßnahmen zur Verbesserung.
- **Nein** = Ihre Speisenkarten sind schwach und daher ungeeignet. Starten Sie mit einer kompletten Überarbeitung (ab S. 148) neu durch.

Speisen mit korrespondierenden Getränken

Es steht außer Zweifel: Ein gepflegtes Essen wird erst dann zum richtigen Genuss, wenn man das passende Getränk dazu auswählt. In trauter Harmonie treten eben erst die wahren Blüten des guten Geschmacks ans Licht.

Grundlagen zur Auswahl des richtigen Getränks

Die klassische Getränkereihenfolge lautet:

- Aperitif
- Bier
- Weißwein
- Roséwein
- Rotwein
- Dessertwein (Süßwein)
- Schaumwein
- Digestif

Als **alkoholfreie Getränke** eignen sich vor allem Mineralwasser und Tafelwasser, da durch ihren neutralen Geschmack der Geschmack der Speise nicht beeinträchtigt wird. Auch warme und kalte Tees sowie Obst- und Gemüsesäfte können angeboten werden.

SCHAUMWEINE SIND ALS APERITIF VOR ALLEM IM SOMMER SEHR BELIEBT

Aperitifs

Aperitifs sind appetitanregende alkoholische oder alkoholfreie Getränke, die vor der Mahlzeit – sozusagen als Einstimmung auf das Essen – getrunken werden. Sie können trocken, fruchtig oder bitter sein. Dazu können Canapés oder Appetithappen serviert werden.

Empfehlen Sie als Aperitif:

- Junge und trockene Weine sowie versetzte oder aromatisierte Weine, wie z. B. Sherry, Portwein, Wermut u. Ä.
- Biere: Pils oder Spezialbiere
- Anisées: z. B. Pernod, Ricard, Ouzo
- Bitters: z. B. Campari, Aperol, Cynar
- Before- oder Pre-Dinner-Cocktails: z. B. Martini- oder Manhattan-Cocktail
- Schaumweine: Sekt, Prosecco, Champagner, Kir, Kir royal, Sekt-Orange
- Alkoholfreie Getränke: Frucht- und Gemüsesäfte, Mineralwässer

Digestifs

Digestifs fördern die Verdauung und werden daher am Ende eines Menüs getrunken. Gerne genießt man sie zum Kaffee. Sie bilden den optimalen Abschluss einer guten Mahlzeit und lassen sie behaglich ausklingen.

Empfehlen Sie als Digestif:

- Weinbrände: Cognac, Armagnac, Brandy, Grappa, Schnäpse, Aquavit
- Magenbitter: Fernet, Underberg, Unicum
- Frucht-, Kräuter-, Aromaliköre
- Mixgetränke, After-Dinner-Cocktails
- Kaffeegetränke mit Alkohol

Wein – das edelste Getränk zu Speisen

Welcher Wein am besten mit welchen Speisen harmoniert, ist nicht immer ganz eindeutig zu sagen. Wenn jedoch die Rohstoffe, Zutaten und Gewürze sowie Zubereitung der Speisen Ähnlichkeiten mit der Fülle, dem Gehalt, den Duft- und Geschmacksnoten der Weine aufweisen, dann kann man von perfekter Harmonie sprechen.

Der ausgewählte Wein soll den Geschmack der Speisen unterstreichen, er darf ihn aber nicht überdecken.

Beachten Sie bei der Auswahl bzw. Empfehlung der Weine folgende Grundregeln:

- Zu hellem Fleisch und zu Fischen Weißwein, eventuell Roséwein oder leichten Rotwein – zu dunklem Fleisch Rotwein.
- Leichte Weine vor schweren Weinen.
- Trockene Weine vor süßen Weinen.
- Junge Weine vor alten Weinen.
- Zu einfachen Speisen einfache Weine oder Biere – große Weine zu exklusiven Speisen.

Der Hummer freut sich über einen eleganten Weinpartner

- Es gibt Speisen, zu denen Wein nicht passt, dann empfiehlt sich Bier (Gulasch, Wurst, Currygerichte).
- Optimale Harmonie ist gewährleistet, wenn der Wein, der zur Zubereitung der Sauce verwendet wurde, auch zur Speise gereicht wird.
- Gebundene, extraktreiche Saucen haften mehr am Fleisch, dadurch wird der Geschmack auch intensiver, daher gehaltvolle Weine wählen.
- Obers-(Sahne-) oder Buttersaucen belegen den Gaumen und wirken leicht süßlich, daher vollmundige, gehaltvolle Weine reichen. Vorsicht bei säurebetonten Weinen!

Hier eine Auswahl an Gerichten mit passenden Weinen:

Speisen	Geschmacksrichtungen	Weine
Vorspeisen	Leichte, säurebetonte Weißweine	Welschriesling, Grüner Veltliner, Grauburgunder, Silvaner, Riesling
Austern	Elegante, kraftvolle Weißweine oder trockene Schaumweine	Weißburgunder, Chablis, Sekt, Champagner
Kaviar	Spritzige, hochfeine Weißweine	Rheinriesling, Riesling, Champagner
Gänseleber	Vollmundige, aromatische Weine mit Restsüße (Auslesen)	Traminer, Sauternes, Muskateller, Ruländer
Krustentiere	Bukettreiche Weine mit pikanter Säure	Chardonnay, Morillon, Sauvignon blanc
Hummer	Elegante Weißweine	Sauvignon blanc, Weißburgunder
Räucherlachs	Ausdrucksvolle, trockene Weißweine	Riesling, Müller-Thurgau, Pinot blanc
Teigwaren	Junge, fruchtige Weißweine	Neuburger, Pinot grigio
Pastagerichte	Roséweine, leichte, milde Rotweine	Blauer Portugieser, Zweigelt
Spargel	Junge, frische, feinwürzige Weißweine	Riesling, Grüner Veltliner, Chardonnay
Fisch, pochiert	Fruchtige, feinwürzige, trockene Weißweine	Grüner Veltliner, Neuburger, junger Riesling
Fisch, gebraten	Massive, aromatisch-intensive Weißweine oder leichte Rotweine	Sauvignon blanc, Pinot blanc, junger Zweigelt, Beaujolais
Geflügel	Leichte, spritzige und fruchtige Weißweine	Welschriesling, Grüner Veltliner, Pinot gris, Silvaner, Scheurebe
Kalbfleisch	Elegante, kraftvolle, würzige Weißweine, leichte Rotweine	Weißer Burgunder, Chardonnay, Rheinriesling, Blauer Portugieser
Schweinefleisch	Junge, säurebetonte Weißweine	Grüner Veltliner, Welschriesling, Müller-Thurgau, Grauburgunder
Rindfleisch, gekocht	Körperreiche, spritzige Weißweine	Riesling, Grüner Veltliner, Weißer Burgunder
Rind und Wild, gebraten, gedünstet	Gehaltvolle, ausdrucksstarke Rotweine	Blaufränkischer, St. Laurent, Blauer Burgunder, Zweigelt
Blauschimmel- und Ziegenkäse	Ausdrucksvolle, extraktreiche Weißweine, Beerenauslese	Muskat-Ottonel, Gewürztraminer, Ruländer, Traminer, Sauternes, Faberrebe
Alle anderen Käsesorten	Kräftige, vollmundige Rotweine	Cabernet-Sauvignon, Pinot noir, Blaufränkischer, Merlot
Süßspeisen	Gehaltvolle, fruchtig-würzige Weine und Schaumweine	Spätlese und Beerenauslese, Sekt, Prosecco, Champagner, Cava

Mahlzeiten

Das Gesundheits- und Ernährungsbewusstsein der Bevölkerung hat in den letzten Jahren an Bedeutung gewonnen. Man hat erkannt, dass zwischen richtiger – gesunder – Ernährung, Wohlbefinden und Leistungsfähigkeit ein unmittelbarer Zusammenhang besteht. Die geänderten Lebensumstände – Abnahme von körperlicher Tätigkeit, Bewegungsarmut, zunehmende Belastung durch Stress und verschiedene andere Umweltfaktoren – erforderten ein Umdenken im Essverhalten. Daher haben sich im Laufe der Zeit die Mahlzeiten sowohl in ihrer Zusammensetzung als auch in der Abfolge verändert. Auch die verschiedenen Lebensgewohnheiten internationaler Gäste haben unsere Essgewohnheiten beeinflusst. Da sich deshalb Standards, Qualität und Nachfrage nach Speisen verändert haben, muss jeder Betrieb herausfinden, wie er die Bedürfnisse seiner Gäste am besten befriedigen kann.

Frühstück

Schon ein altes Sprichwort sagt: „Speise morgens wie ein Kaiser, mittags wie ein König, abends wie ein Bettler." Die erste Mahlzeit am Morgen entscheidet, wie der Tag beginnt. Dieser Erkenntnis zufolge hat das Frühstück auch im Hotel- und Gastgewerbe einen hohen Stellenwert.

Das Gesundheitsbewusstsein unserer Gesellschaft nimmt Einfluss auf die Angebotspalette der heimischen Hotellerie und Gastronomie

Frühstück wird üblicherweise von 7.00 Uhr bis 10.00 Uhr serviert, in vielen Hotels auch bis 11.00 Uhr. Es wird auf unterschiedliche Art angeboten.

Frühstücksarten

Je nach Menge der Speisen, Angebotsform und Herkunft des Speisenangebots unterscheidet man folgende Frühstücksarten:

- Einfaches Frühstück
- Normales oder komplettes Frühstück
- Erweitertes Frühstück
- Wiener Frühstück
- Kontinentales Frühstück (Continental Breakfast)
- Amerikanisches Frühstück
- Frühstücksbuffet
- Etagenfrühstück
- Fitnessfrühstück
- Arbeits- oder Managerfrühstück

Einfaches Frühstück

Diese Angebotsform hat in Österreich, Deutschland und der Schweiz fast keine Bedeutung mehr. In den romanischen Ländern (Frankreich, Italien und Spanien) ist es hingegen noch häufig anzutreffen.

Das Frühstück besteht aus

- einem Frühstücksgetränk: Kaffee, Tee, Kakao oder heißer Schokolade,
- einem Gebäck: Butterkipferl (Butterhörnchen), Brioche (Hefeteigbrötchen), Croissant oder Plundergebäck.

Normales oder komplettes Frühstück

Diese vor Jahren am meisten verbreitete Frühstücksart spielt heute nur noch im Kaffeehaus eine Rolle.

Das Frühstück besteht aus

- einem Frühstücksgetränk: Kaffee, Tee, Kakao, heißer Schokolade oder warmer Milch,
- zwei Stück Gebäck: Semmel (Rundstück, Brötchen), Butterkipferl (Butterhörnchen), Graubrot, Vollkornbrot oder Toastbrot,
- Butter, Marmelade und Honig.

Erweitertes Frühstück
Das komplette Frühstück wird mit einem Glas Saft, einer Aufschnittplatte mit Wurst und Käse, einem Eiergericht und Milchprodukten wie Joghurt oder Topfen (Quark) ergänzt.

Wiener Frühstück
Das Wiener Frühstück hat in Österreich naturgemäß vor allem in Wien Tradition und wird meist in den klassischen Kaffeehäusern angeboten.

Es besteht aus
- einem Frühstückskaffee oder einer Melange,
- zwei Stück Gebäck: Semmel (Rundstück, Brötchen) und Kipferl (Hörnchen),
- Butter, Marillenmarmelade (Aprikosenkonfitüre),
- einem weich gekochten Ei.

Eine gute Tasse Kaffee darf beim Wiener Frühstück nicht fehlen

Kontinentales Frühstück (Continental Breakfast)
Die Bezeichnung für das auf dem europäischen Festland übliche normale Frühstück stammt von den Engländern, die darin ein „kleines Frühstück" sahen. Mittlerweile wird diese Frühstücksart erweitert und auch in Buffetform angeboten. Es ist durch die Fülle des Angebots zu einer Hauptmahlzeit geworden.

Das reiche MüslianGebot beim Frühstück verdanken die Hotelgäste den Engländern

Das kontinentale Frühstück besteht in der Regel aus einem normalen Frühstück, das mit folgenden Produkten ergänzt wird:

Säfte
Frucht- und Gemüsesäfte
Früchte
Kompotte, frische Früchte, Dörrobst
Getreideprodukte
Zerealien und Müsli
Milchprodukte
Joghurt, Käseauswahl
Kalte Aufschnitte
Wurstauswahl, Schinken, Räucherprodukte
Gebäck
Brotauswahl, süßes Gebäck wie Plundergebäck, Brioche (Hefeteigbrötchen), Kuchen etc.

Amerikanisches Frühstück
Die Amerikaner lehrten uns, schon zu früher Morgenstunde kräftig zu speisen. Bevorzugt werden zu Kaffee, Brot und Süßgebäck Fleisch- und Eiergerichte sowie Säfte und frische Früchte. Das Frühstücksbuffet hat diese Art des Frühstücks weitgehend verdrängt.

Dass Fleisch- und Eiergerichte auf dem Frühstücksbuffet zu finden sind, verdankt der europäische Gast den Amerikanern

Frühstücksbuffet
Das Frühstücksbuffet ist aus dem kontinentalen Frühstück und dem amerikanischen Frühstück entstanden. Diese Angebotsform wird von den Gästen sehr geschätzt, da sie aus einem umfassenden Speisen- und Getränkeangebot individuell auswählen können, ohne lange Wartezeiten in Kauf nehmen zu müssen.

Um auch Spätaufstehern ein attraktives, appetitliches und frisches Frühstück zu bieten, muss das Buffet laufend ergänzt werden.

Das Buffet muss während der ganzen Frühstückszeit attraktiv bleiben und ist daher zu kontrollieren und zu ergänzen

Rund ums Frühstück
Für das Wohlbefinden und die Zufriedenheit der Gäste beim Frühstück sorgen:

- Ein heller, ruhiger Raum mit Tageslicht.
- Reichlich Platz auf den Tischen.
- Eine angenehme Atmosphäre mit leiser Hintergrundmusik.
- Eine freundliche, diskrete Bedienung.
- Ein attraktiv aufgebautes, appetitlich präsentiertes Buffet.
- Ein reichhaltiges, abwechslungsreiches, der Gästeschicht entsprechendes Speisenangebot.
- Kaffee und Tee von bester Qualität.
- Öffnungszeiten bis mindestens 10.00 Uhr.
- Eine Auswahl an Tageszeitungen.

Hier fühlt der Gast sich wohl

Aufbau eines Frühstücksbuffets
Um eine große Auswahl und ein rasches Service bieten zu können, muss das Angebot überschaubar sein. Um das Buffet herum soll ausreichend Platz vorhanden sein, damit alle Speisen problemlos zu erreichen sind und der Gästefluss gewährleistet ist.

Das Buffet wird, wenn das Raumangebot es zulässt, in Gehrichtung in folgender Reihenfolge aufgebaut:

Warme Getränke ▪ Säfte und Früchte ▪ Getreideprodukte ▪ Milchprodukte ▪ Salate und Gemüse ▪ kalte Aufschnitte ▪ Konfitüren und Honig ▪ Brot und Gebäck ▪ süßes Gebäck und Kuchen ▪ warme Gerichte ▪ À-la-carte-Gerichte.

Auf dem Buffet wird das Frühstücksangebot für den Gast einladend präsentiert

Speisen- und Getränkeangebot
Die Auswahl richtet sich nach der Art des Betriebes, nach Erfahrungswerten, Gästewünschen und selbstverständlich nach dem Preis.

Getränke
Kaffee
Filterkaffee (koffeinhaltig und koffeinfrei), eventuell Espresso
Tee
Schwarzer Tee und Schwarzteemischungen: English Breakfast-Tea, Darjeeling-Tee, Earl-Grey-Tee, Orange-Pekoe-Tee; Früchte- und Kräutertees: Pfefferminze, Hagebutten etc., grüner Tee: Sencha, Gunpowder, Chun Mee etc.
Kakao
Heiße Schokolade, Kakao
Milch
Heiß und kalt
Säfte
Frucht- und Gemüsesäfte
Orangensaft, Grapefruitsaft, Multivitaminsaft, Tomatensaft, Ananassaft, Weichselsaft (Sauerkirschensaft), Apfelsaft, Karottensaft, Rübensaft, Sellerie-Apfel-Saft
Sonstiges
Mineral- oder Tafelwasser, eventuell Sekt, Molkegetränke

Früchte
Früchte im Obstkorb
Äpfel, Birnen, Bananen, Kiwis, Trauben
Geschnittene Früchte
Melonen, Orangen, Ananas, Pfirsiche, Nektarinen, Grapefruits etc.
Saisonobst
Marillen (Aprikosen), Zwetschken, Erdbeeren, Kirschen, Ribiseln (Johannisbeeren), Ringlotten (Renekloden), Mandarinen, Weintrauben etc.
Sonstiges
Fruchtsalat, Kompotte, Trockenfrüchte wie z. B. Dörrzwetschken

Getreideprodukte

Zerealien

Cornflakes, Ricecrispies, Roggenflocken, Haferflocken, Dinkelflocken etc.

Müsli

Vollkornmüsli, Bircher Müsli, Früchtemüsli, Schokoladenmüsli

Sonstiges

Sonnenblumenkerne, Kürbiskerne, Leinsamen, Sesam, brauner Zucker

Milchprodukte

Käse

- Geschnitten: Schnitt- und Hartkäse wie Emmentaler, Edamer, Gouda, Bergkäse, Jérôme, Tilsiter
- im Ganzen: Blau- und Rotschimmelkäse, Weichkäse, Schafkäse
- Frischkäse: Topfen (Quark), Brimsen, Hüttenkäse, Rahmkäse, Mozzarella, Ricotta, Cottagecheese etc.

Sonstiges

Butter, Vollmilch, Magermilch, Natur- und Fruchtjoghurt

Gemüse und Rohkost

Rohkostsalate

Junge Karotten, Gelbe Rüben, Stangensellerie, Jungzwiebeln, Radieschen, Tomaten, Gurken, Paprikaschoten, Kresse, Schnittlauch

Saures Gemüse

Senfgurken, Perlzwieberln, Mixed Pickles, Oliven

Kalte Aufschnitte

Wurstauswahl

Hartwürste, Salami, Streichwurst und geschnittene Wurst

Schinken

Rohschinken, Karreespeck (Bauchspeck), Beinschinken (österreichische Spezialität), Rauchschinken, Bauernspeck

Aufschnitt

Geräucherte Truthahnbrust, Roastbeef, Rindersaftschinken, Pastrami, verschiedene Braten, Fleischpasteten

Fisch und Meeresfrüchte

Geräuchert: Makrelen, Forellen, Lachs, Heilbutt; gebeizter Lachs, Matjesheringe, Rollmöpse, Shrimpssalat, Salat mit Meeresfrüchten

Konfitürenecke

Marmelade (Konfitüre)

Erdbeer-, Himbeer-, Heidelbeer-, Ribisel-(Johannisbeer-), Brombeer-, Marillen-(Aprikosen-), Zwetschken-, Bitterorangenmarmelade etc.

Nur die beste Marmelade wird von Küchenchef und Maître d'Hôtel für die Frühstücksgäste ausgewählt

Sonstiges

Portionshonig, Diätmarmelade und -margarine, Nussnugat- und Erdnusscreme

Brot und Gebäck

Brot

Geschnitten: Schwarzbrot, Bauernbrot, Vollkornbrot, Baguette, Weißbrot

Gebäck

Semmeln (Rundstücke, Brötchen), Grahamweckerln (Grahambrötchen), Vollkorngebäck, kleine Gebäcksorten etc.

Sonstiges

Toastbrot, Wasabrot, Knäckebrot, Zwieback, Pumpernickel

Süßes Gebäck und Kuchen

Süßes Gebäck

Verschiedenes Plundergebäck, Brioche (Hefeteigbrötchen), Butterkipferln (Butterhörnchen), Croissants, Krapfen

Kuchen

Schokoladenkuchen, Gugelhupf, Mohnkuchen, Streuselkuchen, Nuss- oder Mohnstriezel, Topfenkuchen (Quarkkuchen), Obstkuchen, Topfen- und Apfelstrudel etc.

Warme Gerichte

Eiergerichte

Weich und hart gekochte Eier

Gebratenes

Frühstücksspeck, Schinken, Würstchen, Grilltomaten

Sonstiges

Suppe (Bouillon oder Gulaschsuppe), warmer Beinschinken, Corned Beef, sautierte Champignons

À-la-carte-Gerichte (werden am Buffet frisch vor dem Gast zubereitet)

Omeletten

Mit Kräutern, Schinken, Champignons, Käse etc.

Die Frühstücksköchin bereitet die Omelettes nach den Wünschen des Gastes zu

Eiergerichte (siehe HACCP, S. 62 f)

Pochierte Eier, Spiegeleier, Rühreier, Ham und Eggs

Palatschinken (süße Pfannkuchen), Crêpes und Waffeln

Gefüllt mit Marmelade, Schokoladensauce oder Ahornsirup

Sonstiges

Kaiserschmarren (süßes, mit der Gabel in Stücke geteiltes Omelett), French Toast, Toast Melba, Grießschmarren (Grießpfannkuchen), Haferflockenbrei (Porridge, Oatmeal)

Exquisit – das Buffetangebot wird auf dem Tisch des Gastes eingestellt

Arbeitsfrühstück oder Managerfrühstück

Das Arbeitsfrühstück gewinnt im Stadthotel immer mehr an Bedeutung. Meist wird es mit einer Geschäftsbesprechung verbunden, an der durchschnittlich zehn Personen teilnehmen. Alle Speisen werden in der Mitte des Tisches eingedeckt und die Gäste bedienen sich selbst. Das Angebot ist unterschiedlich, aber meist handelt es sich um ein komplettes Frühstück mit Käse und kaltem Aufschnitt. Gewöhnlich wird das Arbeitsfrühstück zwischen 9.00 und 10.00 Uhr eingenommen.

Ganz was Neues – das Buffet auf dem Gästetisch

Das Buffet hat vor einigen Jahren das herkömmliche Frühstücksservice nahezu aus der Hotellerie verdrängt. Nun gibt es eine neue Entwicklung, die vor allem im VIP-Bereich in manchen Fünf-Sterne-Hotels Einzug hält: Der Gast erhält zu den gewünschten Getränken ein Buffet im Kleinen auf einer Etagere und ein Körbchen mit einer Auswahl an Brot direkt an den Tisch serviert. Gleichzeitig steht ihm das komplette Buffet zur Verfügung. Er kann wählen, ob er beim Frühstücken lieber sitzen bleibt oder sich sein Frühstück – wie gewohnt – am Buffet selbst zusammenstellt oder ergänzt.

Etagenfrühstück

Vier- und Fünf-Sterne-Hotels bieten ihren Gästen die Möglichkeit, das Frühstück auf dem Zimmer einzunehmen. Dafür wird das Frühstücksgedeck auf dem Servierwagen vorbereitet.

Mise en Place für das Etagenfrühstück

Fitnessfrühstück

In Wellness- oder Sporthotels wird man das Angebot den Ernährungsansprüchen der Gäste anpassen. Bevorzugt werden Produkte aus biologischer Landwirtschaft.

Die Auswahl kann folgendermaßen aussehen:

Warme Getränke
Grüner Tee, Kräuter- und Früchtetee
Säfte
Frisch gepresste Frucht- und Gemüsesäfte
Früchte und Gemüse
Reife, geschnittene Früchte der Saison, Kompotte und Trockenfrüchte, Rohkostsalate
Getreideprodukte
Zerealien und Müsli, Kipferln (Hörnchen), Vollkorngebäck, Wasa- und Knäckebrot
Milchprodukte
Milch, Bauernbutter, Buttermilch, verschiedene Joghurtsorten, Kräutertopfen (Kräuterquark), fettarme Weich- und Hartkäsesorten
Wurst-, Fleisch- und Fischprodukte
Magere oder fettreduzierte Produkte
Sonstiges
Diätmargarine, Diätmarmelade, Honig und Ahornsirup

Vormittagsjause (zweites Frühstück, Imbiss, Zwischenmahlzeit)

Wer kennt das nicht: Ein paar Stunden nach dem Frühstück macht sich oft ein leiser Hunger bemerkbar. Dem wird in der Gastronomie mit dem zweiten Frühstück Abhilfe geschaffen. Hier kann man alles essen, was man beim Frühstück zu nachtschlafender Stunde noch nicht schafft.

Die Vormittagsjause wird als kleine Zwischenmahlzeit zwischen 9.30 Uhr und 11.00 Uhr eingenommen. Angeboten werden

- Kaffee oder Tee, Fruchtsäfte oder Functional Drinks,
- Fruchtsalate, Müsli, Fruchtjoghurt,
- verschieden belegte Brötchen, Obstkuchen, Butterkipferln (Butterhörnchen) mit Butter, Plundergebäck.

Kaffee, Müsli, Fruchtsalat – ideales Angebot für die Vormittagsjause

Gabelfrühstück

Durch veränderte Essgewohnheiten hat das traditionelle Wiener Gabelfrühstück zwar an Bedeutung verloren, dennoch hat es nach wie vor seine Anhänger. Das sind jene, die gern schon vormittags etwas Deftigeres lieben und mit Obst und Müsli nicht glücklich werden.

Das Gabelfrühstück ist eine Zwischenmahlzeit, bestehend aus kleinen, einfachen kalten und warmen deftigen Gerichten der traditionellen Küche.
In Österreich wird es in traditionellen Wirtshäusern und Kaffeehäusern ebenso gereicht wie in Fleischhauereien und Imbisslokalen. Angeboten werden

- Brote,
- Fleischsalate,
- Gulaschsuppe, kleines Gulasch,
- Würstel,
- Tellerfleisch (gekochtes Rindfleisch in der Suppe, serviert mit Nudeln),
- Ham and Eggs etc.

Dazu wird ein Glas Bier oder ein Gespritzter (eine Weinschorle) getrunken.

Ihm können Freunde des Gabelfrühstücks kaum widerstehen – einem saftigen Gulasch

Kaffeepause

Die Kaffeepause hilft angestrengten Teilnehmern von Seminaren u. Ä., sich zwischendurch zu entspannen, und macht sie aufnahmefähig für die nächste Arbeitseinheit. Außerdem dient sie als Plattform für lockere, unverbindliche Gespräche, für die im Rahmen der Veranstaltung sonst nicht Zeit ist und bei denen die Teilnehmer auch die Möglichkeit haben, einander kennenzulernen.

Die Kaffeepause wird bei Veranstaltungen wie Tagungen, Workshops oder Seminaren als Zwischenmahlzeit sowohl am Vormittag als auch am Nachmittag angeboten. Zuständig für die Organisation ist die Bankettabteilung. Meist wird die Kaffeepause im Foyer der Veranstaltungsräumlichkeiten abgehalten. Die Speisen- und Getränkeauswahl richtet sich nach dem Wunsch des Veranstalters.

Für die Kaffeepause können verschiedene Angebote kombinieret werden:

Warme Getränke
Filterkaffee oder Espresso, verschiedene Teesorten
Säfte
Frucht- und Gemüsesäfte
Getränke
Mineralwässer, isotonische Getränke, Functional Drinks und Limonaden
Speisen
Belegte Brötchen, Sandwiches, kalte oder warme Snacks (Mundbissen, Canapés)
Süßspeisen
Plundergebäck, englischer Kuchen, verschiedene Strudel, Kuchen oder Rouladen sowie kleine Näschereien wie Petits Fours oder Pralinen

Plundergebäck ist ein gern gesehener Begleiter des Pausenkaffees

Brunch

Der aus Nordamerika stammende Brunch ist eine Mischung aus Breakfast und Lunch. Er ist ein um warme Gerichte ergänztes amerikanisches Frühstück, das gerne an Sonn- und Feiertagen um die Mittagszeit konsumiert wird. Wie die Bezeichnung aussagt, ist der Brunch eine Kombination aus Frühstück und Mittagessen.

Der in Mitteleuropa populäre Brunch wird an Sonn- und Feiertagen in der Zeit von 11.30 Uhr bis 14.00 Uhr angeboten. Er ist im Grunde genommen ein Mittagsbuffet mit kalten und warmen Gerichten, das mit dem ursprünglichen Brunch wenig zu tun hat.

Der Brunch hat sich zu einer eigenen Angebotsform entwickelt, das Brunchbuffet wird vor allem an Sonn- oder Feiertagen von den Gästen sehr geschätzt

Diese Angebotsform wird meist unter ein Thema gestellt, wie Familienbrunch, Jazzbrunch, Sonntagsbrunch, Neujahrsbrunch oder Osterbrunch.

Das Speisenangebot variiert je nach Thema und Jahreszeit. Angeboten werden:

Kalte Speisen

Sechs bis acht Speisen: leichte Vorspeisen mit Fleisch und Fisch
Vier bis sechs Salate: Blatt- und Gemüsesalate mit passenden Marinaden sowie Vorspeisensalate

Suppen

Zwei Suppen: klare Suppe, leichte Cremesuppe

Warme Speisen

Drei bis vier Speisen: vegetarisches Gericht, Fischgericht, ein oder zwei Fleischgerichte

Desserts

Drei bis fünf Süßspeisen: Früchtekuchen, Mousse oder Creme, Eisparfait, warmes Dessert

Der Pauschalpreis enthält meist ein Getränk, z. B. ein Glas Sekt oder einen Aperitif.

Mittagessen

Das Mittagessen war jahrelang die Nummer eins der Mahlzeiten. Heute ist es zwischen den reichhaltigen Frühstücksangeboten und den umfangreichen Abendmenüs eher in den Hintergrund getreten. Nichtsdestotrotz ist es eine der wichtigsten Mahlzeiten des Tages.

Beim Mittagessen sollten leichte, einfache Gerichte serviert werden. Bevorzugt werden kurze Menüs aus bekömmlichen Gerichten. Zusätzlich ist der Zeitfaktor zu berücksichtigen – die Gäste müssen die Möglichkeit haben, das Mittagessen innerhalb einer Stunde zu konsumieren.

Die Auswahl kann unterschiedlich gestaltet werden:
- Kleine À-la-carte-Karte
- Tageskarte mit fertigen oder frisch zubereiteten Gerichten
- Tagesmenü, bestehend aus drei Gängen
- Gerichte der Saison
- Salat- oder Vorspeisenbuffet, kombiniert mit frisch zubereiteten Pfannen- oder Grillgerichten

Eine reichliche Auswahl an Salaten und Vorspeisen zu Mittag kommt dem Gästewunsch nach leichten Speisen sehr entgegen

Variationen sind das Lunchbuffet (siehe S. 162) und der Businesslunch.

Businesslunch
Bei Seminaren, Workshops oder Tagungen wird zu Mittag ein Businesslunch serviert, da den Gästen nur wenig Zeit zum Essen zur Verfügung steht.

Ein Businesslunch besteht aus
- einem Lunchbuffet oder
- aus einem dreigängigen Menü: Salat- oder Gemüsevorspeise, gebratenes Fleisch oder gebratener Fisch mit Beilagen, Früchtedessert.

Abendessen

In der Gastronomie ist das Abendessen das Hauptgeschäft, da die Gäste im Gegensatz zu Frühstück und Mittagessen meist die nötige Zeit haben, ein exquisites Essen zu genießen. Hier kann der Koch seine Kreativität und sein handwerkliches Können beweisen – mehr denn je gilt, Speisen von bester Qualität bei optimaler wirtschaftlicher Planung herzustellen.

Je nach Betriebskonzept werden angeboten:
- À-la-carte-Speisen
- Abendmenüs, Gourmetmenüs
- Tagesspezialitäten
- Saisonspezialitäten
- Buffets aller Art

Qualitätsstandards können leichter aufrechterhalten werden, wenn das Speisenangebot kleiner ist, aber dafür öfters gewechselt wird. Bei einem kleinerem Angebot kann man leichter frische Produkte verwenden, und Frische ist die Voraussetzung für den Wert der Speisen.

Am Abend hat man Zeit, einen Restaurantbesuch so richtig zu genießen

Souper

Etwas altmodisch und gerade deshalb schick, hält sich das Souper nach wie vor in der Gastronomie- und Hotellerieszene der Großstädte. Vor allem im nächtlichen Treiben rund um Theater, Opern und Konzerthäuser findet das Souper dankbare Abnehmer, die nach mehrstündigem Kulturgenuss gern auf die kulinarische Seite wechseln.

Das Souper ist ein Abendessen, das meist nach einer Abendveranstaltung als Abschluss eines außergewöhnlichen Abends eingenommen wird. Es besteht aus zwei bis drei Gerichten oder einem kleinen Menü. Die Speisen sollen leicht verdaulich und bekömmlich und die Portionsgrößen der Tageszeit angepasst, also nicht zu groß sein. Die Auswahl kann aus erlesenen Speisen bestehen, zu denen meist eine gute Flasche Wein getrunken wird.

Buffet, Bankett, Catering und Barbecue

Speisen und Gerichte können in unterschiedlicher Form an den Gast gebracht werden. Neben dem À-la-carte- und dem Menügeschäft sind die herausragenden Angebotsformen Buffet, Bankett, Catering oder – auch bei uns immer beliebter – das Barbecue. Eines haben alle Angebotsformen gemeinsam: Egal, wie und wo der Gast seine Mahlzeit einnimmt – die Speisen müssen immer zur rechten Zeit mit der richtigen Temperatur und in bester Qualität auf dem Teller des Gastes landen. Die Kunst, das zu schaffen, vermittelt das folgende Kapitel.

Buffet

Es gibt eine Vielzahl von Buffetangeboten, angefangen beim kleinen Imbissbuffet über das Frühstücksbuffet bis hin zum Galabuffet. Man sagt: Das Auge isst mit, doch bei aller Neigung zu einer kreativen und effektvollen Buffetgestaltung darf auf die appetitanregende und schmackhafte Zubereitung der Speisen nicht vergessen werden.

Das Buffet ist eine sehr edle Form, Speisen darzubieten

Buffetarten

- **Frühstücksbuffet:** siehe S. 156 ff.
- **Lunchbuffet:** Lunchbuffets gewinnen immer mehr an Popularität, da der Gast die Speisenauswahl individuell treffen kann und auch die zum Essen benötigte Zeit selbst bestimmen kann. Angeboten werden ein Salat- und Vorspeisenbuffet, bestehend aus frischen Salaten, kombinierten Salaten mit Meeresfrüchten, Fisch oder Gemüse, einfachen kalten Vorspeisen, ein Fleisch-, Fisch- und vegetarisches Gericht als Hauptspeise und ein Dessertbuffet mit Obst, leichten Kuchen und Cremen.

Das Lunchbuffet hat einen eigenen Bereich für die Desserts

- **Cocktail- bzw. Stehbuffet:** Es stellt eine Zwischenmahlzeit zu Beginn oder am Ende einer Veranstaltung dar. Dabei werden die Speisen im Stehen verzehrt. Kleine Gerichte, die auf einem Tablett von Servicemitarbeitern gereicht werden, sind mundgerecht zubereitet, sie können auch auf kleinen Buffets aufgebaut sein, an denen sich die Gäste selbst bedienen. Das Speisenangebot besteht aus Canapés, kalten und warmen Horsd'œuvres sowie Petits Fours und Fritots (in Backteig Gebackenes).
- **Salatbuffet:** Salatbuffets sind in allen Betriebsarten, vor allem in Raststätten und in der Gemeinschaftsverpflegung, sehr beliebt. Der Gast kann aus einem reichhaltigen Angebot an frischen Salaten auswählen und sie nach eigenem Geschmack zubereiten. Verschiedene Salatmarinaden und Dressings, Ölsorten und Essigarten, Nüsse, Kerne und Kräuter sollen bereitgestellt werden.
- **Vorspeisenbuffet:** Es wird in Restaurants meist zur Mittagszeit zu einem fixen Preis angeboten, die Gäste bedienen sich selbst. Die Hauptgerichte werden frisch zubereitet und serviert.

Am Vorspeisenbuffet bedienen sich die Gäste selbst

- **Einfaches Buffet:** Einfache Buffets sind kalte oder warme Buffets, die zu verschiedenen Anlässen angeboten werden. Auch verschiedene Arten von Dessertbuffets (in Konditoreien oder Kaffeehäusern) sowie Käsebuffets werden für den Gast aufgebaut.

- **Komplettes Buffet:** Es besteht aus kalten und warmen Speisen sowie Desserts und kann auch in Restaurants angeboten werden. Diese Buffetart hat den Vorteil, dass man eine größere Anzahl an Gästen in kürzerer Zeit verköstigen kann. Es muss immer wieder kontrolliert werden, ob die Speisen noch frisch sind und appetitlich aussehen. Der Gast zahlt entweder das, was er konsumiert, oder man bietet einen Pauschalpreis an. Vorwiegend werden diese Buffetarten bei Bankettveranstaltungen oder bei Caterings in verschiedenen Qualitätsstufen angeboten.
- **Galabuffet:** Diese Buffetart wird für besonders festliche Veranstaltungen eingesetzt. Die Herstellung fordert von jeder Küchenbrigade außergewöhnliche Leistungen, perfekte Zubereitung, handwerkliches Können und optisch ansprechende Präsentation.

Das Galabuffet spielt für die Gäste alle Stückerln

- **Spezielles Buffet:** Es wird für besondere Anlässe oder zu bestimmten Jahreszeiten angeboten (siehe auch Spezialmenüs, S. 139 ff). Beispiele sind Heringsschmaus, Jagdbuffet, Bauernbuffet, Frühlings- oder Herbstbuffet. Diese Buffets werden dem Anlass entsprechend aufwendig dekoriert. Als besondere Attraktion werden große Fleisch- oder Fischstücke beim Buffet von Köchen tranchiert.
- **Themenbuffet:** Es handelt sich um ein Buffet, das einem bestimmten Thema gewidmet ist, wie z. B. einem Land oder einer Region, oder unter einem speziellen Motto steht, z. B. eine Soiree aux fleurs („Blumenabend" mit französischem Buffet), ein Sommernachtsfest oder ein Silvesterbuffet. Dem entsprechen die Auswahl der Speisen, die Dekoration und auch das Unterhaltungsprogramm. Es wird als Abendveranstaltung in Restaurants oder als Bankettveranstaltung angeboten und erfreut sich bei den Gästen immer größerer Beliebtheit.

Bei allen Buffetarten muss auf die Wirtschaftlichkeit – eine genaue Preiskalkulation – und auf die Einhaltung der Hygienebestimmungen geachtet werden. Warme Gerichte müssen bei 75 °C serviert werden, bei kalten Speisen darf die Temperatur 15 °C nicht überschreiten.

Buffets kann man beliebig erweitern und grundsätzlich unter jedes erdenkliche Motto stellen. Die Herstellung eines jeden Buffets setzt eine gute Zusammenarbeit zwischen Küche und Service voraus, damit es bis zum Schluss attraktiv präsentiert werden kann.

Eine gute Zusammenarbeit zwischen Küchenchef und Bankettmanager ist Voraussetzung für ein gelungenes Buffet

Organisation eines Buffets

Zu den organisatorischen Abläufen eines Buffets zählen:

- Verkaufsgespräch mit dem Veranstalter
- Bei Catering eine Begehung vor Ort
- Zusammenstellung der Speisen, detaillierte Menüplanung (siehe S. 164)
- Erstellung der Mengenliste und Einkauf für das Buffet (siehe S. 164)
- Bestimmen von Standort, Größe und Form des Buffets (siehe S. 164)
- Festlegen des Buffetaufbaus (siehe S. 164)
- Erstellung der Buffetskizze (siehe S. 166)
- Erstellung der Mise-en-Place-Liste für das Buffet (siehe S. 168)
- Personalplan und Instruktion für das Buffet, Servicebesprechung (siehe S. 168)
- Durchführung und Servicezeit (siehe S. 168)
- Nachbesprechung beim Buffet (siehe S. 168)
- Bei Catering Inventarkontrolle (siehe S. 168)

Verkaufsgespräch mit dem Veranstalter

Ist der Betrieb auf Catering bzw. Bankett spezialisiert, so wird er über eine Angebots- oder Informationsmappe verfügen, die beim Verkaufsgespräch vorgelegt wird. Darin sind Informationen über den Betrieb, Pläne der Veranstaltungsräumlichkeiten inklusive technischer Ausstattung, Skizzen der Tischordnung und Sesselaufstellung, standardisierte und frei wählbare Menüvorschläge, Vorschläge für Getränke, Veranstaltungspauschalen, Geschäftsbedingungen und eine Checkliste für das Erstgespräch zu finden.

In der ersten Besprechung sind vor allem die Art der Veranstaltung, die Personenanzahl und die Räumlichkeiten festzulegen. Ebenso ist das Menü- bzw. Speisenangebot zu besprechen. Ist die Veranstaltung im Bankettbereich, wird man bereits beim ersten Gespräch die verfügbaren Räumlichkeiten vorzeigen.

Bei Catering eine Begehung vor Ort

Wird ein Outsidecatering geplant, ist ein Termin vor Ort zu fixieren, an dem die Gegebenheiten überprüft werden (Räumlichkeiten, Anlieferung, Essensausgabe, Servicestation, Strom, Wasser etc.).

Ebenso wird man sich einen Raumplan mit Maßen und Maßstabsangabe für die weitere Planung besorgen.

Zusammenstellung der Speisen, detaillierte Menüplanung

Die Speisen eines Buffets werden nach den gleichen Regeln wie bei der Menüplanung (siehe S. 136) zusammengestellt. Trotz der Vielfalt der Speisen soll das Buffet eine harmonische Einheit sein, was Geschmack und Präsentation betrifft. Darüber hinaus müssen die Abläufe genau geregelt sein, damit die Speisenentnahme beim Buffet problemlos funktioniert.

Schreibweise einer Buffetkarte

Kalte Speisen

- Kleine Gerichte: Cocktails, Horsd'œuvres, Terrinen, Pasteten
- Meeresfrüchte und Fischgerichte
- Diverse kalte Fleischgerichte
- Salate: frische und kombinierte Salate
- Kalte Saucen und Marinaden

Warme Speisen

- Suppen
- Vegetarische Speisen
- Meeresfrüchte und Fische
- Fleischspeisen
- Gemüse als Beilage
- Sättigungsbeilagen

Desserts

- Käseauswahl
- Kalte Desserts: Obstgerichte, Mousses, Cremen und Puddings etc.
- Kuchen, Schnitten, Torten und Strudel
- Warme Desserts: Aufläufe, Knödel etc.

Erstellung der Mengenliste und Einkauf für das Buffet

Pro Person muss man bei einem Buffet, bestehend aus einer kalten Speise, Suppe, warmen Speisen und Desserts, von einer Einkaufsmenge wie bei einem viergängigen Menü plus 10 bis 15 % ausgehen. Als Hilfestellung bei der Berechnung dienen die Verbrauchertabellen (siehe S. 178). Zusätzlich sind beim Einkauf Dekorationsmaterialien für das Display zu berücksichtigen.

SCHÖN DEKORIERT, WIRD DAS BUFFET ZUM BLICKFANG FÜR DIE GÄSTE

Noch ein Tipp am Rande
Als grobe Faustregel für die Mengenkalkulation für Buffets gilt der Erfahrungswert von 1 000 g Lebensmitteln pro Person (inklusive Gebäck, Putzverlusten etc.).

Bestimmen von Standort, Größe und Form des Buffets

Standort und Größe sind so zu wählen, dass um das Buffet herum genügend freier Platz vorhanden ist. Übersichtlich arrangierte Platten, Schüsseln und Teller helfen dem Gast, sich einfach und schnell zu bedienen. Eine längliche Buffetform hat den Vorteil, dass die Speisen nach der Menüreihenfolge aufgestellt werden können.

Der Raum bestimmt die Gestaltung des Buffets

Festlegen des Buffetaufbaus

Liebevoll zubereitete Speisen verlangen auch nach einer perfekten Präsentation. Hier liegt es an der Kreativität des Gardemangers und des Bankettleiters, sämtliche Equipment-Ressourcen optimal zu nutzen und alles harmonisch zu gestalten.

Speisen optimal präsentiert

Für ein perfektes Buffetbild ist der **symmetrische Aufbau** sehr wichtig. Große Buffets wirken sonst unruhig. Nur kleine Buffets können auch asymmetrisch aufgebaut werden.

Besonders attraktiv wirkt ein auf verschiedenen Ebenen aufgebautes Buffet. Die Gestaltung eines Buffets kann unterschiedlich sein und sollte keineswegs nur gerade Formen aufweisen. Durch Verwendung von halbrunden oder geschwungenen Tischen erzielt man ein besseres Aussehen. Falls das Buffet nur von einer Seite zu begehen ist, sollte man den hinteren Teil des Tisches erhöhen, damit die Speisen für den Gast problemlos zu erreichen sind. Kostengünstige Aufbauten zur Deko-

Die Speisen sollen attraktiv angerichtet und in optimales Licht getaucht sein

ration können aus Gläserracks oder leeren Getränkekisten – verkleidet mit Tischtüchern – hergestellt werden.

Platten werden durch Unterlegen von kleinen Tellern oder Ähnlichem erhöht, damit sie leicht schräg nach vorne abfallen und die angerichteten Speisen besser sichtbar werden. Farblich abgestimmte Buffetschürzen (Skirtings), die auch indirekt mit farbigen Spots, die unter dem Buffet angebracht sind, beleuchtet werden können, sorgen für zusätzliche Effekte bei der Präsentation. Generell ist auf die ausreichende Beleuchtung der Speisen zu achten.

Schaustücke und Dekorationselemente werden im Mittelpunkt platziert, um die Attraktivität des Buffets zu unterstreichen. Allerdings muss darauf geachtet werden, dass z. B. Blumengestecke und dergleichen nicht mit den Speisen in Berührung kommen. Galabuffets werden mit klassischen Schaustücken wie Eisskulpturen, Butter- oder Schokoladenfiguren dekoriert. Aber auch dekorative Obst- oder Gemüsedisplays sind attraktiv und lockern das Buffetarrangement auf.

Darauf soll man bei der Planung nicht vergessen:

- Ausreichend Vorlege-, Tranchierbesteck, Schöpfer und Ablageteller
- Tranchierbretter
- Brennpaste für Chafingdishes
- Buffetspeisenkarten für die Tische
- Gebrochene (gefaltete) Servietten zur Dekoration oder als Untersetzer, z. B. Schwanenhälse und Artischocken, eignen sich zur Dekoration von Buffets besonders

Faltanleitung Artischocke

1. Ausgangsform
2. Die Ecken der ausgebreiteten Serviette zur Mitte falten.
3. Vorgang wiederholen und Serviette wenden.
4. Wiederum alle vier Ecken zur Mitte falten.
5. Nun die Zipfel aus der Mitte der Unterseite vorsichtig nach oben ziehen.
6. Evtl. noch die restlichen vier Zipfel von unten nach außen ziehen.

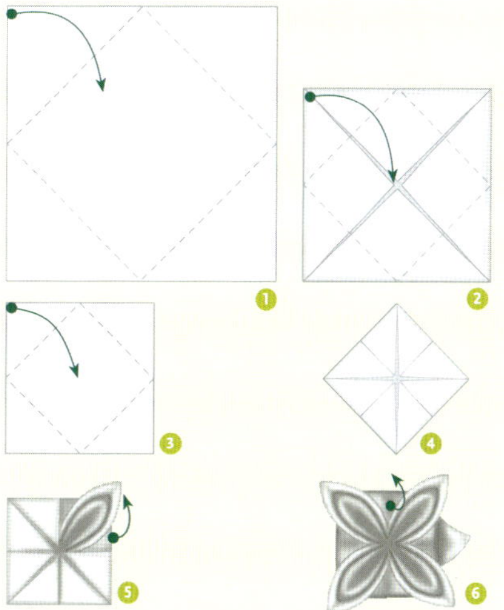

Faltanleitung Schwanenhals

1. Auf die ausgebreitete Serviette doppelt Alufolie so auflegen, dass sie oben und links genau an der Kante liegt. Die oberen linken Ecken von Serviette und Folien müssen exakt übereinanderliegen.
2. Nun die Serviette wie einen Flieger zur Spitze falten.
3. Schritt 2 wiederholen.
4. Schritt 2 noch einmal wiederholen.
5. Spitz und Kanten gut flach drücken.
6. Serviette am Spitz festhalten, schneckenförmig eindrehen und dabei den Serviettenstoff in größer werdenden Abständen zusammenschieben, sodass sich der Schwanenhals während des Eindrehens in Falten legt. Am besten geht das, indem man mit dem Daumen auf die Kante drückt und während des Eindrehens und Zusammenschiebens den Schwanenhals mit einem flachen Gegenstand glatt klopft.

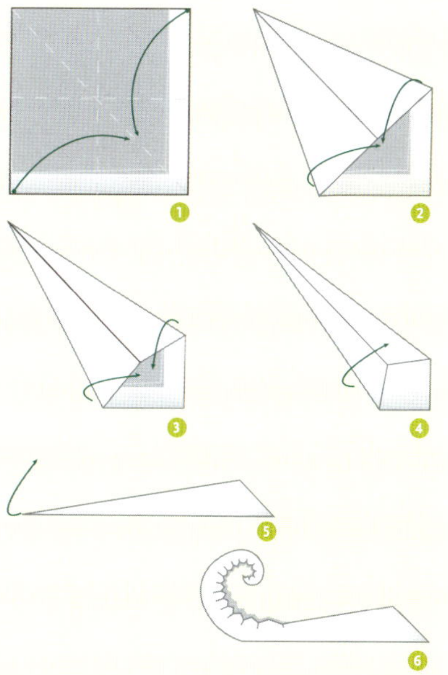

Der Schwanenhals und die Artischocke sind für Buffets die attraktivsten Serviettenfaltungen

Mit der Serviceleitung ist darüber hinaus noch Folgendes zu klären:

- Aufbauelemente
- Buffetschürzen
- Tischwäsche zum Verkleiden des Buffets
- Dekorationsmaterial (themenbezogen und passend zu den Tischen, z. B. Spargel, Artischocken, Tomaten, Paprika, Blumen, Kerzen etc.)
- Stoffservietten
- Vorgewärmte Suppentassen und Teller auf dem warmen Buffet
- Besteck
- Teller

Der Platzbedarf für die Chafingdishes wird in der Planung berücksichtigt

Erstellung der Buffetskizze

Wie macht man einen Plan? Man erstellt mit Bleistift und Lineal oder auf dem Computer eine maßstabsgetreue grobe Skizze. Gängige Computerprogramme haben ein ausreichendes Sortiment an Zeichenelementen und Autoformen zur Verfügung, die dafür verwendet werden können.

> Maßstabsgetreues Zeichnen ist für die perfekte Planung notwendig, da es sonst zu bösen Überraschungen kommen kann.

So erstellen Sie ein Zeichenelement

Man beginnt damit, das Inventar zu vermessen (Bankett- und andere Tische, Teller, Porzellan, Platten, Chafingdishes, Kisten etc.). Die Originalmaße werden in einer Exceltabelle abgelegt und können hier in jeden beliebigen Maßstab umgerechnet werden. Der Maßstab 1:40 erweist sich für Buffets als günstig. Nun wird das benötigte Equipment im geeigneten Maßstab gezeichnet und als Vorlage gespeichert. So ist es in weiterer Folge immer rasch verfügbar und für jede neue Planung wiederverwendbar. Fertige Buffetskizzen archiviert man für weitere Buffetplanungen.

Der fertige Buffetplan wird für die Instruktion am Buffet sowie die Servicebesprechung im Format A3 oder größer (Achtung Maßstab) ausgedruckt.

Beispiel eines Buffetplans für ein kaltes Buffet, ein warmes Buffet und ein Dessertbuffet für 200 Personen

I. Kaltes Buffet

Buffet ist seitengleich aufgebaut, daher ist alles je zweimal herzurichten!

1. Hummer und Languste, garniert, Seezungenröllchen in Chablis, weiße Tomatenmousse mit Belugakaviar
2. Glacierter Kalbssattel und englische Hochrippe mit gefüllten Patissonkürbissen
3. Erlesene Käseauswahl
4. Platte mit exotischen Früchten und verschiedenen Nüssen und Kernen
5. Vorspeisenplatte – Antipasti
6. Blattspinat mit Wachteleiern
7. Salat von Tintenfischen mit gebratenen Artischocken
8. Büffelmozzarella mit San-Daniele-Schinken und Basilikum
9. Jourgebäck (kleines Gebäck) und Brotauswahl

In Cocktailgläsern:
Salat von Taschenkrebsen mit Granny-Smith-Apfel ▪ Marinierte Jakobsmuscheln mit Orangenfilets und Estragon ▪ Gemüse-ratatouille mit Oliven

In Saucentöpfen und Saucieren:
Thousand-Islands-Sauce ▪ Kräutermousseline ▪ Sauce vinaigrette ▪ Olivenöl-Balsamico-Marinade

In eckigen Porzellanschalen:
Gänseleberpralinen mit Ruländergelee ▪ Cremeschnitten vom Ziegenkäse mit Minzepesto ▪ Charlotte von der Bressetaube mit Quittenconfit

Buffetdekoration:
Blumengestecke ▪ Blätter ▪ Teelichter im Glas

II. Warmes Buffet

1. Sautierte Garnelen in Tomaten
2. Reis mit Erbsenschoten und Pinienkernen
3. Streifen von der Poulardenbrust mit Morcheln und Spargel
4. Lasagne von Meeresfischen
5. Apfelrotkraut und Champagnerkraut
6. Rehrücken, in Brioche gebacken (Schneidestation), Wacholder-Zitronen-Glace
7. Rieslingsbeuscherl mit Briocheknöderln

Dekoration wie beim kalten Buffet

III. Dessertbuffet Glaspyramide

Cocktailgläser mit:

1. weißer Mohnmousse mit eingelegtem Himbeerrhabarber
2. Mousse von Zartbitterschokolade mit Erdbeeren
3. Salat von tropischen Früchten mit Zimtstangerln
4. Camparicreme mit eingelegten Zwergorangen
5. Kokos-Limetten-Parfait mit gebrannten Mandeln

Rund um die Pyramide:
Vier verschiedene Teller mit Petits Fours und Pralinen, auf Hagelzucker aufgelegt; insgesamt zehn Teller herrichten (Supplement)

Dekoration wie beim kalten Buffet

I. Kaltes Buffet

II. Warmes Buffet

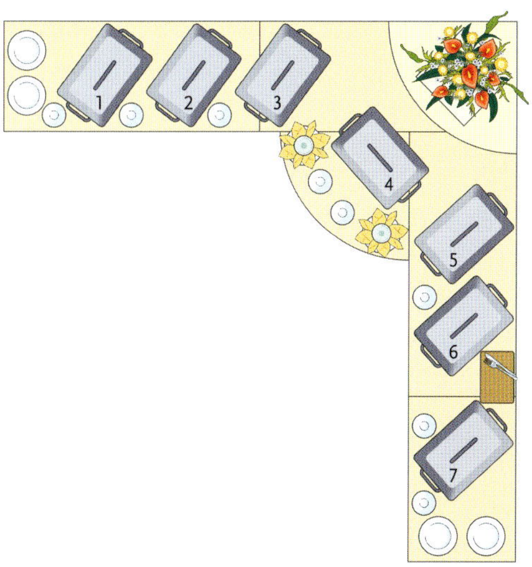

III. Dessertbuffet

Mithilfe des Buffetplans können schon im Vorfeld sämtliche Szenarien auf dem Papier durchgespielt und mit dem Maître d'Hôtel besprochen werden, z. B. die Erreichbarkeit der Speisen, die Wege und die Gehrichtung der Gäste, das Platzangebot und die Raumgestaltung.

Küchenchef und Maître d'Hôtel gehen den Ablauf der Veranstaltung anhand des Buffetplans durch

Erstellung der Mise-en-Place-Liste für das Buffet

Bei größeren Buffets erstellt der Küchenchef eine Mise-en-Place-Liste, in der geregelt ist,

- auf welchen Anrichteplatten, Schüsseln und Gläsern die Speisen anzurichten sind,
- wie viel Anrichtegeschirr für die einzelnen Speisen benötigt wird
- und welche Dekoration für einzelne Speisen zu berücksichtigen ist.

Diese Mise-en-Place-Liste dient als Information für den Koch und dient gleichzeitig zur Kontrolle der Qualität.

Personalplan und Instruktion für das Buffet, Servicebesprechung

Bei einer kurzen Besprechung mit den zugeteilten Mitarbeitern wird ein Personaleinsatzplan erstellt. Die Instruktion legt die Arbeitsabläufe fest – Vorbereitung, Zubereitung, Anrichteart, die Mise-en-Place-Liste und einen Zeitplan für die Ausführung. Zum besseren Verständnis können Skizzen mit den Anrichtearten angefertigt werden. Zusätzlich wird auf Besonderheiten wie Dekoration, Aufbau des Buffets etc. hingewiesen.

SKIZZEN HELFEN, DIE ANRICHTEARTEN BEI DER BUFFETBESPRECHUNG ZU ERLÄUTERN

Zeitgleich mit der Instruktion der Köche findet auch die Servicebesprechung statt, die der Maître d'Hôtel gemeinsam mit dem Küchenchef für die Servicemitarbeiter abhält.

Durchführung und Servicezeit

Das Aufstellen von Speisen soll frühestens 30 Minuten vor dem Eintreffen der Gäste erfolgen. Damit jeder Gast aus einem attraktiven, appetitlichen und frischen Speisenangebot auswählen kann, muss das Buffet im Laufe der Servicezeit ergänzt werden. Bei den warmen Speisen sind Köche den Gästen bei der Auswahl und beim Anrichten der Speisen behilflich.

Am warmen Buffet richten Köche die Speisen für die Gäste an

Die Servicezeit von kalten Buffets, die nicht ausreichend gekühlt sind, soll zwei Stunden nicht überschreiten. Bei fest installierten Buffets müssen für kalte Speisen Kühlmöglichkeiten und für warme Speisen Wärmebehältnisse (Chafingdishes) zur Verfügung stehen.

Nachbesprechung beim Buffet

Nach Beendigung der Veranstaltung soll eine Nachbesprechung mit allen beteiligten Mitarbeitern durchgeführt werden. Für die Dauer der Besprechung reichen ein paar Minuten, hierbei soll der Ablauf von den Küchen- und von den Servicemitarbeitern kurz analysiert und in einer Bestandsaufnahme festgehalten werden. Diese Analyse dient zur Qualitätskontrolle, um den allgemeinen Standard zu erhöhen.

Bei Catering Inventarkontrolle

Bei Outsidecatering ist darauf zu achten, dass das gesamte Inventar wieder in den Betrieb zurückkehrt, denn vergessene Silberplatten oder Chafingdishes sind ein großer finanzieller Verlust. Die Stewardingabteilung ist daher dafür verantwortlich, das Inventar laut Inventarliste zu checken.

Die Räumlichkeiten müssen zur Art der Veranstaltung passen

das Bankett in jedem Fall verrechnet wird, auch wenn schließlich weniger Gäste teilnehmen. Die Preisgestaltung obliegt zumeist der Bankettabteilung bzw. dem Eventmanagement, die Speisenberechnung erfolgt in Absprache mit der Küchenleitung.

Die Bankettbestellungen bzw. die Informationen über eine Veranstaltung werden auf einem Veranstaltungsplan bzw. Functionsheet (siehe S. 122) verzeichnet. Das Functionsheet wird in der Küche am Schwarzen Brett ausgehängt. Auch alle anderen von der Veranstaltung betroffenen Abteilungen müssen jederzeit Einsicht nehmen können.

Bankett (Eventmanagement)

Ein Bankett ist eine festliche Veranstaltung, bei der zu einer bestimmten Zeit ein vorbestelltes Menü serviert wird oder ein Buffet angeboten wird. Die Organisation obliegt dem Bankett- bzw. Eventmanager, in kleineren Betrieben dem Küchenchef.

Organisation eines Banketts

Bei der Organisation eines Banketts ist Folgendes zu berücksichtigen:

- **Art der Veranstaltung:** Sie ist die Grundlage der Planung. Es kann sich um Firmenfeiern oder Jubiläen, Hochzeiten, Seminare, Tagungen, Meetings, Konferenzen, Workshops, Kongresse etc. handeln.
- **Zeitablauf:** Bei Veranstaltungen, die einen ganzen Tag lang dauern, ist mit dem Veranstalter ein genauer Tagesablauf zu vereinbaren. Dieses Tagesprogramm erhalten die Bankettabteilung, das Service, die Küche und auch die Teilnehmer.
- **Personenanzahl:** Die Personenanzahl bestimmt einerseits die Raumgröße und die Platzaufteilung im Raum, andererseits ist sie die Grundlage der Speisenkalkulation.
- **Raumplan:** Jede Veranstaltung verlangt eine individuelle Raumauswahl, Raumgestaltung und Tischstellung.
- **Technisches Equipment:** Benötigte technische Geräte und Anschlüsse vom Flipchart über den Videobeamer bis zum Internetanschluss sind nach Bedarf bereitzustellen.
- **Meetingunterlagen:** wie Schreibunterlagen, Tagungsmappen, Namensschilder, Programmablauf etc. sind vom Eventmanagement in Absprache mit dem Veranstalter vorzubereiten.
- **Speisen und Getränke:** Die Art der Mahlzeiten, ob Mittag- oder Abendessen, bestimmt das Speisen- und Getränkeangebot. Die Auswahl der Speisen bestimmt außerdem den Mitarbeiterbedarf in der Küche, der zusätzlich zum laufenden Betrieb berücksichtigt werden muss.
- **Rahmenprogramm:** Je nach Veranstaltungsart und nach Gästewünschen ist gemeinsam mit dem Veranstalter ein Rahmenprogramm festzulegen: Von der Begrüßung über Ansprachen an der Tafel bis hin zu musikalischer Untermalung ist der Ablauf zu fixieren.
- **Preisstruktur:** Bei der Preisgestaltung gibt es verschiedene Möglichkeiten, z. B. kann eine Tagespauschale oder ein Conferencepackage angeboten werden, das Raummiete, Kaffeepause, Mittagessen, Getränke und technisches Equipment enthält. Es wird auch eine **Garantiezahl** festgelegt; das ist jene Personenzahl, für die

Bankettangebot

Neben dem Leistungsverzeichnis (Veranstaltungsarten, Räumlichkeiten, Kapazitäten, Ausstattung) und den Geschäftsbedingungen des Betriebes ist in einer **Bankettmappe** das gesamte Speisen- und Getränkeangebot angeführt. Selbstverständlich richtet sich das Angebot nach den Möglichkeiten, Kapazitäten und Voraussetzungen des Betriebes.

So ist man für das Bankettservice gerüstet

Das Speisenangebot einer größeren Bankettabteilung sieht folgendermaßen aus:

- **Frühstücksangebote:** Je nach Betrieb können alle Frühstücksarten (siehe S. 155 ff) angeboten werden. Grundsätzlich ist jedoch das Frühstücksbuffet zu empfehlen.

- **Kaffeepausen:** Zwei bis drei verschiedene Formen sind anzubieten oder der Veranstalter wählt die Zusammenstellung nach eigenem Wunsch.
- **Mittagessen:** Erforderlich sind mindestens zwei leichte Lunchbuffets und drei bis sechs drei- und viergängige Menüs.
- **Abendessen:** Das Angebot besteht in der Regel aus drei bis fünf erweiterten Menüs und zumindest zwei Gala- oder Degustationsmenüs für besondere Anlässe.
- **Buffets:** Buffets werden immer beliebter, und das aus zweierlei Gründen: Erstens kann jeder Gast seine eigene Auswahl treffen (bei internationalen Gästen sehr wichtig) und zweitens hat der Gast nicht nur die Möglichkeit, sich mit seinem Tischnachbarn zu unterhalten, sondern kann am Buffet auch mit anderen Teilnehmern ins Gespräch kommen. Anzubieten sind zwei bis drei verschiedene komplette Buffets, ein Galabuffet für besonders festliche Anlässe und zwei Themenbuffets (evtl. mit Unterhaltungsprogramm). Bei der Zusammenstellung der Speisen ist zu beachten, ob es sich um Abend- oder Mittagsveranstaltungen handelt.
- **Verschiedene Zusatzangebote:** Für Cocktailpartys, Empfänge oder zum Aperitif werden neben den passenden Getränken verschiedene Canapés und kleine kalte und warme Horsd'œuvres angeboten. Man kann zwei oder drei Varianten der Zusammenstellung anbieten oder der Veranstalter wählt sie selbst. Weiters sollten in einer Bankettmappe zwei Arten von Stehbuffets mit unterschiedlichem Fingerfood als Zwischenmahlzeit enthalten sein.
- **Getränkeangebot:** Das Angebot umfasst Aperitifs, Digestifs, Biere, alkoholfreie Getränke, Weine und Schaumweine.

In der Bankettmappe soll auch vermerkt werden, dass jeder Veranstalter mit dem Küchenchef individuell abgestimmte Menüs und Buffets zusammenstellen kann.

FÜR COCKTAILPARTYS ODER STEHEMPFÄNGE WIRD FINGERFOOD VORBEREITET

Catering (Partyservice)

Catering (to cater) bedeutet frei übersetzt „mit Speisen und Getränken beliefern". Daher wird von Catering gesprochen, sobald Veranstaltungen nicht in dafür grundsätzlich vorgesehenen Räumen (z. B. Restaurants) stattfinden. Werden Caterings im eigenen Betrieb, aber nicht in den dafür vorgesehenen Bereichen oder Räumen durchgeführt, spricht man von **Inside- bzw. Inhousecatering. Outsidecatering** hingegen sind außer Haus durchgeführte Veranstaltungen. Catering wird auch als Partyservice bezeichnet.

Catering ist ein wachsender Markt in der Gastronomie und für viele Betriebe ein lukratives Zusatzgeschäft, weil dabei die eigenen Veranstaltungsräumlichkeiten nicht blockiert werden. Wenn Betriebe über einen zusätzlichen Personalstock (etwa einen Kreis von guten, flexiblen Aushilfskräften) und eine geeignete Logistik verfügen, liegt es nahe, Catering außerhalb der eigenen Räume anzubieten. Die Präsenz bei solchen Veranstaltungen kann sich auch positiv auf den Bekanntheitsgrad und das Image des Betriebes auswirken.

Grundsätzlich gibt es zwei Arten von Caterings:

- Belieferung mit bestellten Speisen aller Art und
- Durchführung von Veranstaltungen (Event and Catering).

Catering oder Partyservice ist eine beliebte Form, private oder gesellschaftliche Feiern zu organisieren

Bei **Event and Catering** sind die Möglichkeiten beinahe unbegrenzt. Es werden nicht nur Speisen und Getränke geliefert, sondern es kann die gesamte Durchführung einer Veranstaltung, angefangen vom Rahmenprogramm (Entertainment), über Personal, das Mobiliar und die Geräte bis zum Aufbau von benötigten Zelten, übernommen werden.

Voraussetzungen für Event and Catering sind:

- Eine perfekte Organisation und Logistik
- Transportmittel (Kühlwagen)

Bei Event and Catering wird die gesamte Veranstaltung von A bis Z organisiert

- Geschultes Personal für Küche und Service sowie technisches Personal für die Aufbauten
- Mobile Ausgabeeinrichtungen und Zubereitungsgeräte wie Koch-, Kühl- und Wärmegeräte
- Transportboxen für Geschirr, Gläser und Besteck
- Mobiliar: Garderoben, Tische, Stühle, Tischwäsche etc.

Um Veranstaltungen optimal zu organisieren, wird eine auf die Bedürfnisse der Veranstaltung abgestimmte **Checkliste** erstellt, in der folgende Punkte angeführt sind:

- Art und Dauer der Veranstaltung
- Ort, Datum und Teilnehmerzahl
- Preisgestaltung, Budgetplanung
- Speisenplan: Empfang, Menü, Buffet
- Getränkeliste: Aperitif, Getränke zum Essen, Kaffee, Digestif
- Aufbau, Raumplan, Transportplan
- Liste für Mobiliar im Veranstaltungsraum: Tische, Bestuhlung etc.
- Inventarliste für Serviceablauf: Servicestation, Geschirr, Besteck, Gläser, Abräumstation
- Inventarliste für Küche: Zubereitungs- und Ausgabegeräte, Küchengeschirr und -werkzeuge
- Abfallentsorgung
- HACCP-Dokumentation
- Personalplanung: Aushilfskräfte
- Dekoration: Tischwäsche, Servietten, Blumen, Kerzen, Menagen
- Zeitplan: Aufbau, Ablauf, Aufräumarbeiten, Reinigung
- Tischplan
- Menükarten, Namensschilder, Tischkarten
- Garderobe, WC-Anlagen
- Personalverpflegung

Diese Informationen müssen allen Mitarbeitern bekannt gegeben werden. Festgehalten werden die wichtigen Vermerke auf der **Eventorder** (dem Veranstaltungsplan, siehe S. 122).

Catering benötigt eine gewissenhafte Vorbereitung

Speisenauswahl für Catering

Jeder Betrieb muss sich gut überlegen, welche Speisenauswahl angeboten wird. Dabei ist der große Arbeitsaufwand bei der Durchführung von Veranstaltungen außer Haus zu berücksichtigen. Die Auswahl unterscheidet sich nicht wesentlich von einem Bankettangebot (siehe S. 169 f). Allerdings sollte auf schnell verderbliche, besonders empfindliche Gerichte möglichst verzichtet werden. Weiters ist zu bedenken, ob die Speisen in mobilen Kühl- bzw. Wärmebehältnissen transportfähig gehalten werden können.

In der Regel erfolgen die Vor- und Zubereitung der Speisen im Betrieb – meist mithilfe des Cook-and-chill-Verfahrens (siehe S. 98). Die Fertigstellung der Gerichte bzw. die Regeneration wird auf mobilen Kochgeräten kurz vor dem Servieren vor Ort durchgeführt. Die Ausgabetemperaturen von Speisen müssen ausnahmslos eingehalten werden (siehe HACCP-Konzept laut Lebensmittelhygieneverordnung, S. 64).

Barbecue (Grillparty)

Laue Sommerabende, sonnige Sonntage, Sommerfeste – das sind Gelegenheiten, den Gästen das zu bieten, was am besten zu diesen Tagen passt: einen schattigen Sitzplatz im Gastgarten und eine Speisenkarte, die Feines vom Grill verspricht. Wird im Freien gegrillt, lockt außerdem der Duft die Gäste fast von selber an ...

Das Geheimnis des Erfolgs des Grillens im Freien ist – neben Hochgenuss und verführerischen Düften –, dass Menschen leidenschaftlich gerne im Freien kochen und essen, sei es aus romantischen Gründen oder einfach deshalb, weil Menschen schon vor Jahrtausenden ihre Mahlzeiten so zubereitet haben. Und dieser Naturverbundenheit gibt man sich im Sommer gerne hin.

Das aus Amerika stammende **Barbecue** ähnelt unseren Grillpartys. Tatsächlich unterscheidet sich die Angebotspalette kaum, nur dass beim echten Barbecue ausschließlich über offenem Feuer gegrillt wird. Angeblich stammt das Wort Barbecue vom französischen Ausdruck

barbe à queue. Das bedeutet, dass man das ganze Tier vom Bart (barbe) bis zum Schwanz (queue) auf einen Spieß steckt und brät. Beim Barbecue im alten Stil wird eine große Grube gemacht, in die große, marinierte Fleischstücke oder ganze Rinder oder Lämmer gelegt werden. Die Grube wird mit einem Metalldeckel verschlossen. Darauf wird aus Holzkohle Glut entfacht, unter der das Fleisch stundenlang gegart wird. Diese Tradition geht bis in die Indianerzeit zurück und wird heute noch in einigen Südstaaten Amerikas gepflegt.

Die Kunst des Grillens

Gegrillt wird heute meist am Holzkohlengrill. Das Grillgut wird erst auf den Grillrost gelegt, wenn die Holzkohle weiß ist und glüht und keine Flammen mehr züngeln. Die Kunst ist es, die Hitze der Glut konstant zu halten, ohne dass Flammen auflodern, und das Grillgut immer im richtigen Abstand zur Glut zu halten. Das Grillgut wird auf Alufolie oder in eine Grilltasse gelegt, damit das Fett nicht in die Glut tropft und verbrennt. Das dabei entstehende Acrolein ist gesundheitsgefährdend.

Saftig, zart, geschmackvoll – so gelingt's!

- Das **Grillgut** rechtzeitig marinieren – je früher desto besser. Dafür eignen sich verschiedene Ölmarinaden. Salzen darf man das Gargut jedoch frühestens unmittelbar vor oder während des Grillens. Salz entzieht dem Fleisch die Flüssigkeit – es wird zäh und trocken.
- **Grillvorgang:** Bei starker Anfangshitze kurz bräunen, bei reduzierter Hitze fertig grillen und kurz rasten lassen. Das Bratgut während des Grillens mit Ölmarinade bestreichen, damit es saftig, zart und geschmackvoll bleibt.

Vorschläge für Grillpartys

Nur Fleisch auf Holzkohlenbriketts zu grillen, wird nicht genügen. Es bedarf eines ausgewogenen Angebots an ausgewählten Fleisch-, Fisch- und Gemüsespeisen mit passenden Beilagen und erfrischenden Desserts für den Abschluss. Es empfiehlt sich, Saucen, Beilagen, Salate und Brot auf einem Buffet anzubieten. Hier kann der Gast wählen, während das Grillgut vom Koch à la minute zubereitet wird.

IM SOMMER EIN WAHRER RENNER – GEGRILLTES VOM HOLZKOHLEGRILL IN ALLEN VARIATIONEN

Fleisch

Zur Auswahl stehen:

Rind
Filets, Steaks, Rostbraten, Rippenstück, Rumpsteak, Hamburger.
Kalb
Steaks oder Medaillons vom Schlegel (aus der Keule) und vom Rücken.
Schwein
Koteletts, Steaks vom Schlegel (aus der Keule), Karree oder Schopf, Brust und Spareribs.
Lamm
Karree, Chops, Koteletts; von einem jungen Lamm kann außer Hals und Brust alles verwendet werden.
Sonstiges
Faschierte Laibchen (Frikadellen), Cevapcici, Grill- oder Bratwurst.

Das Fleisch in kleine Portionen schneiden und mindestens vier bis acht Stunden, besser schon am Vortag, in Marinade liegen lassen. Fleischstücke mit Knochen, wie Koteletts oder Rippen, müssen nach hoher Anfangshitze bei stark reduzierter Hitze fertig gegrillt werden.

Durch Grillen bekommen Fleisch und Fleischprodukte eine würzige Note

Geflügel

Grillen ist die ideale Garmethode für Geflügel. Am Rost gebratene Geflügelspieße können mit verschiedenen Produkten wie Krustentieren, Gemüse oder Früchten kombiniert und mit verschiedenen Saucen serviert werden.

Fisch

Schonendes Grillen ist wegen der feinen Fleischstruktur des Fischs besonders wichtig. Daher sollte man ihn in Alufolie einschlagen. Sie schützt vor zu starker Hitze und das Fischfleisch zerfällt beim Grillen nicht. Außerdem bleibt der Geschmack erhalten. Grillfertig zubereiteten Fisch zwei Stunden vor der Verwendung in Ölmarinade

Maiskolben eignen sich zum Grillen besonders

legen und während des Grillens immer wieder damit bestreichen.

Krustentiere

Garnelen, Scampi und Hummer sind gegrillt ein kulinarischer Genuss. Die Krustentiere sollen in der Schale – halbiert oder im Ganzen – schonend bei mittlerer Hitze gegrillt werden. Vorher werden sie in Ölmarinade ca. zwei Stunden mariniert.

Beilagen

Salate

Die Auswahl reicht von naturbelassenen Blattsalaten, Kräutern über Gemüsesalate oder Salatkompositionen wie griechischen Bauernsalat, Rahm-Gurken-Salat, französischen Salat bis hin zum Apfel-Jungzwiebel-Salat. Dazu werden verschiedene Marinaden angeboten.

Eine gut abgeschmeckte Marinade macht den Salat zum Genuss

Brot und Gebäck

Weißbrot oder Baguette wird mit Knoblauch und etwas Olivenöl bestrichen und gegrillt – eine einfache, aber gelungene Ergänzung.

Weißbrot darf beim Grillen nicht fehlen

Kartoffeln

Rohe Kartoffeln im Ganzen werden in Folie verpackt, in der Glut gebacken oder in Scheiben geschnitten und langsam gegrillt.

In der Glut gebackene Kartoffeln sind eine wunderbare Beilage zu gegrilltem Fleisch

Gemüse

Am besten eignen sich Artischocken, Zucchini, Auberginen, Tomaten, Paprika, Jungzwiebeln, Stangensellerie, Fenchel, Maiskolben, Chicorée, Trevisio (Radicchio). Auch Champignons und andere Pilze sind eine willkommene Abwechslung auf dem Grillteller.

Desserts

Eine kleine Auswahl an erfrischenden Süßspeisen wie geschnittenen Früchten, Fruchtsalaten oder Speiseeis mit Schokoladensauce, Frucht- oder Beerenmark passt ausgezeichnet als Abschluss eines sommerlichen Grillabends. Ebenso eignen sich Sorbets und Granités, die in der heißen Jahreszeit dankbare Abnehmer finden.

Fruchtige Desserts schmecken im Sommer am besten

Kalkulation

In der Gastronomie sind nach den Personalkosten die Warenkosten der größte Kostenfaktor. Deshalb soll jeder verantwortungsvolle Koch imstande sein, Warenkosten und Verkaufspreise zu berechnen, um seinen Beitrag zu einem optimalen Betriebsergebnis zu leisten. Ganz und gar widerspricht es jedem kaufmännischen Denken, Verkaufspreise gefühlsmäßig festzulegen oder gar ungeprüft von Konkurrenzbetrieben zu übernehmen. Da ist das Ende des Betriebes vorprogrammiert. Das Wissen um die Kosten ist außerdem das beste Mittel, sich eines sorgfältigen Umgangs mit Lebensmitteln bewusst zu werden, auch wenn man nicht für die Kalkulation verantwortlich ist. Es kann letztlich nur ein leistungsfähiger Betrieb auf Dauer Mitarbeiter bezahlen, das heißt, Sie tragen mit wirtschaftlichem Denken zur Erhaltung Ihres Arbeitsplatzes bei. Darum wird Ihnen in diesem Abschnitt eine einfache, praxisbezogene Grundlage für die Küchenkalkulation und Preisgestaltung für Speisen gegeben.

Zur Sache

Zahlen, Prozente, Rechnereien – am Anfang ist das alles etwas viel. Doch nur Mut: Mit den gängigen Grundrechnungsarten und dem Prozentrechnen lässt sich die Kalkulation bewältigen.

DIE ZAHLEN BESTIMMEN LETZTLICH, OB EIN BETRIEB ERFOLGREICH IST ODER NICHT

Maße und Gewichte

Bevor mit der Kalkulation begonnen wird, hier als Einstieg die gängigen Maß- und Gewichtseinheiten.

Maße

Abkürzungen für Maße: l = Liter, dl = Deziliter, cl = Zentiliter, ml = Milliliter								
1 l			=	10 dl	=	100 cl	=	1 000 ml
1/2 l	=	0,5 l	=	5 dl	=	50 cl	=	500 ml
1/4 l	=	0,25 l	=	2,5 dl	=	25 cl	=	250 ml
1/8 l	=	0,125 l	=	1,25 dl	=	12,5 cl	=	125 ml

Gewichte

Abkürzungen für Gewichte: kg = Kilogramm, dag = Dekagramm, g = Gramm						
1 kg	=	100 dag	=	1 000 g	=	1,000 kg
1/2 kg	=	50 dag	=	500 g	=	0,500 kg
1/4 kg	=	25 dag	=	250 g	=	0,250 kg
1/8 kg	=	12,5 dag	=	125 g	=	0,125 kg
		10 dag	=	100 g	=	0,100 kg
		1 dag	=	10 g	=	0,010 kg

Die Maßeinheiten Dekagramm (dag) und Deziliter (dl) sind in Österreich gebräuchlich.

DIE PORTIONSGRÖSSE IST MASSGEBLICH FÜR DIE BESTIMMUNG DES PORTIONSPREISES

Für eine genaue Planung finden Sie hier Portionsgewichte und Angaben dazu, welcher Schwund zu berücksichtigen ist. Die Portionsgrößen und -gewichte müssen individuell angepasst werden. In diesem Kapitel angeführte Gewichte sind Durchschnittswerte.

Ein gastgewerblicher Betrieb soll über eine individuelle Gewichtstabelle für Portionsgrößen verfügen, auf der die Portionsmengen der Gerichte festgelegt sind. Die Liste soll bei allen Posten der Küche aufliegen.

So wird kalkuliert

Zu Beginn steht die Ermittlung der **Portionsgröße** unter Berücksichtigung des Gewichts der Rohwaren, des Portionsgewichts und des Verbrauchs.

↓

Anschließend ermittelt man den **Portionspreis** der verwendeten Lebensmittel (z. B. den Preis von Karotten pro Portion für die Beilage) auf Basis der vorher ermittelten Portionsgröße.

↓

Dann erhebt man den **Wareneinsatz** auf Basis der vorher ermittelten Portionspreise. Das ist die eigentliche **Rezept- und Menükalkulation,** also die Ermittlung der gesamten Warenkosten für ein Gericht oder ein Menü.

↓

Am Schluss steht die **Preiskalkulation.** Dabei wird der Inklusivpreis, den der Gast bezahlt, ermittelt.

Ermittlung der Portionsgröße

Bevor mit der eigentlichen Kalkulation begonnen werden kann, muss man das genaue Gewicht der Rohwaren unter Berücksichtigung von Putzverlusten, Verlusten durch Garen etc. ermitteln. Das ist die Basis der Kalkulation. Ebenso werden für die Kalkulation die **Portionsgewichte** benötigt. Die Verbrauchertabellen helfen, die Mengen zu ermitteln. Auf dieser Basis können schließlich der Wareneinsatz und die dafür anfallenden Kosten – und damit auch der Verkaufspreis – ermittelt werden.

Um die richtige Menge zu produzieren, muss zuerst – vor allem im Catering, bei Banketten oder in der Gemeinschaftsverpflegung – die Anzahl der Portionen ermittelt werden. Anschließend muss exakt gemessen und gewogen werden, damit die Portionen gleich groß sind.

Gewichtstabellen für Portionsgrößen

Sie werden gebraucht

- zur Erstellung von Rezepten,
- als Hilfsmittel für den Einkauf,
- zur Qualitäts- und Portionskontrolle (Bestimmung der Portionsmengen).

Fleisch

Bei der Verarbeitung von Fleisch entstehen Abschnitte und Verluste, die bei der Kalkulation zu berücksichtigen sind. Schon den Lieferanten sind genaue Richtlinien für den Zuschnitt vorzugeben, um unnötige Verluste zu verhindern.

Gewichtsverluste entstehen

- **Beim Auslösen:** Knochen, Parüren und zum Teil Fett fallen weg.
- **Bei der Lagerung:** Es entstehen Verluste bis zu 5 %. Daher das Fleisch vakuumieren oder in Frischhaltefolie verpacken; dadurch reduzieren sich die Verluste um die Hälfte.
- **Beim Portionieren des rohen Fleisches:** Hier entstehen Abschnitte, die für andere Gerichte verwendet werden können.

Beim Portionieren beginnt bereits die Kalkulation

- **Durch Garen:** Je nach Garmethode und Qualität verliert Fleisch verschieden viel an Gewicht.
- **Beim Tranchieren von gegartem Fleisch:** Bei sachgemäßem Tranchieren gegen die Faser können die Abschnitte klein gehalten werden.

Gewichtsverlust durch Garen	≤
Kochen oder Sieden	35 %
Dünsten, Schmoren ganzer Stücke	30 %
Kurzbraten von Portionsstücken – welldone	25 %
Braten ganzer Stücke	25 %

Bis zu 25 % verliert das Bratenstück an Gewicht

Kurzbraten von Portionsstücken – medium	15 %
Kurzbraten (Sautieren) kleiner Stücke	15 %
Grillieren von Portionsstücken	15 %
Pochieren	15 %
Cuisson sous Vide – Vakuumkochen	10 %
Niedertemperaturgaren	5–8 %
Portionsgewicht	≤
Chateaubriand	320–360 g
Entrecôte, Sirloinsteak (Steak mit Knochen aus dem flachen Roastbeef)	180–200 g
Filets mignons, 3 Stück, 3 x 60 g	180 g
Filetspitzen	160 g
Filetsteak	180–200 g
Gulasch, Ragout (Fleischanteil)	160 g
Kalbsgeschnetzeltes (Fleischanteil)	140 g
Kalbskotelett, 1 Stück	200 g
Kalbsmedaillons, 2 Stück, 2 x 80 g	160 g
Kalbsschnitzel	140–160 g

Kalbssteak	160 g
Rostbraten	160 g
Schweinskotelett, 1 Stück	180 g
Schweinsmedaillons, 3 Stück, 3 x 50 g	150 g
Schweinsschnitzel	160–180 g
Schweinssteak	160–180 g
Tournedos, 2 Stück, 2 x 80 g	160 g
Wiener Schnitzel	120–140 g

In einer Menüfolge werden die Portionsgrößen je nach Anzahl der Gänge um bis zu 30 % reduziert, bei Degustationsmenüs sogar um 50 %.

Wild

Bei der Verarbeitung von Wildfleisch entstehen ebenso Gewichtsverluste wie bei anderem Fleisch. Wildfleisch hat allerdings einen kleineren Fettanteil, dadurch ergeben sich im Vergleich zu Fleisch geringere Bratverluste.

Gewichtsverlust durch Garen	≤
Ganze Stücke mit Knochen	20 %
Ganze Stücke ohne Knochen	10 %
Kurzbraten von Portionsstücken	12–15 %
Portionsgewicht	≤
Ganze Stücke mit Knochen	200 g
Ganze Stücke ohne Knochen	150 g
Kurzbraten von Portionsstücken	150 g

Geflügel

Bei der Zubereitung von Geflügel im Ganzen ergeben sich folgende Bratverluste:

Gewichtsverlust durch Garen	≤
Brathuhn	20 %
Ente	30 %
Gans	40 %
Truthahn, je nach Größe	30–35 %
Wild- oder Barbarieente	25 %
Portionsgewicht	≤
Portion im bratfertigen Zustand (nicht ausgelöst)	300–400 g
Rohgewicht für ausgelöstes Geflügel	120–140 g

Meeresfrüchte

Beim Auslösen von Meeresfrüchten entsteht teilweise viel Abfall, was beim Einkauf bzw. bei der Berechnung von Portionen beachtet werden muss.

Abfälle beim Auslösen	≤
Flusskrebse	85 %
Garnelen mit Kopf	70 %

Bis zu 70 % Gewichtsverlust ergibt sich beim Auslösen ganzer Garnelen

Garnelen ohne Kopf	15 %
Hummer	70 %
Languste	80 %

Fisch

Bei der Vorbereitung von Fisch entstehen Abfälle durch das Filetieren, den Wegfall des Kopfes, der Karkasse und der Haut; das muss beim Einkauf berücksichtigt werden.

Fischabfälle beim Filetieren	≤
Dorsch, Kabeljau	40 %
Forelle, Felchen und Reinanke (Renke)	50 %
Hecht	65 %
Karpfen, Wels	55 %
Lachs, Lachsforelle, Zander (Schill oder Fogosch)	40 %
Seeteufel ohne Kopf	30 %
Seezunge, Steinbutt	60 %
St.-Peters-Fisch	70 %
Wolfsbarsch	55 %

Durch fachgerechtes Filetieren von Fisch kann man Gewichtsverluste minimieren

Das Filet der Seezunge macht nur ca. 40 % des Gesamtgewichtes aus – 60 % entfallen auf Kopf, Karkasse und Haut

Portionsgewicht	≤
Fisch im Ganzen oder mit Karkasse geschnitten	250–300 g
Fischfilet als Vorspeise	60–100 g
Fischfilet als Hauptgericht	120–150 g
Fischfilet in der Menüfolge	100–120 g

Gemüse

Die nachfolgende Gewichtstabelle gibt Richtwerte für das Bruttogewicht, das benötigt wird, um zehn fertige À-la-carte-Portionen zu bekommen.

Gewichtstabelle für Gemüse

Art	Bruttogewicht	Abfall	Nettogewicht	Portionsgewicht (ca.)	
				à la carte	in der Menüfolge
Auberginen	1 500 g	8 %	1 380 g	140 g	110 g
Brokkoli	2 000 g	25 %	1 500 g	150 g	120 g
Fenchel	2 200 g	25 %	1 650 g	170 g	130 g
Fisolen (Grüne Bohnen)	1 600 g	6 %	1 500 g	150 g	120 g
Karfiol (Blumenkohl)	2 000 g	25 %	1 500 g	150 g	120 g
Karotten	2 000 g	20 %	1 600 g	170 g	130 g
Kartoffeln	2 500 g	25 %	1 875 g	200 g	150 g
Kohlrabi	2 200 g	25 %	1 650 g	160 g	120 g
Kürbis	2 200 g	25 %	1 650 g	160 g	120 g
Kohlsprossen (Rosenkohl)	1 800 g	12 %	1 580 g	160 g	120 g
Sellerie	2 500 g	30 %	1 750 g	170 g	130 g
Stangensellerie	2 000 g	20 %	1 600 g	160 g	120 g
Spargel, weiß	3 000 g	30 %	2 100 g	200 g	160 g
Spinat	1 600 g	10 %	1 440 g	140 g	120 g
Zucchini	1 800 g	10 %	1 620 g	160 g	120 g

Eier

Ein Hühnerei der Gewichtsklasse M wiegt 50 g. Davon entfallen ca. 30 g auf das Eiklar und 20 g auf das Eigelb.

Praktische Verbrauchertabellen

Suppen

1 l ergibt 4 bis 6 Portionen	
1 Teller	0,250 l
1 Tasse	0,200 l
1 Tasse für Spezialsuppen (z. B. Consommé double), Essenzen oder Suppe in der Menüfolge	0,150 l

Warme Saucen

Portionsangaben				
1 l Bratensaft/Jus	=	15 Portionen	=	0,070 l pro Portion
1 l gebundene Sauce	=	12 Portionen	=	0,080 l pro Portion

Kalte Saucen, Salatmarinaden

Portionsangaben				
1 l Mayonnaise	=	20 Portionen	=	0,050 l pro Portion
1 l verschiedene kalte Saucen	=	20–25 Portionen	=	ca. 0,040 l pro Portion
1 l Salatmarinade	=	30 Portionen	=	ca. 0,035 l pro Portion
1 l gebundene Marinade (Dressing)	=	20 Portionen	=	0,050 l pro Portion

Beilagen

Die Portionsangaben sind Richtwerte für das Rohgewicht von Beilagen.

Portionsangaben	
Reis	40 g
Teigwaren, getrocknet	50 g

Frisch oder getrocknet – das Portionsgewicht für Nudeln sinkt mit dem Grad der Trocknung

Teigwaren, frisch	100 g
Spaghetti als warme Vorspeise	120 g
Kartoffeln mit Schale	200 g

Ermittlung des Portionspreises

Bevor man eine Rezeptkalkulation durchführen kann, müssen auf Basis der Gewichts- und der Verbrauchertabellen die tatsächlichen Warenkosten pro Lebensmittel und pro Portion ermittelt werden. Das Einkaufsgewicht ist dabei das Bruttorohgewicht (Gewicht des gekauften Fleisches bzw. Fisches oder ungeputzten Gemüses). Bei der Vorbereitung entstehen Abfälle, Verluste und Nebenprodukte, die für andere Gerichte – meist mit niedrigerem Verkaufspreis – verwendet werden.

Vom Bruttogewicht zum Nettogewicht

Beispiel Gemüse

Es werden 4,250 kg Karotten gekauft. Wie viele Portionen sind das?

Bruttorohgewicht (Einkaufsgewicht)	100 %	4,250 kg
– Putzverluste und Abschnitte (lt. Gewichtstabelle, S. 177)	20 %	0,850 kg
Nettogewicht	80 %	3,400 kg

Eine À-la-carte-Portion entspricht etwa 0,170 kg (lt. Gewichtstabelle, S. 177):
(3,400 kg : 0,170 kg = 20)

Aus 4,250 kg Karotten können **20 Portionen** hergestellt werden.

Vom Nettogewicht zum Einkaufsgewicht

Wie viel Kilogramm Karotten muss man für 20 Portionen kaufen, wenn eine Portion ca. 0,170 kg haben soll?
20 x 0,170 kg = 3,400 kg

Nettogewicht	3,400 kg	80 %
Putzverlust und Abschnitte	0,850 kg	20 %
Einkaufsgewicht	4,250 kg	100 %

(3,400 kg : 80 x 100 = 4,250 kg)

Für 20 Portionen à 0,170 kg sind **4,250 kg** Karotten zu kaufen.

Vom Einkaufspreis zum Portionspreis

Ein Kilogramm Karotten kosten im Einkauf 0,50 €, somit kosten 4,250 kg Karotten 2,125 €. Wie viel kostet eine Portion Karotten?

Einkaufspreis	4,250 kg x 0,50 € = 2,125 €
Ergeben 20 Portionen (siehe oben)	
1 Portion (2,125 € : 20 Portionen)	0,106 €

Eine Portion Karotten kostet **0,106 € (~ 11 Cent).**

Durchführung des Warentests

Um die Portionspreise berechnen zu können, muss vor allem bei Fleisch und Fisch ein Test durchgeführt werden, bei dem das tatsächliche Nettogewicht der Ware festgestellt wird.

Warentests dienen

- zur Ermittlung der Wareneinsatzkosten für Fleisch- oder Fischportionen,
- zur Gegenüberstellung der Kosten bei der Eigenzubereitung und beim Kauf fertiger Portionsstücke,
- als Basis für Qualitätsstandards und Portionskontrolle,
- zur Erfassung von Lager-, Schnitt- und Garverlusten,
- zur Ermittlung von Portionskostenfaktoren bei schwankenden Einkaufspreisen,
- als Grundlage für die Rezeptkalkulation.

Berechnung

Der Warentest basiert auf einer einfachen, praxisorientierten Berechnung: Zuerst wird unmittelbar nach dem Einkauf das Einkaufsgewicht bzw. Rohgewicht, z. B. von Fleisch oder Fisch, in einem Formular notiert. Nach der Lagerung wird das Fleischstück bzw. der Fisch ausgelöst, zerlegt, portioniert und gewogen. Dieses Gewicht und die Anzahl der Portionen werden nun im Formular eingetragen und daraus wird das Portionsgewicht der Speise errechnet:

	Einkaufsgewicht bzw. Rohgewicht (= 100 %)
–	Gewicht nach Lagern, Auslösen und Portionieren
=	**Portionsgewicht einer Speise (roh)**

Das Ergebnis ist oft überraschend und man wird des Öfteren froh sein, den Warentest durchgeführt zu haben und auf Fakten statt auf Schätzungen zurückgreifen zu können. Auf den Warentest kann man sich aber nur dann wirklich verlassen, wenn man sich auch auf einen genauen Zuschnitt (z. B. beim Fleisch) des Lieferanten verlassen kann.

Beispiel Fleischtest

Ein Kilogramm zugeputztes Rinderfilet kann, rein mathematisch betrachtet, in 6,6 Portionen Filetsteaks zu je 150 g geschnitten werden. In der Praxis sieht dies allerdings ganz anders aus. Es fallen neben Parüren auch Nebenprodukte – in diesem Fall die Rinderfiletspitzen (Endstücke) und die Kette (für Faschiertes, Hackfleisch) ab. Zwangsläufig erhöht sich dadurch der Portionspreis für Filetsteaks.

Formular für den Warentest					
Ware: Rinderfilet					
Stückzahl: 2	**Gewicht:** 5 kg 800 g		**Preis/kg:** 18,00 €	**Gesamt:** 104,40 €	
Einkaufsdatum: 10. 10.	**Testdatum:** 19. 10.			**Lieferant:** Firma Mayer	
	Gewicht		**Anteil**	**Kosten**	
Anteil (Rohertrag)	kg	g	%	pro kg in €	gesamt in €
Einkaufsgewicht	5	800	100	18,00	104,40
Verlust (Lager etc.)		90	2		
Verkaufbares Rohgewicht	5	710	98	18,29	104,40
Aufteilung					
Filetsteak	4	200	72	20,41	85,73
Rinderfiletspitzen		900	16	18,00	16,20
Faschiertes (Hackfleisch)		410	7	5,00	2,05
Parüren		200	3	2,10	0,42
Portionskosten und Kostenfaktoren					
Name des Gerichts	**Gewicht pro Portion in g**	**Portionsanzahl**	**Kosten pro Portion in €**	**Gesamtkosten in €**	**Kostenfaktor**
Filetsteak	150	27	3,18	85,73	0,177

Erläuterung zum Fleischtest siehe S. 180.

Erläuterung zum Fleischtest – wie wird gerechnet?

1. Das **Rinderfilet** kostet im Einkauf pro Kilogramm 18 € inklusive Umsatzsteuer.

Gerechnet wird in diesem Beispiel mit dem Einkaufspreis (inkl. USt).

2. Das **Einkaufsgewicht** beträgt laut Lieferschein und Waage 5,800 kg für zwei Stück Rinderfilet.

3. Nach der **Zerlegung** beträgt das Gewicht für Filetsteaks, Rinderfiletspitzen, Faschiertes (Hackfleisch) und Parüren 5,710 kg. Die Differenz von 90 g zum Einkaufsgewicht ergibt sich aus dem Gewichtsverlust bei der Lagerung und Portionierung (Flüssigkeitsverlust).

4. **Aufteilung:** 4,200 kg Filetsteak
   0,900 kg Rinderfiletspitzen
   0,410 kg Faschiertes (Hackfleisch)
   0,200 kg Parüren

5. Der Marktpreis (Einkaufspreis) für die **Nebenprodukte** beträgt:
   pro Kilogramm Rinderfiletspitzen 18,00 €
   (16,20 € für 900 g)
   pro Kilogramm Faschiertes 5,00 €
   (2,05 € für 410 g)
   pro Kilogramm Parüren (Knochen) 2,10 €
   (0,42 € für 200 g)

6. Die **Portionsgröße** eines Filetsteaks beträgt 150 g.

7. **Berechnung der Kosten für eine Portion Filetsteak:** Die Portionierung ergibt 27 Stück zu 150 g. Das Kalkulationsziel – Filetsteak (4,200 kg) – wird an die erste Stelle im Formular gesetzt. Die Nebenprodukte (Rinderfiletspitzen, Faschiertes und Parüren) haben einen Marktwert von 18,67 € (16,20 € + 2,05 € + 0,42 € = 18,67 €).

	104,40 €	Einkaufspreis
–	18,67€	Marktwert der Nebenprodukte
=	85,73 €	**Gesamtkosten für die Filetsteaks**

→ Gesamtkosten für die Filetsteaks

$\frac{85{,}73\ €}{4{,}200\ kg}$ = **20,41 € = Kosten pro Kilogramm Filetsteak**

→ Gesamtgewicht Filetsteaks nach Zerlegung

→ Gesamtkosten für die Filetsteaks

$\frac{85{,}73\ €}{27}$ = **3,18 € = Kosten pro Portion**

→ Anzahl der Portionen

Im vorliegenden Beispiel konnten 72 % des Einkaufsgewichtes zu Filetsteaks geschnitten werden – das Einkaufsgewicht betrug 5,800 kg, die Filetsteaks wiegen nach der Portionierung 4,200 kg.

Mit dem Warentest kann außerdem festgestellt werden, wie genau die Portionierung war: 27 Stück Filetsteaks zu je 150 g ergeben ein Gesamtgewicht von 4,050 kg.

Wenn man jedoch von 4,200 kg (wie in dem Test) ausgeht, so stellt sich heraus, dass das durchschnittliche Portionsgewicht in diesem Fall etwas höher ist – hier wird der Unterschied zwischen Praxis und Theorie deutlich sichtbar: niemand kann exakt 150 g schneiden.

Bis ein Entrecôte so auf dem Teller liegt, ist viel Arbeit nötig

8. Bei Änderungen des Einkaufspreises kann mit dem Kostenfaktor der neue Portionspreis ermittelt werden – ohne die Berechnungen zu wiederholen. Zur Berechnung werden die Kosten pro Portion und der Einkaufspreis pro Kilogramm Ware herangezogen. Vorausgesetzt, das Portionsgewicht ändert sich nicht und die Fleischzuschnitte beim Einkauf werden beibehalten.

$\frac{3{,}18\ €}{18{,}00\ €}$ $\frac{\text{Kosten pro Portion}}{\text{Einkaufspreis pro Kilogramm}}$ = 0,177 = **Kostenfaktor**

Bei der Veränderung des Einkaufspreises, z. B. einer Erhöhung auf 20,00 €, wird der neue Portionspreis mithilfe des Kostenfaktors errechnet.

→ Einkaufspreis pro Kilogramm

20,00 € x 0,177 = **3,54 € = neuer Portionspreis**

→ Kostenfaktor

Warentests sind nur dann genau, wenn sie tatsächlich in der Praxis durchgeführt und nicht am Schreibtisch errechnet wurden.

Beispiel Fischtest

Im folgenden Beispiel werden zwei Lachsforellen filetiert und portioniert. Anschließend wird der Portionspreis – für ein Hauptgericht und für eine Vorspeise – ermittelt. Man kann dem Formular auch entnehmen, ob es günstiger ist, den Fisch selbst zu filetieren oder bereits filetierte Fischstücke zu kaufen (Endpreis = Filetpreis + Arbeitszeit). Die Berechnungen werden wie beim Fleischtest durchgeführt.

Formular für den Warentest

Ware: Lachsforellen, frisch

Stückzahl: 2	**Gewicht:** 3 kg 360 g		**Preis/kg:** 13,00 €	**Gesamt:** 43,68 €	
Einkaufsdatum: 12. 10.	**Testdatum:** 12. 10.			**Lieferant:** Frischfisch	
	Gewicht		**Anteil**	**Kosten**	
Anteil (Rohertrag)	kg	g	%	pro kg in €	gesamt in €
Einkaufsgewicht	3	360	100,0	13,00	43,68
Verlust (Lager etc.)		390	11,6		
Verkaufbares Rohgewicht	2	970	88,4	14,71	43,68
Aufteilung					
Lachsforellenfilets – 120 g	1	690	50,3	**18,65**	31,52
Lachsforellenfilets – 60 g		480	14,3	**18,65**	8,95
Fischfarce (Abschnitte)		200	6,0	10,00	2,00
Karkassen (für Fond)		600	17,9	2,00	1,20

Portionskosten und Kostenfaktoren

Name des Gerichts	Gewicht pro Portion in g	Portionsanzahl	Kosten pro Portion in €	Gesamtkosten in €	Kostenfaktor
Lachsforellenfilet als Hauptgericht	120	14	**2,25**	31,52	**0,173**
Lachsforellenfilet als Vorspeise	60	8	1,12	8,95	**0,086**

Ermittlung des Wareneinsatzes – Rezept- und Menükalkulation

Nachdem die Portionspreise für die Lebensmittel ermittelt worden sind, wird auf dieser Basis die Rezept- bzw. Menükalkulation durchgeführt. Dabei geht es darum, den Einkaufspreis eines Gerichtes bzw. eines Menüs zu ermitteln, um feststellen zu können, welcher Wareneinsatz (Foodcost) bei der anschließenden Preiskalkulation zu berücksichtigen ist. Der Wareneinsatz muss immer mit dem tatsächlichen Einkaufspreis errechnet werden.

Für die Rezeptkalkulation werden bei der Zubereitung des Gerichtes alle Zutaten und Mengen für eine bestimmte Anzahl von Portionen in die Rezeptkartei eingetragen. Dadurch erfolgt die Warenberechnung nach der Anzahl der tatsächlichen Portionen.

Rezeptkartei

In die Rezeptkartei (das Formular) werden bei der Zubereitung einer Speise für spätere Kalkulationen folgende Angaben eingetragen:

- Name der Speise bzw. des Gerichtes.
- Portionsgewicht: wenn die Speisen aufgrund der Angebotsform (für Restaurant, für Menüs oder für Bankett- bzw. Cateringmenüs) unterschiedliche Portionsgrößen haben.
- Anzahl der Portionen, Gesamtkosten, Kosten pro Portion.
- Datum der Kalkulation und Wiederholung der Kalkulation je nach Jahreszeit.
- Mengenangaben (Gewichte, Maße, Stückzahl), Zutaten, Preis pro Einheit (Kilogramm, Liter, Stück).
- Angabe der Zutaten: Begonnen wird mit dem Hauptbestandteil des Rezeptes, anschließend folgen die Lebensmittel in der Reihenfolge der Zubereitung.
- Erklärung der Zubereitung, Anrichteart, eventuell Foto der Speise.

Beispiel einer Rezeptkalkulation

Die Kalkulation wird für folgendes Gericht durchgeführt: Filetsteak mit Pilzen, frischem Gemüse und Kartoffeln. Dabei handelt es sich um ein Hauptgericht in einer Menüfolge. Die Preisangaben der Beilagen werden bereits errechneten Rezeptkarteien (z. B. Nr. G 10) entnommen.

Zur Kalkulation wird der Portionspreis des Rinderfilets (siehe Fleischtest, S. 179 f) herangezogen.

Formular für eine Rezeptkartei (Beispiel Rezeptkalkulation)

Rezept: Filetsteak mit Pilzen und Beilagen					
Restaurant (à la carte)				**Portionsgewicht:**	
Menü ✓				**Portionsgewicht:** 150 g	
Portionen: 10		**Gesamtkosten:** 53,20 €		**Portionskosten:** 5,32 €	
		Datum: 19. 10.		**Datum:**	
Menge	**Zutaten**	**Preis pro Portion/ Einheit in €**	**Gesamtkosten in €**	**Preis pro Portion/ Einheit in €**	**Gesamtkosten in €**
10 Portionen	Filetsteak à 150 g	3,18	31,80		
	Salz, Gewürze, Kräuter		0,20		
0,150 l	Pflanzenöl	1,20	0,18		
0,100 kg	Schalotten	1,80	0,18		
0,200 kg	Champignons	3,20	0,64		
0,250 kg	Steinpilze, frisch	13,50	3,37		
0,200 l	Rotwein	2,50	0,63		
0,500 l	Brauner Kalbsfond; Nr. G 10	2,30	1,15		
0,200 kg	Butter	7,20	1,44		
1/2 Bund	Schnittlauch	1,20	0,60		
10 Portionen	Kartoffeln, sautiert; Nr. B 12	0,45	4,50		
10 Portionen	Gemüse, frisch; Nr. C 15	0,85	8,50		
			53,19		

Zubereitung

- Rinderfilet würzen, sautieren, aus der Pfanne nehmen und warm stellen.
- Schalotten und Pilze mit etwas Butter in der Pfanne rösten.
- Mit Wein ablöschen, reduzieren.
- Mit Fond aufgießen, auf die Hälfte reduzieren.
- Mit Butter montieren, würzen.
- Mit Beilagen anrichten – siehe Foto.

Service

Grundgedeck mit Gebäck; Rotwein des Tages empfehlen.

Der Wareneinsatz für zehn Portionen Rinderfilet mit Pilzen, frischem Gemüse und sautierten Kartoffeln beträgt gerundet **53,20 €**, für eine Portion **5,32 €**.

Beispiel einer Menükalkulation

Die Menükalkulation wird auf die gleiche Weise wie die Rezeptkalkulation erstellt. In unserem Beispiel wird das bereits berechnete Gericht Filetsteak mit Pilzen und Beilagen zur Kalkulation herangezogen. Das Menü besteht aus Kresseschaumsuppe, Filetsteak mit Pilzen und Beilagen und Zitronensorbet mit Früchten.

Formular für eine Rezeptkartei (Beispiel Menükalkulation)					
Rezept: Menü Nr. 3					
Restaurant (à la carte)				**Portionsgewicht:**	
Menü ✓				**Portionsgewicht: 150 g**	
Portionen: 10		**Gesamtkosten:** 73,50 €		**Portionskosten:** 7,35 €	
		Datum: 19. 10.		**Datum:**	
Menge	**Zutaten**	**Preis pro Portion/ Einheit in €**	**Gesamtkosten in €**	**Preis pro Portion/ Einheit in €**	**Gesamtkosten in €**
10 Portionen	Kresseschaumsuppe; Nr. S 14	0,95	9,50		
10 Portionen	Filetsteak mit Pilzen und Beilagen; Nr. H 15	5,32	53,20		
10 Portionen	Zitronensorbet mit Früchten; Nr. D 12	1,08	10,80		
		7,35	**73,50**		

Zubereitung

- Suppe kurz vor dem Servieren aufschäumen; Blätterteigstangerln à part reichen.
- Rinderfilet auf einem Tafelteller mit Garnitur anrichten.
- Dessert auf einem ovalen Teller anrichten, mit Beerenmark garnieren.

Service

Grundgedeck mit Gebäck; Rotwein des Tages empfehlen.

Die Kalkulation ergibt für dieses Menü einen Wareneinsatz von 7,35 €. Die Kosten für Gebäck, Butter, Servietten etc. deckt der zusätzlich verrechnete Gedeckpreis ab.

Da mit Einkaufspreisen gerechnet wird, muss für die anschließende Preisberechnung die Umsatzsteuer abgezogen werden (siehe vom Einkaufspreis zum Nettopreis, S. 185).

Wareneinsatz – Soll-Ist-Kostenvergleich

Um festzustellen, ob die Küche wirtschaftlich geführt wird, muss der Sollwareneinsatz (laut Rezepten) mit dem tatsächlichen Wareneinsatz (laut Inventur und Einkäufen) verglichen werden. Optimale Wirtschaftlichkeit im Bereich des Wareneinsatzes liegt dann vor, wenn die Istkosten die Sollkosten um nicht mehr als 2 % überschreiten.

Mögliche Ursachen zu hoher Differenzen	Maßnahmen
Überproduktion Überproduktion verursacht Warenverderb.	■ Planung überprüfen. ■ Bestände kontrollieren.
Einkauf ■ Mangelhafte Warenannahme. ■ Große Preisschwankungen. ■ Nichteinhalten von Spezifikationen, z. B. Zuschnitten beim Fleisch.	Gesamten Einkauf überprüfen.
Rezepte, Portionsgrößen Nichteinhalten der Gewichte.	■ Rezepte überprüfen. ■ Gewichtskontrolle (etablierte Portionsgewichte).
Service Falsche Fakturierung bei Speisen.	■ Preisberechnung kontrollieren. ■ Bonkontrolle durchführen.
Lager Differenzen bei Übernahme und Ausgabe.	■ Routineüberprüfungen durchführen. ■ Übereinstimmung von Lieferscheinen und Rechnungen prüfen.
Diebstahl Auffallend hoher Schwund.	■ Spontane Personalkontrolle durchführen. ■ Absperrvorrichtungen anbringen.

Ermittlung des tatsächlichen Warenverbrauchs

Voraussetzung dafür ist eine Inventur der Lebensmittel, die in regelmäßigen Intervallen (monatlich) stattfinden sollte. Der Istwareneinsatz wird folgendermaßen erstellt:

Anfangsbestand laut Inventurliste (Stand des Vormonats)

+ Einkäufe der Lebensmittel
+ Getränkeverbrauch für die Küche zum Kochen
– Personalessen
– Repräsentationskosten (vom Betrieb gezahlte Gerichte)
– Warenverbrauch, der keinen Umsatz erzielt (z. B. Probekochen, Schwund)
– Endstand laut Inventur

= **Wareneinsatz der verkauften Lebensmittel**

Inventuren, um den tatsächlichen Warenverbrauch festzustellen, sind unumgänglich

Eine Gegenüberstellung von Wareneinsatz und Nettoumsatz der Speisen (ohne Umsatzsteuer und Bedienungsgeld) entspricht den anteiligen Wareneinsatzkosten.

→ Wareneinsatz der Speisen

$$\frac{6\,500{,}00\ €}{20\,000{,}00\ €} \times 100 = 32{,}5\ \% = \textbf{Wareneinsatz in Prozent}$$

→ Nettoumsatz der Speisen

Ermittlung des Inklusivpreises – die Preiskalkulation

Nachdem man den Wareneinsatz ermittelt hat, kann man die Preisgestaltung für die Speisenkarten angehen. Die Preisgestaltung ist für jeden verantwortlichen Koch bzw. Küchenchef eine sehr sensible Angelegenheit. Einerseits will man den gefühlsmäßig realistischen Preis für jede Speise verlangen, andererseits ist es oft schwierig, dies in die Realität umzusetzen. Eines ist allerdings gewiss, jeder pflichtbewusste Koch muss sich mit diesem Thema ernsthaft auseinandersetzen.

Sie finden hier zwei Varianten der Preisgestaltung, die ohne großen Aufwand von der Küchenleitung selbst – nach Rücksprache mit der Geschäftsführung – durchzuführen sind.

Variante I: Preisberechnung mit Gemeinkostenzuschlag (progressive Kalkulation: von den Warenkosten ausgehend)

Komponenten für die Preisberechnung

- **Warenkosten (Nettowarenkosten)**
  Die Warenkosten eines Gerichtes oder Menüs werden mithilfe der Rezeptkalkulation zunächst brutto, also inklusive Umsatzsteuer, errechnet. Sie betragen in der Regel je nach Betrieb zwischen 26 und 35 % des Nettoverkaufspreises. Im Bankett- bzw. Cateringgeschäft sollen die Wareneinsatzkosten 25 % nicht übersteigen. Zur Preisberechnung müssen die Nettowarenkosten herangezogen werden.

- **Gemeinkostenzuschlag**
  Die Gemeinkosten oder Betriebskosten sind alle indirekten Kosten, die durch die Betriebsführung entstehen. Sie machen je nach Aufwand, ausgehend von den Warenkosten, zwischen 150 % für einen einfachen Betrieb und 300 % für ein gehobenes Restaurant aus.

- **Selbstkosten**
  Sind die Warenkosten plus Gemeinkostenzuschlag.

- **Gewinnzuschlag**
  Auch Unternehmerrisiko; er wird von der Geschäftsführung bestimmt. Der prozentuelle Aufschlag bewegt sich zwischen 5 und 8 % der Selbstkosten. Allerdings kann der Gewinnzuschlag auch im Gemeinkostenzuschlag enthalten sein.

- **Grundpreis**
  Er ergibt sich durch die Addition von Selbstkosten und Gewinnzuschlag.

- **Bedienungszuschlag**
  Auch Tronc; wird in Österreich im Kollektivvertrag der Servicemitarbeiter festgehalten und beträgt je nach Fest-

legung und Umsatz 10,5 % oder 12,5 % oder 15 % vom Nettoverkaufspreis. Falls für das Servicepersonal ein Fixlohn ausgehandelt wird, entfällt der Bedienungszuschlag, dadurch erhöht sich der Gemeinkostenzuschlag.

- **Nettoverkaufspreis**
  Er ergibt sich durch die Addition von Grundpreis und Bedienungszuschlag.

- **Verkaufspreis oder Kartenpreis**
  Das ist der Nettoverkaufspreis plus Umsatzsteuer.

Die Preiskalkulation ist eine sensible Angelegenheit

Von den Warenkosten zu den Nettowarenkosten – vom Einkaufspreis zum Nettopreis

Wie oben ersichtlich, wurde die Rezeptkalkulation mit Einkaufspreisen gerechnet. Sie sind immer Bruttopreise, sie enthalten also die Umsatzsteuer. Für die Preisberechnung der Speisen muss aber der Nettopreis – müssen die Nettowarenkosten – ermittelt werden.

Im Einkaufspreis sind in Österreich 10 % Umsatzsteuer enthalten (in Deutschland sind 7 % Umsatzsteuer – siehe Kasten unten – zu berücksichtigen). Die Warenkosten sind also der Bruttopreis inklusive 10 % (7 % für Deutschland) Umsatzsteuer, in der Berechnung 110 % (bzw. 107 % für Deutschland). Der Nettopreis wird in der Berechnung mit 100 % ausgewiesen.

In **Deutschland** beträgt die Umsatzsteuer für Lebensmittel **7 %** und für Nonfood, Spirituosen und andere alkoholische Getränke seit 1. Januar 2007 **19 %.** Für die Ermittlung des Bruttoverkaufspreises von gastronomischen Betrieben werden immer 19 % Umsatzsteuer auf den Nettoverkaufspreis aufgeschlagen, weil Speisen **und** Getränke serviert werden.

Werden Speisen nur geliefert bzw. im Außer-Haus-Verkauf angeboten, enthalten die Preise wie im Ladengeschäft 7 % Umsatzsteuer. Catering hingegen ist eine Dienstleistung – Speisen werden geliefert, vor Ort fertiggestellt und serviert – daher wird 19 % Umsatzsteuer berechnet.

Berechnung der Warenkosten mit 10 % Umsatzsteuer (Österreich)

Bruttopreis (Einkaufspreis)	110 %	7,35 €
Umsatzsteuer	10 %	0,67 €
Nettopreis	100 %	6,68 €

(7,35 : 110 x 10)
= (7,35–0,67 oder 7,35 : 110 x 100)

Die Nettowarenkosten betragen **6,68 €.** Dieser Betrag wird zur Inklusivpreisberechnung herangezogen.

Berechnung der Warenkosten mit 7 % Umsatzsteuer (Deutschland)

Bruttopreis (Einkaufspreis)	107 %	7,35 €
Umsatzsteuer	7 %	0,48 €
Nettopreis	100 %	6,87 €

(7,35 : 107 x 7)
= (7,35–0,48 oder 7,35 : 107 x 100)

Die Nettowarenkosten betragen **6,87 €.** Dieser Betrag wird zur Inklusivpreisberechnung herangezogen.

Ermittlung des Verkaufspreises, Variante I mit Gemeinkostenzuschlag

	Warenkosten (ohne Umsatzsteuer) (= direkte Kosten)	Mengenberechnung, Rezeptkalkulation
+	Gemeinkostenzuschlag (= indirekte Kosten)	Erfassung aller Kosten wie Personalkosten, Sozialleistungen, Energiekosten, Anschaffungen, Versicherungen, Mieten etc.
	Selbstkosten	
+	Gewinnzuschlag	Unternehmerrisiko – prozentueller Aufschlag von den Selbstkosten
	Grundpreis	
+	Bedienungszuschlag (für Österreich)	10,5 % oder 12,5 % oder 15 % – laut österreichischem Kollektivvertrag
	Nettoverkaufspreis oder umsatzsteuerpflichtiger Betrag	
+	Umsatzsteuer	
	Verkaufspreis oder Bruttopreis oder Inklusivpreis oder Kartenpreis	

Die Basis bei diesem Kalkulationsschema bilden die Warenkosten, die jedem Gericht bzw. Menü direkt zugerechnet werden. Alle anderen Kosten, die für den Gastronomiebetrieb anfallen (Anschaffung der Küchenausstattung, Kosten für Küchen- und Servierpersonal, Stromkosten, Miete des

Geschäftlokals etc.), müssen aber auch durch die verkauften Leistungen abgedeckt werden, damit der Betrieb langfristig überleben kann. Deswegen werden diese Gemeinkosten prozentuell jedem Gericht bzw. Menü aufgeschlagen. Dieses Kalkulationsschema ist eine praktikable Preisberechnung für Menüs und Buffets bei Bankettveranstaltungen, Caterings und in der Gemeinschaftsverpflegung für Tagesmenüs. Die Höhe des Gemeinkostenzuschlagssatzes muss regelmäßig an die aktuelle Geschäftssituation (Anzahl der Angestellten, Investitionen in Küche und Restaurant etc.) angepasst werden.

Beispiel Ermittlung des Verkaufspreises mit 10 % Umsatzsteuer (Österreich)
Berechnet wird der Verkaufspreis des bereits kalkulierten Menüs: Kresseschaumsuppe – Filetsteak mit Pilzen und Beilagen – Zitronensorbet mit Früchten (siehe S. 183). Der Gemeinkostenzuschlag beträgt insgesamt 250 %, der Gewinnzuschlag 6 % und der Bedienungszuschlag 12,5 %.

Warenkosten (ohne Umsatzsteuer)	100 %	6,68
Gemeinkostenzuschlag	250 %	16,70
Selbstkosten	=	23,38
Gewinnzuschlag 6 % von den Selbstkosten		1,40
Grundpreis	=	24,78
Bedienungszuschlag 12,5 % vom Grundpreis		3,10
Nettoverkaufspreis	=	27,88
Umsatzsteuer 10 %		2,79
Verkaufspreis	=	30,66

Das Menü kostet in diesem Beispiel **30,50 €** (abgerundet) oder **31,00 €** (aufgerundet).

Beispiel Ermittlung des Verkaufspreises mit 19 % Umsatzsteuer (Deutschland)
Wenn der gleiche Gastronomiebetrieb in Deutschland angesiedelt wäre, ergäbe sich aufgrund anderer Rahmenbedingungen (7 % Umsatzsteuer bei den Warenkosten, Bedienungszuschlag in den Gemeinkosten inkludiert, Verkaufspreis inklusive 19 % Umsatzsteuer) folgende Kalkulation:

Warenkosten (ohne Umsatzsteuer)	100 %	6,87
Gemeinkostenzuschlag (inkl. Bedienungszuschlag)	262,5 %	18,03
Selbstkosten	=	24,90
Gewinnzuschlag 6 % von den Selbstkosten		1,49
Nettoverkaufspreis	=	26,39
Umsatzsteuer 19 %		5,01
Verkaufspreis	=	31,40

Das Menü kostet in diesem Beispiel **31,50 €** (aufgerundet).

Bedienungszuschlag ja oder nein?
In Deutschland wird nicht mit einem Bedienungszuschlag kalkuliert. Die Fixlöhne für die Servicemitarbeiter erhöhen aber dafür die Gemeinkosten in der Kalkulation. In Österreich ist es ebenso möglich, dass die Servicemitarbeiter einen Fixlohn erhalten. Auch dann sind in der Kalkulation die Gemeinkosten höher und es wird ohne Bedienungszuschlag kalkuliert.

Ermittlung der Schlüsselzahl als Kalkulationsfaktor

Um Preisberechnungen nicht von Grund auf für jedes Gericht aufs Neue durchführen zu müssen, kann eine Schlüsselzahl als Kalkulationsfaktor errechnet werden.

$$\frac{\text{Verkaufspreis}}{\text{Warenkosten}} = \textbf{Schlüsselzahl}$$

Durch Multiplikation der Warenkosten mit der Schlüsselzahl ergibt sich der Verkaufspreis.

Warenkosten x Schlüsselzahl = **Verkaufspreis**

Beispiel mit 10 % Umsatzsteuer (Österreich)	
Der Verkaufspreis des Menüs beträgt 30,50 € bei einem Wareneinsatz von 6,68 €.	**Die Warenkosten für ein Wiener Schnitzel betragen z. B. 2,68 € (brutto 2,95 €)**
$\frac{30{,}50}{6{,}68} = 4{,}566\ (4{,}56)$	2,68 x 4,56 = 12,23 (~12,25)
Die **Schlüsselzahl** für das Menü beträgt in diesem Beispiel **4,56.**	Wenn man die Schlüsselzahl 4,56 verwendet, ergibt sich ein **Verkaufspreis** von **12,25 €** für das Schnitzel.

Beispiel mit 7 bzw. 19 % Umsatzsteuer (Deutschland)	
Der Verkaufspreis des Menüs beträgt 31,50 € bei einem Wareneinsatz von 6,87 €.	**Die Warenkosten für das Wiener Schnitzel betragen in Deutschland 2,76 € (brutto 2,95 €).**
$\frac{31{,}50}{6{,}87} = 4{,}585\ (\sim 4{,}59)$	2,76 x 4,59 = 12,65
Die **Schlüsselzahl** für das Menü beträgt in diesem Beispiel **4,59.**	Aufgrund der Schlüsselzahl 4,59 ergibt sich ein **Verkaufspreis** von **12,65 €** für das Schnitzel.

Die Schlüsselzahl kann auch vom **Nettoverkaufspreis** ermittelt werden. Allerdings muss dann zum Verkaufspreis noch die Umsatzsteuer dazugerechnet werden.

Achtung!
Bei dieser Preiskalkulation fasst man die Gemeinkosten und den Gewinnzuschlag zum sogenannten **Rohaufschlag** zusammen, mit dessen Hilfe der Verkaufspreis berechnet wird. Die Preisberechnung mit Gemeinkostenzuschlägen bewährt sich in der Praxis nur bedingt. Das bedeutet: Ein hoher Wareneinsatz führt logischerweise zu einem hohen Verkaufspreis, ein niedriger Wareneinsatz ergibt zwangsläufig einen niedrigen, manchmal unrealistischen Verkaufspreis. Deshalb muss bei der Preiskalkulation mit der Schlüsselzahl variiert werden. Bei Suppen, Vorspeisen bzw. Desserts wird mit höherer Schlüsselzahl gerechnet und bei Tagesgerichten bzw. Tagesmenüs – die man forcieren will – wird der Verkaufspreis mit einer niedrigeren Schlüsselzahl berechnet.

Variante II: Preisberechnung mit Deckungsbeitrag (retrograde Kalkulation: vom Verkaufspreis ausgehend)

Bei der Preisberechnung mit Ermittlung des Deckungsbeitrags geht man vom Verkaufspreis aus und rechnet zurück zum Grundpreis. Der Grund für die Durchführung der retrograden Berechnung liegt darin, dass der Verkaufspreis für viele Gerichte vom Markt vorgegeben ist und man kontrollieren muss, ob man in diesem Preis auch alle angefallenen Kosten unterbringt.

Der Deckungsbeitrag ist jener Betrag, der übrig bleibt, wenn vom Verkaufspreis alle Kosten abgezogen sind. Er wird als Summe und in Prozent zum Verkaufspreis festgehalten. Die Höhe des Deckungsbeitrages hat vorerst nur bedingt Relevanz. Ob der Wert aussagekräftig ist, hängt stark von der Verkaufszahl der Speise ab (siehe Verkaufsanalyse, S. 190).

Bis die Preise ermittelt sind, wird viel Zeit benötigt

Ermittlung des Deckungsbeitrags (DB)

	Verkaufspreis (Kartenpreis)	Beeinflusst durch Markttransparenz, Angebotspolitik, Konkurrenzverhalten, Jahreszeit (Hauptsaison, Nebensaison), Käuferverhalten. Den Wareneinsatz muss man hier allerdings auch im Auge behalten.
–	Umsatzsteuer	
=	**Nettoverkaufspreis**	
–	Bedienungsgeld	10,5 %, 12,5 % oder 15 %
	Grundpreis	
–	direkte Kosten (Wareneinsatz)	laut Rezeptkalkulation
=	**Deckungsbeitrag (DB)**	Soll Gemeinkosten (Fixkosten) und Gewinn abdecken

Noch ein Tipp am Rande
Der Deckungsbeitrag wird meist ausgehend vom Verkaufspreis ermittelt, das ist einfach und praktikabel. Natürlich kann man ihn aber auch ausgehend vom Grundpreis berechnen.

In den meisten Küchen wird nur der Wareneinsatz zur Berechnung der direkten Kosten herangezogen. In Großbetrieben – wie Industrieküchen oder Airlinecatering –, die auf die Optimierung des Küchenbetriebes abzielen, werden auch Größen wie Zubereitungszeit oder Energiekosten für einzelne Gerichte oder Speisenarten (z.B. Kurzgebratenes, Schmorgerichte, Suppen etc.) als direkte Kosten erfasst und den einzelnen Gerichten zugerechnet.

In Großküchen, die tausende Essen am Tag produzieren, wird zwar kaum der Küchenchef die Preiskalkulation durchführen; er wird die Wareneinsatzkosten und eventuell die Zubereitungszeit beitragen. Die Preiskalkulation obliegt jedoch meist dem Management (und nicht dem Produktionschef). Damit Sie einen Eindruck davon bekommen, welche Kostenfaktoren diese Kalkulation beeinflussen, hier ein Einblick in die weiterführende Kalkulation:

Die Deckungsbeiträge aller verkauften Gerichte müssen alle Gemeinkosten (Küchen- und Restauranteinrichtung, Personalkosten, Stromkosten, Miete des Geschäftlokals etc.) und darüber hinaus auch den Gewinn des Gastronomiebetriebes abdecken, damit dieser langfristig überleben kann.

Gericht 1	Gericht 2	Gericht 3	...	Menü 1	Menü 2	...	Getränk 1	Getränk 2	...
Preis G1	Preis G2	Preis G3		Preis M1	Preis M2		Preis T1	Preis T2	
– direkte Kosten	– direkte Kosten	– direkte Kosten		– direkte Kosten	– direkte Kosten		– direkte Kosten	– direkte Kosten	
db G1	db G2	db G3		db M1	db M2		db T1	db T2	
x Stück	x Stück	x Stück		x Stück	x Stück		x Stück	x Stück	
DB G1	DB G2	DB G3		DB M1	DB M2		DB T1	DB T2	

DB gesamt
– Gemeinkosten (Fixkosten)
Gewinn/Verlust

Kosten, die unabhängig von der Anzahl der verkauften Leistungen sind, werden auch als **Fixkosten** bezeichnet. So fällt zum Beispiel die gleich hohe Lokalmiete an, unabhängig davon, ob an einem Abend 200 Gerichte oder nur 20 Gerichte verkauft wurden.

Würde man versuchen, die direkten Kosten noch genauer zu erfassen, so könnte man zum Beispiel den Arbeitsaufwand zur Zubereitung des Filetsteaks und die dabei verbrauchten Energiekosten (Strom, Wasser, Reinigung) bei der Berechnung des Deckungsbeitrages berücksichtigen.

Das Schema könnte man dann folgendermaßen erweitern:

Filetsteak mit Pilzen und Beilagen

Verkaufspreis	**17,50 €**
– Umsatzsteuer (10 %)	1,59 €
= **Nettoverkaufspreis**	**15,91 €**
– Bedienungszuschlag (10,5 %)	1,67 €
= **Grundpreis**	**14,24 €**
– direkte Kosten	
– Wareneinsatz, netto	4,84 €
– Zubereitungsaufwand (10 Minuten á 0,35 €)	3,50 €
– Energiekosten (Klasse F)	0,20 €
= **Deckungsbeitrag**	**5,70 €**

Wenn es ökonomisch Sinn macht, die Kostenerfassung so präzise durchzuführen, ergibt sich dadurch auch eine größere Kostenwahrheit. Die Zubereitungskosten für eine Abrechnungseinheit (in unserem Beispiel: eine Minute) hängt vom Lohnniveau der jeweiligen Küchenmannschaft ab. Und die Energiekosten können nach Aufwendigkeit der gewählten Speise in verschiedene Klassen eingeteilt werden (z. B. Braten: Klasse F, Schmoren: Klasse C), die mit bestimmten Kosten verbunden sind.

Wichtig ist nur, dass die direkt zugerechneten Kosten nicht im Gemeinkostenblock nochmals enthalten sind. Ein Großteil der Personalkosten für die Küchenbrigade und auch die Energiekosten in der Küche sind dann bereits erfasst und fallen aus den Gemeinkosten heraus.

Beispiel einer Preisberechnung mit Deckungsbeitrag unter Berücksichtigung von 10 % Umsatzsteuer (Österreich)
Berechnet wird das bereits für die Rezeptkartei kalkulierte Gericht: Filetsteak mit Pilzen und Beilagen – Preis auf der Speisenkarte 17,50 €.
Nettowareneinsatz 4,84 € (5,32 : 110 x 100 = 4,84) mit einem Bedienungsgeld von 10,5 % und einer Umsatzsteuer von 10 %.

Filetsteak mit Pilzen und Beilagen

Verkaufspreis		17,50 €
– Umsatzsteuer (10 %)	(17,50 : 110 x 10)	1,59 €
= **Nettoverkaufspreis**	(17,50 – 1,59)	15,91 €
– Bedienungszuschlag (10,5 %)	(15,91 : 100 x 10,5)	1,67 €
= **Grundpreis**		**14,24 €**
– direkte Kosten (Wareneinsatz), netto	(5,32 : 110 x 100)	4,84 €
= **Deckungsbeitrag**		**9,40 €**

Der **Deckungsbeitrag** von 9,40 € des Gerichtes beträgt 53,7 % (9,40 : 0,175) des Verkaufspreises. Der Wareneinsatz von 4,84 € beträgt 27,7 % (4,84 : 0,175) des Verkaufspreises.

Beispiel einer Preisberechnung mit Deckungsbeitrag unter Berücksichtigung von 7 bzw. 19 % Umsatzsteuer (Deutschland)
Berechnet wird wiederum das bereits für die Rezeptkartei kalkulierte Gericht: Filetsteak mit Pilzen und Beilagen – Preis auf der Speisenkarte 17,50 €.

Nettowareneinsatz 4,97 € (5,32 : 107 x 100), Umsatzsteuer 19 %.

Filetsteak mit Pilzen und Beilagen

Verkaufspreis		17,50 €
– Umsatzsteuer (19 %)	(17,50 : 119 x 19)	2,79 €
= **Nettoverkaufspreis**	(17,50 – 2,79)	14,71 €
– direkte Kosten (Wareneinsatz), netto	(5,32 : 107 x 100)	4,97 €
= **Deckungsbeitrag**		**9,74 €**

Der **Deckungsbeitrag** von 9,74 € des Gerichtes beträgt 55,7 % (9,74 : 0,175) des Verkaufspreises. Der Wareneinsatz von 4,97 € beträgt 28,4 % (4,97 : 0,175) des Verkaufspreises.

Noch ein Tipp am Rande
Deckungsbeiträge unter 50 % des Verkaufspreises sind in der Regel zu niedrig. Das bedeutet, diese Speise gehört nicht auf die Speisenkarte, da man die Gemeinkosten (indirekten Kosten) mit dem Verkaufspreis höchstwahrscheinlich nicht abdecken wird.

Gegenüberstellung der beiden Verfahren zur Preisberechnung

Die **Variante I der Preisberechnung**, bei der alle Gemeinkosten als Prozentsatz der Warenkosten angesetzt werden, wurde von der Industriekostenrechnung abgeleitet. Das Problem dieses Ansatzes liegt darin, dass der Wareneinsatz als alleinige Basis für die Preiskalkulation verwendet wird. So führt ein Gericht mit einem niedrigen Wareneinsatz, wie etwa eine Minestrone, unwillkürlich auch zu einem niedrigen Verkaufspreis und ein hoher Wareneinsatz, wie bei Krustentieren, führt zu extrem hohen Verkaufspreisen.

Deshalb muss bei der errechneten Schlüsselzahl variiert werden. Bei Tagesgerichten, Tagesmenüs oder Empfehlungen wird mit einer niedrigen Schlüsselzahl hochgerechnet, und bei Suppen, Vorspeisen, Desserts etc. wird der Verkaufspreis mit einer höheren Schlüsselzahl berechnet. Allerdings müssen die Erlöse die Gemeinkosten abdecken – hochgerechnet pro Tag oder pro Woche oder spätestens pro Monat. Zur Kalkulation von Bankettveranstaltungen bzw. Catering – für Menüs oder Buffets – ist das eine praktikable Preisberechnung.

Doch seit den 1970er-Jahren hat sich der Markt vom Verkäufer- zum Käufermarkt gewandelt. Die Preise orientieren sich heute zusätzlich an zwei Größen: am Wettbewerb und am Kunden, also an

- **der Konkurrenz:** Welche Preise fordern meine wichtigsten Mitbewerber für vergleichbare Speisen?
- **der Zielgruppe:** Welche Gästeschicht will ich mit meinem Restaurant ansprechen und wie viel sind die Gäste zu zahlen bereit? Stimmt für sie das Preis-Leistungs-Verhältnis?

Welche Gästeschicht spricht der Betrieb an? Die Zielgruppe bestimmt den Preis, den sie zu zahlen bereit ist.

Bei gängigen Angeboten, wie z. B. Mittagsmenü, Lunchbuffet oder Wiener Schnitzel, die eine hohe Preistransparenz aufweisen, bei denen der Gast also über die Preise in der Regel Bescheid weiß, muss man sich am **Mitbewerber** orientieren.

Bei Gerichten, die schwer vergleichbar sind bzw. wo der Gast keinen vergleichbaren Preis im Kopf hat, ist die **Zielgruppe** entscheidend. In diesem Fall wird man versuchen, den Preis so anzusetzen, dass der Kunde bereit ist, diesen auch zu zahlen. Das heißt, der Preis orientiert sich an der Kaufkraft der Gäste.

Jeder gastronomische Betrieb, egal in welcher Qualitätsstufe er positioniert ist, muss sich bei der Preisgestaltung – abgesehen von den Kosten – nach dem Markt richten.

Was ein Wiener Schnitzel kosten darf, weiß – zumindest in Österreich – ein jeder; nobler ausgedrückt: Die Preistransparenz beim Wiener Schnitzel ist hoch

Die **Variante II der Preisberechnung** berücksichtigt diese beiden Sichtweisen, in dem sie sich am Verkaufspreis orientiert. Die Kalkulation dient einerseits der Kostenkontrolle und andererseits als Entscheidungsinstrument zum Herausfinden von Stärken und Schwächen im Speisenangebot. So können Gerichte herausgefiltert werden, die einen hohen Kartenpreis bei relativ niedrigen direkten Kosten aufweisen. Umgekehrt können auch Speisen identifiziert werden, die sich durch eine hohen Zubereitungsaufwand und Wareneinsatz „auszeichnen“ und daher am Markt nicht zu einem gewinnbringenden Kartenpreis verkauft werden können. Überlegungen in diese Richtung helfen, die Existenz eines gesunden Gastronomiebetriebs langfristig zu sichern.

Verkaufsanalyse

Den Verkaufspreis mithilfe des Deckungsbeitrags zu erheben, ist eine Sache. Nur wird es nicht möglich sein, mit den gleichen prozentuellen Deckungsbeiträgen alle Verkaufspreise zu berechnen. Der Deckungsbeitrag alleine ist nämlich nicht entscheidend. Entscheidend sind vielmehr die tatsächlichen Verkaufszahlen der Speisen oder Speisengruppen multipliziert mit dem Deckungsbeitrag.

Zu einer umfassenden Preispolitik gehört daher auch die **Verkaufsanalyse.** Hier werden die Verkaufszahlen und der Deckungsbeitrag einzelner Speisen analysiert und einander gegenübergestellt. Was nützt ein guter Deckungsbeitrag, wenn das Gericht kaum verkauft wird? Umgekehrt wiegt eine hohe Verkaufszahl (also eine große Beliebtheit des Gerichts bei den Gästen) einen niedrigen Deckungsbeitrag wieder auf. Daher werden die Speisen für die Preisanalyse in folgende vier Kategorien eingeteilt:

- Gewinner
- Renner
- Schläfer
- Verlierer

Speisenbewertung

Gewinner: hoher Deckungsbeitrag bei hoher Verkaufszahl

- Bei diesem Gericht keine Veränderungen durchführen und auf der Speisenkarte belassen, denn sie bringen dem Unternehmen Gewinn. Auf einen guten Platz auf der Speisenkarte setzen: Was man verkaufen möchte, muss als **Eyecatcher** zentral und deutlich sichtbar platziert werden.

Renner: durchschnittlicher Deckungsbeitrag bei hoher Verkaufszahl

- Dieses Gericht ist bei Gästen beliebt und gehört gewiss zu den Bestsellern des Restaurants, hat aber nur einen durchschnittlichen Deckungsbeitrag. Als Renner ist es dennoch für den Betrieb von Bedeutung, da es aufgrund seiner hohen Frequenz (der hohen Verkaufszahl) dem Betrieb Kunden bringt, die ein gutes Preis-Leistungs-Verhältnis zu schätzen wissen. Das steigert den Bekanntheitsgrad des Betriebs und schafft Stammgäste. Im Gegensatz zum Gewinner muss das Gericht nicht den besten Platz auf der Speisenkarte einnehmen, da es sich einerseits ohnedies verkauft und andererseits dem Gewinner nicht den besten Platz auf der Speisenkarte nehmen soll.

  Folgende Entscheidungen können getroffen werden: vorsichtige Preiserhöhung (unter Berücksichtigung der Preise der Mitbewerber) und eventuell Reduzierung der Portionsgröße oder Kopplung mit preisgünstigeren Beilagen, um den Deckungsbeitrag zu erhöhen.

Schläfer: hoher Deckungsbeitrag bei niedriger Verkaufszahl

- Das Gericht bringt zwar einen hohen Deckungsbeitrag ein, was für den Betrieb von Vorteil ist, verkauft sich dafür aber nicht oft genug, als dass der Betrieb von diesem hohen Deckungsbeitrag profitieren könnte. Es muss wegen der niedrigen Verkaufszahl nicht automatisch bei den Gästen unbeliebt sein, dennoch ist zu hinterfragen, warum das Gericht nicht im erwarteten Ausmaß bestellt wird. Folgendes ist zu überlegen: Ist die Platzierung des Gerichts auf der Speisenkarte günstig? Ist die Beschreibung des Gerichts ansprechend? Soll der Verkaufspreis gesenkt werden? Wenn Sie auf diese Fragen keine Antwort finden, belassen Sie das Gericht mit einer **Verkaufsförderungsmaßnahme** auf der Tageskarte, z. B. als „Angebot des Tages“ und weisen Sie die Servicemitarbeiter darauf hin, es speziell zu empfehlen. Achten Sie aber darauf, dass Ihre Speisenkarte nur wenige Schläfer aufweist, da es einfacher ist, Gerichte, die sich selbst verkaufen, an den Gast zu bringen, als solche, die einer speziellen Verkaufsförderungsmaßnahme bedürfen.

Verlierer: niedriger Deckungsbeitrag bei geringer Verkaufszahl

- Dieses Gericht bei der nächstbesten Gelegenheit von der Karte streichen, denn es ist weder bei den Gästen beliebt noch hat der Betrieb Vorteile aus seinem Verkauf. Führen Sie keine Experimente durch, Ihre Gäste schätzen das Gericht nicht und Sie erwirtschaften damit keinen ordentlichen Deckungsbeitrag, also weg damit.

Beispiel einer Speisenbewertung

Begriffserklärung: **VP** = Verkaufspreis, **DB** = Deckungsbeitrag, **Anzahl** = Verkaufszahl pro Woche

Gericht	VP in €	DB in €	DB in %	Speisenbewertung			Kategorie	DB total in €
		bei 10 % USt		Höhe DB	Verkauf	Anzahl		
Wiener Schnitzel	14,00	8,30	59,29 %	hoch	hoch	135	Gewinner	1 120,50
Filetsteak	17,50	9,40	53,71 %	mittel	hoch	108	Renner	1 015,20
Hühnerbrust	11,50	6,90	60,00 %	hoch	niedrig	54	Schläfer	372,60
Kalbsbries	14,50	5,90	40,69 %	niedrig	niedrig	28	Verlierer	165,20

Wirtschaftlichkeit und Kontrolle

Die Höhe des Gemeinkostenzuschlagssatzes bzw. des Deckungsbeitrages muss regelmäßig an die aktuelle Geschäftssituation (Anzahl der Angestellten, Investitionen in Küche und Restaurant etc.) angepasst werden. Der gesamte Prozess der Kalkulation und Preisgestaltung muss mit dem täglichen Geschehen im Betrieb übereinstimmen, d. h. die tatsächlichen Kosten widerspiegeln. Daher ist eine permanente Kontrolle unumgänglich, denn Zahlen auf dem Papier müssen noch nicht zwangsläufig mit dem tatsächlichen Ergebnis übereinstimmen. Erst wenn festgestellt wird, wo die Kosten zu hoch sind, und ermittelt wird, wie diese (ohne Qualitätsverlust) zu senken sind, greift die theoretische Planung auch in der Praxis. Methoden wie Warentests, Verkaufsanalysen und Speisenbewertungen helfen dabei.

Berechnung des Energiegehalts von Speisen

Fehlernährung, Übergewicht und ihre schädlichen Folgen auf der einen Seite, gesteigertes Ernährungsbewusstsein auf der anderen Seite führen dazu, dass die Konsumenten immer mehr Interesse am Energiegehalt der ihnen vorgesetzten Gerichte haben. Dieses relativ neue, auch von den Medien geförderte Bewusstsein um den Energiegehalt verschiedener Lebensmittel, Speisen und den Einfluss der Zubereitungsart darauf hat dazu geführt, dass nicht nur Diätassistenten eifrig am Rechnen sind, sondern auch der Koch den Stift in die Hand nehmen und sich mit Kilojoule und Kalorien auseinandersetzen muss – sei es im Kur- oder Wellnessbetrieb, sei es, um seiner Speisenkarte einen Touch von leichter Küche zu geben, sei es einfach im Dienste der Gesundheit der Gäste. Längst hat auch in den Küchen ein Umdenken stattgefunden, ist das Butterschmalz vom Olivenöl verdrängt worden und das Braten in Fett durch Niedertemperaturgaren im eigenen Saft. Hier ein Einblick, wie Sie mit Fakten Ihre Entscheidung für eine leichtere Küche begründen können.

Durchschnittlicher Energiebedarf

Ein erwachsener Mensch benötigt je nach körperlicher Belastung täglich ca. 8 000 bis 15 000 kJ (Kilojoule) bzw. 1 900 bis 3 600 kcal (Kilokalorien) Energie.

Der Energiebedarf eines Menschen hängt vom Alter, vom Geschlecht und von der körperlichen Leistung ab. Jugendliche benötigen demnach mehr Energie als ältere Menschen, Männer mehr als Frauen und körperlich aktivere Menschen mehr als bewegungsunlustige Personen. Im Folgenden finden Sie einige Richtwerte für den täglichen Energiebedarf.

Wie viel Energie steckt drin? Manchen Gästen ist es ein Anliegen, darüber Bescheid zu wissen.

Energiebedarf von Frauen

Weibliche Jugendliche bis 19 Jahre benötigen täglich bei geringer körperlicher Anstrengung 8 500 kJ und bei starker körperlicher Belastung 12 200 kJ.

Der Bedarf sinkt bis zum 25. Lebensjahr auf 8 100 bzw. 11 600 kJ pro Tag. Bis zum 51. Lebensjahr benötigt eine weibliche Erwachsene 7 800 bzw. 11 200 kJ, bis zum 65. Lebensjahr 7 400 bzw. 10 600 kJ.

Über dem 65. Lebensjahr sinkt der tägliche Energiebedarf bei wenig körperlicher Anstrengung auf 6 900 und bei starker körperlicher Belastung auf 9 800 kJ.

Energiebedarf von Männern

Bei wenig körperlicher Betätigung benötigen männliche Jugendliche bis 25 Jahre täglich 10 600 kJ, bei körperlicher Anstrengung bis zu 15 200 kJ.

Bis zum 51. Lebensjahr sinkt der tägliche Bedarf auf 10 200 bzw. 14 600 kJ, bis zum 65. Lebensjahr auf 9 200 bzw. 13 200 kJ.

Ab dem 65. Lebensjahr benötigt ein männlicher Erwachsener nur mehr täglich 8 300 bzw. 11 800 kJ – je nach körperlicher Anstrengung.

Nährstoffe und Energie

Die Nährstoffe liefern unterschiedliche Energiemengen:

Nährstoff	Kilojoule (Kilokalorie)	Tagesbedarf in %	Tagesbedarf pro Kilogramm Körpergewicht
1 g Kohlenhydrate	17,2 (4,1)	> 50	4–6 g
1 g Fett	37,0 (9,0)	25–30	0,8 g
1 g Eiweiß	17,2 (4,1)	10–15	0,8 g

Für die Berechnung des Energiegehalts von Speisen gibt es **Nährwerttabellen**, die den Nährstoffgehalt von 100 g Lebensmittel zeigen.

Beispiel Berechnung des Energiegehalts einer Portion

Berechnet wird der Energiegehalt einer Portion Filetsteak mit Pilzen und Beilagen. Das Rezept ist für zehn Portionen.

Zutaten	Menge	kj pro 100 g	kj gesamt
Filetsteak	1 500 g	508	7 620,0
Sonnenblumenöl	150 g	3 693	5 540,0
Schalotten	100 g	92	92,0
Champignons	200 g	64	128,0
Steinpilze	250 g	83	208,0
Rotwein	200 ml	277	554,0
Fond	500 ml	84	420,0
Butter	200 g	3 101	6 202,0
Schnittlauch	20 g	128	25,6
Kartoffeln, gebraten	1 400 g	874	12 236,0
Gemüse, frisch	1 100 g	98	1 078,0
		Gesamt	**34 103,6**

34.103 kJ : 10 Portionen = 3 410 kJ

Eine Portion enthält 3 410 kJ (816 kcal).

Ausgewogenheit der Speisen

Bei der Zusammenstellung von Speisen und Speisenfolgen ist neben dem Energiegehalt und der Ausgewogenheit von Kohlenhydraten, Eiweiß und Fett auch auf den Vitamin- und Mineralstoffgehalt sowie auf den Gehalt an bioaktiven Substanzen (sekundären Pflanzenstoffen, Ballaststoffen und Stoffen in milchsauer vergorenen Lebensmitteln) zu achten.

Die Bratkartoffeln schlagen in dieser Berechnung gewichtig zu Buche

Schonende Garmethoden und kurze Vorbereitungs-, Gar- und Warmhaltezeiten helfen, wertvolle Inhaltsstoffe der Lebensmittel zu bewahren. Ebenso ist zu empfehlen, Obst und Gemüse aus regionalem Anbau und der Saison entsprechend zu wählen.

Computerunterstützte Küchenverwaltung

Kochen ist ein Handwerk, eine Kunst. Damit dafür genügend Zeit bleibt, bietet die moderne Datenverarbeitung eine gute Unterstützung: für Profiküchen entwickelte Softwareprogramme für die reibungslose Organisation und Verwaltung der Küche.

Software für die Küche

Mit einer geeigneten Küchensoftware können der Wareneinkauf, die Zubereitung der Speisen und die Preisgestaltung ökonomisch geplant werden. Die Vorteile liegen in der einfachen Umrechnung auf unterschiedliche Portionszahlen und im mühelosen Aktualisieren der Portionspreise. Vereinfacht wird auch die Erstellung einer periodischen Verkaufsanalyse, die nicht nur die Küchenrentabilität gewährleistet, sondern auch bei der Gestaltung neuer Speisenkarten sehr hilfreich ist.

Informationsaustausch ist das Um und Auf erfolgreicher Zusammenarbeit

Es gibt verschiedene Softwareprodukte, die bei der computerunterstützten Küchenverwaltung zum Einsatz kommen, z. B. BKV-Win, PC-Küche – Kochen mit Gewinn! oder Cost. Die Programme werden immer komplexer und ihre Anwendung wird dadurch komplizierter. Um die EDV gezielt einsetzen zu können, sind Schulungen unumgänglich. Am Beispiel PC-Küche sind hier die wichtigsten Hilfsmittel zur elektronischen Küchenverwaltung näher beschrieben.

Rezeptkartei

In dieser Kartei befinden sich Grundprodukte, Kochbausteine, Rezepte für Speisen und Getränke sowie fertige Menüs. Alle Einträge können jederzeit verändert oder neu angelegt werden. Grundprodukte und Rezepte können mit eigenen Bildern verknüpft werden.

Folgende Informationen sind gespeichert über Speisen, Getränke und Menüs:

- Portionszahl: kann je nach Bedarf geändert werden, die benötigten Mengen werden ausgedruckt
- Angaben über die Zubereitung des Gerichts
- Eventuell Arbeitszeiten bei der Herstellung des Gerichts
- Aktueller Gesamteinkaufspreis und Kosten pro Portion
- Prozentueller Wareneinsatz und effektiver Aufschlag

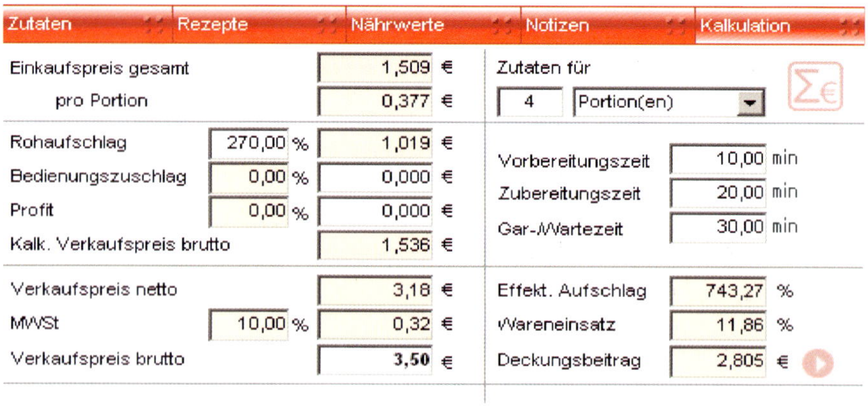

Zutaten	Rezepte	Nährwerte	Notizen	Kalkulation		
Einkaufspreis gesamt		1,509 €		Zutaten für		
pro Portion		0,377 €		4	Portion(en)	
Rohaufschlag	270,00 %	1,019 €		Vorbereitungszeit	10,00	min
Bedienungszuschlag	0,00 %	0,000 €		Zubereitungszeit	20,00	min
Profit	0,00 %	0,000 €		Gar-/Wartezeit	30,00	min
Kalk. Verkaufspreis brutto		1,536 €				
Verkaufspreis netto		3,18 €		Effekt. Aufschlag	743,27	%
MWSt	10,00 %	0,32 €		Wareneinsatz	11,86	%
Verkaufspreis brutto		**3,50** €		Deckungsbeitrag	2,805	€

Darüber hinaus dient die Rezeptkartei auch zur Berechnung der Nährwerte und Inhaltsstoffe.

Nährwerte und Inhaltsstoffe

Standardmäßig sind die Informationen über Energiewert, Fett, Eiweißstoffe (Proteine), Kohlenhydrate, Alkohol- und Salzgehalt für jedes Grundprodukt verfügbar, ebenso die Eigenschaften laktosefrei, glutenfrei und vegetarisch.

Die Nährwerte werden in den Rezepten hochgerechnet und pro Portion in Zahlen angegeben, ihr Verhältnis zueinander wird grafisch dargestellt.

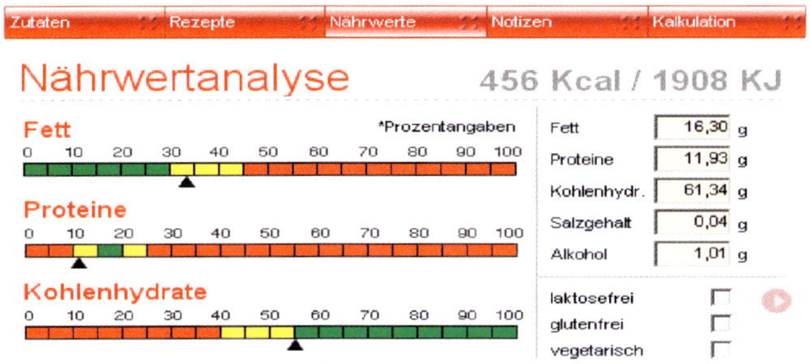

Lagerkartei

In der Lagerkartei wird für jedes Produkt im Lebensmittellager eine Karteikarte angelegt.

So funktioniert's

- Jede Lagerbewegung wird protokolliert, das bedeutet, Zugänge, Abgänge und Lagerstand des Artikels können für jeden beliebigen Stichtag angezeigt werden.
- Verbrauchte Waren können automatisch aufgrund der Verkaufszahlen vom Lager abgebucht werden. Ein automatischer Import dieser Verkaufszahlen ist für die meisten gängigen Kassensysteme möglich.
- Anhand der Verkaufszahlen kann über einen beliebigen Zeitraum der Verbrauch der Waren errechnet und dem Istbestand (also dem tatsächlichen Bestand) gegenübergestellt werden.
- Lagerzugänge können sowohl manuell als auch automatisch über elektronische Lieferscheine mit Mengen und Einkaufspreisen der Produkte getätigt werden. Die Verknüpfung von Lieferantenartikeln mit den Grundprodukten ermöglicht eine automatische Preiskorrektur der Grundprodukte und die Nachkalkulation der Rezepte.
- Artikellisten von Lieferanten können in das System eingespeist und täglich aktualisiert werden.

Lagerbewegungen	Warenbestand	Wareneinkaufswerte	
01.01.20..	16,50 kg	Start	18,350 €
bis	50,00 kg	Zugang	55,600 €
10.02.20..	-14,37 kg	Abgang	-15,980 €
	52,13 kg	Ende	57,970 €

Datum	Grundprodukt	Art	Menge	Einh
03.01.2005	Kartoffeln	Lieferschein	25,00	kg
07.01.2005	Kartoffeln	Verkauf	-1,10	kg
11.01.2005	Kartoffeln	Verkauf	-1,88	kg
13.01.2005	Kartoffeln	Verkauf	-0,90	kg
18.01.2005	Kartoffeln	Verkauf	-2,40	kg
27.01.2005	Kartoffeln	Verkauf	-3,75	kg
03.02.2005	Kartoffeln	Verkauf	-0,60	kg
04.02.2005	Kartoffeln	Lieferschein	25,00	kg
04.02.2005	Kartoffeln	Verkauf	-1,00	kg

Die Lagerverwaltung wird mit der elektronischen Lagerkartei vereinfacht

Planung

Mithilfe der Speisenkarten und Menüpläne, der Anzahl der zu verpflegenden Personen sowie des aktuellen Lagerbestands kann auf Knopfdruck eine Bedarfsliste für den Einkauf generiert werden.

Ein lieferantenorientiertes Bestellsystem unterstützt den Anwender bei der Erstellung der Einkaufsliste. Die Bestellung kann direkt aus dem Produktsortiment (inklusive Informationen über Verpackung und Preis) der Lieferanten zusammengestellt werden.

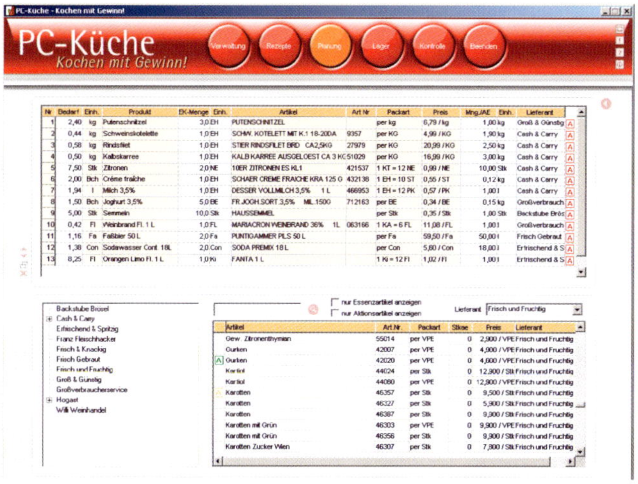

Betriebsergebnis

Anhand der Fixkosten und der Verkaufszahlen kann für jeden beliebigen Zeitraum eine Analyse des Betriebsergebnisses erstellt werden.

Ebenso können angebotene Produkte überprüft und Top-Flop-Listen erstellt werden. Über diese und weitere Funktionen kann die Rentabilität des Betriebes jederzeit kontrolliert und gegebenenfalls zeitgerecht auf Missstände reagiert werden.

Esskultur – einst und jetzt

Geben die Herkunft des Kochs, verbunden mit Lebensgefühl und Tradition, oder seine jahrelange Geschmackskonditionierung durch Mutters Küche einem Nationalgericht die unverwechselbare Note? Liegt's alleine im Blut oder kann man in den Wanderjahren Station in verschiedenen Ländern machen und sich die perfekte Zubereitung von Nationalgerichten auch postnatal noch aneignen? Ja, denn wenn man offen ist, kann man sich in Lebensgefühl und Esskultur eines Landes einleben – und damit auch die Nationalküche und ihre Zubereitung verstehen. Was man von den Reisen um die Welt mit nach Hause bringt, bereichert schließlich den eigenen Stil. Dieser Blick über den Tellerrand ist wichtig, denn Trends in der Esskultur kann man als Koch nicht einfach übersehen. Wie selbstverständlich werden heute Sushi, Maki, Tacos, Wraps und Bagels angeboten – Speisen, die vor einigen Jahren der breiten Bevölkerung noch unbekannt waren. Daher ist es für den engagierten Koch wichtig, die Zeichen der Zeit zu erkennen und darauf zu reagieren.

Begriffe, die uns durch die Esskultur begleiten

Assemblageküche	aus frischen, fertigen und halbfertigen Produkten – Convenienceprodukten – zusammengesetzte Küche
Auberge	Landgasthaus oder Gaststätte in Frankreich
Bankett	der Begriff wurde bereits im 14. Jahrhundert verwendet und bedeutete das Platzieren von Gästen auf Bänken; die Speisen wurden auf den Tischen angerichtet und der Gast bediente sich selbst
Bürgerliche Küche	gehobene, gepflegte Küche, die vor allem im städtischen, bürgerlichen Raum entstanden ist
Cuisine du Marché	„Marktküche"; Küche, die aus den besten Produkten, die der Markt zu bieten hat, kreative Gerichte zaubert; der Begriff geht auf das gleichnamige Buch von Paul Bocuse zurück
Ethnische Küche	bestimmten Gebieten oder Völkern zugeordnete Küche
Fastfood	schnelles Essen – auch zum Mitnehmen nach Hause
Freeflow	heißt wörtlich übersetzt frei fließend – in der Gastronomie ist damit die Selbstbedienung im Restaurant oder am Buffet gemeint
Functionalfood	funktionelle Nahrungsmittel; mit gesundheitsfördernden Zusätzen
Gastronom	Kenner des guten Geschmacks ist die eigentliche Bedeutung
Gastronomie	das Wort kommt aus dem Griechischen und bedeutete ursprünglich feine Esskultur
Gourmand	Schlemmer; das Wort leitet sich vom französischen Gourmandise (Feinschmeckerei) ab und hat mit der ominösen Bezeichnung Vielfraß recht wenig zu tun
Gourmet	Feinschmecker; das aus dem Englischen stammende Wort groomet (Diener, Knecht) wurde in Frankreich in gourmet verwandelt und bedeutete ursprünglich Weinkenner bzw. Weinverkoster
Hay'sche Trennkost	Ernährungsform, bei der Eiweiß und Kohlenhydrate nicht gleichzeitig aufgenommen werden
Klassische Küche	internationale Gerichte mit hohem Bekanntheitsgrad, die nach vorgeschriebener Machart zubereitet sind
Kreative Küche	zeitgemäße Küche mit hochwertigen frischen Zutaten, zu eigenen und neuen Kreationen kombiniert
La Grande Cuisine	vom Adel geprägte Hochkultur der französischen Kochkunst und Esskultur
Menü	Speisenfolge von kleinen, gut aufeinander abgestimmten Gerichten, die dem Gast nacheinander serviert werden; nach Larousse gastronomique leitet sich das Wort Menü vom lateinischen minutus ab, was verringert, vermindert und verfeinert bedeutet
Molekularküche	bei der Zubereitung werden physikalische und biologische Prozesse berücksichtigt
Nationale Küche	die einem Land zugeordnete Küche, die sich aus dem vorhandenen Nahrungsangebot entwickelt hat
Naturküche	dafür werden saisonale Lebensmittel aus kontrolliertem biologischem Anbau verwendet
Nouvelle Cuisine	Gerichte werden mit frischen Produkten zu neuen Kreationen kombiniert – Paul Bocuse gilt als Erfinder dieses Kochstils
Novelfood	neuartige Lebensmittel oder Produkte, die z. B. genetisch verändert wurden
Osteria	kleine italienische Weinstube mit beschränktem Essensangebot
Regionale Küche	Gerichte aus verschiedenen Regionen oder Provinzen – mit bäuerlichem Ursprung
Restaurant	bis 1760 war das Wort Restaurant gleichbedeutend mit stärkend; man bezeichnete damit Fleischsuppen, die frische Kräfte verliehen; in Paris wurde den Köchen erlaubt, Speisen zu servieren – die dafür benutzten Räumlichkeiten nannte man Restaurants
Slowfood	eine internationale Bewegung zur Wahrung des Rechts auf Genuss – und Bewahrung der Esskultur und Traditionen
Table d'hôte	an der Wirtstafel, an Ort und Stelle, speisen zu können – mehrere Personen zur gleichen Zeit bei gleichem Speisenangebot
Take-away	Begriff für das Mitnehmen von Speisen und Getränken

Geschichte der Kochkunst

Zu den Kulturgütern und Künsten eines Volkes zählt unzweifelhaft auch seine Kochkunst. Bedeutende Ereignisse der Geschichte spiegelten sich in allen Epochen und Kulturkreisen im Kochen und Essen wider. Bereits vor Tausenden von Jahren fanden die Menschen der alten Hochkulturen Gefallen an verschiedenen Delikatessen, durch die die Nahrungsaufnahme zum Genuss wurde.

Im Mittelalter überlieferten und pflegten die Mönche in den Klöstern die Küchen- und Esskultur. In der Renaissance verfeinerten vor allem die Florentiner die Küche und beeinflussten damit auch die französische Esskultur. So entwickelte sich im Laufe der Jahrhunderte die Kochkunst des Abendlandes, auf die Frankreich immer den größten Einfluss hatte. Weltweit gibt es nach übereinstimmender Einschätzung zwei große Stilrichtungen der Kochkunst – die chinesische und die französische Küche.

Die chinesische Küche als Wegweiser in die Moderne

In der chinesischen Küche hat sich die kulinarische Verfeinerung lange vor jener der europäischen entwickelt. In China dominierte immer schon die Küche des Kurzerhitzten, Kurzgebratenen und Kleingeschnittenen in raffiniert einfachen Zusammenstellungen. Dieser Kochstil spielte besonders in den Anfängen der Nouvelle Cuisine in der abendländischen Küche eine Rolle.

KOCHEN VOR 200 JAHREN – DAS HANDWERK MUSSTE MAN BEHERRSCHEN, UM GUTE GERICHTE HERZUSTELLEN

Die Vorherrschaft der französischen Küche

In der westlichen Hemisphäre wurde die Kochkunst zum größten Teil durch die französische Küche beeinflusst. Viele berühmte Köche schrieben ihr Wissen in ihren eigenen Kochbüchern nieder und verbreiteten die klassische französische Küche.

Am Anfang des 19. Jahrhunderts, zur Zeit Napoleons, begann die Epoche großer französischer Restaurants. Unter den Händen berühmter Köche, zu denen als bekanntester Vertreter **Marie-Antoine „Antonin“ Carême** (1784–1833) zählte, entwickelte sich eine verfeinerte, luxuriöse Küche, die man später **La Grande Cuisine** nannte.

Jean Anthelme Brillat-Savarin (1755–1826) war Richter am französischen Höchstgericht unter Napoleon. Dieses Amt ließ ihm wohl Zeit und Muße genug, sich als Feinschmecker auch literarisch zu betätigen. Er veröffentlichte die Werke „Die Physiologie des Geschmacks“, „Der Philosoph und seine Küche“ und „Das Handbuch über das Essen“. Nach dem Maßstab dieses großen französischen Gourmets (*„Das Tier frisst, der Mensch isst; nur der Mensch mit Verstand versteht zu speisen“*) wird die Fertigkeit des Kochens schließlich zu einer Kunst. Damals bereits errang die französische Küche uneingeschränkt die Vorherrschaft in Europa.

Essen wie Gott in Frankreich – schon vor Jahrhunderten wussten französische Herrscher bereits, dass ein Körnchen Wahrheit in diesem Sprichwort steckt

Escoffier – Großmeister der Kochkunst

Auguste Escoffier (1847–1935) reformierte diese französische Küche – La Cuisine classique – grundlegend. Das beeinflusste die Entwicklung aller Küchen Europas. Escoffiers Buch **„Le Guide culinaire“** („Kochkunstführer“, 1903), Nachschlagewerk der klassischen Küche, ist immer noch eines der Standardwerke in der Ausbildung von Köchen in ganz Europa.

Gemeinsam mit **César Ritz** gründete Escoffier neue Hotels in Paris und London. 1890 übernahm er die Küchenleitung des neuen Hotels Savoy in London, später wechselte er zum Ritz-Carlton. In dieser Zeit reorganisierte er die großen professionellen Hotelküchen. Die einzelnen Abteilungen in der Küche hatten bislang getrennt und unabhängig voneinander gearbeitet. Dem setzte Escoffier ein Ende, indem er das System von kooperierenden Abteilungen in der Küche einführte – **La Brigade de Cuisine** – die Küchenbrigade, die heute noch ihre Gültigkeit hat, war damit aus der Taufe gehoben.

Was die eigentliche Kochkunst anbelangt, so hat Escoffier aus einer noch mit mittelalterlichem Gedankengut behafteten Kochkunst eine klassisch-zweckmäßige Küche geschaffen. Er veränderte die bislang überladene und komplizierte Küche radikal und passte sie den neuen Bedürfnissen an. Dies betraf sowohl die Zusammenstellung von Speisenfolgen als auch die Zubereitung der Speisen. War es zum Beispiel damals üblich, dass alle Saucen auf den intensiv schmeckenden Espagnoles, Veloutés oder Béchamels basierten, so verwendete er vermehrt Fonds und leichte Fumets, um den eigentlichen Geschmack der Gerichte zu intensivieren.

Folgende Aussage Escoffiers verdeutlicht seine Sicht der Kochkunst: *„Die absolute Regel für die Zukunft soll sein, dass alles Unessbare von der Platte verbannt bleibt und eine geschmackvolle Einfachheit das Anrichten charakterisiert.“*

WENIGE ZUTATEN, VIEL NATÜRLICHER GESCHMACK – DAS IST DAS GEHEIMNIS DER NOUVELLE CUISINE

Das Anliegen der Köche aller Epochen, von Carême bis Escoffier, war, nur wenige, dafür aber sorgfältig ausgewählte Zutaten zu verwenden, um den natürlichen Geschmack einzelner Gerichte beizubehalten.

Escoffier genoss bereits zu Lebzeiten einen außerordentlichen Ruf als Großmeister der Kochkunst. Angeblich soll Kaiser Wilhelm II. im Jahre 1913 Folgendes zu ihm gesagt haben: *„Nun, wir sind beide Kaiser, ich Kaiser aller Deutschen, Sie Kaiser aller Köche.“*

Die Entstehung der Nouvelle Cuisine

Fernand Point – Geburtshelfer der Nouvelle Cuisine der ersten Stunde – beschäftigte sich in den 1950er-Jahren (1897–1955; Restaurant La Pyramide in Vienne, Frankreich) mit der zeitgemäßen Küche und schuf die Grundlage für eine neue Epoche des Kochens.

Mit der Nouvelle Cuisine begann die moderne Küche, sich von der klassischen zu emanzipieren

Anfang der 1970er-Jahre verpflichteten sich Paul Bocuse und einige bekannte Kollegen – allen voran **Michel Guérard** –, nur frische und hochwertige Lebensmittel zu verwenden, und verfolgten damit eine neue, zeitgemäße Küchenlinie. Der Erfolg ließ nicht lange auf sich warten und bald danach eroberte diese Küche ganz Frankreich.

Paul Bocuse, der wohl berühmteste Koch des 20. Jahrhunderts, griff die Ideen von Altmeister Fernand Point auf und schrieb sein erstes Buch **„Cuisine du Marché“** („Marktküche“). Seither gilt Paul Bocuse als Erfinder der „Nouvelle Cuisine“. Sein Anliegen ist die Verwendung bester marktfrischer Produkte, à la minute zubereitet und zu neuen Kreationen kombiniert.

Die Medien transportierten diese Idee über Restaurantführer wie den **„Guide Michelin“** – die Köche werden darin mit Sternen ausgezeichnet – oder den Lokalführer **„Gault Millau“** – er vergibt Kochhauben. Viele Tageszeitungen und Zeitschriften beschäftigten sich im Laufe der Zeit mit dem Thema Küche und Restaurantkritik. Denn in gute Restaurants zu gehen, gehörte in Frankreich immer schon zu den gesellschaftlichen Ereignissen – und daher gibt es für einschlägige

Die Kreativität trat in den Vordergrund, die Köche wurden vom Korsett der klassischen Küche befreit

Rubriken in den Medien eine große Leserschar.

Gegen Ende der 1970er-Jahre war man über die Grenzen Frankreichs hinaus auf diese neue Küche aufmerksam geworden. Die Nouvelle Cuisine verbreitete sich über Belgien und Deutschland in ganz Europa. Viele Köche schlossen sich der neuen Küchenlinie an. Soziokulturelle Veränderungen, die Einfluss auf den Lebensrhythmus nahmen, und damit verbundene Änderungen von Essgewohnheiten sowie neue Erkenntnisse der Ernährungsphysiologie beschleunigten die Durchsetzung dieser neuen Küchenlinie.

Was war das Geheimnis der Nouvelle Cuisine?

Die Köche wurden von einem Korsett befreit, denn die Leitlinie in der gehobenen Gastronomie war bislang die klassische Küche gewesen. Sie hatte jeden Koch gezwungen, das vorgegebene Rezept einzuhalten und die vorgeschriebene Garnitur zuzugeben. Es war nicht selbstverständlich, durch eigene Kreation und Kombination ein Menü zusammenzustellen. Natürlich beherrschten die Köche weiterhin die fachlich richtige Zubereitung der Speisen und die Kochmethoden.

Man erkannte die Zeichen der Zeit, vermied lange Garzeiten, die Portionen wurden kleiner und man verteilte sie auf mehrere Gänge. Kreativität und Fantasie in der Zubereitung sowie interessante Menükombinationen mit marktfrischen und qualitativ hochwertigen Produkten standen im Vordergrund.

Die Köche traten aus der Anonymität der Küche in die Öffentlichkeit. Die Wünsche und Bedürfnisse wurden im Restaurant auch direkt mit dem Gast besprochen (siehe dazu auch die Bedeutung der Kommunikation mit dem Gast, S. 35). Dadurch wurden die Eliteköche in Deutschland und Österreich ihrem Publikum bekannt und das Image der Kochzunft wurde aufgewertet.

Die Entwicklung der Nouvelle Cuisine in Österreich und Deutschland

Eckart Witzigmann, von 1971 bis 1978 Küchenchef des legendären Restaurants „Tantris" in München, verwirklichte die neue Küchenlinie in Deutschland und wurde als erster Koch außerhalb Frankreichs mit drei „Michelin-Sternen" ausgezeichnet. Bald darauf entstanden in ganz Deutschland Restaurants, die erfolgreich den neuen, zeitgemäßen Küchenstil anboten, u. a. mit Köchen wie **Hans-Peter Wodarz** (Wiesbaden), **Harald Wohlfahrt** (Tonbach, Schwarzwald), **Josef Viehauser** (Hamburg), **Jörg und Dieter Müller** (Wertheim-Bettingen) und **Alfons Schuhbeck** (Waging am See).

Die Küche Österreichs ist durch den Einfluss der Kronländer der ehemaligen Monarchie und die spezifischen Produkte der Regionen unverwechselbar. Trotzdem hat die Entwicklung der neuen Küchenlinie auch vor Österreichs Grenzen nicht haltgemacht. Als Pioniere der Nouvelle Cuisine in Österreich gelten: **Werner Matt**, ehemaliger Küchenchef des Hotels Hilton in Wien, **Karl Eschlböck** vom Mondsee und **Ernst Huber** aus Vorarlberg.

Werner Matt ist einer der Wegbereiter der Nouvelle Cuisine in Österreich

Die Initialzündung zu einer neuen, eigenständigen und vor allem marktfrischen Küche mit moderner Prägung und zeitgemäßer Zusammenstellung sowie Zubereitung war gelegt – nicht zuletzt aufgrund einer Sensibilisierung des Gastes für Kulinarisches, denn durch die Medien wurde der Gast wissender und kritischer. Anfang der 1980er-Jahre begann eine neue Epoche. Ab diesem Zeitpunkt wurde ideenreicher, frischer und kreativer gekocht. Journalisten berichteten darüber und machten die Köche über die Medien bekannt – der Berufstand wurde populär wie nie.

Wien ist nicht nur eine Kultur-, sondern auch eine Genussstadt von Welt

Die österreichische Küche im Wandel der Zeit

Österreich – im Herzen Europas – wurde schon immer von den verschiedenen Völkern und ihren Kulturen beeinflusst. Das veränderte die Essgewohnheiten und die Landesküche. Die kulinarischen Einflüsse und Anregungen waren vielfältig, so vielseitig wie der Vielvölkerstaat der alten k. u. k. Monarchie. Schließlich gehörten der österreichisch-ungarischen Monarchie bis zum Ersten Weltkrieg rund 52 Millionen Menschen aus sechzehn verschiedenen Völkern an und zumindest ebenso viele Kochstile wie Völker waren in der Monarchie vertreten. Das Zusammenleben im Vielvölkerstaat – vor allem mit Böhmen und Ungarn, die bereits eine ausgeprägte Speisenkultur hatten – hat die österreichische Küche geformt. Zusätzlich wurde die Küche des kaiserlichen Hofes von der französischen Kochkunst mitbestimmt.

Im 19. Jahrhundert eroberte die bürgerliche Küche mehr und mehr die österreichische Küche. Die Metropole Wien, die bereits als Musik- und Theaterstadt Weltruhm erlangt hatte, wurde auch zur Stadt des guten Essens, des Speisens und Dinierens. Die Gerichte erhielten die Wiener Note des soliden Bürgertums verliehen. Übernommene Rezepte wurden modifiziert und veredelt. Gerichte anderer Länder passte man an, man verfeinerte das Grobe und vereinfachte das Überfeine.

Auf dieser Grundlage des 19. Jahrhunderts entwickelte sich die österreichische Küche, die sich im Grunde bis heute nicht wesentlich verändert hat.

Die deutsche Küche im Wandel der Zeit

Wegen der Größe des Landes ist es schwierig, von einer einheitlichen deutschen Küche zu sprechen. In allen Regionen haben sich im Laufe der Geschichte eigene Küchen entwickelt. Auf der Grundlage des Lebensmittelangebots und beeinflusst von den angrenzenden Ländern entstanden regionale Küchen mit eigenen Spezialitäten.

Die deftige Küche im Nordosten Deutschlands wurde von der ostpreußischen und schlesischen Küche geprägt. Durch die Nähe ist die Küche in Bayern und Franken traditionell mit der österreichischen und böhmischen Küche verwandt. Im westlichen Deutschland wird die Küche teilweise von den Nachbarländern Frankreich, Schweiz und Holland geformt.

Ab dem Mittelalter kam es, verursacht durch das starke Bevölkerungswachstum und verursacht durch Kriege, immer wieder zu Lebensmittelknappheit und Hungersnöten. Vor dem Zweiten Weltkrieg waren ausländische Restaurants selbst in deutschen Metropolen kaum zu finden. Dies erklärt auch, warum sich die Küche kaum weiterentwickeln konnte. Die Zeit der Knappheit wurde in den 50er-Jahren des vorigen Jahrhunderts von der sogenannten Fresswelle abgelöst – Quantität ging vor Qualität.

Im Vergleich zur italienischen und französischen Küche war Deutschlands Küche international noch nicht im Bewusstsein der Gourmets verankert. Mit zunehmender Reisefreudigkeit der Deutschen und im Gefolge der Gastarbeiter aus dem südlichen Europa entstanden ab den 1960er-Jahren Pizzerias, Restaurants mit Balkanspezialitäten, türkische, spanische und griechische Restaurants in ganz Deutschland.

Die deutsche Esskultur, wie sie heute bekannt und beliebt ist, entwickelte sich in den letzten 30 Jahren

Durch vermehrte Verwendung hochwertiger regionaler Lebensmittel und durch perfekte Zubereitung hat die Küche heute international ihren Stellenwert. Schon seit Jahrzehnten ist

Die „gute Küche" ist nicht für Massenkonsumation geeignet, sondern wird immer nur für Menschen bestimmt sein, die Gutes zu würdigen und zu genießen verstehen

das Restaurant „Erbprinz zu Ettlingen" ein Symbol der deutschen Esskultur. Es folgte in Rastatt das Restaurant „Adler" von **Rudolf Katzenberger.** In Berlin werkte der Franzose **Henry Levy** im legendären Restaurant „Maître" und in München war der Wegbegleiter dieser Entwicklung der langjährige Küchenchef des Restaurants „Tantris", Eckart Witzigmann. Viele der heute bekannten Meisterköche in Deutschland sind aus diesen Ausbildungsstätten hervorgegangen.

Die neue Esskultur und Gastronomieszene

Eine neue Generation von Köchen ist herangewachsen, die ein anspruchsvolles Feinschmeckerpublikum zu begeistern versteht. Mittlerweile ist es außerdem auch bei der breiten Bevölkerungsschicht schick, in gute Restaurants zu gehen, und die Kunden werden immer aufgeschlossener und selbstbewusster. Daher können nur Restaurants bestehen, die die Zeichen der Zeit erkennen und eine gute, natürliche und ernährungsbewusste Küche mit gerechtem Preis-Leistungs-Verhältnis bieten.

Escoffier sagte einst: *„Der Geschmack verfeinert sich unaufhörlich und die Kochkunst wird verfeinert, um ihn zu befriedigen."* Das Streben nach Veränderungen – bei sorgfältiger Auswahl und Kombination, Bewahrung des natürlichen Eigengeschmacks und besserer Differenzierung der Gerichte – gab es im Laufe der Geschichte immer wieder und Veränderungen wird es auch in Zukunft wahrscheinlich unter denselben Vorzeichen geben.

„Gelungenes aus der Küche ist Kunst, Kunst jedoch erfordert Zeit, diese benötigt Geduld und Geduld aufzubringen ist eine Kunst – die Kunst des Genießens."
(Zitat aus einer Speisenkarte)

Essverhalten – ein Teil der Esskultur

Ein gepflegtes Essen wird nur dann zum Esserlebnis – zum Genuss –, wenn dabei der Gesichtspunkt der Nahrungsaufnahme nicht im Vordergrund steht.

Genuss und Wohlbefinden – so isst der wahre Gourmet

- **Maßhalten:** Ein Zuviel schadet – auch bei gesunder Kost.
- **Zeit nehmen:** Das Auge und den Gaumen teilhaben lassen – Genuss erfordert Zeit.
- **Gut kauen:** „Gut gekaut ist halb verdaut" sagt ein altes Sprichwort. Demnach kann auch die beste Kost nicht guttun, wenn man sie verschlingt. Langsames Essen und gutes Kauen befriedigt die Geschmacksnerven und das wiederum löst das Gefühl der Sättigung aus.
- **Mit Freude essen:** Die Stunde des Essens soll eine Stunde des Vergessens sein – störende Gedanken bremsen die Verdauung.
- **Nicht zu spät essen:** Das Essen bleibt weitestgehend unverdaut – Unwohlsein, Völlegefühl, Müdigkeit und Übergewicht sind die Folgen.

Mit Freude essen schafft Genuss

Küchenarten – von der klassischen bis zur kreativen Küche

Wer eine strikte Zuteilung der Speisen zu einer bestimmten Küchenart sucht, wird sie hier nicht finden, denn manche Gerichte gehören sowohl der einen als auch der anderen Küche an oder entsprechen keiner der angeführten Küchen. Es geht darum, ein Gespür für die Herkunft verschiedener Strömungen zu bekommen. Es ist daher kein Stilbruch, wenn man auf der Speisenkarte eine Nationalspeise zur bürgerlichen Küche zählt oder umgekehrt.

Klassische Küche, internationale Küche

Die **klassische Küche** umfasst jene Gerichte, die französischen Originalrezepten aus der Zeit von Auguste Escoffier, also Ende des 19. und Anfang des 20. Jahrhunderts, entsprechen. Dazu gehören Spezialitäten, die international nach vorgeschriebener Machart – vor allem was Saucen und Garnituren betrifft – zubereitet sind. Beispiele sind Hummer Parisienne, Potage Parmentier, Sole à la bonne femme, Chateaubriand, Tournedos Rossini, Omelette surprise und Crêpes Suzette, um hier die bekanntesten zu erwähnen.

Ein klassisches Dessert – die Crêpes Suzette

Zur klassischen Küche werden auch alle Gerichte aus den nationalen Küchen gezählt, die über die Grenzen eines Landes hinaus einen hohen Bekanntheitsgrad erworben haben, z. B. Tafelspitz, Wiener Schnitzel, Apfelstrudel oder Roastbeef, Oxtailsoup, Carpaccio, Paella oder Zürcher Geschnetzeltes.

Carpaccio ist in aller Welt bekannt

Gerichte aus der Regionalküche und aus der bürgerlichen Küche werden nicht zur klassischen Küche gezählt, z. B. Krautfleckerln (Nudeln mit karamellisiertem Kraut), Wiener Rindsgulasch, Frankfurter Würstel und Tiroler Gröstl (Siedefleisch mit Zwiebeln und gekochten, gerösteten Kartoffelscheiben).

Nationale Küche

Unverwechselbar ist mit jedem Land eine eigene Küche verbunden, die sich aus der Lebensart und dem Nahrungsangebot entwickelt hat (siehe dazu die Reise durch die Nationalküchen der Welt, S. 206 ff). Auch die Gerichte der klassischen Küche werden zur Nationalküche gezählt.

Regionale Küche, bodenständige Küche

Zur regionalen Küche zählen Gerichte aus verschiedenen Regionen oder Provinzen, wobei viele Speisen auch der Nationalküche zugeordnet werden können. Diese Küche hat ihre Wurzeln auf dem Land und ist daher vom bäuerlichen Nahrungsmittelangebot geprägt.

Aus der Regionalküche stammen außerdem Speisen, die traditionell zu besonderen Anlässen (Ostern, Weihnachten,

Kreativ muss sie sein, die zeitgemässe Küche

Kirchtag) mit üblichen Getränken serviert werden.

Bürgerliche Küche

Die bürgerliche Küche (Cuisine bourgeoise) ist eine gehobene, gepflegte Küche, die vor allem im städtischen, bürgerlichen Raum – z. B. in Wien – entstanden ist. Die Speisen werden auf traditionelle Weise zubereitet und serviert. Diese Esskultur wird besonders von Touristen geschätzt. Die Wiener Küche bietet z. B. Gerichte wie Grießnockerlsuppe, Tafelspitz und Sachertorte.

Gerichte und Lebensmittel machen vor Grenzen und Regionen nicht mehr halt. Folglich gilt: Eine gute Küche muss geboten werden, egal aus welchem Land, Gebiet oder welcher Region.

Die bürgerliche Küche bietet landestypische Speisen und Rezepte, wie z. B. den Tafelspitz

Kreative Küche

Diese Kochrichtung wird auch als die zeitgemäße Küche oder als Cuisine du Marché (siehe Entstehung der Nouvelle Cuisine, S. 200) bezeichnet. Als Grundlage dienen Erkenntnisse aus verschiedenen Kochrichtungen. Neue Ideen, Kreationen bzw. Zusammenstellungen von Produkten sind erwünscht und stellen eine Herausforderung für jeden Koch dar. Er kann seiner Kreativität freien Lauf lassen, ist dabei gefordert, Neues einzubringen und ungewöhnliche, schmackhafte Gaumenfreuden zu entwickeln, die dem Gast ein Aha-Erlebnis bereiten.

Zwei Grundsätze müssen beachtet werden:

- Eine schonende Kochmethode, um den Eigengeschmack und die Nährwerte der jeweiligen Speise möglichst zu erhalten.
- Ausnahmslose Verwendung von qualitativ hochwertigen und frischen Lebensmitteln.

Reise durch die Nationalküchen der Welt

Wussten Sie, dass das Wiener Schnitzel ursprünglich aus Italien und das Gulasch aus Ungarn stammt? Heute gehören beide Gerichte unbestritten zur österreichischen Küche. Da viele Speisen ihren Ursprung in einem anderen Land haben, ist es manchmal nicht ganz leicht, eine eindeutige Zuordnung zu treffen. Die Gerichte wurden übernommen, in der Zubereitung und Zusammensetzung abgeändert, weiterentwickelt und wurden erst im Laufe der Zeit zu typischen Nationalgerichten eines bestimmten Landes.

Lassen Sie sich daher auf eine spannende und informative Reise in die vielfältige Welt der Speisenkunde führen, bei der Sie Wissenswertes über die Herkunft verschiedener Gerichte erfahren und Eigenarten der nationalen und internationalen Küchen kennenlernen werden.

Österreich

Die österreichische Küche ist ein Sammelsurium von Gerichten aus allen Bundesländern mit ungarischen und böhmischen Einflüssen. Die Küchen haben sich im Lauf der Zeit aus der einfachen, ländlichen Regionalküche entwickelt.

DIE HERKUNFT PRÄGT DEN CHARAKTER DER SPEISEN

Man kann fast jede Speise einer Region zuordnen, z. B. Pongauer Biersuppe, Waldviertler Mohnknödel, Kärntner Kasnudeln, Steirisches Wurzelfleisch, Tiroler Gröstl, Linzer Torte, Wiener Erdäpfelsuppe, Salzburger Nockerln. Von der Wiener Küche ausgehend, hat die bürgerliche Küche Österreich beeinflusst.

Österreichs Landesküchen

Wien

Die Wiener Küche – die einzige Küche der Welt, die nach einer Stadt benannt ist – hat ihre festen Wurzeln im 19. Jahrhundert. Wien, jahrhundertelang die Metropole der Monarchie, war Schmelztiegel vieler Völker und Nationen und ihrer Küchen. Viele Einflüsse wurden aus allen Himmelsrichtungen aufgenommen und die Rezepte auf unnachahmliche Art an wienerische Bedürfnisse angepasst und verfeinert, wie z. B. Gulasch aus Ungarn, Knödel aus Böhmen, Wiener Schnitzel aus Italien oder Strudel aus der Türkei.

Die Wiener Küche kann daher als eine bürgerliche Küche bezeichnet werden, die ihre Herkunft aus vielen Landes- bzw. Regionalküchen ableitet. Ihre drei wichtigen Säulen sind panierte Gerichte, gekochtes Rindfleisch und Mehlspeisen.

Der Spargel aus dem niederösterreichischen Marchfeld ist legendär im Geschmack und bei Kennern beliebt

Speisen

- Grießnockerlsuppe
- Altwiener Erdäpfelsuppe
- Saftgulasch
- Wiener Schnitzel
- Zwiebelrostbraten
- Wiener Tafelspitz
- Kaiserschmarren mit Apfelkompott
- Milchrahmstrudel
- Sachertorte

Der Klassiker der Wiener Küche

Niederösterreich

Mit der niederösterreichischen Gastronomie verbindet man bodenständige, ehrliche Gastlichkeit, gepaart mit regionaler, traditioneller Küche. Dieses Bundesland – der „Vorgarten von Wien“ – ist von der Wiener Esskultur natürlich stark beeinflusst.

Speisen

- Fischbeuschelsuppe
- Marchfeldspargel mit Bröselbutter
- Bruckfleisch (Ragout von Innereien und Gemüse)
- Waldviertler Mohnknödel
- Liwanzen (Hefepfannkuchen)
- Wachauer Marillenknödel (Aprikosenknödel)

Oberösterreich

„Wenn man keinen Knödel isst, so hat man den ganzen Tag Hunger“ – so sagt es ein altes oberösterreichisches Sprichwort.

Die bodenständigen Speisen, die in Oberösterreichs Traditionsküchen gezaubert werden, reichen von schmackhaften Knödelvariationen bis zu hochwertigem gesurtem (gepökeltem) und geselchtem (geräuchertem) Schweinefleisch. Das an Südböhmen und an Bayern grenzende Bundesland – deren Einflüsse auch in der Küche zu spüren sind – komplettiert seine Landesküche mit Fischen wie Reinanken, Saiblingen und Karpfen aus den Salzkammergutseen und Donaufischen wie Hecht, Aal oder Zander.

Speisen

- Mühlviertler Mostsuppe
- G’hack-, Speck- und Grammelknödel (Knödel, gefüllt mit Gehacktem, Speck oder Grieben)
- Saibling in Butter gebraten
- Gesurter Schopfbraten mit Schwarzbrotknödeln (gepökelter Schweinenackenbraten)
- Bratl in der Rein (Schweinsbraten mit Knödeln)
- Mostbratl mit Stöcklkraut (in Most gegartes Schweinefleisch mit Weißkohl und Kartoffeln)
- Hasenöhrl (rautenförmiges Schmalzgebäck, meist eingeschnitten, dadurch verdreht es sich beim Backen)

Salzburg

Kaum eine andere Stadt in Mitteleuropa hat so viel Charisma und eine derart starke Anziehungskraft auf Besucher wie Salzburg. In Salzburg ist Kultur allgegenwärtig, eine Selbstverständlichkeit, die zum täglichen Leben dazugehört wie Essen und Trinken. Und kaum eine andere österreichische Süßspeise ist so weltbekannt wie die Salzburger Nockerln.

Die Salzburger Küche – sowohl die städtische als auch die ländliche – hat viele angesehene Köche als Aushängeschild, besonders was die regionale Küche anbelangt. Die anspruchsvolle Küche bietet alles, was Felder, Weiden und Seen der Region hervorbringen, auf hohem Niveau.

Speisen

- Pinzgauer Kasknödelsuppe
- Spinatreindl (Spinateintopf) mit Bierkas
- Gefüllter Salzburger Braten
- Weidelamm, gebraten, mit Kräutern
- Salzburger Nockerln

Ist es Mozart oder sind es doch die Salzburger Nockerln, die die Gäste nach Salzburg locken?

Tirol

In Tirol – dem Land der Berge und Täler – ist die traditionsbewusste, regionale Küche geprägt von Rohprodukten aus Almwirtschaft und Viehzucht. Rahmsuppen, Gerichte aus Käse und Fleischgerichte in vielen Variationen sind daher die Schwerpunkte der Tiroler Küche.

Speisen

- Tiroler Knödelsuppe
- Graukas-Rahm-Suppe
- Schlutzkrapfen (Teigtaschen mit Almkäse und brauner Butter)
- Kalbsleber Tiroler Art
- Tiroler Gröstl (gekochtes Rindfleisch mit Bratkartoffeln)
- Moosbeernocken (Preiselbeernocken)

Vorarlberg

Die Küche Vorarlbergs ist in vieler Hinsicht der Tiroler Küche ähnlich. Ihre typische Eigenart verdankt sie zum Teil auch den Einflüssen aus der benachbarten Schweiz. Im Bregenzerwald gibt es unzählige Käsereien, die unter anderem einen hervorragenden Bergkäse herstellen.

Speisen

- Käsesuppe mit Gerstenbockerle
- Brennsuppe mit Bergkäse (Einbrennsuppe)
- Hafaloab mit Kraut und Geselchtem (gekochte Teiglaibchen mit Kartoffeln)
- Überbackene Käsespätzle
- Ziegernocken mit Beerenmuas (Ziegenkäsenocken mit Beerenmus)

Die hervorragende Vorarlberger Käsekultur prägt die Rezepte der Vorarlberger Küche

Kärnten

Das südlichste Bundesland Österreichs liegt an der Schnittstelle italienischer und slawischer Kultur und somit auch ihrer Küchen. Die geschmackvolle bäuerliche Landesküche hat als Basis meist Getreideprodukte, kombiniert mit Milch, Käse, Fleisch, Gemüse und Obst. Klassische Vertreter der Kärntner Küche sind z. B. Reindling (in Kasserolle gebackener Hefeteig), Nudeln, Sterz (Polenta), Schmarren, Knödel, Nockalan (Nockerl), Strudel, Braten und Eintöpfe.

Speisen

- Hadnsterzsuppe (Buchweizensuppe)
- Kärntner Kirchtagssuppe (Rahmsuppe mit Fleisch und Gemüse)
- Kärntner Kasnudln (Teigtascherl mit Frischkäse)
- Bauernbratl mit Strankalan (Schweinebraten mit Grünen Bohnen)
- Reindling mit Grantenschleck (Hefeteigkuchen mit Preiselbeeren)
- Türken-Tommerle (Polentakuchen)

Die steirische Kürbissuppe mit Kürbiskernöl ist schon beinahe zu einem Klassiker der Nationalküche avanciert

Steiermark

Die steirische Küche bildet seit eh und je die solide Grundlage des bäuerlichen Kochstils in Österreich und hat eine erstaunliche Vielfalt von Speisen hervorgebracht. Die echte steirische Poularde wird man leider kaum auf einer Speisenkarte vorfinden, aber die weitläufigen Gärten, die bestes steirisches Obst und das unvergleichliche steirische Kürbiskernöl hervorbringen, liefern hervorragende Grundprodukte für schmackhafte Gerichte.

Speisen

- Klachelsuppe (saure Suppe mit Schweinsfüßen und Gemüse)
- Kürbissuppe mit Kürbiskernöl
- Steirisches Wurzelfleisch mit Kren (gekochtes Schweinefleisch mit Wurzelgemüse und Meerrettich)
- Ritschert (Suppentopf aus Bohnen, Gerste und Räucherfleisch)
- Strauben (gebackene Spritzkuchen mit Puderzucker)
- Steirische Apfelspatzen (blättrig geschnittene Äpfel in Backteig)

Burgenland

Landschaftlich geprägt durch den Neusiedler See und die Pannonische Ebene, ähnelt das Burgenland dem angrenzenden Ungarn. Schon allein aus diesem Grund hat die burgenländische Regionalküche mit der ungarischen Küche viel gemeinsam. Man findet daher pikante Saucen mit Paprika und Sauerrahm oder Klassiker wie das Somlóer Nockerl diesseits wie jenseits der Staatsgrenze.

Speisen

- Krautstrudel mit Sauerrahm
- Neusiedler Zander, gebraten, mit Paprikasauce
- Paprikahendl mit Tarhonya (Paprikahähnchen mit Eiergraupen aus Gerste)
- Gebackene Hollerblüten (Holunderblüten)

Die See spiegelt sich in den Fischgerichten des Nordens wider

Deutschland

Neben zahlreichen regionalen Einflüssen ist die deutsche Küche von der mitteleuropäischen Kochtradition stark geprägt. Im Norden Deutschlands wird die Küche von Dänemark, Schweden, Polen und Russland beeinflusst, in Mitteldeutschland von den Nachbarn Holland, Frankreich und Tschechien, im Süden Deutschlands hingegen spiegelt sich vor allem die Schweizer und die österreichische Küche wider.

Ab den 1960er-Jahren wurden auch ausländische Küchentraditionen in Deutschland heimisch. Grund dafür war einerseits die zunehmende Reisefreudigkeit der Deutschen, andererseits die steigende Zahl von Einwohnern, die nicht in Deutschland geboren sind.

So haben besonders die Küchen Spaniens, Griechenlands, der Türkei, Frankreichs, Belgiens und Italiens ihren Niederschlag in den deutschen Ess- und Kochgewohnheiten gefunden. Trotz dieses Einflusses haben die verschiedenen Regionen des Landes ihre eigene charakteristische Küche bewahrt.

Norddeutschland

Beeinflusst durch das raue und feuchte Klima, ist die Küche schwerer als in anderen Regionen und wird von Fleisch, Kartoffeln, Kohl und verschiedenen Wurzelgemüsearten bestimmt.

An den Küsten der Nord- und Ostsee gibt es viele Fischspezialitäten. Der Hering und die Scholle gelten als beliebteste Fische und werden in verschiedenen Variationen angeboten. **Mecklenburg-Vorpommern** verfügt über reiches Ackerland. Das pommersche Geflügel – vor allem die Gänse – genoss immer schon einen besonderen Ruf in ganz Deutschland. Für seinen geräucherten Fisch ist **Schleswig-Holstein** bekannt. Labskaus, ursprünglich ein Seemannsgericht, zu dem Salzheringe, Pökelfleisch, Kartoffeln, Salzgurken und Zwiebeln gehören, wird an der Nordseeküste in verschiedenen Variationen zubereitet.

Speisen

- Hochzeitssuppe (Hühnersuppe mit Fleischknödeln, Nudeln und Eierstich)
- Kartoffelsuppe
- Zungenragout (gepökelte Rinds- oder Kalbszunge in Rahm-Gemüse-Sauce)
- Geräucherter Fisch: Aal, Hering, Sprotten und Bücklinge
- Matjes-, Bismarck- und Brathering
- Hackepeter (im Norden), Frikadellen (im Zentralraum) oder Buletten (im Osten)
- Eisbein mit Sauerkraut (Schweinestelze)
- Kasseler Rippenspeer (gepökeltes und geräuchertes Schweinefleisch, meist vom Kotelettstrang)
- Königsberger Klöpse (Fleischknödel in Kapernsauce)
- Gebratene Ente oder Gans mit Rotkohl
- Gebratenes Heidschnuckenfleisch (Lammrasse aus der Lüneburger Heide)
- Grünkohl mit Pinkel (Tellergericht aus Bremen mit Räucherwurst)
- Scholle nach Finkenwerder Art (Scholle mit gebratenem Speck)
- Rote Grütze

Geräucherter Aal ist eine Spezialität der norddeutschen Küche

Der Rhein ist Heimat des Lachses

Mitteldeutschland

Dazu gehören die Länder Nordrhein-Westfalen und Hessen im Westen sowie Thüringen und Sachsen-Anhalt im Osten. In diesem Gebiet sind Fleisch und Kartoffeln die Hauptnahrungsmittel, wobei das Schweinefleisch in verschiedenen Variationen die Hauptrolle spielt.

Westfalen ist bekannt für den leicht geräucherten, getrockneten Schinken, Pumpernickel und Pfefferpotthast – ein Eintopfgericht aus in Schmalz gebratenen Rindfleischstücken, gedünsteten Zwiebeln, Kapern und Zitronensaft.

Im Gegensatz zu ihren westfälischen Nachbarn bevorzugen die **Hessen** Braten und Gemüse, die als Grundlage für viele lokale Gerichte dienen. Auch die ungeheure Vielfalt an verschiedenen Wurstsorten – in Scheiben geschnitten, als Streichwurst, gekocht oder gebraten – ist bezeichnend für diese Gegend.

Wurst aufs Brot – in Hessen ist für ein abwechslungsreiches Angebot gesorgt

Charakteristisch für die **Thüringer Regionalküche** sind Kartoffelklöße in verschiedenen Variationen, Bratwürste und süßsaure Linsen mit grünen Klößen. Die traditionellen **sächsischen Regionalgerichte** werden auch von der böhmischen Küche beeinflusst.

Speisen

- Westfäler Schinken
- Kartoffelklöße
- Leipziger Allerlei (Gemüsegericht aus grünen Erbsen, Karotten, Spargel, Morcheln, Blumenkohl und klassisch auch mit Flusskrebsen)
- Kartoffelpuffer mit verschiedenen Zutaten wie Zwiebeln, Speck oder Ei
- Rheinischer Sauerbraten (Pferdefleisch, eingelegt in Marinade und mit Rosinen in der Sauce)
- Pfefferpotthast
- Thüringer Rostbrätel (in Biermarinade eingelegter, auf dem Holzkohlengrill gegrillter Schweinekamm mit Röstzwiebeln und Kartoffelsalat)
- Dresdner Stollen (Weihnachtsstollen)
- Streuselkuchen
- Bienenstich (Hefeteig mit Bittercremefüllung; Auflage aus Mandeln, Butter, Honig und Sahne)

Süddeutschland

Das **Rheinland** zeichnet sich durch mildes Klima und fruchtbare Böden aus, rund ein Drittel der Region wird landwirtschaftlich genutzt. Speziell die südlichste Region in Rheinland-Pfalz wird mitunter auch als der Garten und die Toskana des Landes bezeichnet – Wein, Früchte und Gemüse, so weit das Auge reicht!

Bis Mitte des 19. Jahrhunderts diente der Rhein dem Salm (Lachs) als Laichgewässer. Die Erträge der Lachsfischerei waren damals so hoch, dass der Lachs der billigste Fisch war. Durch die Industrialisierung und den damit einhergehenden Bau von Fabriken, die Abwässer und Uferverbauungen mit sich brachten, ging der Lachsbestand drastisch zurück. Heute ist der Lachs wieder vermehrt im Rhein zu finden.

Die **schwäbische Küche** wird stark von der Schweizer Küche beeinflusst und rühmt sich ihrer Knöpfle (kleinen Knödel), Spätzle und Maultäschle. **Baden** ist mit dem angrenzenden Elsass kulinarisch eng verbunden, die Küche wird von einem Wechsel zwischen französischen und deutschen Gerichten bestimmt. Auch das **Saarland** und **Baden-Württemberg** weisen viele Elemente der französischen Küche auf.

Die **bayerische Küche** ist herzhaft und deftig und wird stark von der österreichischen Küche geprägt, speziell was Suppen, Leberkäse, Knödel und Strudel betrifft. Zu den typisch bayerischen Spezialitäten zählen Schweinshaxe mit bayerischem Kraut, Obatzter (Weichkäse und Butter mit klein gehackten Zwiebeln als Brotaufstrich), Münchner Sauerbraten und natürlich Bratwürste.

Bratwürste dürfen in Bayern nicht fehlen

Die Franzosen wissen eine gute Mahlzeit und gepflegte Tischkultur zu schätzen

Das Bier gehört zur Brotzeit – so wird in München die Zwischenmahlzeit genannt – wie die Musik zum Tanz und dazu darf die Münchner Weißwurst mit Laugenbrezel und süßem Senf nicht fehlen.

Speisen

- Eierpfannkuchen mit Speck oder Gemüse
- Käsespätzle mit Salat
- Schwetzinger Spargel
- Pichelsteiner Eintopf (Gemüsetopf mit Fleisch, Wurzelgemüse und Wirsing)
- Schmorbraten oder Sauerbraten (marinierter Rinderschmorbraten)
- Himmel und Erde (Blutwurst mit Äpfeln und Kartoffeln)
- Würzfleisch (gekochtes [Kalbs-]Ragout)
- Schweinsbratwürstel mit Kraut
- Schweins- und Kalbshaxe
- Leberkäse
- Käsesorten aus dem Alpenvorland
- Bayerische Creme
- Schwarzwälder Kirschtorte

Frankreich

Französische Lebensart, französische Küche und französischer Wein sind untrennbar mit Genuss verbunden. Die französische Küche entspringt einer langen Tradition sowohl der familiären ländlich-regionalen Gepflogenheiten als auch der ursprünglich vom Adel geprägten Hochkultur der **Grande Cuisine.** Auch heute noch, im Zeitalter des Fastfood, stellt gutes Essen einen großen Wert und für die Franzosen ein wesentliches Kennzeichen nationaler Identität dar.

Für Frankreich typisch ist das mehrgängige Menü, nur selten serviert man einen einzelnen Gang. Eine typische Mahlzeit besteht in Frankreich aus einer leichten Vorspeise, einem Hauptgericht, Käse und einer Nachspeise. Dazu werden Wein und Wasser getrunken. Sättigungsbeilagen im herkömmlichen Sinne – mit Ausnahme von Kartoffeln, denn Kartoffeln zählen in der französischen Küche zum Gemüse – gibt es nicht, aber ein Brotkorb steht immer auf dem Tisch.

Brot ist in Frankreich immer auf dem Tisch

Das Geheimnis der Qualität französischer Küche liegt in der Auswahl hervorragender Rohstoffe. In den kleinsten Städten, ja sogar in den Dörfern ist frischer Fisch erhältlich – und unreifes Obst und Gemüse wird so gut wie gar nicht angeboten.

Zu den bekanntesten französischen Speisen zählen

- Salade niçoise
- Bouillabaisse
- Quiche lorraine
- Tripes à la mode de Caen
- Coq au vin
- Bœuf bourguignonne
- Ratatouille
- Pot-au-feu
- Crêpes Suzette

Die Provinzen Frankreichs

Die unkomplizierten Küchen der französischen Provinzen boten großteils das Repertoire für die klassische Küche Frankreichs. Das Speisenangebot wurde vorwiegend von den reichhaltig vorhandenen Rohmaterialien ihrer Region bestimmt. Auguste Escoffier lehrte und praktizierte zwar die **Grande Cuisine**, sagte aber immer zu seinen Schülern: *„Faites simple" – „Macht es einfach."* Und so präsentieren sich auch heute noch die Küchen in den **Auberges** (Gasthäusern) der Provinzen.

„Faites simple", das ist das Motto, das sich französische Köche seit Escoffier auf die Fahnen heften

DER CAMEMBERT IST WOHL DER BEKANNTESTE WEICHKÄSE AUS FRANKREICH

Die Namen vieler historischer Provinzen Frankreichs sind für die Bezeichnung der Zubereitungsarten vieler klassischer Gerichte bedeutungsvoll wie eh und je, z. B. Bœuf bourguignonne, Homard à l'armoricaine oder Entrecôte bordelaise.

Normandie und Bretagne

Das Hummergericht „Homard à l'armoricaine" verwirrt noch heute die Gourmets: Stammt es aus der Bretagne (einst als Armorica bezeichnet) oder aus Amerika (und schreibt man es daher „Homard à l'americaine")? Wie auch immer, die Hummer und die Austern vor der Küste der Bretagne sind qualitativ die besten Europas.

Aus der **Normandie**, dem Land des Cidre (moussierender Apfelwein) und des Calvados (Cidrebrand), kommt auch der weltbekannte Camembert – ein aus Kuhmilch hergestellter Weichkäse mit Weißkultur.

Die **bretonische Küche** ist vor allem durch die dünnen, pikant oder süß gefüllten Crêpes berühmt geworden. Das eigentliche Nationalgericht ist allerdings der „Kig ar farz", ein Eintopfgericht mit Schweinefleisch, Buchweizen und Kartoffeln.

Speisen

- Huîtres de Belon (Austern aus Belon)
- Crêpes fruit de mer (Crêpes, gefüllt mit Meeresfrüchten in Weißweinsauce)
- Filets de sole à la bretonne (in Butter gebratene Seezungenfilets mit Cidre)
- Tripes à la mode de Caen (Kutteln mit Calvados)
- Gigot d'agneau rôti pré-salé (gebratene Lammkeule mit Kräutern)

Die Austern aus Belon zählen zu den besten der Welt

Paris, Ile de France, Champagne und die Provinzen im Norden

Rund um Paris liegt die **Ile de France**, eine Landschaft unberührter Natur und französischer Lebensart. Hier erblühte in den Küchen der Könige und Edelleute die französische Küche zu einer großen Kunst. Es gibt kaum eine ausgeprägte regionale Küche, aber dafür schöpft sie aus allen Landesküchen Frankreichs.

Aus der **Champagne**, einer flachen Landschaft südöstlich von Paris, kommt der weltberühmte Champagner. Kulinarischen Ruf hat auch der luftgetrocknete Schinken aus der Champagne-Ardennes-Region erworben. Neben Weinbau wird in dem Gebiet vor allem Landwirtschaft betrieben – hier werden die besten Kartoffeln und Rüben angebaut. Die Hafenstadt Boulogne-sur-Mer ist einer der größten Fischereiplätze Frankreichs.

Speisen

- Soupe à l'oignon gratinée (gratinierte Zwiebelsuppe)
- Potage Parmentier (Kartoffelsuppe)
- Filets de sole à la parisienne (Seezungenfilets in Weißweinsauce)
- Carbonade de bœuf à la flamande (Eintopf mit Rindfleisch)
- Bifteck marchand de vin (Beefsteak mit Rotwein und meist mit Pommes frites)

Die Soupe à l'oignon ist auf den Speisenkarten der ganzen Welt zu finden

Die duftenden Kräuter der Provence machen die Besonderheit der provenzalischen Küche aus

Burgund, Elsass und Lothringen

Burgund, im Zentrum Frankreichs gelegen, ist eine vorwiegend landwirtschaftlich geprägte Region. Von dort stammen nicht nur die herrlichen Weißweine (Chablis) und Rotweine (Pinot Noir), sondern auch der Dijonsenf und das Charolais-Rind. Die Gerichte dieser Region verdanken ihre Eigenart dem gleichnamigen Wein.

Burgund und Wein – zwei untrennbare Begriffe

In der Region **Elsass-Lothringen** wird vor allem Viehzucht betrieben, die Milchprodukte und Fleisch liefert. Dementsprechend sind auch die Speisen von kräftiger und deftiger Natur. Im **Elsass** wird nicht nur ein alemannischer Dialekt gesprochen, auch die Küche orientiert sich am östlichen Nachbarn. Sauerkraut und Schweinefleisch, Gans und Gänseleberzubereitungen sind Grundpfeiler der elsässischen Küche.

In **Lothringen** ist die Küche französischer, feiner. Aus Schweinespeck, Obers (Sahne) und Eiern besteht die weit über Frankreichs Grenzen hinaus bekannte Quiche lorraine – ein pikanter Kuchen.

Speisen

- Pâté de foie gras (Gänseleberpastete)
- Potée (Krautsuppe mit Fleisch und Gemüse)
- Quiche lorraine (Lothringer Speck-Zwiebel-Kuchen)
- Choucroute garnie (Sauerkraut mit Würsten und Schinken)
- Coq au vin (Huhn in Rotweinsauce mit Zwiebeln und Champignons)
- Escargots au beurre fines herbes (Schnecken in Kräuterbutter)
- Bœuf bourguignonne (Rindfleischragout)

Schnecken werden bevorzugt mit Kräuterbutter gegessen

Provence und das nördliche Gebiet bis Savoyen

Die Gebiete **Franche-Comté**, **Savoyen** und **Dauphiné** sind in die französischen Alpen eingebettet. Die Landwirtschaft ist vorwiegend auf Viehzucht und Käseerzeugung spezialisiert. Der bedeutendste Beitrag zur nationalen Küche ist das Huhn aus Bresse.

Die exotische Landschaft der **Provence** ist im Sommer das Feriengebiet für die Pariser. In diesem mediterranen Klima wachsen duftende Kräuter, die besten Melonen (Cavaillons), Auberginen und Tomaten. Die meisten Gerichte aus der Provence tragen den Namen **à la provençale**, was bedeutet: mit vielen Tomaten, Knoblauch und Kräutern.

Aus dem Meer der Côte-d'Azur-Küste kommen die Fische für die berühmten Eintöpfe.

Speisen

- Pâté de campagne (Landpastete mit Schweinefleisch, Schinken und Geflügelleber)
- Salade niçoise (Thunfischsalat mit Gemüse)
- Soupe au pistou (klare Gemüsesuppe mit würziger Basilikumpaste)
- Ratatouille (geschmortes Gemüsegericht mit Auberginen, Zucchini, Tomaten, Paprikaschoten und Knoblauch)
- Bourride (Fischsuppe mit Knoblauchmayonnaise)
- Bouillabaisse (Fischsuppe mit Safran-Rouille [sämige gelbe Sauce]; mit Basilikum, Öl und Käse)
- Coquilles Saint-Jacques à la provençale (Jakobsmuscheln mit Tomaten und Kräutern)
- Pot-au-feu (Fleischeintopf)

Die südlichen und nördlichen Gebiete um Bordeaux

Das Gebiet **Bordelaise** rund um Bordeaux ist wohl das bekannteste Weingebiet der Welt. Am Nordrand dieser Region liegen **Cognac** sowie **Périgord**, das wegen seiner schwarzen Trüffeln weltberühmt ist. Die Landesküche hat sich zu einer raffinierten, feinen Küche entwickelt, nicht nur wegen der **Sauce bordelaise** und der **Sauce béarnaise.**

In Richtung Pyrenäen gibt es ausgedehnte Weiden für Schafe, die die Milch für den weltberühmten Roquefortkäse liefern. In **Arcachon,** entlang der Atlantikküste, gedeihen die besten kultivierten pazifischen Austern – dieser Küstenabschnitt wird auch als die Austern-Kinderstube Frankreichs bezeichnet.

Die Landschaft um Bordeaux – eine Mischung aus Meer, Seen, Ebenen und Bergen – liefert ein vielfältiges Angebot an Rohstoffen, das sich in der abwechslungsreichen Küche widerspiegelt.

Speisen

- Garbure (klare Krautsuppe mit Speck oder Fleisch)
- Matelotes (Fischgericht, meist pochierte Süßwasserfische)
- Huîtres (Arcachon-Austern)
- Pot-au-feu („Feuertopf", Eintopf aus Fleisch, Brühe und Gemüse)
- Poulet sauté à la bordelaise (Hühnerteile mit Wein, Schalotten und Artischockenherzen)
- Cassoulet de Carcassonne (Bohneneintopf mit Fleisch)

AUCH DIESE NOBLESSE HAT FRANKREICHS KÜCHE ZU BIETEN: TRÜFFELN – WIE Z. B. DIE SOMMERTRÜFFEL –, DIE EDLE GERICHTE VERFEINERN

Italien

Die italienische Küche nimmt immer mehr Einfluss auf unsere Essgewohnheiten. Was ist ihr Geheimnis? Es ist eine farbenfrohe, kreative und frische Küche, die dem heutigen gesunden Ernährungsbewusstsein entspricht.

Neben ihren regionalen Unterschiedlichkeiten mit verbindenden Elementen ist ein Dogma in allen italienischen Küchen zu finden: das Bestehen auf der besten Qualität der Rohprodukte und die Sorgfalt und Begeisterung, mit denen man diese hochwertigen Produkte verarbeitet.

In Italien wird Essen zelebriert, es ist ein Fest der Sinne. Genuss pur – das ist die italienische Einstellung zum Essen.

Teigwaren (Pasti) sind wohl das Hauptnahrungsmittel der Italiener. Sie werden immer vor dem Hauptgang serviert. Es gibt mehr als 300 bekannte Variationen von Pastagerichten und darüber hinaus wahrscheinlich unzählbar viele unbekannte Pastagerichte „alla casa". Grundsätzlich unterscheidet man zwei Arten von Nudeln: **Pasta secca** – sie werden aus Hartweizengrieß und Wasser hergestellt und kommen getrocknet in den Handel – und **Pasta fresca** – sie werden frisch aus Weizenmehl, Eiern und etwas Wasser zubereitet.

Kein italienisches Menü ohne Pasta

Als Abschluss eines richtigen italienischen Menüs steht ein erstklassiger Espresso

Eine weitere italienische Spezialität ist der **Risotto**, eine Reisspeise, die mit Gemüse, Pilzen, Fleisch, Fisch oder Muscheln zubereitet wird.

Meeresfrüchte, Fisch, Antipasti, verschiedene gemischte Salate, Pizza, Käse sowie herrliches Speiseeis runden den delikaten italienischen Speiseplan ab – und nicht zu vergessen die Kunst, als Abschluss ausgezeichneten Espresso zu servieren.

Friaul-Julisch Venetien bzw. Venedig

Friaul-Julisch Venetien ist eine Region im äußersten Nordosten Italiens. Aus **San Daniele** in Friaul kommen der berühmte luftgetrocknete Schinken und der Prosecco, aus **Venetien** stammen Radicchio, Trevisio, Polenta, Reis und der Grappa.

In der ehemaligen Seemacht **Venedig** wurde von jeher eine hohe Kochkunst gepflegt, als berühmtes Beispiel sei hier das Carpaccio (hauchdünne Scheiben vom Rinderfilet mit Parmesan) genannt.

Speisen

- Prosciutto di San Daniele (luftgetrockneter Schinken)
- Risipisi (Reis mit jungen Erbsen)
- Gnocchi di polenta (Polentagnocchi)
- Risotto nero (Risotto mit Tintenfischtinte)
- Pandoro (Weihnachtskuchen; ähnelt einem Gugelhupf)

Risotto alla milanese wird mit Safran verfeinert

Lombardei, Piemont und Ligurien

Aus der **Lombardei** stammt der beste italienische grüne Spargel, aus dem **Piemont** der weiße Trüffel und aus der Küstenregion **Ligurien** kommen die Fische und Meeresfrüchte, die die mediterrane Küche in ihrer Vielfalt bereichern.

Diese Rohstoffe dienen der regionalen Küche als Grundlage, bei der natürlich die Nudeln nicht fehlen dürfen. Und nicht zu vergessen der wahrscheinlich aus Mailand stammende Weihnachtskuchen – die Panettone (Hefefeingebäck mit Rosinen und kandierten Früchten).

Speisen

- Asparaghi al burro (grüner Spargel mit Butter)
- Fettuccine ai tartufi (Nudeln mit weißen Trüffeln)
- Risotto alla milanese (Risotto auf Mailänder Art; Safranreis)
- Stoccafisso al pesto (gebratener Stockfisch mit Basilikumsauce)
- Ossobuco (in Butter gebratene Kalbsstelze [Kalbshachse] mit Tomaten und Gemüse)
- Käse: Gorgonzola, Grana padano, Robiola
- Panettone

Toskana

Einfach, bodenständig und ausgewogen, aber raffiniert ist die Küche der Toskana. Zubereitet werden die Speisen mit bestem Olivenöl, serviert mit feinstem Weißbrot. Die toskanische Küche liebt aromatisch duftende Kräuter, Gemüse, Pilze und vor allem Meeresfische. Bekannte Weinsorten sind Chianti und Brunello.

Speisen

- Bruschetta e crostino (geröstetes Brot mit Tomaten und Geflügelleber)
- Pecorino con i baccelli (gekochte Bohnen mit Schafkäse)
- Risotto ai funghi (Risotto mit Pilzen)
- Arista alla fiorentina (Florentiner Schweinebraten mit Knoblauch)
- Verschiedene Schinken- und Wurstspezialitäten

Bruschette sind eine toskanische Spezialität und werden in allen möglichen Variationen angeboten – die Grundlage ist immer geröstetes Brot

Emilia-Romagna und Umbrien

Emilia-Romagna grenzt im Norden an den Po, im Osten an die Adria und im Süden an den Apennin und ist eine der reichsten italienischen Regionen.

Bologna wird wegen des fetten Essens, für das die Stadt berühmt ist, auch la grassa („die Fette") genannt. Hier stehen vor allem Gerichte aus Kalb- und Rindfleisch auf dem Speiseplan. Auch der weltbekannte Prosciutto di Parma, der Parmigiano Reggiano – ein aus Kuhmilch hergestellter Hartkäse –, der Aceto Balsamico und die Weinsorte Lambrusco kommen aus dieser Region.

Zu **Umbriens** Spezialitäten zählen schwarze Trüffeln und Karpfen.

Chizze schmecken am besten mit viel gehobeltem Käse

Speisen

- Crostini alla parmigiana (geröstetes Brot mit Parmesan)
- Tagliatelle al prosciutto (Bandnudeln mit Parmaschinken)
- Chizze (gefüllte Teigtascherl mit gehobeltem Käse)
- Frittata ai tartufi (Omelette mit schwarzen Trüffeln)
- Ragù alla bolognese (Fleischsauce nach Bologneser Art)
- Regina in porchetta (im Ganzen gebratener Karpfen mit Fenchel)
- Cotechino in calera (Rindsschnitzel mit Schinken in Rotweinsauce)

Rom und das Latium, Neapel und Kampanien

Die ewige Stadt Rom bietet die meisten Sehenswürdigkeiten aller Hauptstädte dieser Welt und ist schon seit eh und je ein beliebtes Reiseziel. Schon die alten Römer haben aus dem Tisch eine Bühne und aus dem Essen eine Show gemacht.

Die Küche des **Latium** wird zum größten Teil von der römischen Küche verkörpert. In dieser wiederum fließen alle Spezialitäten der kulinarischen Traditionen der Region zusammen, sodass sie zu einer reichhaltigen und sehr schmackhaften Zusammenfassung einer abwechslungsreichen Kochkunst wird. Besonders charakteristisch für die römische Küche ist der verschwenderische Umgang mit Gewürzen und Kräutern wie Dill, Salbei, Ingwer, Koriander, Kümmel, Lorbeer, Minze, Pfeffer und Oregano.

Die römische Küche schwelgt in Gewürzen und Kräutern, z. B. dem duftenden Salbei

In den zahlreichen Osterien und Tavernen kann man hervorragende römische Küche von frischester Qualität genießen. Die herzhafte Küche in **Kampanien** und **Neapel** ist bekannt für den besten Mozzarella – einen aus Büffel- oder Kuhmilch hergestellten Käse –, die besten Tomaten, Pizzen und Spaghetti.

Auch bei uns längst zum Klassiker avanciert – Tomaten und Mozzarella als Vorspeise

Speisen

- Carciofi alla romana (Artischocken auf römische Art)
- Spaghetti alla puttanesca (mit Sardinen und Oliven)
- Spaghetti alla carbonara (mit Schinken, Sahne und Eiern)
- Maccheroni alla napoletana (dünne Makkaroni mit neapolitanischer Sauce)
- Pizza Margherita (mit Tomaten, Mozzarella und Basilikum)
- Fritto misto di mare (gemischte frittierte Meeresfrüchte)
- Budino di ricotta (Frischkäsepudding)
- Tiramisú (Biskuit mit Mascarpone und Kaffee)

Das Tiramisú ist eine der bekanntesten süßen Verführungen, die Italien zu bieten hat

Apulien, Kalabrien und Sizilien

Apulien ist die Kornkammer Italiens und liefert einen Großteil des Hartweizens, den man in ganz Italien für die Herstellung der Pasta secca benötigt. Die Küche Apuliens ist relativ homo-

Knoblauch und Olivenöl bestimmen den Geschmack der schlichten Gemüsegerichte aus dem Süden des Landes

gen, wenn es auch kleine Unterschiede zwischen den verschiedenen Gebieten gibt. Beispielsweise wird im Norden sehr viel mehr Knoblauch verwendet als im Süden, wo man, wie in der Küche Gallipolis, Zwiebeln bevorzugt.

Die schlichte Küche verwendet neben Nudeln vorwiegend Auberginen, Fenchel, Zichorien und Hülsenfrüchte sowie reichlich Olivenöl.

Die Küchen von **Kalabrien** und **Sizilien** sind unverkennbar geprägt von afrikanischen und arabischen Einflüssen.

Speisen

- Melanzane al pomodore (Auberginen mit Tomaten)
- Maccu di San Giuseppe (Bohnenpüree mit Fenchel)
- Zuppa di pesce di Gallipoli (Fischsuppe mit Tomaten und gerösteten Brotscheiben)
- Pesce spada in salmoriglio (marinierter Schwertfisch vom Grill)
- Tonno alla marinara (Thunfisch mit Oliven)
- Sorbetto d'agrumi del Sulta (Südfrüchtesorbet)

Schweiz

Der hohe Standard der Schweizer Hotellerie ist weltbekannt – sozusagen ein Markenzeichen der Schweiz. Die Schweiz, ein schon seit eh und je gern bereistes und von Touristen geschätztes Land, bietet vor allem in großen Städten wie Genf, Zürich, Basel, Bern, Luzern, im Tessin und führenden Touristenzentren (St. Moritz, Zermatt, Davos, Arosa etc.) eine hochstehende gastronomische Landschaft – die Bandbreite reicht vom einfachen Landgasthaus bis zum Luxusrestaurant.

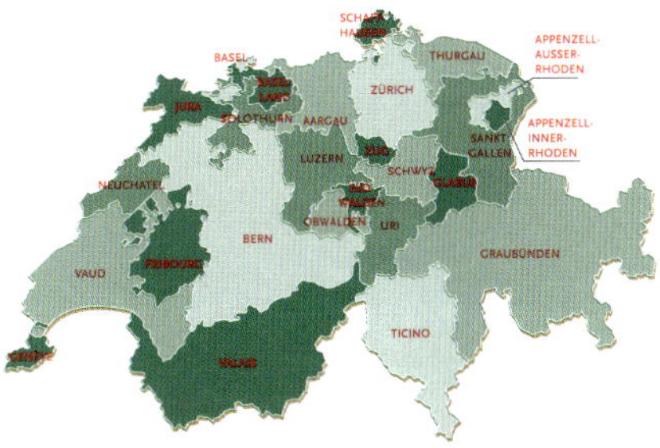

Je nach Kanton wird die Schweizer Küche durch regionale Küchen der angrenzenden Länder beeinflusst:

- In der Westschweiz dominiert die französische Küche.
- In der Ostschweiz sind Einflüsse der deutschen und österreichischen Küche erkennbar.
- Die Küche der Südschweiz – des Tessins – ist von der italienischen Kochtradition geprägt.

Daraus entwickelte sich eine internationale, klassische Küche mit Schweizer Nationalgerichten.

Westschweiz

Die Westschweiz – das Gebiet nördlich des Genfer Sees und Geburtsstätte der berühmten Schweizer Milchschokolade – ist teilweise so vielseitig, wie man sich die Schweiz gemeinhin vorstellt. Sie ist der am dichtesten bevölkerte Teil des Landes und sowohl der Sprache als auch der Küche nach weitgehend französisch. Die Landschaft ist teilweise gebirgig und ihre Almböden werden zu Viehzucht und Milchwirtschaft genutzt. Demnach sind auch die Speisen im Allgemeinen von sehr nahrhafter Natur, da viel mit Käse, Milch und Butter zubereitet wird.

In der Westschweiz steht die Wiege der weltbesten Milchschokolade

Speisen

- Käsefondue
- Raclette (geschabter, geschmolzener Hartkäse)
- Potée fribourgoise (Eintopfsuppe)
- Filet de perche à la genevoise (Flussbarsch in Weinsauce)
- Ombre chevalier à la genevoise (Saibling Genfer Art, pochiert, mit Weißweinsauce)
- Käsesorten wie Gruyère, Raclettekäse, Freiburger Vacherin, Tête de Moine

Ostschweiz

Als Ostschweiz werden die im Nordosten liegenden Kantone bezeichnet, in denen man noch heute fast unberührte Landschaft mit Bergen, Wäldern, Matten und Seen vorfindet. Speziell durch die vielen Seen haben Fischgerichte – Saibling, Felchen, Eglifisch (Flussbarsch) und Forelle – immer schon einen hohen Stellenwert. In Graubünden, dem ältesten Kanton der Schweiz, darf das Bündnerfleisch (luftgetrocknetes Rindfleisch) als Vorspeise nicht fehlen.

Speisen

- Bündner Gerstensuppe (Gemüsesuppe mit Speck und Gerste)
- Berner Rösti (Kartoffelgericht)
- Basler Zwiebelwähe (Zwiebelkuchen)
- Älplermagronen (Nudel-Kartoffel-Gericht mit Speck und Käse)
- Zürcher Geschnetzeltes
- Paniertes Eglifilet (Flussbarschfilet)
- Käse: Emmentaler, Alpkäse, Bergkäse
- Aargauer Rüeblitorte (mit geraspelten Karotten; wird mit Marzipankarotten [Rüebli] verziert)
- Zuger Kirschtorte
- Vermicelles (Maronipüree)

Rösti isst man nicht nur in Bern

Südschweiz – Tessin

Das Tessin ist der südlichste Kanton der Schweiz, der nach Italien hineinragt. Hier ist beinahe alles italienisch, angefangen vom milden Mittelmeerklima mit mediterraner Vegetation über die Sprache bis hin zur Küche – vor allem Teigwaren wie Spaghetti, Makkaroni und Ravioli erfreuen sich großer Beliebtheit.

Er dominiert die ungarische Küche – der Gewürzpaprika

Ungarn

Die ungarische Küche ist eine deftige, schmackhafte Küche, in der viel mit Gewürzpaprika und Knoblauch gekocht und mit Sauerrahm verfeinert wird.

Viele der ungarischen Gerichte sind mit Ortsnamen verbunden, was deren Herkunft signalisiert. Dabei sind die Spezialitäten durchaus verschieden und keineswegs miteinander vergleichbar, was auf den Einfluss der verschiedenen Volksgruppen im Lande zurückzuführen ist, die ihre Traditionen und Spezialitäten aus ihrem Herkunftsland mitbrachten und mit anderen mischten.

Das älteste Kochgerät der ungarischen Küche ist der Kessel (bogrács). Mit einem Haltegriff wird der Kessel über das offene Feuer gehängt und wird so zum unwiderstehlichen Pusztazauber. Im Kessel wird eine kräftige Halászlé (Fischsuppe) oder ein scharfes Pörkölt (Gulasch) zubereitet.

Ungarische Paprikagerichte

Was in Österreich oder Deutschland gemeinhin als Gulasch bezeichnet wird, ist in Ungarn eine Gulyássuppe. Daher einige Erklärungen für die unterschiedlichen Bezeichnungen ungarischer Gerichte:

- **Gulyás:** Eigentlich eine Gulyássuppe, mit in kleine Würfel geschnittenem Fleisch, Kartoffeln, eventuell mit Karotten und kleinen Nockerln.
- **Pörkölt:** Ein Ragout – gleich unserem Gulasch –, das aus Rind-, Schweine-, Wild- oder Lammfleisch zubereitet wird.
- **Paprikás:** Ein feines Pörkölt, das nur aus Geflügelfleisch und Fisch und unter Zugabe von Sauerrahm, mit weniger Zwiebeln und Gewürzpaprika hergestellt wird.
- **Tokány:** Ein Ragout, bei dem das Fleisch in Streifen geschnitten wird. Der Gewürzpaprika spielt nur eine untergeordnete Rolle. Dafür verwendet man zusätzlich Gewürze wie Pfeffer und Majoran. Einlagen wie Tomaten, Speck, Pilze oder sonstiges Gemüse ergänzen das Gericht.
- **Székelygulyás:** Wie das uns bekannte Szegediner Gulyás; es wird mit Schweinefleisch, Sauerkraut, Paprika und Sauerrahm zubereitet.

Im Kessel, der über dem Feuer erhitzt wird, wird das Pörkölt am besten

Beim böhmischen Mittagsmahl unentbehrlich – die Suppe

Speisen
- Lángos (Fladen aus Weizenmehl)
- Gänseleber in Schmalz (gepresste pochierte Gänseleber)
- Hühnersuppe Ujházy (klare Suppe mit Gemüse und Nudeln)
- Gulyás (ungarische Gulaschsuppe)
- Halászlé (Suppeneintopf mit Karpfenfleisch und Paprika)
- Hortobágy (mit Hühnerfleisch gefüllte Palatschinken)
- Fogas (Zander)
- Kalbspaprikás (Ragout mit Zwiebeln, Paprika und Sauerrahm, serviert mit Tarhonya [Eiergerste, Graupen])
- Rindspörkölt (Gulasch; Ragout mit Zwiebeln und Gewürzpaprika)
- Somlóer Nockerl (Biskuitkuchen mit Schokolade)
- Gundelpalatschinken (Palatschinken mit Nussfüllung und Schokoladensauce)

Die Gundelpalatschinken werden mit Nussfüllung und Schokoladensauce serviert

Tschechien und Slowakei

Die Nationalküchen beider Länder sind vor allem wegen ihrer Knödelgerichte und Mehlspeisen berühmt geworden. In Böhmen gibt es seit dem 19. Jahrhundert eine ausgeprägte Esskultur, die auch die Wiener Küche stark beeinflusst hat.

Die ausgiebige und reichhaltige **tschechische (böhmische)** Küche ist eine Mischung aus unterschiedlichen Kochkulturen und -traditionen. Aufgrund der Lage Tschechiens im Zentrum Europas gibt es Einflüsse aus dem Süden (Österreich) und aus dem Osten (Slowakei und Ungarn).

Die **slowakische Küche** ist ähnlich, allerdings kommt im Süden noch der Einfluss der ungarischen Küche dazu. Gans, Kraut und Brimsen (Ziegenkäse) findet man häufig auf den Speisenkarten.

Speisen
- **Vorspeisen:** bestehen vorwiegend aus Wurstwaren und geräuchertem Fisch. Sehr beliebt sind der Prager Schinken und die geräucherte Zunge.
- **Suppen:** Beim Mittagsmenü ist eine Suppe obligatorisch. Groß ist die Auswahl an gebundenen Suppen wie Knoblauchsuppe und Kartoffelsuppe, die je nach Region unterschiedlich zubereitet werden. Rindsuppen oder klare Hühnersuppen mit verschiedenen Einlagen komplettieren das Angebot.
- **Fisch:** Beliebt ist vor allem der Karpfen, wie die vielen Zuchtteiche in Südböhmen beweisen. Er wird geräuchert oder gebraten angeboten.
- **Fleisch:** Rindfleisch wird meist gebraten oder geschmort mit Sauce serviert. Eine Spezialität ist die Rindsroulade in Weinsauce mit Speck und sauren Gurken. Schweinsbraten mit Sauerkraut und Knödeln ist ein urtypisches Gericht in allen Regionen.
- **Mehlspeisen:** Mehlspeisen sind ein klassisches Merkmal der böhmischen Küche und in ihrer Vielfalt und Beliebtheit unerreicht. An erster Stelle stehen die Knödel, aus verschiedenen Teigarten wie Kartoffel-, Grieß- und Topfenteig (Quarkteig) zubereitet und gefüllt mit Früchten. Serviert werden die Knödel mit gemahlenem Mohn, gerösteten Butterbröseln oder geriebenen Nüssen und mit geschmolzener Butter übergossen. Nicht zu vergessen Germteig-(Hefeteig-)feinspeisen wie Buchteln (süße gefüllte Hefeteigknödel), Powidltascherl (Pflaumenmustascherl), Pofesen (gefüllte gebackene Weißbrotschnitten, „Arme Ritter“) oder Dalken (Plinsen, in der Pfanne gebackene Hefeteigpfannkuchen, mit Pflaumenmus bestrichen).

Powidltascherl sind eine Köstlichkeit der böhmischen Küche

Slowenien

Das kleine Land grenzt im Westen an Italien, im Norden an Österreich und im Süden an Kroatien. Die Landschaft, die Mentalität der Einwohner Sloweniens, aber auch ihre Küche ist zwischen jener Österreichs und jener Italiens anzusiedeln. Sloweniens Lage am Schnittpunkt der pannonischen, alpinen und mediterranen Kultur spiegelt sich im kulinarischen Erbe wider, denn viele Gerichte stammen aus diesen drei großen Kulturen.

Die ältesten slowenischen Gerichte bestehen aus Mehl und Schrot. Am bekanntesten sind die speziell für Feiertage gebackenen Brote in Form von Laiben oder Zöpfen, die sogenannten Strukiji, die auf 70 verschiedene Arten zubereitet und süß oder pikant gefüllt werden.

In den ländlichen Regionen werden – hauptsächlich aus Schweinefleisch – Klobasa (Brühwurst), geräucherte Würste, Salami oder Blutwurst und der bekannte Karstschinken hergestellt. An der Mittelmeerküste serviert man guten gegrillten Meeresfisch zusammen mit hervorragendem slowenischem Wein.

Mehl und Schrot bilden die historische Grundlage der slowenischen Küche

Lammgerichte sind typisch für das kroatische Binnenland

Kroatien

Die kroatische Küche wird aufgrund ihrer Vielfältigkeit und Heterogenität oft Küche der Regionen genannt. Die deutlichsten Unterschiede – sowohl in der Auswahl der Zutaten als auch in der Zubereitungsweise – bestehen zwischen dem Binnenland und der Küstenregion.

Das **Binnenland** wird durch eine einfache, deftige Küche charakterisiert. Die Einflüsse aus der ungarischen, österreichischen und türkischen Küche sind unverkennbar. Die beliebtesten Gerichte sind geräucherter und luftgetrockneter Schinken, Schafkäse, Sarma (gesäuerte Krautblätter, gefüllt mit Lammfaschiertem [Lammhackfleisch]), Wildgerichte, am Spieß gegrilltes Lamm und Spanferkel sowie Gerichte vom Rost wie Ražnjici und Cevapcici.

Die **Küche der Küstenregion** ist eine typische Küche des Mittelmeerraumes mit starkem italienischem Einfluss. Die Meeresfische wie Makrelen, Brassen und Sardinen werden meist gegrillt oder in Olivenöl gebraten. Dazu serviert man Ajvar – eine kalte Paprika-Auberginen-Sauce.

Die Dalmatier sagen: „Dreimal muss der Fisch schwimmen: im Meer, im Öl und im Wein."

Beliebt ist außerdem Lammfleisch – gekocht, als Ragout oder über offenem Feuer gegart.

Die Küstenregion Kroatiens bietet die typische mediterrane Küche mit reichem Fischangebot

Tapas sind geschmackvolle, kleine, kalte und warme Snacks

Spanien

Die Lebensfreude der Spanier, die man in den Tacas (kleinen spanischen Gasthäusern) kennenlernt, spiegelt sich in der Vielfalt und Buntheit der spanischen Küche wider. Sie ist naturgemäß geprägt von Fisch und Meeresfrüchten, Reis und Gemüse, aber auch gegrilltes Fleisch (Rind-, Schweine- und Lammfleisch), Omeletten, Eierspeisen und andere schlichte Gerichte werden in Spanien delikat zubereitet. Zutaten wie Olivenöl, Knoblauch und Petersilie dürfen in kaum einem Rezept fehlen.

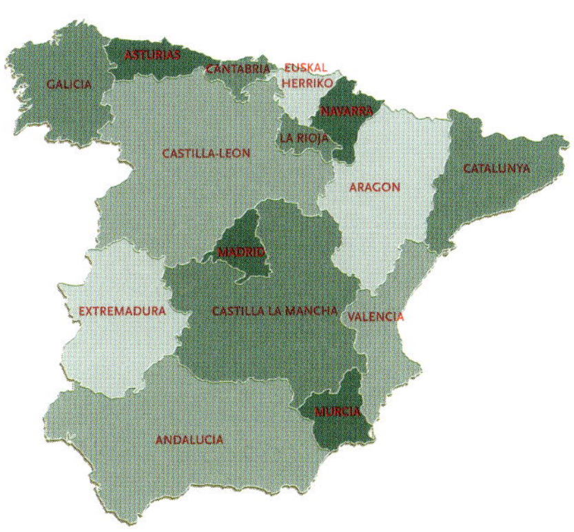

Paellas in verschiedenen Variationen und eine große Auswahl an Tapas (geschmackvollen, kleinen, kalten und warmen Snacks), die zusammen mit trockenem Sherry als Zwischenmahlzeit angeboten werden, sind in ganz Spanien erhältlich.

Die fünf kulinarischen Regionen Spaniens

Neben verschiedenen Gerichten, wie z. B. der Paella, die international bekannt geworden ist, gibt es typische, über das ganze Land verteilte Speisen, die man durchaus als Nationalgerichte bezeichnen kann, da sie für alle Landesteile charakteristisch sind, auch wenn sie je nach Region etwas anders zubereitet werden, so z. B. der cocido (Eintopf), der in Galicien pote, in Nordspanien olla und in Katalonien escudella heißt.

Nordspanien und das Baskenland

Auf den Speisenkarten Nordspaniens dominieren die Fische sowie Krusten- und Schalentiere des Kantabrischen Meeres. Allerdings ist auch das Fleisch aus dieser Gegend ganz ausgezeichnet. Besonders im Hinterland und im Gebiet der Pyrenäen bestimmen Lamm und Geflügel die Küche.

Für die schmackhaften Eintöpfe werden meist eingeweichte Trockenbohnen verwendet. Eine besondere Spezialität ist der luftgetrocknete Schinken vom Schwarzfußschwein (Pata negra).

Galicien ist das Paradies der Muscheln, Krabben und Austern. Besonders hervorzuheben sind die Jakobsmuscheln, die als Delikatesse gelten. Das **Baskenland** gilt als Paradies der Feinschmecker, seine Küche hält an Traditionen fest, ist aber durch moderne Raffinessen verfeinert worden. Sie besteht hauptsächlich aus Meeresfischen wie Klippfisch, Seehecht, Graubarsch und Thunfisch. Die Regionalspeisen sind im Baskenland mit dem Attribut a la vaska (auf baskische Art) versehen.

In Galicien bestimmen Muscheln, Krabben und Austern den Speiseplan

Speisen

- Chipirones en su tinta (gebratener Tintenfisch mit Knoblauch, Zwiebeln und Petersilie)
- Bacalao al pil-pil (Kabeljau, sautiert, mit Tomaten und Knoblauch)
- Cochifrito (Lammragout mit Zwiebeln und Petersilie)
- Pollo a la Chilindrón (Huhn mit Paprikaschoten, Tomaten und Oliven)

Katalonien

Entlang der Costa Brava richtet sich die Küche Kataloniens nach der jahreszeitlichen Verfügbarkeit der Nahrungsmittel. Im Sommer und Herbst gibt es vermehrt Meeresfrüchte, im Winter zusätzlich Wildfleisch, Waldpilze und Gemüse, im Frühjahr Lamm, Geflügel und junges Gemüse (Spinat, Auberginen, Spargel, Bohnen).

Besonders einfache, kräftige Gerichte, meist mit einer Sauce als Grundlage, sind typisch für die katalonische Küche. Der Fischhafen in **Barcelona** gehört zu den größten des Landes, daher gibt es auch in dieser Stadt die besten Fischsuppen und Muschelgerichte von ganz Spanien.

Speisen

- Bullabesa (Fischsuppe, ähnlich der Bouillabaisse)
- Espinacas con piñones y almendras (Jungspinat mit Pinienkernen und Mandeln)
- Zarzuela de mariscos (Eintopf mit Krustentieren, Tomaten und Safran)
- Creme catalana (Karamellpudding)

In Katalonien beliebt – der Karamellpudding

Die spanische Mittelmeerküste

Neben Sonne, Orangen, Meeresfrüchten und hervorragendem Gemüse ist dieses Gebiet bekannt für eine unendliche Vielfalt an Reisgerichten – Paella ist wohl das bekannteste Beispiel dafür. Das Gericht wird nach der Pfanne benannt, in der es zubereitet wird. Die Sauce Ali-oli (Aioli) stammt ebenfalls aus dieser Region und wird allen gegrillten Gerichten beigegeben.

Speisen

- Ali-oli (Mayonnaise mit viel Knoblauch und Zitronensaft)
- Paella Valenciana (Safranreis mit Meeresfrüchten und Hühnerfleisch)
- Arroz con pollo (Huhn mit Safranreis und jungen Erbsen)

Die Paella ist der klassische Vertreter der spanischen Küche

Mittelspanien

Die Hauptstadt **Madrid** liegt nicht nur im Zentrum Spaniens, sondern ist auch kulinarisch der Mittelpunkt Spaniens. Da alle Straßen im Hochland von allen Richtungen sternförmig nach Madrid führen, kommen Lebensmittel aus allen Gebieten der iberischen Halbinsel.

Die Madrilenen pflegen eine Küche, die sich in ihrer Vielfalt und Raffinesse von der Regionalküche abhebt. Als Besonderheit wird häufig Stierfleisch angeboten – dabei soll es sich um Stiere aus der Arena handeln, die durch ihr Adrenalin im Blut einen besonderen Geschmack erreichen. Bekannt und beliebt sind auch die Churros, ein frittiertes Spritzgebäck, das man in Madrid zum Frühstück isst.

Speisen

- Chorizo (pikante Wurst)
- Sopa de ajo (Knoblauchsuppe)
- Cocido madrileño (Fleischeintopf mit Kichererbsen und Kohl)
- Cochinillo asado (gebratenes Spanferkel)

Andalusien

In Andalusien treffen die berühmtesten Weine Spaniens (Jerez) auf eine traditionelle Küche. Neben den Weinen nimmt auch der Schinken – der bekannte Serrano Schinken – eine besondere Stellung ein. Nicht zu vergessen die Gazpacho, die ihren Ursprung in Andalusien hat. Besonders beliebt sind auch frittierte Fischgerichte, für deren Zubereitung nur das beste Olivenöl verwendet wird.

Speisen

- Serrano (luftgetrockneter Schinken)
- Gazpacho (kalte Tomaten-Paprika-Suppe mit Croûtons)
- Sofrito (Tomatenspeise mit Schinken und Knoblauchwurst)
- Merluza al Horno (frittierter Seehecht in Tomatensauce)

GRIECHENLAND UND SEINE ESSKULTUR

Türkei

Durch ihre geografische Lage zwischen Schwarzem Meer und Mittelmeer ist die Türkei ein Korridor zwischen Asien und Europa. Von den Europäern wird sie als Tor betrachtet, das sich zum Osten hin öffnet.

Die türkische Küche hat eine sehr lange Tradition und gehört neben der Küche Chinas und Frankreichs zu den bedeutendsten der Welt. Die Entwicklung der Kochkunst ist eng mit der Geschichte und der Ausbreitung des Osmanischen Reiches verknüpft. Mit den auf den Kriegszügen erworbenen ausländischen exotischen Gewürzen und ungewöhnlichen Zutaten wurden die heimischen Speisen bereichert. So konnte sich bereits in historischer Zeit eine hochstehende Esskultur entwickeln, die schon bald auf die griechische und die Balkanküche ausgestrahlt hat.

Eine enorme Gewürzvielfalt bestimmt die türkische Küche

In der türkischen Küche dominieren Reisgerichte (Pilaws) und (Lamm-) Fleischgerichte. Dazu wird Gemüse gereicht. Beispiele aus der türkischen Küche sind Köfte (Frikadellen aus Rinderhackfleisch), Börek (gefüllte Teigblattrollen), Döner Kebab oder Baklava (Dessertspezialität aus Blätterteiggebäck).

Für den europäischen Geschmack ist das türkische Essen oft zu stark gesalzen oder überzuckert. Dies liegt unter anderem daran, dass die Türken glauben, viel Zucker oder Salz mache das Essen reichhaltiger.

Speisen

- Meze (kalte und warme Vorspeisen zumeist aus Käse, Gemüse und Joghurt hergestellt, z. B. Imam Bayildi, Cacik, Börek, Dalmas, Haydari und Ezme; dazu reicht man Pide oder Lavas [Fladenbrot])
- Pilaws (pikante Reisgerichte mit Fleisch, Fisch oder Gemüse, z. B. Lammpilaw mit Kurkuma und Rosinen)
- Kebab (gegrilltes oder am Spieß gebratenes Fleisch, z. B. Döner Kebab, Sis Kebab, Alanya oder Adana Kebab)
- Desserts (Dürüm, Baklava, Lokum, Helva, zumeist dünner Teig mit viel Honig, Sirup und Nüssen)

Griechenland

Die griechische Küche ist neben der italienischen wohl die bekannteste Vertreterin der sogenannten mediterranen Küche. Ein besonderes Merkmal dieser Küche besteht darin, dass die Speisen ausschließlich mit Olivenöl zubereitet werden – und dies reichlich, was für den mitteleuropäischen Gaumen manchmal zu viel sein kann.

Die typisch griechische Küche bevorzugt Hauptgerichte, die im Backofen zubereitet und dort auch lange warm gehalten werden. Gewürzt wird mit den für diese Region typischen Gewürzen wie Oregano, Rosmarin, Thymian, Salbei und Zitrone sowie reichlich Knoblauch. Zu den Gerichten, die meist aus Schaf-, aber auch aus Schweine- und Rindfleisch und Gemüse zubereitet werden, wird griechisches Weißbrot gereicht. In den Küstenregionen spielen Fisch und Meeresfrüchte nach wie vor eine wichtige Rolle auf dem Speiseplan.

Speisen

- Tsatsiki (kalte Vorspeise aus Joghurt, Gurken, Olivenöl und Knoblauch)
- Gyros (gegrillte Fleischstücke auf Fladenbrot)
- Souflaki (gegrillter Fleischspieß mit Tomaten und Zwiebeln)
- Dolmades (mit Reis und evtl. Hackfleisch gefüllte Weinblätter)
- Moussaka (Hackfleisch-Auberginen-Auflauf)

Souflaki

Großbritannien und Irland

Die britische Küche wird nicht gerade mit kulinarischem Ruhm überhäuft, aber das Frühstück hat im Ausland einen beachtlichen Ruf. So sagte einst ein französischer Marquis zu einem englischen Lord: *„Die beste Art, in England gut zu essen, ist die, dreimal täglich zu frühstücken.“* Daraufhin erwiderte der Lord: *„Wenn man nur ein aus Kaffee und Gebäck bestehendes Frühstück zu sich nimmt, kann man kein Empire errichten.“*

Der Teeimport aus den Kolonien machte aus England eine Teenation

Allerdings war damals das englische Frühstück weit deftiger und nahrhafter als heute. Angerichtet auf einem Sideboard (heute würde man Buffet sagen), bestand es u. a. aus viel Porridge (Haferflockenbrei), Schinken, Bacon (Räucherspeck), Pies (Pasteten), Kippers (geräucherten Heringen), Potted Shrimps (eingelegten Garnelen), Roastbeef, Kidneys (pikanten Nieren) und Würstchen. Zum Trinken gab es, neben einer Menge Tee, auch Ale (Malzbier) und Rotwein.

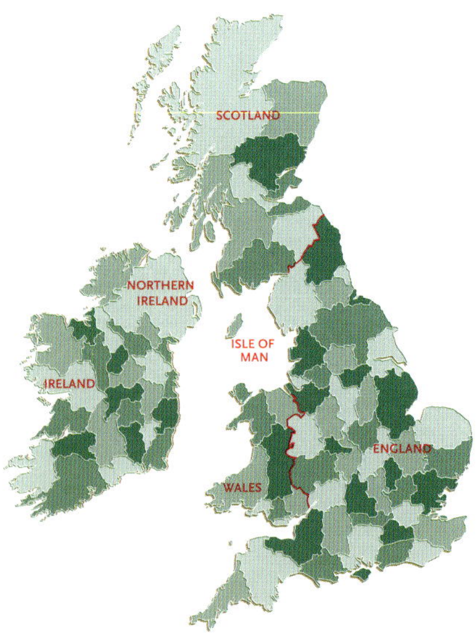

England

Durch den Besitz von Kolonien auf der ganzen Welt konnte es sich England leisten, das Beste zu importieren, was die Welt zu bieten hatte – von Tee über Kaffee bis zu exotischen Gewürzen und Früchten, die den Weg in die heimatliche Küche fanden.

In der Metropole London mit ihrer multikulturellen Gesellschaft entstanden neben traditionellen Chippies (Fish-&-Chips-Lokalen) und den bekannten Fastfood-Ketten unzählige ethnische Küchen, beeinflusst durch die Einwanderung aus den Commonwealth-Ländern, vor allem von den Westindischen Inseln, aus Pakistan, Indien und China.

In England ist man der Tradition verpflichtet: Viele Gerichte der regionalen Küche werden oft heute noch nach über hundert Jahre alten Rezepten zubereitet. Berühmt ist das englische Frühstück. Das Porridge ist hier wohl besonders hervorzuheben.

Die englische Küche ist nicht wegen ihrer Raffinesse bekannt, sondern wegen der unkomplizierten und natürlichen Zubereitung, die es erlaubt, den Eigengeschmack des jeweiligen Rohproduktes beizubehalten.

Zu den verschiedenen Speisen werden unterschiedliche Chutneys (dicke, säuerliche Konfitüren), Pickles oder Souces (eingelegtes, gesäuertes Gemüse) oder extra eingedickte Saucen gereicht wie Cumberland Sauce, Mint Jelly, Mustard Sauce oder Custard Sauce (zu Desserts).

Chutneys werden in England zu pikanten Speisen gereicht

Speisen

- Mulligatawny (Hühner-Lamm-Suppe mit Curry)
- Potted Shrimps (eingelegte Krevetten)
- Kedgeree (geschnittene Räucherfische in Currysauce und Eiern)
- Fish and Chips (gebackener Fisch mit Pommes frites)
- Roast Leg of Lamb with Mint Sauce (gebratene Lammkeule mit kalter Minzsauce)
- Roastbeef with Yorkshire Pudding (mit Knochen gebratenes Beiried [Roastbeef] mit pikantem Pudding)
- Veal and Ham Pie (warme Kalbfleisch- und Schinkenpastete)
- Steak and Kidney Pie (warme Fleischpastete mit Nieren)

IRLAND – IM FEUCHTEN KLIMA GEDEIHEN KARTOFFELN UND KOHL, DIE ZU SCHMACKHAFTEN NATIONALGERICHTEN VERARBEITET WERDEN

Speisen
- Scotch Woodcock (Rührei auf Toast mit Anchovis)
- Scotch Broth (Graupensuppe)
- Cockaleekie (Hühnersuppe mit Lauch)
- Haggis (gefüllter Schafsmagen mit Innereien und Getreide gekocht)
- Baked Haddock with Chips (gebackener Schellfisch mit Pommes frites)
- Aberdeen Angus Steak and French Beans (Steak vom Angusrind mit Grünen Bohnen)
- Scones (Teegebäck aus Backpulverteig)

- Käse: Stilton, Cheddar
- Sherry Trifle (kalter Pudding mit Früchten und Sherry)
- Custard Tart (überbackener Vanillekuchen)
- Doughnuts (kleine Krapfen)

Nicht nur in Amerika ein Klassiker – eigentlich stammen die Doughnuts aus England

Irland

Auf der grünen Insel mit dem feuchten, kühlen Klima gedeihen am besten Kartoffeln und Kohl. Deshalb sind Kartoffeln Hauptbestandteil vieler Gerichte. In den Meeresbuchten werden Flundern, Schellfische, Makrelen und Prawns (Steingarnelen) gefischt, immer seltener Lachse und Hummer. In der Landwirtschaft nimmt die Rinderhaltung die überragende Stellung ein.

Speisen
- Limerick Ham (Schinken aus Limerick)
- Boxty Pancakes (Kartoffelpuffer mit Speck und Kümmel)
- Colcannon (Kartoffelpüree mit Kohl und Jungzwiebeln)
- Souced Mackerel (marinierte Makrelen)
- Roast Prawns (gebratene Steingarnelen)
- Irish Stew (Lammeintopf mit Kohl und Kartoffeln)

Schottland

Ähnlich wie in Irland sind die landschaftlichen Züge in Schottland. Auf den Highlands wächst nicht nur die Gerste für den Scotch Whisky, sondern auf den riesigen Weideflächen grasen die berühmten Aberdeen Angusrinder.

Auf Gerste basiert der legendäre Scotch Whisky

Skandinavien

Im Norden Europas ist die Landschaft vom rauen Meeresklima geprägt, das widerstandsfähigen Tieren und Pflanzen einen adäquaten Lebensraum bietet.

In den skandinavischen Ländern wird sehr viel Fisch gegessen. Räucherlachs und Gravad Lax sind bekannte Beispiele dafür. Auch Meeresfrüchte, Eiergerichte und Fleischgerichte von Elch und Rentier stehen auf dem Speiseplan.

Natürlich dürfen zu einem gelungenen Essen als Vorspeisen die pikant zubereiteten und schön verzierten Brötchen Smorrebrod in Dänemark und Norwegen und das Smörgas Bordet (Vorspeisenbuffet) in Schweden nicht fehlen.

Typische skandinavische Gerichte sind Köttbular (Fleischklößchen) aus Schweden, Flaeskesteg med Svaer (Schweinekrustenbraten mit Schwarte) aus Dänemark und Farikal (Lammeintopf) aus Norwegen.

Russland

Russland ist das größte Land der Welt und reicht von Moskau im Westen über den Ural und die Sibirische Steppe bis zum Ochotskischen Meer und Beringmeer im Osten.

In Russland hat sich im Laufe der Jahrhunderte eine eigenständige Kochkultur entwickelt, die sich erstaunlicherweise in den einzelnen Regionen kaum unterscheidet. Die russische Küche wird wie die russische Seele von zwei Umständen geprägt: von den langen und kalten Wintern und der russisch-orthodoxen Kirche, die regelmäßig längere Fastenzeiten vorschreibt. Aufgrund des langen Winters essen die Russen viel Eingelegtes und Eingemachtes wie Salzgurken, Sauerkraut und marinierte Pilze. Frisches Obst und Gemüse kommen nur in den kurzen, aber heißen Sommermonaten auf den Tisch.

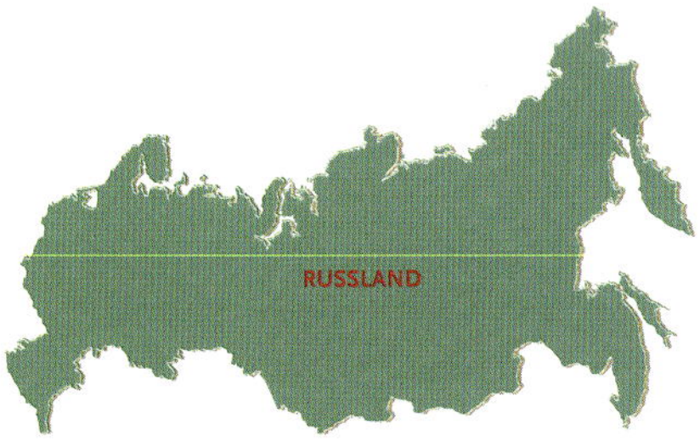

Die russische Küche ist eine einfache Küche. Typisch sind z. B. dicke Cremesuppen. Viele Kraut-, Kohl- und Rote-Rüben-Gerichte, gekochter und geräucherter Fisch, Gemüse, Kräuter in Verbindung mit saurem Rahm und gefüllte Teigtaschen in verschiedenen Variationen dominieren die russische Küche.

Einer alten Tradition folgend, beginnt in Russland ein Festessen mit Sakuski (kalten Vorspeisen), mit verschiedenen Salaten, Sülzen, Piroschki (kleine Pastetchen), gefüllten Eiern, geräuchertem oder eingelegtem Fisch und natürlich mit Kaviar, Blinis (Buchweizenpfannkuchen) und Smetana (Sauerrahm).

BLINIS WERDEN IN RUSSLAND GERN ALS VORSPEISE VERZEHRT

Typische russische Speisen sind z. B. Borschtsch (Rote-Beete-Suppe) und Piroggen (kleine Teigtaschen u. a. mit Fleischfüllung).

Rote Rüben (Rote Beete) werden in der russischen Küche zu Borschtsch verarbeitet

Speisen

- Kapusta (Sauerkrautsuppe)
- Krapiwa (Brennnesselsuppe)
- Potroka (Gänsekleinsuppe)
- Wareniki (gefüllte pikante Teigtaschen)

USA

In der mehr als 500-jährigen Geschichte der Vereinigten Staaten hat der Kontinent Menschen aller Nationen und Regionen – Europäer, Asiaten, Afrikaner – aufgenommen. Diese Einwanderer brachten heimische Rezepte mit, die mit den verfügbaren Nahrungsmitteln ergänzt und abgeändert wurden.

Amerika hat sicherlich keine bedeutende Esskultur hervorgebracht, aber in diesem Schmelztiegel vieler Völker sind die **Gerichte so unterschiedlich wie ihre Bewohner** und man muss sich von der Vorstellung lösen, dass trotz seiner starken Präsenz das **Fastfood** mit Hamburgern, Hotdogs, Ketchup und Pizza das einzige Element der amerikanischen Küche ist. Alleine die Einflüsse aus der mexikanischen Küche, die Fisch- und Meeresfrüchtegerichte der Küstenregionen, die Fleischgerichte und Eintöpfe der Landbevölkerung lassen eine große Vielfalt erahnen.

Eine kulinarische Reise durch die Vereinigten Staaten

Von Massachusetts an der Ostküste bis Kalifornien an der Westküste hat Ame-

Fleischgerichte, wie z. B. vom Grill beim Barbecue, sind nur ein kleiner Teil der vielfältigen amerikanischen Küche

rika eine große Vielfalt an regionalen Spezialitäten zu bieten, z. B. Lobster (Hummer) aus Maine, Schinken aus Virginia, die Creole- und Cajun-Küche aus dem Süden oder die Tex-Mex-Küche im Südwesten.

Jedes Gericht stammt aus einem bestimmten Gebiet, obwohl sich die kulinarischen Grenzen zwischen den Regionen der Vereinigten Staaten immer mehr verändern.

Neuenglandstaaten

Die Neuenglandstaaten grenzen im Nordosten an Kanada und liegen am Atlantischen Ozean. Diese Region ist besonders durch den Fischreichtum des Atlantischen Ozeans bekannt. Die Küche Neuenglands wurde für viele andere Teile des Landes zum Vorbild. Das Gericht „Boiled Dinner“, ein Eintopf mit Gemüse und Fleisch, stammt noch aus den Tagen der ersten Siedler. In einem Topf wurde alles verfügbare Fleisch und Gemüse geschmort. Der Eintopf ist heute beliebt wie eh und je und wird noch genauso wie vor über 200 Jahren zubereitet. Aus der Zeit der Pilgerväter stammen noch die sehr verbreiteten Chowders (dicke Cremesuppen).

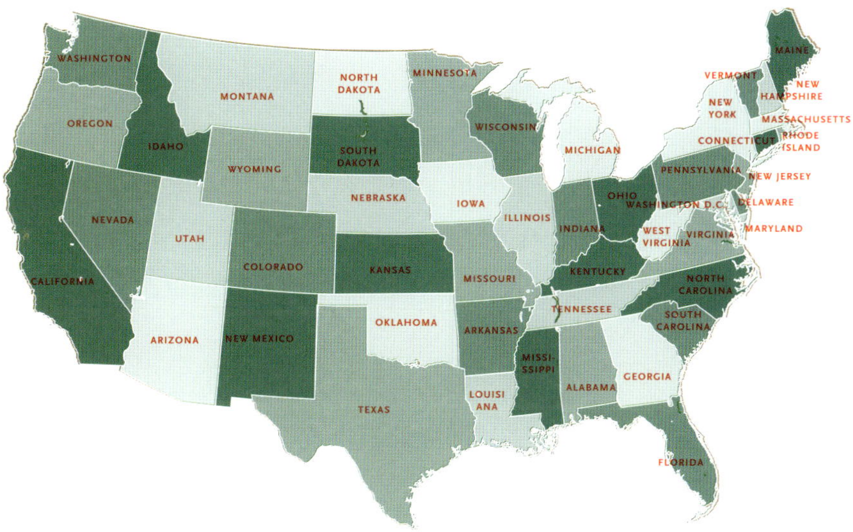

Speisen

- Clamchowder (Muschelsuppe)
- Boston Baked Beans (Bohneneintopf)
- Broiled Maine Lobster (gebratener Hummer aus Maine)
- Surf and Turf (Gericht mit Hummer und Steak)
- Red-flannel Hash (Haschee aus gepökeltem Rindfleisch)
- Pecan Pie (Nusskuchen)

Staaten der mittleren Ostküste

In New York trifft man auf jede Art von Kochstil und ethnischer Küche, geprägt auch von ehemaligen Einwanderern aus Deutschland und Italien. Fische und Meeresfrüchte des Atlantischen Ozeans sowie Rohstoffe aus den fruchtbaren Landschaften von Pennsylvania und Maryland ergänzen die Küche.

Thanksgiving Day – eine Art Erntedankfest – wird jeweils am vierten Donnerstag im November zelebriert und ist heute das wichtigste Familienfest in den USA. Das Fest geht auf die ersten Pilger aus England zurück, die es zum Dank für die erste Ernte gefeiert haben. Traditionell wird zu Thanksgiving Truthahn und Kürbisgemüse zubereitet.

Gerichte mit Kürbis in allen Variationen gibt es an der mittleren Ostküste

Speisen

- Cornchowder (Maiscremesuppe)
- Mixed Pickles (sauer eingelegtes Gemüse)
- Chicken à la King (Huhn in Rahmsauce und Sherry)
- Chicken-pot Pie (Hühnereintopf)
- Roast Tom Turkey with Chestnut Stuffing (im Ganzen gebratener Truthahn mit Kastanienfülle)
- Pumpkin Pie (Kürbiskuchen)

Die Südstaaten und Florida

In dieser Region prallen zwei grundverschiedene Küchenarten aufeinander: in den Staaten Virginia und Kentucky eine einfache ländliche Küche und entlang des Golfs von Mexiko die kreolische und die Cajun-Küche.

Die **kreolische Küche** – Creole Kitchen – reflektiert französische, spanische und afrikanische Einflüsse und ist raffinierter als die Cajun-Küche. In der kreolischen Küche wird viel Butter und Obers (Sahne) verwendet, während die Cajuns (Nachkommen südfranzösischer Einwanderer) Schmalz bevorzugen.

Die **Cajun-Küche** stammt aus New Orleans (Louisiana) und ist weitaus ländlicher und robuster – so wie sich die Cajuns nicht in den Städten, sondern in den Sumpfgebieten der Südstaaten ansiedelten. Im Grunde genommen ist die Cajun-Küche eine Abwandlung der kreolischen Küche mit verstärktem französischem Einfluss.

Speisen

- Baked Virginia Ham (mit Zucker glacierter Schinken)
- Southern Fried Chicken (Huhn mit Rahmsauce nach Südstaatenart)
- Crawfish Bisque (Cremesuppe mit Flusskrebsen)
- Dirty Rice (Reis mit Hühnerleber, Kräutern und Gewürzen)
- Seafood Gumbo (Suppeneintopf mit Meeresfrüchten)
- Jambalaya (Reisgericht mit Fleisch und Fisch)
- Boiled Soft-crabs (junge Taschenkrebse, im Ganzen gekocht und mit Bier serviert)
- Lemon Pie (Zitronentorte)
- Chocolate Brownies (Schokoladenkekse)
- Café brûlot (Kaffee mit Gewürznelken und Zimt, flambiert mit Brandy und Curaçao)

Der Südwesten

Texas ist ein weites Land mit riesigen Rinderweiden. Rindfleisch ist in Amerika das begehrteste Fleisch. So wurden bereits im 19. Jahrhundert neben den Langhornrindern Shorthorn- und Herefordrassen gezüchtet, da diese Rinder das meiste Fleisch liefern.

AVOCADOS BILDEN DIE GRUNDLAGE DER GUACAMOLE

Die Gerichte der Viehzüchter (Ranger) sind auch heute noch ein wichtiges Element in der Küche des Südwestens. Dazu gehören die **Barbecues**, im Freien gegrillte (Fleisch-)Speisen, wie man sie heute in fast allen texanischen Orten findet. Hier gibt es nicht nur die besten und größten Steaks in allen Variationen, sondern auch die charakteristischen Tex-Mex-Gerichte, die auf der mexikanischen Küche basieren.

Tacos werden würzig gefüllt und mit Saucen serviert

In der Hauptsache ist die farbige, würzige Küche des Südwestens eine Mischung aus spanischen, mexikanischen, indianischen und zum Teil auch englischen Elementen. Die Fleisch-, Weizen- und Milchprodukte sind kennzeichnend für die spanischen Einflüsse, während die Maistortillas, Bohnen und Chilischoten ihre Wurzeln bei den indianischen Völkern haben.

Schön scharf – so wird im Südwesten gekocht

Speisen

- Barbecued Spareribs
- Steaks in verschiedener Form (Sirloin Steak, T-Bone-Steak, Porterhouse Steak)
- Prime Rib (im Ganzen gebratene Hochrippe)
- Chili con Carne (Eintopf mit Fleisch und roten Bohnen in Chilisauce)
- Guacamole mit Tortillachips (Avocadomus mit gebackenen Teigfladen)
- Tacos und Tortillas, verschiedenartig gefüllt

KANINCHEN WIRD IN DEN PRÄRIESTAATEN GERNE GEGESSEN

Der Mittelwesten, die Prärie- und Gebirgsstaaten

In den großen Städten des Mittelwestens – Chicago, Detroit, St. Louis – sind die Einflüsse europäischer Einwanderer immer noch vorherrschend. Im Bereich der großen Seen im Norden und entlang des Mississippi gibt es reichlich Süßwasserfische wie Forellen, Saiblinge und Barsche.

Der Mittelwesten kann sich auch rühmen, den Hamburger und die Hotdogs hervorgebracht zu haben, die erstmals zu Beginn des 20. Jahrhunderts in St. Louis angeboten wurden.

Der Hotdog kommt aus dem Mittelwesten der Vereinigten Staaten

Die Bewohner der **Präriestaaten** – von Dakota bis Oklahoma – haben keine eigene Esskultur. In manchen Teilen bevorzugt man die Küche der Südstaaten.

Die **Gebirgsstaaten** reichen von Montana im Norden bis Colorado im Süden inklusive des riesigen Gebirgszuges der Rocky Mountains im Westen. In diesem Gebiet verleiht der Reichtum an Fischen und Wild der Küche eine besondere Note. In der Jagdzeit stehen hier neben Elch- und Wildbretsteaks auch Wildarten wie Maultierhirsch, Rebhuhn und Fasan auf der Speisenkarte.

Speisen

- Idaho Baked Potato (Ofenkartoffel mit Sauerrahm und Schnittlauch)
- Hashed Brown Potatoes (geröstete, zerdrückte Kartoffeln mit Speck und Zwiebeln)
- Roast Brook Trout (gebratene Bachforelle mit Schinkenspeck)
- Roast Lamb Shanks (gebratene Lammkeule mit Linsen)
- Fried Rabbit with Sour Cream Gravy (geschmortes Kaninchen mit Sauerrahm)
- Maple Mousse (Ahornsirup-Creme)

Westküste

Kalifornien mit seinem milden Klima ist Amerikas fruchtbarster Staat, was die Küche mit der Vielfalt und Frische heimischer Lebensmittel bereichert. Die Küche der Westküste wird darüber hinaus von der fernöstlichen Küche dominiert. Verstärkt durch die Einflüsse der Bevölkerung, die sich hier u. a. aus Japanern, Chinesen und Mexikanern zusammensetzt, ist die Küche der Westküste in größtem Maße „amerikanisch". Die Städte San Francisco und Los Angeles sind ein Schmelztiegel verschiedener Kulturen und ethnischer Küchen. Trotzdem hat sich eine eigene fantasievolle regionale Küche etabliert, die eine unbeschwerte Lebensweise widerspiegelt.

Speisen

- Caesar's Salad (Blattsalat mit Ei, Speck, Anchovis und Parmesan)
- Artichokes with Shrimps and Green Goddess Dressing (Artischockenböden mit Krevetten und grüner Kräutermayonnaise)
- Celery Victor (pochierter Stangensellerie mit Marinade)
- Cioppino (eine Art Bouillabaisse)
- Indian-smoked King-Salmon (über offenem Feuer geräucherter Lachs, der lauwarm gegessen wird)
- King-crab with Thousand Islands Dressing (Königskrabbe mit Kräutermayonnaise)
- Minute Steak (dünn geschnitten und kurz gebraten)
- Baked Alaska (flambiertes Eisparfait mit Baiserüberzug und exotischen Früchten)

Asien

Noch bevor man in Europa das Essbesteck kannte, herrschte in China und später in Japan bereits eine hoch entwickelte zeremonielle Esskultur.

Die fernöstliche Küche hat in den letzten Jahren in Europa immer mehr Fuß gefasst. Viele Spitzenköche nehmen Anleihen aus diesen Küchen. Das kurze Garen und das auf den Punkt gekochte Gemüse aus den Anfängen der Nouvelle Cuisine hatten ihren Ursprung in China und Japan.

Schon lange weiss man in Asien eine gepflegte Esskultur zu schätzen

China

Die chinesische Küche wird sowohl von geografischen als auch von gesellschaftlichen Einflüssen geformt. Infolge der großen geografischen Ausdehnung Chinas sind die Speisen und ihre Zubereitung eher verschieden und entsprechen in ihrer Vielfalt sicherlich den zahlreichen europäischen Kochkünsten. Jede Provinz, jede Region hat ihren eigenen Stil und ihre eigenen Spezialitäten. Die fünf bekanntesten Küchen in China sind die Peking-Küche, die Honan-Küche, die Szechuan-Küche, die Kanton-Küche und die Fujian-Küche.

Ohne Reis ist die asiatische Küche nicht vorstellbar

Im Allgemeinen wird heute die chinesische Küche, neben der französischen, als eine der bedeutendsten Küchen der Welt betrachtet. Die chinesische Nationalküche hat allerdings eine weitaus ältere Tradition als irgendeine andere Küche.

Die chinesische Küche zeichnet sich vor allem durch ihren besonderen Kochstil aus: Die Speisen müssen für kurze Zeit bei sehr hohen Temperaturen garen. Die Grundlagen sind die richtige Temperatur zur richtigen Zeit – und nicht zu vergessen die Kunst des Würzens.

Die wichtigsten Zutaten in der chinesischen Küche

- **Reis und Weizen:** in zahlreichen Sorten.
- **Gemüse:** Chinakohl, Frühlingszwiebeln, Lauch, Stangensellerie, Bambussprossen, Sojasprossen, Pak-choi, Karotten.
- **Wan-tan:** dünne Teigblätter.
- **Fertigsaucen:** verschiedene Sojasaucen, Hoisin (Austern-Soja-Sauce), braune Bohnensauce, rote Bohnenpaste, Pflaumensauce etc.
- **Gewürze:** meist Mischungen aus verschiedenen Gewürzen (z. B. Fünf-Gewürze-Pulver)
- **Öl:** Sesam- und Erdnussöl.

Die japanische Esskultur hat ihre Wurzeln in der chinesischen Küche

Viele Zutaten und Zubereitungsmethoden wurden von anderen asiatischen Kulturen übernommen, einige sind mittlerweile auch im Westen heimisch geworden. Bis auf wenige Ausnahmen ist allen chinesischen Küchen eines gemeinsam: die Abwesenheit von Milchprodukten. Grund dafür ist, dass in China, wie in den meisten asiatischen Ländern, die Laktoseintoleranz (Milchzuckerunverträglichkeit) weit verbreitet ist.

Speisen

- **Wan-tan-Suppe** (Hühnerbouillon mit gefüllten Teigtaschen)
- **Dim Sum** (gedämpfte oder frittierte Teigtaschen mit verschiedenen Füllungen, in Bambuskörbchen serviert)
- **Reisgerichte** (gebratener oder gedämpfter Reis mit verschiedenen Gemüsesorten und fein geschnittenem Fleisch, Fisch oder Krustentieren)
- **Nudelgerichte** (gekochte oder gebratene dünne Reisnudeln mit Eiern, Gemüse, Fisch, Meeresfrüchten oder Fleisch)
- **Süßsaures Schweine- oder Hühnerfleisch** (Fleisch mit Gemüse, Sojasauce, Tomaten und Zucker)
- **Szechuan-Ente** (pikant gewürzt, gedämpft und anschließend frittiert; mit Sojasauce serviert)
- **Peking-Ente** (im Ganzen leicht gedämpft, anschließend im Ofen aufgehängt und lange bei niederer Hitze gebraten)
- **Feuertopf** (in verschiedenen Variationen; meist auf dem Tisch in Hühnersud gedämpftes Gemüse, Fisch, Meeresfrüchte und Fleisch, mit verschiedenen pikanten Saucen serviert)

Die Wan-tan-Suppe hat leckere Teigtaschen als Einlage

Japan

Vor Jahrhunderten haben die Japaner die chinesische Esskultur und deren Vorzüge kennengelernt. So kommen etwa Tofu, Sojasauce, Reiswein, grüner Tee und die Teezeremonie nicht aus Japan, sondern wurden aus China nach Japan gebracht. Daraufhin verfeinerten die Japaner ihre eigene Küche und es entstand eine noble, ästhetische Kochkunst auf höchstem Niveau.

Im 16. Jahrhundert berichteten portugiesische Händler aus Japan: „Diese Menschen leben sehr gesund und es gibt viele alte Leute unter ihnen.“ Die Japaner aßen damals fast kein Fleisch, sondern viel Fisch, Reis, Gemüse und Obst.

In weiterer Folge übernahmen die Japaner Essgewohnheiten anderer Länder und so kamen Schweine-, Hühner- und Rindfleisch in die japanische Küche. Aber noch heute werden in Japan 80 % Fisch und nur 20 % Fleisch konsumiert, in unseren Breitengraden ist es genau umgekehrt.

Fisch ist in Japan so bedeutend wie bei uns Fleisch

Reis ist für die Japaner mehr als ein Hauptnahrungsmittel. Allgemein gelten in Japan Lebensmittel als wichtigste Gabe der Natur und werden ganz besonders verehrt. So ist vielleicht auch die Grundlage der japanischen Küche zu erklären, die Speisen so zuzubereiten, dass den verwendeten Zutaten Rechnung getragen wird. Der Eigengeschmack soll voll zur Geltung kommen, das raffinierte Anrichten soll das Auge erfreuen und der Geschmack den Gaumen befriedigen.

Die wichtigsten Zutaten der japanischen Küche

Reis und Sojabohnenprodukte spielen die tragenden Rollen in der japanischen Küche.

- **Reissorten:** kome, gohan (frischer Reis), Sushireis (beim Kochen gesäuerter Reis)
- **Sojabohnenpaste:** aka miso (rot), shiro miso (weiß) und Tofu
- **Pilze:** shiitake, matsutake (meist getrocknet)
- **Reiswein:** sake, mirin: süßer Sake
- **Sojasauce:** shoyu
- **Öl:** Sesamöl
- **Essig:** su (Reisessig)
- **Nudeln:** somen (dünne Nudeln), harusame (Glasnudeln)
- **Senf:** karashi, wasabi (Meerrettichpaste)
- **Seetang:** nori, wakame, kombu (getrocknet)

Speisen

- **Misoshiru** (klare Misosuppe mit Algen und Tofu)
- **Tori nanban** (Nudeln mit Hühnerbouillon)
- **Kinome-ae** (Bambussprossen mit grüner Sojasauce)
- **Sashimi** (in Scheiben geschnittener roher Fisch mit würzigen Dipsaucen)
- **Sushi** (kleine Gerichte mit gesäuertem Reis mit Nori, Fisch, Krustentieren und Gemüse)
- **Maze gohan** (Reis mit Gemüse)
- **Tempura** (in Backteig frittierte Garnelen und Gemüse- oder Fischstücke mit pikanter Sojasauce)
- **Kushi** (gegrillte oder frittierte kleine Spießchen mit Fisch, Krustentieren und Gemüse)
- **Sukiyaki** (blättrig geschnittenes, gebratenes Rindfleisch mit würziger Sauce)
- **Teriyaki** (Rindsfilet vom Grill mit pikanter Sauce)

Typisch japanische Desserts gibt es kaum, es wird meist frisches Obst gereicht. Die typischen Getränke zum Essen sind Sake (Reiswein) und natürlich grüner Tee.

Eine reichhaltige Gewürzpalette bestimmt die indische Küche

Indien

Indien liegt in Südasien, zwischen der Arabischen See und dem Golf von Bengalen, zwischen Myanmar und Pakistan.

Bei einem Land mit beinahe einer Milliarde Einwohnern ist es wohl schwierig, von „der" indischen Küche zu sprechen – vielmehr handelt es sich um eine Zusammenfassung aller Kochkulturen, die sich auf dem indischen Subkontinent entwickelt haben. Trotz der Mannigfaltigkeit der Regionalküchen gibt es einige Gemeinsamkeiten. So ist die außerordentliche Vielfalt an Gewürzen und im Speziellen die Verwendung von Curry hervorzuheben sowie das Verwenden von scharfen Saucen.

Aufgrund religiöser Vorschriften für Hindus und Muslime wird so gut wie kein Rind- (heiliges Tier) und Schweinefleisch (gilt als unrein) verwendet. Dafür gibt es zahlreiche Rezepte mit Lamm- und Geflügelfleisch, vegetarische Gerichte, Saucengerichte mit Curry und Eintöpfe aus Hülsenfrüchten, vor allem aus Linsen. Beispiele sind Papadam und Rice and Curry.

Die international wohl bekanntesten Gerichte wurden unter der Sammelbezeichnung Curry populär. Mit dem Wort Curry werden verschiedene Speisen wie Lamm-, Gemüse-, Fischcurry usw. bezeichnet. Der Name wurde von einer in Indien gängigen Zubereitungsart abgeleitet, die am ehesten einem Ragout entspricht.

Curry kommt in Indien in allen Variationen auf den Tisch

Internationale Trends

Nach einem Blick in die Vergangenheit und die traditionellen Esskulturen der Welt schauen wir nun, was sich aus den Strömungen der Vergangenheit entwickelt hat. Wegbereiter wie Escoffier haben die Türen in die Moderne geöffnet – und ihre Nachfolger schreiten selbstbewusst und konsequent weiter.

Küchentrends

Abgesehen von den Strömungen, die sich aus der Nouvelle Cuisine ergeben haben, prägen die heutigen Küchentrends ein verändertes Ernährungsbewusstsein ebenso wie Globalisierung, Migration und Erkenntnisse der Wissenschaft. Nicht nur Frische und Geschmack sind von Bedeutung, auch Kultur, Philosophie, Wissenschaft und Kosmopolitik bringen einen frischen Wind in zeitgemäße Küchen.

DIE ITALIENISCHE KÜCHE WAR BEI UNS EINE DER VORREITERINNEN ETHNISCHER KÜCHEN

Ethnische Küche

Zur ethnischen Küche gehören bestimmte Gerichte fremder Länder, die auch aus der jeweiligen Regionalküche stammen können bzw. einem bestimmten Gebiet zuzurechnen sind, wie z. B. Tex-Mex-Küche, Sushi und Maki aus Japan, Pasta- oder Pizzagerichte aus Italien, jüdische Küche, böhmische Küche.

Vegetarische Küche

Vegetarische Kost besteht ausschließlich oder vorwiegend aus pflanzlichen Lebensmitteln und beinhaltet einen weitestgehenden Verzicht auf tierische Lebensmittel. Der Begriff „vegetus" stammt aus dem Lateinischen und bedeutet rüstig, munter, lebhaft.

Die Beweggründe für eine vegetarische Lebensweise können auf gesundheitlichen Aspekten (Reduzierung von Übergewicht) beruhen, sie können aber auch religiöser, ethischer (Töten als Tabu) oder ästhetischer (Anblick toter Tiere meiden) Natur sein.

Formen des Vegetarismus

- **Ovovegetarismus:** Neben pflanzlichen Lebensmitteln werden auch Eier verzehrt.
- **Ovolaktovegetarismus:** Neben pflanzlicher Kost werden auch Milch und Milchprodukte sowie Eier verzehrt, jedoch kein Fleisch und Fisch.
- **Laktovegetarismus:** Ernährung wie bei den Ovolaktovegetariern, jedoch wird zusätzlich auf Eier verzichtet.
- **Vegane Kost:** Strengste Form des Vegetarismus, die aus ernährungsphysiologischer Sicht nicht empfehlenswert ist. Die Ernährung besteht ausschließlich aus pflanzlichen Lebensmitteln. Zudem werden sämtliche Produkte tierischer Herkunft, wie z. B. Honig, gemieden.

Für und Wider

Einerseits wird behauptet, der Mensch wäre von der Entwicklungsgeschichte her ein reiner Vegetarier. Andererseits wird argumentiert, der Mensch sei seit der Urgeschichte ein Jäger gewesen. Anhänger der vegetarischen Lebensweise sind davon überzeugt, dass sich der Mensch bestens und gesünder von rein vegetarischer Kost ernähren kann. Dagegen spricht, dass bestimmte Eiweißstoffe – essenzielle Aminosäuren, die der Körper für den Aufbau der Zellen benötigt – in rein pflanzlicher Nahrung nicht enthalten sind.

Die vegane Kost ist nicht ganz unumstritten

Hay'sche Trennkost

Die Trennkost ist keine Diät, sondern eine Ernährungsform, bei der hauptsächlich eiweißhaltige und hauptsächlich kohlenhydrathaltige Nahrungsmittel nicht gleichzeitig aufgenommen werden.

Die drei Lebensmittelgruppen der Trennkost

- **Eiweißreiche Lebensmittel:** Fleisch, Fisch, Meeresfrüchte, Milchprodukte mit einem Fettanteil unter 50 %, Sauermilchprodukte, Käse, Frischkäse, Nüsse, Eier.
- **Kohlenhydratreiche Lebensmittel:** Kartoffeln, Reis, Brot, Kuchen, Süßungsmittel (Zucker, Honig, Ahornsirup), Bananen.
- **Neutrale Lebensmittel:** Gemüse, Salate, Fette, Milchprodukte mit einem Fettanteil von mindestens 60 %, Pilze, Obst wie Melonen oder Heidelbeeren.

In der Praxis bedeutet dies, dass bei einem Fleisch- oder Fischgericht keine Kartoffeln oder Nudeln als Beilage gewählt werden, dafür aber reichlich Salate und/oder Gemüse. Umgekehrt sollte zu einem Kartoffel-, Nudel- oder Reisgericht kein Fleisch oder anderes Eiweiß gegessen werden, sondern ebenfalls reichlich Salate und/oder Gemüse.

Reichlich Salat wird bei der Trennkost empfohlen

Zurück zum unbehandelten Ursprungsprodukt – das ist die Devise der Vollwertküche

Für und Wider

Der Begründer der Trennkost, Howard Hay, New Yorker Arzt (1866–1940), ging davon aus, dass die Ursache bestimmter Zivilisationskrankheiten in einer Übersäuerung des Körpers liege, die unter anderem durch die Mischung von Eiweiß und Kohlenhydraten in der Ernährung hervorgerufen werde. Ebenso führe die gleichzeitige Aufnahme zu einer Verzögerung der Verdauung.

Demgegenüber stehen folgende Aussagen der Deutschen und Österreichischen Gesellschaft für Ernährung (DGE und ÖGE):

- Die Nährstoffversorgung ist bei Einhaltung der Trennkost nicht gesichert, es kann zu Vitamin- und Mineralstoffmangel kommen.
- Eine Trennung von eiweißhaltigen und kohlenhydrathaltigen Lebensmitteln ist nicht möglich, weil viele Lebensmittel beide Nährstoffe enthalten.
- Bei einem gesunden Menschen ist eine gleichzeitige Verdauung von Eiweiß und Kohlenhydraten gewährleistet, da kohlenhydrat- und eiweißspaltende Enzyme gleichzeitig in den Darm ausgeschüttet werden.
- Die Trennkost eignet sich aus ernährungsphysiologischer Sicht nicht für eine Gewichtsreduktion, da nur die gesamte zugeführte Energie Einfluss auf das Gewicht hat und nicht die Kombination der Nahrung.

Vollwertküche, Bioküche oder Naturküche

In der Vollwertküche werden Lebensmittel aus **kontrollierter biologischer Landwirtschaft** verwendet. In den letzten Jahren ist das Bewusstsein für die Zusammenhänge zwischen unseren Essgewohnheiten und unserem Wohlbefinden stark gewachsen. Daher ist eine Küche, die eine ausgewogene, vollwertige, gesunde Ernährung bietet, sehr gefragt.

Was ist charakteristisch für die Vollwertküche?

- Keine raffinierten und isolierten Lebensmittel wie Zucker, raffinierte Öle oder Margarine.
- Gesüßt wird nur mit Honig oder Trockenfrüchten und Fruchtzucker.
- Keine Auszugsmehle, nur Vollkornmehl (aus dem ganzen Getreidekorn).
- Viel Getreide und Getreideprodukte wie Vollkornbrot, Teigwaren aus Vollkornmehl, Mais, Natur- oder Voll(korn)reis.
- Möglichst frisch zubereitete Speisen, um die wertvollen Inhaltsstoffe zu erhalten.

WRAPS SIND EINE GESUNDE ALTERNATIVE IM FASTFOOD-ANGEBOT

- Schonende Garverfahren wie Pochieren, Dünsten, Dämpfen und Poelieren.
- Weniger Fleischgerichte, dafür mehr Fischgerichte.
- Vermehrt Gemüse und Obst als Frisch- und Rohkost.
- Naturbelassene Fette wie kalt gepresste Öle und Butter in Maßen.

Assemblageküche, Systemküche

Die Assemblageküche – la Cuisine d'assemblage – ist eine zusammengesetzte Küche, d. h., die Gerichte werden je nach Bedarf mit frischen Produkten, Halbfertigprodukten oder Fertigprodukten zusammengestellt bzw. kombiniert. Die Verarbeitung erfolgt mit systematischem Einsatz neuer Kochgeräte, wie z. B. Kombisteamer (siehe Gargeräte für moderne Kochmethoden, S. 97), Induktionsherd oder Regeneriergerät.

Dieses System ist rationell und kosteneffizient und wird vor allem in der Gemeinschaftsverpflegung sowie im Cateringservice in jeder Betriebsgröße eingesetzt.

Fastfoodküche

Als Fastfood wird jene Küche bezeichnet, die ein begrenztes Sortiment an Gerichten zum schnellen Verzehr anbietet oder bei der auch das Mitnehmen nach Hause möglich ist. Hierfür werden bevorzugt vorgefertigte Speisen – sogenanntes Conveniencefood – verwendet. Daher sind die meisten Speisen nach der Bestellung nur mehr fertig zu stellen und anzurichten. Diese Angebotsform wird in der schnell wachsenden **Systemgastronomie** bevorzugt.

Fast Casual (schnell und bequem) ist der Trend zu eher gesundem Fastfood: Wraps (gefüllte Maisfladen), Bagels (Brotkringel) mit Salaten und Aufstrichen sowie asiatische Suppen spielen darin die Hauptrolle.

Molekularküche

Was ist die Molekularküche – eine Laborküche, eine Technoküche? Beides nicht ganz, aber von beidem etwas. Es geht bei dieser Forschungsküche um die Berücksichtigung biochemischer, physikalischer und chemischer Prozesse bei der Zubereitung einer Speise. Dabei werden z. B. bei den Garmethoden Kochen und Backen Erkenntnisse aus wissenschaftlichen Untersuchungen einbezogen und daraus neue Schlüsse für andere Zubereitungsarten gezogen.

Das Wissen um verändertes Verhalten z. B. von Eiweißstrukturen durch Temperaturschwankungen, durch mechanische Einwirkung oder durch Verwendung von Stabilisatoren bzw. Verdickungsmitteln wie Alginaten beschäftigt die Molekularküche. Es ist nicht so wichtig, wie lange die Garzeit eines Steaks oder die Backzeit eines Auflaufs beträgt; wichtig ist, warum der Prozess auf eine bestimmte Weise abläuft, um daraus neue Erkenntnisse für andere Zubereitungsarten zu gewinnen.

In der praktischen Entwicklung zählen international **Ferran Adrià**, **Heston Blumenthal** und **Homaro Cantu** zu den bedeutenden Spitzenköchen auf dem Gebiet der Molekularküche.

Wie reagieren die Lebensmittel auf die Garmethode? Das interessiert die Vertreter der Molekularküche

Ferran Adriàs Restaurant „El Bulli" an der Costa Brava ist zu einem Wallfahrtsort für Gourmets aus der ganzen Welt geworden. Um dort einen Platz zu bekommen, muss man Monate im Voraus reservieren.

Homaro Cantu – ebenfalls ein nimmermüder Forscher auf diesem Gebiet – hat seinen Gourmettempel „Moto" in Chicago.

Und keiner verkörpert schließlich den Aufstieg der forschenden Küche so sehr wie Heston Blumenthal, der Chef-Patron des 3-Michelin-Restaurants „Fat Duck" in Bray, in der Nähe von London.

Lebensmitteltrends

Veränderte Lebensmittel beeinflussen die Qualität der Küche. Es liegt in der Verantwortung des Kochs, welche Trends er mitträgt und welche nicht.

Conveniencefood

Convenience ist die englische Bezeichnung für Bequemlichkeit oder Annehmlichkeit. In der Küche versteht man darunter vorgefertigte Lebensmittel, d. h. Lebensmittel, die bereits geputzt, geschält, geschnitten und konserviert (z. B. gefroren) sind. Sie werden nach dem Grad der Vorbereitung in Stufen eingeteilt. Aber auch fertige Speisen, ob vakuumverpackt, gefroren oder frisch, die nur mehr zu regenerieren oder zu erwärmen sind, werden zu den Convenienceprodukten gezählt.

Ein typischer Vertreter für Fertigprodukte ist die Tiefkühlpizza

Functionalfood, Designerfood

Functionalfood – funktionelle Nahrungsmittel – sind Lebensmittel mit gesundheitsfördernden Zusätzen oder – spricht man von Designerfood – speziell konzipierte oder zusammengestellte Lebensmittel.

Die starke Konkurrenz auf dem Lebensmittelmarkt und das zunehmende Gesundheitsbewusstsein der Menschen haben die Lebensmittelproduzenten veranlasst, neue Produkte herzustellen, die zusätzlich zu ihrem Nährwert eine positive Wirkung auf die Gesundheit ausüben sollen und den Lebensmittelmarkt erweitern.

Mögliche positive Botschaften einer Produktbeschreibung von Functionalfood: Das Produkt ...

- leistet einen aktiven Beitrag für das Wohlbefinden,
- unterstützt die körpereigenen Abwehrkräfte,
- regt die Stoffwechselfunktionen an,
- bringt die Darmflora in ein natürliches Gleichgewicht ...

Die Liste der zugesetzten Stoffe ist meist lang, es handelt sich dabei um probiotische Milchsäurebakterien, prebiotisch wirkende Ballaststoffe, Antioxidantien (Vitamin A, C, E), Omega-3-Fettsäuren, Kräuterauszüge und vieles mehr. Produkte, denen diese Stoffe zugesetzt werden, sind z. B. Müsli, Säfte, Milchprodukte und Brot. Oft sind sie als Zusatzstoffe notwendig, es wird aber mit dem Zusatznutzen für die Produkte geworben. Diese Produkte sind kein Ersatz für eine gesunde Ernährungsweise, deren positive Wirkung auf eine Mischung von Tausenden von Inhaltsstoffen und nicht zwei oder drei separierten zurückzuführen ist. Zudem können einzelne Stoffe bei höherer Dosierung die Gesundheit schädigen.

Lebensmittel mit Zusatzstoffen können keine gesunde Ernährung ersetzen

Novelfood

Die von der EU im Jahre 1997 eingeführte Novelfood-Verordnung regelt den Handel und die Kennzeichnungspflicht von neuartigen Lebensmitteln, um die öffentliche Gesundheit zu schützen. Dabei handelt es sich um Lebensmittel und Lebensmittelzutaten, die

- genetisch veränderte Organismen (GVO) enthalten oder aus solchen bestehen oder
- aus GVO hergestellt sind ohne solche zu enthalten oder
- eine neue oder gezielt veränderte primäre Molekularstruktur besitzen oder
- aus Mikroorganismen, Pilzen und Algen bestehen oder aus diesen gewonnen wurden oder
- durch ein nicht übliches Verfahren (z. B. Hochdruckpasteurisierung; wird bei Fruchtzubereitungen angewendet) hergestellt wurden, das die Struktur oder die Zusammensetzung der Lebensmittel oder der Lebensmittelzutaten bedeutend verändert, was sich auf ihren Nährwert, ihre Struktur oder auf die Menge unerwünschter Stoffe auswirkt.

Natürlich essen mit Genuss – das ist es, was Slowfood-Anhänger schätzen

Slowfood

Slowfood ist eine internationale Bewegung von und für Menschen, die das Geruhsame, Sinnliche und Bodenständige bewahren wollen – und das im Zeitalter des „Fast Life". Dem hektischen Treiben der modernen Zeit werden eine Philosophie des Genusses und ein langsamer, bewusster Lebensstil entgegengesetzt. Da jeder Mensch Anspruch darauf hat, nennt sich die Slowfoodbewegung auch „Internationale Bewegung zur Wahrung des Rechts auf Genuss".

Die Slowfoodbewegung tritt dort auf den Plan, wo sich Bräuche oder Denkweisen verändern. Sie wirft einen kritischen Blick auf diese Veränderungen. Dabei bleibt sie nicht auf die Welt der Nahrungsmittel und des Weins beschränkt, sondern hat auch die Landwirtschaft und die große Vielfalt ihrer Kulturen im Blickfeld. Die Umweltverträglichkeit und der Umweltschutz sind zum Beispiel sehr wichtige Anliegen; die damit verbundene Qualität der Lebensmittel ist zu einem dringenden Mehrwert geworden, nicht nur auf kultureller oder ethischer Ebene.

Folgende Prinzipien werden unterstützt:

- Anbau und Verwendung von gehaltvollen und ökologisch wertvollen Lebensmitteln unterstützen.
- Überflüssige technische und chemische Verarbeitung von Lebensmitteln bekämpfen und die traditionelle, lokale Küche bewahren.
- Es geht um die Tatsache, dass wir darüber nachdenken müssen, was auf dem Teller ist, aber auch, was um den Teller herum passiert.

Resümee

Wozu all diesen Küchenarten aus Vergangenheit und Gegenwart Beachtung schenken? Ganz einfach: Nur wer die Wiege der Kochkunst und das, was daraus entstanden ist, kennt, kann Neues entwickeln. Das ist wie bei einem Maler, der sich Anregungen bei großen Berufsvorgängern holt, die notwendigen Grundfertigkeiten erlernt und sich den Hintergrund seines Schaffensbereichs erarbeitet. Ist er so weit, kann er damit seinen eigenen Stil entwickeln. Wie Picasso, der zuerst die naturalistische Portraitmalerei betrieben, sein Handwerk von der Pike auf gelernt und anschließend mit seinem individuellen Stil eine ganz neue Kunstepoche eingeleitet hat. Auch Köche können sich auf diese Weise künstlerisch entfalten. In diesem Sinne alles Gute und viel Erfolg auf dem Weg zu Ihrem eigenen Stil!

Stichwortverzeichnis

C

D

E

F

G

H

I

J

K

L

M

N

O

P

Q

R

S

T

U

V

W

Bildnachweis

S. 7 gettyimages
S. 9 gettyimages
S. 10 Fotolia, © Glenn Jenkinson
S. 11 Fotolia, © Galina Barskaya
S. 12 Trauner Verlag, Wolfgang Kraml
S. 13 Fotolia, © studio l'alternative
S. 15 Trauner Verlag, Wolfgang Kraml
S. 16 Fotolia, © Kristian Peetz
S. 17 Manfred Buchinger
S. 18 (Mensa): Fotolia, © Mehmet Dilsiz; (Burger): Fotolia, © Carl Durocher
S. 19 (Flugzeug): Fotolia, © Franz Pfluegl; (Reisender im Speisewagen): ÖBB, CI & M / Harald Eisenberger
S. 20 (Partyservice, Teller): Fotolia, © Steve Lovegrove; (Produktentwicklung): Manfred Buchinger; (Gastronomen) Manfred Buchinger
S. 22 Fotolia, © rohitseth
S. 23 (Küche): Raymund Mayerhofer; (Küchenteam): Manfred Buchinger
S. 24–28 (oben): Trauner Verlag, Wolfgang Kraml
S. 28 (Gäste am Tisch): Kempinski Hotels & Resorts S. A., Genf, Schweiz
S. 29 (Schulung): Trauner Verlag, Wolfgang Kraml; (Fischgericht): Fotolia, © K N
S. 31 Trauner Verlag, Karin Gollowitsch
S. 32 Trauner Verlag, Wolfgang Kraml
S. 33 MEV
S. 34 (Schachfiguren): Fotolia, © Michael Mccloskey; (Besprechung): Trauner Verlag, Karin Gollowitsch
S. 35 (Besprechung): Trauner, Verlag, Wolfgang Kraml; (Köchin): Workline, Berufskleidung, Wien, www.workline.at
S. 36 J. Clauß, HeideRegion Uelzen e.V.
S. 37 gettyimages
S. 38 (Dessert): Fotolia, © Andriy Rovenko; (Schaukasten): Fotolia, © Jean-michel Leclercq
S. 39 (Spargel): Manfred Buchinger; (Gäste): gettyimages
S. 40 Trauner Verlag, Wolfgang Kraml
S. 41 Trauner Verlag, Karin Gollowitsch
S. 42 Was ist los? 24. bis 30. September 2005, S. 10; mit freundlicher Genehmigung von OÖN Redaktion GmbH & Co KG, Linz
S. 43 (Screenshot): NIU, Oliver Horn, Linz, www.niu.at; (Computer): Trauner Verlag, Karin Gollowitsch
S. 44/45 Fotolia, © Joerg Prigge
S. 47 (Salz, Pfeffer, Servietten): Fotolia, © Mehmet Dilsiz; (Betriebsküche): Trauner Verlag, Wolfgang Kraml
S. 48 (Salatwaschbecken): Trauner Verlag, Wolfgang Kraml
S. 49 (Reinigung): Fotolia, © Lorelyn Medina; (Trinkwasser): Fotolia, © Christian Haasz; (Fischabfälle): Fotolia, © Hartmut Padubrin
S. 50 Fotolia, © Witold Krasowski
S. 51 (Händewaschen): Fotolia, © pemotret; (Papierhandtuchspender): Trauner Verlag, Wolfgang Kraml
S. 52 (Koch): Workline, Berufskleidung, Wien, www.workline.at; (Hand): Fotolia, © agg
S. 53 (Teller): Fotolia, © Franz Pfluegl; (Mikroorganismen): Fotolia, © spectral; (Ei): Trauner Verlag, Wolfgang Kraml
S. 54 (Escherichia coli): Fotolia, © sgame; (schimmelige Zitrone): Fotolia, © Roland Geringer; (Käse schneiden): Trauner Verlag, Wolfgang Kraml
S. 55 (Maisdose): Fotolia, © Andriy Doriy; (Birnen): Fotolia, © Mathew Hayward
S. 56 Trauner Verlag, Karin Gollowitsch
S. 58 (Checkliste): Trauner Verlag, Wolfgang Kraml; (Koch): Raymund Mayerhofer
S. 59 (Salat): Fotolia, © Robert Lerich; (Fisch prüfen): Trauner Verlag, Wolfgang Kraml
S. 60 Fotolia, © Karin Lau
S. 61 Fotolia, © jefras
S. 62 (Schneidebretter): Rist; (Speisen): Fotolia, © Jordi Cubells Biela
S. 63 Trauner Verlag, Karin Gollowitsch
S. 64/65 Trauner Verlag, Wolfgang Kraml
S. 66 Trauner Verlag, Karin Gollowitsch

S. 67 (Topf): Trauner Verlag, Wolfgang Kraml; (Koch): Trauner Verlag, Karin Gollowitsch
S. 68 Trauner Verlag, Wolfgang Kraml
S. 69 (Pfanne): Trauner Verlag, Wolfgang Kraml; (Küchenschuh): Workline, Berufskleidung, Wien, www.workline.at; (CE-Kennzeichnung): Manfred Buchinger
S. 70 Trauner Verlag, Wolfgang Kraml
S. 71 (Telefon): Trauner Verlag, Wolfgang Kraml; (Brand): Fotolia, © Paul Morley
S. 72 (Erste-Hilfe-Sachen): Fotolia, © Sven Weber; (Erste-Hilfe-Kasten): Trauner Verlag, Wolfgang Kraml
S. 72–74 (Erste Hilfe): Trauner Verlag, Wolfgang Kraml
S. 74 (Löschdecke): Raymund Mayerhofer
S. 75/76 Raymund Mayerhofer
S: 77 Fotolia, © studio l'alternative
S. 78/79 Good Taste
S. 81 Fotolia, © Jo Ann Snover
S. 82 (Raum): Fotolia, © Michael Shake; (Sichtküche): Kempinski Hotels & Resorts S. A., Genf, Schweiz
S. 84 (Großküche): Raymund Mayerhofer; (Köche mit Wachteleiern): Fotolia, © Hugues Argence; (Blick in Küche): Fotolia, © Frédéric Boutard
S. 85 (Arbeitsplatz): Salvis; (Koch): Raymund Mayerhofer
S. 89 (Kühlladen): Salvis; (Getränkemagazin): Trauner Verlag, Karin Gollowitsch
S. 90 Fotolia, © Roland Archuth
S. 91 Raymund Mayerhofer
S. 92 (Sauteuse): Rist; (GN): Trauner Verlag, Wolfgang Kraml
S. 93 (Gas): Fotolia, © Michael Shake; (Küchenblock): Hugentobler
S. 94 (Küchenzeile): Salvis; (Induktion): Hugentobler
S. 95 (Kippbratpfanne, Bratenplatte, Fritteuse): Salvis; (Wok): Trauner Verlag, Wolfgang Kraml
S. 96 (Kochkessel, Pastakocher): Salvis; (Pizzaofen): Trauner Verlag, Wolfgang Kraml; (Räucherofen): AquaTech, 6370 Kitzbühel, www.aqua-tech.eu; (Döner Kebab): Fotolia, © Robert Lerich
S. 97 (Gabel): Fotolia, © Heather Connelly; (Steamer, Fisch, Kombidämpfer): Salvis
S. 98 Hugentobler
S. 99 (Salamander): Salvis; (Mikrowellengerät): Hugentobler; (Bain-Marie, Küchenmaschine): Trauner Verlag, Wolfgang Kraml
S. 100 (Gemüseschneidemaschine, Pacojet): Raymund Mayerhofer; (Vakuummaschine): Trauner Verlag, Wolfgang Kraml; (GreenVac-System): Hugentobler
S. 101 (Chiller): Hugentobler; (Kartoffelschälmaschine): Flottwerk; (Fleischwolf, Aufschnittmaschine, Nudelmaschine): Trauner Verlag, Wolfgang Kraml; (Teigausrollmaschine): Fritsch
S. 102 (Kochgeschirr mit Gemüse, Aufsatzmixer, Turbomixer, Handmixstab, Getreidemühle): Trauner Verlag, Wolfgang Kraml; (Kochtöpfe): Rist, Bourgeat
S. 103 (Rührbesen): Fotolia, © jstock; (Sauteuse): Rist; (Messer): Trauner Verlag, Wolfgang Kraml
S 104–106 Trauner Verlag, Wolfgang Kraml
S. 107 (Küchensystem): Hugentobler; (Pizzaofen): Fotolia, © Alain Hennequin; (Transportboxen): Trauner Verlag, Wolfgang Kraml
S. 108/109 Fotolia, © Andyb1126
S. 112–115 Raymund Mayerhofer
S. 116 (Wärmebrücke): Raymund Mayerhofer; (Aufbewahrungsbehälter): Trauner Verlag, Wolfgang Kraml
S. 117–123 Raymund Mayerhofer
S. 123/124 (Skizzen): Dieter Kranzl
S. 124 (Amuse-bouche): Fotolia, © Tommy Leong
S. 125 (Lamm): Good Taste; (Pralinen): Trauner Verlag, Wolfgang Kraml
S. 126 (Aperohäppchen): Fotolia, © Chantal Seigneurgens; (Reinigen, Postenbriefing): Raymund Mayerhofer
S. 127–132 Raymund Mayerhofer
S. 134 Trauner Verlag, Karin Gollowitsch
S. 135 Raymund Mayerhofer
S. 136 (Businesslunch): Fotolia, © wacker; (Gemüse): Raymund Mayerhofer
S. 137 (Tisch, Dessert): Kempinski Hotels & Resorts S. A., Genf, Schweiz
S. 138 (Sorbet): Fotolia, © Liv Friis-larsen; (Cocktailtomaten): Fotolia, © Yoann Obrenovitch; (Nudeln): Fotolia, © Hannes Strasser
S. 139 (Spargel): Fotolia, © Bob Rannells; (Küchenchef): Raymund Mayerhofer; (Gedeck): Kempinski Hotels & Resorts S. A., Genf, Schweiz
S. 140 Fotolia, © Nick Stubbs
S. 141 (Fisch): Fotolia, © agg; (Hirschbraten): Fotolia, © Rohit Seth
S. 142 Fotolia, © Leonid Nyshko
S. 143 (kleiner Gast): Fotolia, © Chantal Seigneurgens; (Diätkost): Trauner Verlag, Wolfgang Kraml
S. 144 (Wok): Fotolia, © Daniel Sainthorant; (Spaghetti): Fotolia, © Hannes Strasser
S. 145 (Menage): Fotolia, © Carlos Sanchez Pereyra; (Tafelspitz, Wiener Schnitzel): Raymund Mayerhofer
S. 146 (Suppe): Fotolia, © Kasia75; (Buffet): Raymund Mayerhofer
S. 147 Fotolia, © Rohit Seth
S. 148 (Menükarte): Fotolia, © matttilda; (Köche): Raymund Mayerhofer
S. 149 Fotolia, © Esther Hildebrandt
S. 150 Raymund Mayerhofer
S. 153 Fotolia, © Ewa Kubicka
S. 154 Fotolia, © Liv Friis-larsen
S. 155 Fotolia, © Natalia Klenova
S. 156 (Kaffee mit Milch): Fotolia, © agg; (Buffets): Raymund Mayerhofer
S. 157–158 Raymund Mayerhofer
S. 159 (Mise en Place; Frühstückstisch): Raymund Mayerhofer; (Müsli): Fotolia, © og-vision
S. 160 (Gulasch): Trauner Verlag, Wolfgang Kraml; (Plundergebäck, Buffet): Raymund Mayerhofer
S. 161 (Vorspeisenbuffet): Raymund Mayerhofer; (Paar): getty-images
S. 162/163 Raymund Mayerhofer
S. 164 (Buffetdekoration, Koch am Buffet): Raymund Mayerhofer; (Dessertbuffet): Fotolia, © Rohit Seth
S. 165 (Spießchen): Fotolia, © Mathew Hayward; (Servietten): Trauner Verlag, Wolfgang Kraml
S. 166 Raymund Mayerhofer
S. 167 (Grafiken): Gertrud Kirschenhofer
(Tisch, gedeckt): Fotolia, © Alexander Van Deursen
S. 168 (Besprechung, Buffet): Raymund Mayerhofer; (Skizze): Dieter Kranzl

S. 169 (Bankettsaal): Raymund Mayerhofer; (moderne Bankett-tafel): Fotolia, © Thomas Abé
S. 170 (Fingerfood): Raymund Mayerhofer; (Partyservice): Fotolia, © Alexander Van Deursen
S. 171 (Event and Catering): Fotolia, © Eric Isselée; (Vorbereitung): Raymund Mayerhofer
S. 172 (Grillen): Fotolia, © Carl Durocher; (Steak): Fotolia, © Rohit Seth
S. 173 (Maiskolben): Fotolia, © Jamie Wilson; (Dressing): Fotolia, © Tom Schmucker; (Brot): Fotolia, © djembejambo; (Baked Potatoes): Fotolia, © Yana Petruseva; (Dessert): Fotolia, © Eric Limon
S. 174 Fotolia, © Michael Siller
S. 175 (Spargelgericht): Manfred Buchinger; (Fleisch portionieren): Raymund Mayerhofer
S. 176 (Rindsbraten, Kalbsschnitzel): Trauner Verlag, Wolfgang Kraml; (Garnelen): Fotolia, © Massimiliano Pieraccini
S. 177 (Fisch filetieren): Fotolia, © Maceo; (Seezunge): Trauner Verlag, Wolfgang Kraml
S. 178 Fotolia, © Udo Kroener
S. 180 Fotolia, © Sean Nel
S. 182 Fotolia, © Rohit Seth
S. 184 Raymund Mayerhofer
S. 185 Fotolia, © darac
S. 187 Fotolia, © retrosesos
S. 189 (Menschen): gettyimages; (Schnitzel): Fotolia, © Franz Pfluegl
S. 192 Fotolia, © bartproduction
S. 193 Fotolia, © Swetlana Wall
S. 194 Raymund Mayerhofer
S. 196/197 Fotolia, © Esther Hildebrandt
S. 199 (alte Küche): Fotolia, © Daniel Sainthorant; (Versailles): Fotolia, © Jean Yves Yan Lun
S. 200 (Lachs): Fotolia, © lukaszlosin; (Kochhauben): Trauner Verlag, Wolfgang Kraml
S. 201 (Fisch): Fotolia, © lukaszlosin (Werner Matt): Mag. B. Bergmann
S. 202 (Wien): Fotolia, © Jeff Whyte; (Tische): Fotolia, © Holz Marketing
S. 203 (Gericht): Fotolia, © knstudios; (Menschen): gettyimages
S. 204 (Carpaccio): Fotolia, © Pierre-armand Dussex; (Crêpes Suzette): Trauner Verlag, Wolfgang Kraml
S. 205 (Garnele): Fotolia, © Elke Dennis; (Tafelspitz): Trauner Verlag, Wolfgang Kraml
S. 206 gettyimages
S. 206–224 (Karten): Europe Vector
S. 207 (Spargel): Manfred Buchinger; (Schnitzel, Salzburger Nockerln): Trauner Verlag, Wolfgang Kraml
S. 208 (Kürbissuppe): Raymund Mayerhofer; (Käse): Fotolia, © agg
S. 209 (Nordsee): Fotolia, © Ute Repsch; (Räucheraale): Fotolia, © Bea Busse
S. 210 (Wurstauswahl): Fotolia, © Taiga; (Rhein): Fotolia, © Michael Hackmann; (Bratwürstel): Fotolia, © Jon Helgason
S. 211 (Tischdeko): Fotolia, © Esther Hildebrandt; (Brot): Fotolia, © Eugene Bochkarev
S. 212 (Gericht, Faites simple): Fotolia, © Sergio Castelli; (Camembert): Fotolia, © Tomo Jesenicnik; (Austern): Trauner Verlag, Wolfgang Kraml; (Zwiebelsuppe): Fotolia, © og-vision
S. 213 (Brot mit Rosmarin): Fotolia, © Maceo; (Traube): Fotolia, © Luc Flandroit; (Schnecken): Fotolia, © marcaux
S. 214 (Trüffel): Fotolia, © Claude Charvin; (Pastabaum): Fotolia, © Kristian Peetz
S. 215 (Espresso): Fotolia, © fredredhat; (Risotto): Fotolia, © istori; (Bruschette): Fotolia, © Michael Gerlach
S. 216 (Teigtascherl): Fotolia, © Simone Van den Berg; (Salbei): Fotolia, © Anthony Hall; (Tomaten, Mozzarella): Fotolia, © agg; (Tiramisù): Fotolia, © Chris Green
S. 217 (Knoblauch, Öl): Fotolia, © Ismael Montero; (Schokolade): Infozentrum Schokolade, Leverkusen
S. 218 (Gewürzpaprika): Fotolia, © matka_Wariatka; (Rösti): Fotolia, © Elke Dennis; (Gulaschkessel): Fotolia, © Irina Fischer
S. 219 (Suppe): Fotolia, © Kasia75; (Gundelpalatschinken): Fotolia, © Vladimir Popovic; (Powidltascherl): Fotolia, © Franz Pfluegl
S. 220 (Lamm): Trauner Verlag, Wolfgang Kraml; (Mehl): Fotolia, © Bruno Jousse; (Fischgericht): Fotolia, © Tom Craig
S. 221 (Tapas): Fotolia, © Rohit Seth; (Jakobsmuschel): Fotolia, © Blaine Stiger
S. 222 (Karamellpudding): Fotolia, © djembejambo; (Paella): MEV
S. 223 (Griechische Esskultur): Fotolia, © Robert Lerich; (Gewürze): Fotolia, © Leonid Nyshko; (Souflaki): Fotolia, © Liv Friis-larsen
S. 224 (Tee): Fotolia, © JoanVicent; (Chutney): Fotolia, © Jens Richter
S. 225 (Irland): Fotolia, © Sam Smith; (Doughnuts): Fotolia, © Kirill Zdorov; (Gerste): Fotolia, © Alexei Novikov
S. 226 (Blinis): Fotolia, © agg; (Rote Rüben): Fotolia, © Yana Petruseva
S. 226–230 (Karten): Mountain High
S. 227 (Barbecue): Fotolia, © Robert Owen-wahl; (Kürbis): Fotolia, © Michael Gerlach
S. 228 (Avocado): Fotolia, © Nina Shannon; (Tacos): Fotolia, © Adam Booth; (Chili): Fotolia, © Franz Pfluegl
S. 229 (Kaninchen): Trauner Verlag, Wolfgang Kraml; (Hotdog): Fotolia, © Mark Huls
S. 230 (Tomatensüppchen): Fotolia, © HumeLakeGraphics; (Reis): Fotolia, © Daniel Gustavsson;
S. 231 (japanische Esskultur): Fotolia, © Dmitry Remesov; (chinesische Suppe): Fotolia, © Nicolas Samet; (Fisch): Fotolia, © Radu Razvan
S. 232 (Gewürze): Fotolia, © Anne Rolland; (Currys): Fotolia, © isatori
S. 233 (Pesto): Fotolia, © Liv Friis-larsen; (Gemüseteller): Fotolia, © Mathew Hayward
S. 234 (Getreide): Fotolia, © Udo Kroener; (Salat): Fotolia, © Esther Hildebrandt
S. 235 (Wraps): Fotolia, © Elke Dennis; (Garen): Trauner Verlag, Wolfgang Kraml
S. 236 (Pizza): Fotolia, © Maciej Mamro; (Frühstücksprodukt): Fotolia, © Sarahlouise Johnson
S. 237 Trauner Verlag, Wolfgang Kraml
S. 254 (Johann Reisinger, Dieter Kranzl): Ulrike Köb

Die Zeichnungen stammen aus der Feder von Arnulf Kossak.

Literaturnachweis

Codex Alimentarius: Lebensmittelhygiene. Internationale Standards und Richtlinien. Behr's Verlag, Hamburg 2004
Die Kunst des Kochens. Time-Life International, Amsterdam 1982
Duch: Handlexikon der Kochkunst. Internationale Hotel- und Restaurantküche. Trauner Verlag, Linz, 19., völlig überarbeitete Auflage 2002
Duch: Handlexikon der Kochkunst. Menükunde, Speisenkarten. Trauner Verlag, Linz, 3. Auflage 1999
Escoffier: Meister der klassischen Kochkunst. Heyne Verlag, München 2000
Fellner/Flatz: Keine Angst vor HACCP. Verlag Österreich, Wien 1997
Gutmayer u. a.: Getränkekunde. Trauner Verlag, Linz, 15., überarbeitete Auflage 2005
Gutmayer u. a.: Service. Die Meisterklasse. Trauner Verlag, Linz 2005
HACCP Handbuch. Dokumentenordner zur Umsetzung der Lebensmittelhygiene-Verordnung. Behr's Verlag, Hamburg 2004
HACCP Handbuch. Praxishandbuch zur Umsetzung der Lebensmittelhygiene-Verordnung. Behr's Verlag, Hamburg 2004
Hofbauer/Frühwirth: Kulinarische Diätküche. Gesund kochen für Genießer. Trauner Verlag, Linz, 2., überarbeitete Auflage 2003
Huber: STAHR. Standard der Abrechnung für Hotels und Restaurants. Trauner Verlag, Linz 2004
Lexikon der Ernährung. Spektrum Akademischer Verlag, Heidelberg, Berlin 2001
Maier-Bruck: Klassische Österreichische Küche. Seehammer Verlag, Weyarn 2003
Meisterköche. Mosaikverlag, Verlagsgruppe Bertelsmann, München 1987
Mitsche/Fischer u. a.: Küchenmanagement. Speisen-, Menükunde, Kochen. Trauner Verlag, Linz 2005
Plachutta/Wagner: Die gute Küche. Orac Verlag, Wien, München, Zürich 1993
Reischl/Rogl/Weidlinger: Erlebnis Ernährung. Trauner Verlag, Linz 2006
Reischl/Rogl/Weidlinger: Ernährung. Bewusst, aktuell, lebensnah. Trauner Verlag, Linz, 4. Auflage 2005
Rohatsch u. a.: Großküchen. Planung, Entwurf, Einrichtung. Verlag Bauwesen, Berlin 2002
Schade u. a.: Aktive Schädlingskontrolle. Vorbeugung, Erkennung, Bekämpfung. Behr's Verlag, Hamburg 2003
Siegel u. a.: Service. Die Grundlagen. Trauner Verlag, Linz, 5. Auflage 2005
Verordnung des Europäischen Parlaments und des Rates mit spezifischen Hygienevorschriften für Lebensmittel tierischen Ursprungs. Gemeinsamer Standpunkt des Rates vom 13. Juni 2003. Behr's Verlag, Hamburg 2003

Ein herzliches Dankeschön

Unser besonderer Dank gilt Herrn Direktor Heimo Leitgeb, Radisson SAS Palais Hotel Wien, Herrn Küchenchef Christian Krumpholz und den Mitarbeiterinnen und Mitarbeitern in Küche und Service für die große Unterstützung bei der Herstellung der Bilder für dieses Fachbuch.

Ebenso herzlich danken möchten wir Herrn Generaldirektor Thomas Schön, Hotel Imperial, Wien, sowie Herrn Küchenchef Siegfried Kröpfl und den Mitarbeiterinnen und Mitarbeitern in Küche und Service für ihr freundliches Entgegenkommen bei der Herstellung der Bilder für dieses Fachbuch.

Dem Hotel Sacher, Wien, besonders Herrn Hoteldirektor Reiner Heilmann, Herrn Küchenchef Hans-Peter Fink und den Mitarbeiterinnen und Mitarbeitern in Küche und Service, gebührt ebenfalls unser besonderer Dank für die wertvolle Unterstützung bei der Herstellung der Bilder für dieses Fachbuch.

Der Tourismusschule Wien 21, insbesondere Frau Direktorin HR Mag. Viktoria Kriehebauer, und allen Kolleginnen und Kollegen, Schülerinnen und Schülern möchten wir ganz herzlich danken für ihr freundliches Entgegenkommen bei den Fotoaufnahmen.

Ein herzliches Dankeschön Herrn Oliver Horn, Restaurant NIU, Linz, für die Erlaubnis, Pressetexte und Homepage seines Lokals in diesem Buch vorstellen zu dürfen. Für die Verwendung des Pressetextes aus der Beilage der Oberösterreichischen Nachrichten „Was ist los?“ danken wir ganz herzlich Herrn Ressortleiter Peter Hirsch.

Ebenso herzlich danken wir Herrn Andreas Reingruber, Restaurant Agathon, Linz, für die Erlaubnis, einen seiner erfrischenden Newsletters im Buch als gutes Beispiel anführen zu dürfen.

Herrn Hans Haas danken wir herzlich für die Durchsicht der Manuskripte in der Entstehungsphase des Fachbuchs.

Einen besonderer Dank gebührt Herrn Studiendirektor Ralph Kerkamm, Herr Studiendirektor Gisbert Dreier und Herrn Studienrat Dieter Käding für die sorgfältige Durchsicht aller Manuskripte.

Ein herzliches Dankeschön Herrn Peter Lassnik, Biobauer, Gärtnerei Vis-à-vis, der uns sein reichhaltiges Lebensmittelangebot für Fotoaufnahmen auf dem Naschmarkt in Wien zur Verfügung stellte.

Unser Dank gilt auch Frau Kathrin Fehervary, Slowfoodakademie Bra, Italien, für ihre Auskünfte zum Thema Slowfood.

Unser besonderer Dank gilt der Firma Rist, Wien, für die zur Verfügung gestellte Ausstattung und die Möglichkeit, vor Ort zu fotografieren. Besonders Danke sagen möchten wir Frau Maria Sturm, die uns dabei in herausragender Weise zur Seite stand.

Herzlichen Dank Herrn Werner F. Redolfi, Firma Franke Küchengeräte, Wien, für die Organisation von Bildern und das Engagement, bei Fragen sofort und persönlich weiterzuhelfen.

Ebenso bedanken möchten wir uns bei Herrn Reto Hugentobler, Firma Hugentobler Kochsysteme, Schweiz, dass er uns mit zur Verfügung gestelltem Bildmaterial bei der Erstellung dieses Fachbuchs unterstützt hat.

Auch der Firma Salvis, Schweiz, besonders Frau Monika Strohm, gebührt unser besonderer Dank für die zur Verfügung gestellten Bilder.

Ein herzliches Dankeschön auch Herrn Ing. Beneker, Firma Elro Großküchentechnik, Salzburg, für die zur Verfügung gestellten Unterlagen.

Herrn Martin Hochleithner, Firma AquaTech, Tirol, www.aqua-tech.eu, ein herzliches Dankeschön für das zur Verfügung gestellte Bild.

Wir danken auch herzlich der Firma Flottwerk, Deutschland, für die Unterstützung durch die Zurverfügungstellung einer Abbildung.

Der Firma Fritsch, Bakery Machines and Lines, Deutschland, ein herzliches Dankeschön für die zur Verfügung gestellten Bilder.

Ebenso danken wir Herrn Andreas Malak, Firma workline Berufsbekleidung, Wien, www.workline.at, für die zur Verfügung gestellten Bilder.

Ein besonderer Dank gilt auch Herrn Reinhold Fenz, Firma Fenz Software, Burgenland, für die Erlaubnis, die Software PC-Küche im Buch vorstellen zu dürfen, sowie im Speziellen Herrn Klaus Dittel, Projektleiter PC-Küche, für seine wertvolle Unterstützung bei der Erstellung dieses Kapitels.

Dankeschön auch Herrn Dr. Gary Pippan, ÖBB Holding AG, für die Erlaubnis, ein Pressefoto zu verwenden.

Unser Dank ergeht weiters an Frau Franziska Schwarzkopf, Tourismuskreis HeideRegion Uelzen e. V., für ein zur Verfügung gestelltes Bild.

Vielen herzlichen Dank auch an Kempinski Hotels & Resorts, Frau Birgit Abate-Daga, Area Director of Communications, für die großzügig zur Verfügung gestellten Bilder.

Die Autoren

Eduard Mitsche

Küchenmeister und Fachvorstand Dipl.-Päd. Eduard Mitsche kennt die Küchen der Welt: Nach Tätigkeiten in der Schweiz, in Deutschland, England und Frankreich war er zwei Jahre lang VIP-Koch auf dem Luxusliner „Queen Elizabeth". Wieder trockenen Boden unter den Füßen, stellte er sein Können zuerst als stellvertretender Küchenchef, bald darauf als Executive Chef im Vienna Hilton unter Beweis. Während dieser Zeit zeichnete er für alle Küchen und die Führung von 60 Köchen verantwortlich. Darüber hinaus war er bei Foodpromotions für die österreichische Küche in Bangkok, Hongkong, Tokio, Singapur, Monte Carlo, London, Paris, New York und Montreal tätig. Als Fachvorstand für die Praxisabteilung an der Tourismusschule Wien 21 kümmert er sich nun um die Ausbildung der nächsten Köchegeneration – nicht nur im Unterricht, sondern auch durch die Erstellung einschlägiger Fachliteratur für den Schulgebrauch. Ihm ist es ein besonderes Anliegen, dem heimischen Nachwuchs die Möglichkeit für eine gute berufliche Zukunft zu schaffen – und dafür setzt er sich mit ganzem Herzen ein.

Johann Reisinger

Hauben und andere Auszeichnungen hat sich Hans Reisinger in seinem „Ilge" in Bregenz, dem Auberge du Raisin „Cully" in Vaud (Schweiz), dem „Plabutscher Schlössl" in Graz und dem SAS Palais in Wien schon genug erkocht, er war in den Küchen von amerikanischen Luxusjachten und Weltklassehotels in Indonesien zu Hause. Diese verschiedenen Ess-, Denk- und Lebensgewohnheiten haben seinen Zugang zum Kochen geprägt. Neugierig spürt er der Geschmacksidentität von Lebensmitteln nach, sucht das Natürliche und Pure und versucht es authentisch umzusetzen. Als Fachmann für Gemüse- und Kräuterspezialitäten hat er sich nicht nur durch das Buch „Faszination Gemüse" (erschienen 2006, av-Buch) einen Namen gemacht. Hans Reisingers kulinarische Liebe zum Ursprünglichen ließ ihn zum gastronomischen Wegbegleiter der Arche Noah werden, die sich mit großem Erfolg um den Erhalt der Sortenvielfalt kümmert. Durch seine Lehrtätigkeit an der Tourismusschule Wien 21, zahlreiche Kochpräsentationen und Kurse gibt der vielseitige Spitzenkoch sein Wissen auch weiter. Besonders hervorzuheben sind seine „Schönbrunner Seminare", in denen er in Zusammenarbeit mit der HBLFA Schönbrunn die unglaubliche Vielfalt von Gemüse schmeckbar und erlebbar macht (www.johann-reisinger.at).

Dieter Kranzl

Küchenmeister Dipl.-Päd. Dieter Kranzl begann seine Küchenlaufbahn im Hotel Regina in Wien und machte in den Jahren danach Station in namhaften Häusern wie dem SAS Palais Hotel, Wien, dem Vienna Plaza und in Hotels in Tirol sowie am Arlberg. Im Hotel Hilton brachte er sein großes Können als Executive Chef von Werner Matt ein und arbeitete mit Starköchen wie Hans Haas, Eckart Witzigmann und Heinz Winkler. Sein Interesse gilt auch dem kochkünstlerischen Nachwuchs – als Lehrer für fachpraktische Gegenstände an der HLW Baden, als Berater der österreichischen Kochnationalmannschaft, als Referent und Prüfer bei Küchenmeisterkursen und als Referent bei Kochseminaren. Gekrönt wurde seine Kochkunst mit der Küchenmeisterprüfung, die der zweifache Familienvater mit sehr gutem Erfolg ablegte, dem Gault Millau Newcomer 1998 sowie dem dritten Platz beim Bocuse-d'Or-Wettbewerb, Österreich. Sein Herz schlägt für Jungköche, die sich in Wettbewerben mit den Besten der Welt messen und die er bei ihrer Vorbereitung mit Rat und Tat unterstützt.

Peter Fischer

Küchenmeister Dipl.-BOL Peter Fischer absolvierte seine Lehr- und Wanderjahre in Schlössern und Herrenhäusern wie Schloss Kühtei, Schloss Leonstein am Wörthersee und im Jagdschloss Graf Recke. Danach zog es ihn mit dem Worldcruiser MS Rotterdam um die ganze Welt. Reich an Erfahrung, übernahm er in den Jahren nach seiner Rückkehr die Küchenleitung des damaligen Austria Trendhotels, des heutigen Arcotel in Linz, das in dieser Zeit seine Hochblüte erlebte. Ebenso wie seine Autorenkollegen hält er mit seinem reichen Wissen um die Kunst des Kochens nicht hinterm Berg, sondern gibt es weiter im Unterricht an der Schule für Tourismusberufe in Altmünster am Traunsee in Oberösterreich sowie in einschlägigen Schulbüchern und als Vortragender und Prüfer am Wirtschaftsförderungsinstitut (WIFI) in Linz weiter. Sein Anliegen ist es, jungen Menschen zu helfen, ihren Weg zu finden und ihnen dazu die nötige Unterstützung – fachlicher und menschlicher Natur – angedeihen zu lassen.

Manfred Buchinger

Der Buchinger – so nennt man ihn, den Gerne-, Star- und Haubenkoch aus Riedenthal ob Wolkersdorf im Weinviertel – kocht sich in seinem legendären Gasthaus zur alten Schule in die Herzen der Bevölkerung. Davor war er an 31 Arbeitsstellen weltweit tätig. Diese führten ihn durch die Küchen von vier Kontinenten – vom Hotelkonzern übers Kreuzfahrtschiff bis zum 3-Sterne-Michelin-Restaurant. War er in seiner langjährigen Tätigkeit als Küchenchef des Restaurants „Vier Jahreszeiten" und später als Executive Chef des Hotels Intercontinental Wien und Caterer der Wiener Hofburg für mehr als 8 Millionen Essen verantwortlich, orientiert er sich nun mit und in seiner alten Schule unmittelbar am Gast – die Individualität, die er dabei lebt, erfreut diesen auf besondere Weise. Schwerpunkt seiner Küche sind die Produkte der Region und die Entwicklung einer exquisiten, bodenständigen Küche. Mit offenen Augen durch die Welt zu gehen, sich vom Produkt ansprechen zu lassen, ist sein Motto, um Speisen zu kreieren. Darum nennt er seinen Stil die „Küche des Augenblicks". Als Lehrer gab er an der Tourismusschule Wien 21 seine Art zu kochen, seine Erfahrungen aus aller Welt an die kommenden Köche und Köchinnen weiter.

Eduard Mitsche ■ Dieter Kranzl ■ Johann Reisinger ■
Peter Fischer ■ Manfred Buchinger

Küche
Lebensmittel & Qualität

Ebenso wie in Band I gilt: Fachwissen wird griffig und anschaulich vermittelt. Hier findet der Profi alles Relevante rund um die Lebensmittel – also die allseits bekannte Warenkunde. Ein besonderes Anliegen ist den Autoren, ihren jungen Berufskollegen zu vermitteln, was es bedeutet, an der falschen Stelle zu sparen, warum es sinnvoll ist, vor allem auf heimische Produkte zu setzen, die Saison zu beachten und den Aspekt des Einkaufs von Produkten aus biologischer Landwirtschaft ernsthaft in Erwägung zu ziehen. Es geht um ein Grundverständnis zum Wert der Lebensmittel – mit dieser Wertschätzung sollen sie behandelt werden: vom Einkauf über die Lagerung bis zur Vorbereitung und Verarbeitung.

Vorschau auf den Inhalt

- Einführung in ernährungsphysiologische Grundsätze
- Inhaltsstoffe der Nahrung
- Biologische versus konventionelle Produkte
- Saisonkalender – Hilfe für die Menüplanung
- Waren nach Produktgruppen mit Produktbeschreibung, Einkauf, Lagerung, Verwendung, Vorbereitung, Tipps aus der Praxis

Mitsche ■ Kranzl ■ Reisinger ■
Fischer ■ Buchinger

Küche
Lebensmittel & Qualität

1. Auflage 2007, ca. 260 Seiten
Hardcover mit Transparentumschlag
Format: 21 x 27,5 cm
ISBN 978-3-85487-998-5
Buch-Nr.: 01 102 051......EUR 55,80/CHF 96,00

Eduard Mitsche ■ Dieter Kranzl ■ Johann Reisinger ■
Peter Fischer ■ Manfred Buchinger

Küche
Garmethoden & Rezepte

Nun geht's ans Eingemachte. Alles ist bestens vorbereitet und organisiert, jetzt kann es losgehen mit der eigentlichen Kochkunst. Und diese liegt vor allem in der Kunst der Verwendung der richtigen Zutaten und der Kunst, mit der am besten geeigneten Garmethode bei optimaler Temperatur und idealer Garzeit das Beste aus jedem Lebensmittel herauszuholen. So kann der engagierte Koch sein Praxiswissen um viele Anregungen bereichern. Schritt-für-Schritt-Fotos stellen darüber hinaus die Garmethoden vom Blanchieren bis zum Gratinieren anschaulich dar, Schneidetechniken, kochpraktische Hilfsmittel wie Bindungen, Füllungen und Butterzubereitungen, Vorbehandlung von Fleisch und Geflügel, Warmhalten, Regenerieren, Anrichten, Garnieren, Konservieren und Verwendung von Convenienceprodukten runden diesen Bereich ab.

Neben Rezepten der klassischen Küche finden Sie zahlreiche Variationen, Zusatzinformationen, Ableitungen und Anregungen, kreativ zu sein und Ihre Gäste nicht nur klassisch zu verwöhnen. Mit Band III hat der Profikoch ein umfangreiches Kompendium – das neue Standardwerk – für den täglichen Gebrauch zur Hand.

Mitsche ■ Kranzl ■ Reisinger ■
Fischer ■ Buchinger

Küche
Garmethoden & Rezepte

1. Auflage 2008, ca. 260 Seiten
Hardcover mit Transparentumschlag
Format: 21 x 27,5 cm
ISBN 978-3-85487-999-2
Buch-Nr.: 01 102 061......EUR 55,80/CHF 96,00